MÉMOIRES

DU DUC

DE SAINT-SIMON

XI

TYPOGRAPHIE DE CH. LAHURE
IMPRIMEUR DU SÉNAT ET DE LA COUR DE CASSATION
RUE DE VAUGIRARD, 9, A PARIS

MÉMOIRES

COMPLETS ET AUTHENTIQUES

DU DUC

DE SAINT-SIMON

SUR LE SIÈCLE DE LOUIS XIV ET LA RÉGENCE

COLLATIONNÉS SUR LE MANUSCRIT ORIGINAL PAR M. CHÉRUEL

ET PRÉCÉDÉS D'UNE NOTICE

PAR M. SAINTE-BEUVE DE L'ACADÉMIE FRANÇAISE

TOME ONZIÈME

PARIS

LIBRAIRIE DE L. HACHETTE ET Cie

RUE PIERRE-SARRAZIN, N° 14

1857

MÉMOIRES
DE
SAINT-SIMON

CHAPITRE PREMIER.

Constitution *Unigenitus* fabriquée et subitement publiée à Rome. — Soulèvement général difficilement arrêté. — Soulèvement général contre la constitution à son arrivée en France. — Singulières conversations entre le P. Tellier et moi sur la forme de faire recevoir la constitution, et sur elle-même. — Retour par Petit-Bourg de Fontainebleau à Versailles. — Étrange tête-à-tête sur la constitution entre le P. Tellier et moi, qui me jette en un *sproposito* énorme.

Aubenton et Fabroni étoient cependant venus à bout de leur ténébreux ouvrage, sans qu'aucun tiers eût su ce qui se faisoit par eux, sinon en gros qu'on travailloit à une constitution pour l'affaire de France. La pièce fut mise avec le même secret dans l'état de perfection que le P. Tellier l'avoit commandée. Tout y brilloit, excepté la vérité. L'art et l'audace y étoient sur le trône, et toutes les vues qu'on s'y étoit proposées s'y trouvèrent plus que parfaitement remplies. L'art s'y étoit épuisé, l'audace y surpassoit celle de tous les siècles, puisqu'elle alla jusqu'à condamner en propres termes des textes exprès de saint Paul, que tous les siècles depuis Jésus-

Christ avoient respectés comme les oracles du Saint-Esprit même, sans en excepter aucun hérétique, qui se sont au moins contentés de détourner les passages de l'Écriture à des sens étrangers et forcés, mais qui n'ont jamais osé aller jusqu'à les rejeter ni à les condamner. C'est ce que cette constitution eut au-dessus d'eux ; et ce qu'elle y eut de commun fut le mépris et la condamnation expresse de saint Augustin et des autres Pères, dont la doctrine a toujours été adoptée par les papes, par les conciles généraux, par toute l'Église comme la sienne propre.

L'inconvénient étoit un peu fort, mais tout à fait indispensable pour le but auquel on tendoit. Les deux auteurs de la pièce le sentirent. Ils n'espérèrent pas de la faire passer aux cardinaux, qu'une nouveauté si étonnante révolteroit, ni en particulier au cardinal de La Trémoille sur les maximes ultramontaines absolument nécessaires pour gagner Rome par un intérêt si cher. Aubenton avoit fourni l'adresse ; ce fut à Fabroni à se charger de l'impudence. Ils enfermèrent des imprimeurs, tirèrent ce qu'ils voulurent d'exemplaires, gardèrent les planches et les imprimeurs tant que le secret leur fut important, puis ils allèrent trouver le pape, auquel ils en firent une rapide lecture.

Elle ne put l'être assez pour que Clément ne fût pas frappé de la condamnation des textes formels de saint Paul, de saint Augustin, des autres Pères. Il se récria. Fabroni insista pour achever la lecture qu'Aubenton en faisoit modestement. Le pape voulut garder la pièce pour la relire à son aise, et y faire ses corrections. Fabroni le traita comme autrefois ; il étourdit le pape et le malmena. Clément crut au moins s'en tirer de biais, en représentant à Fabroni le danger d'exposer à l'examen des cardinaux une censure expresse des termes formels de saint Paul, dont il n'y avoit point d'exemple dans l'Église, et même de saint Augustin, dans une matière où elle avoit adopté sa doctrine pour sienne. Mais cela n'arrêta point Fabroni, qui lui répondit qu'il seroit plaisant de donner son ouvrage à des reviseurs ; et qu'il ne se laisseroit point mettre sur la sellette, ni le pape, sous le nom duquel l'ouvrage étoit fait, et qui le prononçoit y parlant et y décidant lui-même. Clément dit qu'il étoit engagé de parole, au cardinal de La Trémoille en particulier, de ne rien donner là-dessus que de concert avec lui ; et qu'il avoit solennellement promis au sacré collége que la pièce ne verroit pas le jour qu'ils ne l'eussent examinée par petites congrégations les uns avec les autres, et que conformément à l'avis du plus grand nombre d'entre eux. Fabroni s'emporta de colère, traita le pape de foible et qui se rendoit un petit garçon, lui soutint la constitution belle et bonne, toute telle qu'il la falloit, et que, s'il avoit fait la sottise de donner cette parole, il ne falloit pas la combler en la tenant, laisse le pape éperdu, sort, et de ce pas l'envoie afficher par tous les lieux publics, où on a coutume d'afficher et de publier les bulles et les constitutions nouvellement faites à Rome.

Ce coup fit un grand bruit parmi les cardinaux, qui se virent joués et moqués par un manquement de parole si complet, et si peu attendu. Ils s'assemblèrent par troupes les uns chez les autres, et leurs plaintes les plus fortes y furent promptement résolues. Les chefs d'ordre, et les plus considérables d'entre les autres, allèrent par huit, par dix, par six, trouver le pape, à qui ils témoignèrent l'étonnement d'un manquement de parole aussi éclatant, et d'une parole si solennellement sortie de sa bouche ; et leur scandale de voir émaner une constitution doctrinale et de jugement en première instance dans Rome, sans avoir été consultés comme l'exigent leur droit, leur pourpre, leur qualité d'assesseurs et de conseillers nécessaires, sur des matières de cette importance et de cette qualité. Le pape confus ne sut que leur répondre. Il protesta que la publication s'étoit faite à son insu ; et les paya de compliments, d'excuses et de larmes qu'il avoit fort à commandement.

Cela n'apaisa point le bruit. Les cardinaux prétendirent

revenir à l'examen, et à soutenir leur dignité violée. Casoni, Davia, quelques autres de la première considération pour leur savoir ou pour les affaires qu'ils avoient maniées, trouvèrent la substance de la chose plus intolérable encore que le procédé. Ils allèrent représenter au pape que sa constitution renversoit la doctrine de l'Église reçue de tous les siècles, celle de saint Augustin et d'autres Pères adoptée pour telle par les conciles généraux et par tous les papes jusqu'à lui ; que jamais les hérétiques mêmes n'avoient osé attenter à condamner expressément des textes formels de l'Écriture ; et qu'il étoit le premier qui depuis Jésus-Christ eût ébranlé les fondements les plus incontestables de la religion, en condamnant des propositions mot pour mot de saint Paul. Que fût devenue la constitution en France, et les projets si avancés du P. Tellier, si elle eût avorté dans Rome presque avant que de naître ? Aussi fut-ce le chef-d'œuvre de l'art, de l'argent, des souplesses des jésuites et des leurs, de parer un coup si funeste. Le cardinal Albani et les créatures du pape les plus attachées à lui s'employèrent par degrés pour des tempéraments qu'en effet ils ne vouloient pas admettre, mais en leurrer pour émousser le premier feu ; et, pour ne nous pas trop arrêter à Rome, le grand intérêt des cardinaux de ne pas se désunir du pape, celui de son infaillibilité qui rejaillit si utilement sur eux, celui des maximes ultramontaines les plus fortes et les plus habilement insérées dans la constitution, apaisèrent enfin les ignorants et les politiques, qui eux-mêmes devinrent un frein à ceux qui dans le sacré collége, dans la prélature et dans les emplois réguliers, saisis par leurs lumières et guidés par leur conscience, voulurent s'opposer à la constitution, et demeurèrent enfin réduits à la détester presque en silence.

Le même jour qu'elle fut affichée dans Rome, elle fut envoyée au P. Tellier, par un courrier secret qui prévint de peu de jours celui qui l'apporta au nonce, qui la reçut à Fontainebleau, le lundi 2 octobre, et la présenta au roi le lendemain matin dans son cabinet, en audience particulière. Il fit au roi un beau discours en italien, auquel le roi, qui l'entendoit, et que le P. Tellier avoit eu le temps de préparer, répondit en françois le plus favorablement du monde. On remarqua qu'il y avoit une grande promenade ordonnée autour du canal pour l'après-dînée, et qu'il n'y en eut point, parce que le roi travailla sur cette affaire, seul avec Voysin, jusqu'à six heures du soir. Le P. Tellier, pour sonder les esprits, avoit lâché quelques exemplaires de la constitution avant que le nonce la portât au roi. Il avoit mandé le premier président et le parquet, qui, dès le 1er octobre, alarmés des maximes ultramontaines dont la constitution étoit remplie, vinrent présenter un mémoire au roi.

Elle eut en France le même sort qu'elle avoit essuyé à Rome : le cri fut universel. Le cardinal de Rohan déclara qu'elle ne pouvoit être reçue, et Bissy même protesta contre elle; les uns indignés de sa naissance des plus épaisses ténèbres, les autres de la proposition touchant l'excommunication qui rendoit le pape maître obliquement de toutes les couronnes; les uns choqués de la condamnation de la doctrine et des passages de saint Augustin et des autres Pères; tous effrayés de celle des paroles mêmes de saint Paul. Il n'y eut pas deux avis dans les premiers huit jours. Le cardinal de La Trémoille à qui le pape avoit en particulier manqué de parole, comme il en avoit manqué à tout le sacré collége, et sur lequel ses plaintes avoient eu aussi peu d'effet, envoya un courrier exprès pour se justifier d'avoir laissé publier une constitution si directement contraire aux maximes du royaume qu'elle attaquoit de front, et souleva tous les ministres, excepté le duc de Beauvilliers. La cour, la ville et les provinces, à mesure que la constitution y fut connue, se soulevèrent également.

Le P. Tellier tint ferme, fronça le sourcil sur Bissy, comme sur un homme dans sa dépendance, qui ne tenoit pas encore son chapeau, et à qui en disant un mot, et ici

et à Rome, il pouvoit le faire manquer ; il parla ferme à
Rohan, et lui fit entendre le péril qu'il couroit à ne pas
tenir les promesses qui lui avoient valu la charge de grand
aumônier ; et il n'oublia rien pour se rendre maître de tout
ce qu'il put d'évêques, et pour intimider ceux qui étoient
déjà siens, [de façon] qu'aucun ne lui put échapper.

Il falloit recevoir la constitution, et la manière de le faire
étoit embarrassante par la contradiction qu'elle rencontroit
dès son premier abord. Le Tellier, qui me cultivoit toujours, m'avoit parlé souvent de cette affaire avant et depuis qu'elle fut portée à Rome ; et moi, qui évitois ces
conversations, mais qui ne pouvois lui fermer ma porte,
surtout à Fontainebleau où il étoit toujours à demeure, je
lui répondois si franchement, et si fort selon la vérité et
ma pensée que Mme de Saint-Simon m'en reprenoit souvent, et me disoit que je me ferois chasser, et peut-être
mettre à la Bastille.

La constitution venue, le P. Tellier me demanda un rendez-vous pour raisonner avec moi. Je crus que c'étoit pour
me la montrer, car presque personne encore ne l'avoit vue,
et le nonce ne l'avoit pas encore portée au roi. Quand nous
fûmes tête à tête je lui demandai à la voir. Il me dit qu'il
n'en avoit qu'un exemplaire sur lequel on travailloit, mais
qu'il me la donneroit au premier jour, et qu'il pouvoit
m'assurer qu'elle étoit bien et bonne, et telle que j'en serois
content ; que ce qui l'avoit engagé à me demander cette
conversation, c'étoit pour me consulter sur la manière de
la faire recevoir. Je me mis à rire de ce qu'il vouloit me
demander ce qu'il savoit bien mieux que moi, et peut-être
ce que déjà il avoit résolu. Il se répandit en discours, partie
de compliments, partie de la difficulté de la chose sur un
premier effarouchement qui commençoit à bourdonner. Il
me pressa tellement que je lui dis qu'il me paroissoit qu'il
avoit sa leçon toute tracée dans la manière dont le roi avoit
fait recevoir la condamnation de M. de Cambrai, qui étoit

parfaitement juridique, sans embarras, et selon toutes les formes les plus ecclésiastiques.

Je n'eus pas lâché la parole que d'un air de confiance et d'ingénuité, dont je ne reviens pas encore, il me dit en propres termes qu'il ne se joueroit pas à cela, et que cette forme étoit trop dangereuse ; qu'il se garderoit bien de livrer la constitution aux assemblées provinciales de chaque métropolitain, au génie de chaque évêque du royaume, et à des gens qui ne seroient pas dans Paris, sous ses yeux. Je sentis incontinent la violence qu'il vouloit exercer qui m'anima à disputer contre, et à lui représenter l'irrégularité d'une réception faite par des évêques qui au hasard se trouveroient à Paris. « Au hasard ! reprit le confesseur, je ne veux point me fier au hasard ; je prétends mander des provinces les évêques qui me conviendront, empêcher de venir ceux que je croirai difficiles à conduire ; et comme je ne puis pas empêcher ceux qui sont à Paris d'être de l'assemblée qu'il y faut faire pour recevoir, et qu'il peut y en avoir de dyscoles, j'y fourrerai les évêques *in partibus*, et ceux même qui sont nommés et qui n'ont pas encore leurs bulles, pour être par eux plus fort en voix, et les opposer à quiconque voudra raisonner. » Je frémis à ce langage, et je lui répondis que cela s'appeloit jardiner et choisir. « Vraiment, répliqua-t-il avec feu, c'est bien aussi ce que je veux faire, et ne m'abandonner pas aux députations. — Mais, lui dis-je, quel pouvoir auront des évêques fortuitement à Paris, ou qui y seront mandés, d'accepter pour leurs comprovinciaux, destitués de procuration d'eux ? — J'en conviens, me répondit le confesseur, mais de deux inconvénients il faut éviter le pire ; or le pire est de se livrer au hasard, et de ne pas se bien assurer. Pourvu qu'ils acceptent dans l'assemblée, je ne m'embarrasse pas du reste ; et avec ce chausse-pied, nous verrons qui osera résister au pape et au roi. Les défauts se suppléeront par l'autorité, et la bulle sera reçue comme que ce soit : voilà ce qu'il faut. »

Nous disputâmes et discourûmes encore quelque temps sur ces évêques *in partibus*, et ces autres nommés et encore sans bulles, moins de ma part pour le persuader que pour le faire parler, et j'admirois en moi-même également ce fond de supercherie, d'adresse, de violence, de renversement de toute règle, et cette incroyable facilité de me le montrer à découvert. C'est une franchise que je n'ai jamais pu comprendre d'un homme si faux, si artificieux, si profond, encore moins à quoi il la pouvoit croire utile. Je le quittai épouvanté de lui, et des suites que je prévoyois.

Nous prîmes un autre rendez-vous pour parler de la bulle même, après qu'il m'en auroit donné un exemplaire. Nous nous revîmes très-peu de jours avant le départ de Fontainebleau. Je le trouvai radieux. Il avoit rangé Bissy et le cardinal de Rohan à ses volontés, et reçu apparemment de bonnes nouvelles de ses batteries de Paris. Je ne cherchois pas à gagner à la raison et à la vérité un homme que je voyois faire si peu de cas de l'une et de l'autre, et engagé si avant à les opprimer, mais je n'osois rompre avec un homme si dangereux qui me ménageoit jusqu'à une folle confiance. Je lui dis donc qu'encore que j'eusse fort ouï parler sur la doctrine de la constitution, que je fusse choqué comme tout le monde de cette foule de propositions condamnées, et avec une généralité d'injures atroces et sans nombre, qui, en tombant sur toutes, ne tomboient pourtant en particulier sur aucune, encore que je fusse effrayé de censures directes sur des textes formels de saint Paul, et peu édifié d'une constitution de doctrine qui s'enveloppoit dans l'obscurité, au lieu de porter dans l'esprit une clarté, une netteté, une précision instructive, j'étois trop ignorant pour me jeter avec lui dans des disputes théologiques; mais que pour ce qui regardoit les prétentions romaines, et en particulier la proposition touchant l'excommunication, j'avois la présomption de me croire bastant pour lui dire que ces endroits de la constitution étoient insoutenables, et ne se pouvoient jamais recevoir. Il me dit que nous reviendrions là-dessus; et tout de suite il enfila assez longuement ce qui lui plut sur la doctrine, sur quoi je le contredis peu, parce que j'en sentois la plus qu'inutilité. Cette matière consomma presque tout le temps de notre conférence.

Revenu à l'excommunication, il se mit à battre la campagne, convint que ses réponses n'étoient pas bien solides; mais ajouta qu'il me demandoit une audience chez moi à Versailles, le vendredi après le premier vendredi que le roi y seroit arrivé, parce que lui n'iroit pas sortant de Fontainebleau; et qu'il se promettoit dans cette conversation me convaincre que la censure dont je me plaignois n'attaquoit en rien les droits du roi ni de sa couronne.

Il me conta, toujours avec cette naïveté dont à peine je pus croire mes oreilles, le nombre d'évêques qu'il avoit mandés des provinces, à quoi sans doute il s'étoit pris avant de m'en avoir parlé pour la première fois, et pour les avoir à temps, et d'autres mesures générales, avec un épanouissement singulier. Nous nous séparâmes de la sorte pour nous revoir chez moi au jour dont nous venions de convenir.

Le mercredi 11 octobre, le roi tint conseil d'État à l'ordinaire et dîna ensuite, puis alla coucher à Petit-Bourg chez d'Antin, et le lendemain à Versailles.

L'intelligence de ce qui suit et de ce qui m'arriva demande celle de mon logement à Versailles. Il donnoit d'un côté et de plain-pied dans la galerie de l'aile neuve qui est de plain-pied à la tribune de la chapelle, appuyé de l'autre côté à un degré, et tenoit la moitié du large corridor qui est vis-à-vis du grand escalier qui communique la galerie basse avec la haute : un demi-double d'abord sur ce corridor, qui en tiroit le jour pour des commodités et des sorties; une antichambre à deux croisées qui distribuoit à droite et à gauche, où de chaque côté il y avoit une chambre à deux croisées; et un cabinet après à une croisée; et toutes ces cinq pièces à cheminée ainsi que la première antichambre obscure. Tout ce demi-double obscur étoit coupé d'entre-sols, sous lesquels chaque cabinet avoit un arrière-cabinet. Cet arrière-cabinet, moins haut que le cabinet, n'avoit de jour que par le cabinet même. Tout étoit boisé; et ces arrière-cabinets avoient une porte et des fenêtres qui, étant fermées, ne paroissoient point du tout et laissoient croire qu'il n'y avoit rien derrière. J'avois dans mon arrière-cabinet un bureau, des siéges, des livres et tout ce qu'il me falloit; les gens fort familiers qui connoissoient cela l'appeloient ma boutique, et en effet cela n'y ressembloit pas mal.

Le P. Tellier ne manqua pas au rendez-vous qu'il m'avoit demandé. Je lui dis qu'il avoit mal pris son temps, parce que M. le duc et Mme la duchesse de Berry avoient demandé une collation à Mme de Saint-Simon, qu'ils alloient arriver, qu'ils étoient tout propres à se promener dans tout l'appartement, et que je ne pouvois être le maître de ma chambre ni de mon cabinet. Le P. Tellier parut fort peiné du contre-temps; et il insista si fort à trouver quelque réduit inaccessible à la compagnie, pour ne pas remettre notre conférence à son retour à la huitaine, que, pressé par lui à l'excès, je lui dis que je ne savois qu'un seul expédient, qui étoit qu'il renvoyât son frère vatblé[1] pour que ce qui alloit arriver ne le trouvât pas dans l'antichambre; que lui et moi nous enfermassions dans ma boutique, que je lui montrai; que nous y eussions des bougies, pour ne point dépendre du jour du cabinet, et qu'alors nous serions en sûreté contre les promenades, quittes pour nous taire, si nous entendions venir dans mon cabinet, jusqu'à ce qu'on en fût sorti. Il trouva l'expédient admirable, renvoya son compagnon; et nous nous enfermâmes vis-à-vis l'un de l'autre, mon bureau entre-deux, avec deux bougies allumées dessus.

Là il se mit à me paraphraser les excellences de la consti-

---

1. Le mot *vatblé* était consacré pour désigner le frère qui accompagnait un religieux.

tution *Unigenitus*, dont il avoit apporté un exemplaire qu'il mit sur la table. Je l'interrompis pour venir à la proposition de l'excommunication. Nous la discutâmes avec beaucoup de politesse, mais avec fort peu d'accord. Tout le monde sait que la proposition censurée est : *qu'une excommunication injuste ne doit point empêcher de faire son devoir;* par conséquent qu'il résulte de sa censure : *qu'une excommunication injuste doit empêcher de faire son devoir.* L'énormité de cette dernière frappe encore plus fortement que ne fait la simple vérité de la proposition censurée. C'en est une ombre qui la fait mieux ressortir. Les suites et les conséquences affreuses de la censure sautent aux yeux.

Je ne prétends pas rapporter notre dispute. Elle fut vive et longue. Pour l'abréger je lui fis remarquer que dans la situation présente des choses, où, quand on raisonne on doit tout prévoir, surtout les cas les plus naturels, conséquemment les plus possibles, le roi pouvoit mourir et le Dauphin aussi, qui tous les deux se trouvoient aux deux extrémités opposées de l'âge; que, si ce double malheur arrivoit, la couronne par droit de naissance appartiendroit au roi d'Espagne et à sa branche; que par le droit que les renonciations venoient d'établir, elle appartiendroit à M. le duc de Berry et à sa branche, et à son défaut à M. le duc d'Orléans et à la sienne; que si les deux frères se la vouloient disputer, ils auroient chacun des forces, des alliés et en France des partisans; qu'alors le pape auroit beau jeu, si sa constitution étoit crue et reçue sans restriction, de donner la couronne à celui des deux contendants qu'il lui plairoit, en excommuniant l'autre, puisque, moyennant sa censure reçue et crue, quelque juste que pût être le droit de l'excommunié, quelque devoir qu'il y eût à soutenir son parti, il faudroit l'abandonner et passer de l'autre côté, puisqu'il seroit établi, et qu'on seroit persuadé qu'une excommunication injuste doit empêcher de faire son devoir; et dès là, d'une façon ou d'une autre, voilà le pape maître de toutes les couronnes de sa communion, de les ôter à qui les doit porter, à qui les porte même, et de les donner à quiconque il lui plaira, comme tant de papes depuis Grégoire VII ont osé le prétendre, et tant qu'ils se sont crus en force de l'attenter.

L'argument étoit également simple, présent, naturel et pressant; il s'offroit de soi-même. Aussi le confesseur en fut-il étourdi; le rouge lui monta, il battit la campagne; moi de le presser. Il reprit ses esprits peu à peu; et, avec un sourire de satisfaction de la solution péremptoire qu'il m'alloit donner : « Vous n'y êtes, me dit-il; tenez, d'un seul mot je vais faire tomber tout votre raisonnement; écoutez-moi : Si, dans le cas que vous proposez, et qui malheureusement n'est que trop susceptible d'arriver, le pape s'avisoit de prendre parti pour l'un des deux contendants, et d'excommunier l'autre et ceux qui l'assisteroient, alors cette excommunication ne seroit pas dans le cas de la censure que le pape fait dans sa bulle, elle ne seroit pas injuste seulement, mais elle seroit fausse. Voyez bien, monsieur, cette différence, et sentez-la; car le pape ne peut avoir aucune raison d'excommunier aucun des deux partis, ni des deux contendants. Or, cela étant comme cela est vrai, son excommunication seroit fausse. Jamais il n'a été décidé qu'une excommunication fausse puisse ni doive empêcher de faire son devoir; par conséquent cette excommunication porteroit à faux, et ne porteroit aucun avantage à l'un ni aucun préjudice à l'autre, qui agiroit tout comme s'il n'y avoit point d'excommunication. — Voilà, mon père, qui est admirable, lui répondis-je; la distinction est subtile et habile, j'en conviens, et j'avoue encore que je ne m'y attendois pas; mais quelques petites objections encore, je vous supplie. Les ultramontains conviendroient-ils de la nullité de l'excommunication? N'est-elle pas nulle dès qu'elle est injuste? car qui peut enjoindre de commettre l'injustice, et l'enjoindre sous peine d'excommunication? Si le pape a le pouvoir d'excommunier injustement, et de faire obéir à son excommunication, qui est-ce qui a limité un pouvoir aussi illimité, et pourquoi son excommunication nulle ne seroit-elle pas respectée et obéie autant que son excommunication injuste ? Enfin, quand, par la réception des évêques, des parlements de tout le royaume, et qu'en conséquence par la chaire, les confessions et les instructions, il sera bien établi et inculqué à toutes sortes de personnes que l'excommunication injuste doit empêcher de faire son devoir, qu'ensuite le cas proposé arrivera en France, et qu'en conséquence le pape excommuniera l'un des contendants et ceux qui soutiendront son parti, pensez-vous qu'alors il fût facile de faire comprendre votre subtile distinction entre l'excommunication injuste et l'excommunication fausse aux peuples, aux soldats, aux officiers, aux bourgeois, aux seigneurs, aux femmes, au gros du monde, de leur en prouver la différence, d'appliquer cette différence à l'excommunication fulminée, de les en bien convaincre, et tout cela dans le moment qu'il seroit question d'agir et de prendre les armes? Voilà, mon père, de grands inconvénients; et je n'en vois aucun à ne pas recevoir la censure dont il s'agit entre nous dans la bulle, que celui de ne pas laisser prendre au pape ce nouveau titre qu'il se donne à lui-même de pouvoir déposer les rois, dispenser leurs sujets du serment de fidélité, et disposer de leur couronne, contre les paroles formelles de Jésus-Christ et de toute l'Écriture. »

Cette courte exposition transporta le jésuite, parce qu'elle mettoit le doigt sur la lettre malgré ses cavillations et ses adresses. Il évita toujours de me rien dire de personnel, mais il rageoit; et plus il se contenoit à mon égard, moins il le put sur la matière; et, comme pour se dédommager de sa modération à mon égard, plus il s'emporta et se lâcha sur la manière de forcer tout le royaume à recevoir la bulle sans en modifier la moindre chose.

Dans cette fougue, où, n'étant plus maître de soi, il s'échappa à bien des choses dont je suis certain qu'il auroit

après racheté très-chèrement le silence, il me dit tant de
choses sur le fond et sur la violence pour faire recevoir, si
énormes, si atroces, si effroyables, et avec une passion si
extrême, que j'en tombai en véritable syncope. Je le voyois
bec à bec entre deux bougies, n'y ayant du tout que la largeur de la table entre-deux (j'ai décrit ailleurs son horrible
physionomie); éperdu tout à coup par l'ouïe et par la vue,
je fus saisi, tandis qu'il parloit, de ce que c'étoit qu'un
jésuite, qui, par son néant personnel et avoué, ne pouvoit
rien espérer pour sa famille, ni par son état et par ses
vœux, pour soi-même, pas même une pomme ni un coup de
vin plus que tous les autres, qui par son âge touchoit au
moment de rendre compte à Dieu, et qui, de propos délibéré
et amené avec grand artifice, alloit mettre l'État et la religion
dans la plus terrible combustion, et ouvrir la persécution la
plus affreuse pour des questions qui ne lui faisoient rien, et
qui ne touchoient que l'honneur de leur école de Molina.

Ses profondeurs, les violences qu'il me montra, tout cela
ensemble me jeta en une telle extase, que tout à coup je me
pris à lui dire en l'interrompant : « Mon père, quel âge avez-
vous? » Son extrême surprise, car je le regardois de tous
mes yeux qui la virent se peindre sur son visage, rappela
mes sens, et sa réponse acheva de me faire revenir à moi-
même. « Hé! pourquoi, me dit-il en souriant, me deman-
dez-vous cela? » L'effort que je me fis pour sortir d'un *sproposito* si unique, et dont je sentis toute l'effrayante valeur,
me fournit une issue : « C'est, lui dis-je, que je ne vous
avois jamais tant regardé de suite qu'en ce vis-à-vis et entre
ces deux bougies, et que vous avez le visage si bon et si sain
avec tout votre travail que j'en suis surpris. » Il goba la repartie, ou en fit si bien le semblant qu'il n'y a jamais paru
ni lors ni depuis, et qu'il ne cessa point de me parler très-
souvent et presque en tous ses voyages de Versailles comme
il faisoit auparavant, et avec la même ouverture, quoique je
ne recherchasse rien moins. Il me répliqua qu'il avoit

soixante-quatorze ans, qu'en effet il se portoit très-bien, qu'il étoit accoutumé de toute sa vie à une vie dure et de travail; et de là reprit où je l'avois interrompu.

Nous le fûmes peu après, et réduits au silence, et à n'oser même remuer, par la compagnie que nous entendîmes entrer dans mon cabinet. Heureusement elle ne s'y arrêta guère, et Mme de Saint-Simon, qui n'ignoroit pas mon tête-à-tête, contribua à nous délivrer.

Plus de deux heures se passèrent de la sorte : lui, à payer de subtilités puériles pour le fond, d'autorité et d'impudence pour l'acceptation et pour la forme d'accepter; moi, à ne plus remuer que des superficies, dans la parfaite conviction où il venoit de me mettre que les partis les plus désespérés et les plus enragés étoient pris et bien arrêtés. Nous nous séparâmes sans nous être persuadés : lui, me disant sur ce force gentillesses sur mon esprit, que je n'y étois pas, que je n'entendois pas la matière, que je ne m'arrêtois qu'à du spécieux futile, qu'il en étoit surpris, et qu'il me prioit d'y faire bien mes réflexions; moi, de répondre rondement qu'elles étoient toutes faites, et que ma capacité ne pouvoit aller plus loin. Malgré cette franchise il parut lors et depuis fort content de moi, quoiqu'il n'en pût jamais tirer autre chose; et je n'avois garde aussi de ne me pas montrer fort content de lui.

Je le fis sortir par la petite porte de derrière mon cabinet, en sorte que personne ne l'aperçut; et dès que je l'eus refermée je me jetai dans une chaise comme un homme hors d'haleine, et j'y demeurai longtemps seul dans mon cabinet, à réfléchir sur le prodige de mon extase, et sur les horreurs qui me l'avoient causée.

Les suites en commencèrent incontinent après par l'assemblée des évêques à Paris; et c'est ce qui appartient à l'histoire particulière de la constitution, à laquelle je les laisserai pour n'y revenir que lorsque j'aurai à y parler nécessairement de ce qui en aura passé par mes mains, ou, d'une manière également curieuse, sous mes yeux ou par mes oreilles.

CHAPITRE II

M. de Savoie prend le titre de roi de Sicile. — Il imite le roi sur ses bâtards. — Prie, nommé ambassadeur à Turin, épouse la fille de Plénœuf, qui devient fatale à la France. — Gouvernement d'Alsace et de Brisach au maréchal d'Huxelles. — Trois cent mille livres à Torcy ; quatre cent mille livres à Pontchartrain ; quatre cent mille livres au duc de La Rochefoucauld. — Lamoignon greffier, Chauvelin grand trésorier de l'ordre ; Voysin et Desmarets en ont le râpé. — Chauvelin ; quel ; et son beau-père. — Dalon ; quel. — Chassé de sa place de premier président du parlement de Bordeaux. — Prise de Fribourg par Villars, qui envoie Contade à la cour. — Duc de Fronsac apporte la prise de Brisach ; le roi lui donne douze mille livres et un logement à Marly. — Kirn rendu à Besons, qui sépare son armée et revient à Paris. — Conférences à Rastadt entre Villars et le prince Eugène, qui y traitent et y concluent la paix entre la France, l'empereur et l'empire. — Réforme de troupes. — Mort du prince de Toscane. — Mort d'Harleville. — Mort du chevalier de Grignan ou comte d'Adhémar. — Mort de Gassion ; quel il étoit, et sa famille. — Mort de la princesse de Courtenai ; sa famille, que le roi montre sentir être de son sang. — Saintrailles ; quel ; sa mort. — Mort et caractère de Phélypeaux. — Mort du duc de Medina-Sidonia. — Ronquillo destitué de la place de gouverneur du conseil de Castille ; on lui donne une pension de dix mille écus. — Retour du duc d'Aumont. — Le roi de Sicile passe avec la reine en Sicile, et laisse le prince de Piémont régent avec un conseil. — Peterborough et Jennings saluent le roi. — Électeur de Bavière à Paris ; voit le roi.

M. de Savoie, en vertu de la paix d'Utrecht, prit le 22 septembre le titre de roi de Sicile, et trancha tout aussitôt non-seulement du grand roi, mais il imita leurs tours d'autorité les plus nouveaux. Il avoit un fils et une fille de Mme de Vérue ; il les avoit légitimés ; ils étoient demeurés jusqu'alors dans cet état simple ; il voulut que toute sa cour leur donnât de l'Altesse. Le fils fut tué sans alliance, la fille étoit fort aimée de son père; il voulut imiter le roi; il la maria au prince de Carignan, fils unique du fameux muet, et l'héritier présomptif de ses États après ses deux fils. Il fit appeler l'aîné duc de Savoie, l'autre prince de Piémont. Le roi nomma le marquis de Prie ambassadeur à Turin, et lui donna quatre mille livres d'augmentation de pension, mille écus par mois, et dix mille pour son équipage. Il épousa avant son départ la fille de Plénœuf qui s'étoit enrichi aux dépens des vivres et des hôpitaux des armées, et qui étoit devenu depuis, pour se mettre à couvert, commis de Voysin. Mme de Prie[1] étoit extraordinairement jolie et bien faite, avec beaucoup d'esprit et une lecture surprenante. Elle fut à Turin avec son mari; à son retour, elle devint maîtresse publique de M. le Duc, et la Médée de la France pendant le ministère de ce prince.

Le roi donna le gouvernement d'Alsace et celui de Brisach, vacants par la mort du duc Mazarin, au maréchal d'Huxelles, qui fut un présent de près de cent mille livres de rente; cent mille écus à Torcy sur les postes, et quatre cent mille livres à Pontchartrain, pour lui aider à acheter les terres que la maréchale de Clérembault lui vendit pour après sa mort; et autres quatre cent mille livres à M. de La Rochefoucauld, qui, sous prétexte de pleurer pour avoir de quoi payer ses dettes, voulut gorger ses valets.

La Vrillière vendit sa charge de greffier de l'ordre à Lamoignon, président à mortier, avec permission de conserver le cordon bleu; Voysin eut le râpé[2] de cette charge. Chamillart vendit aussi la sienne de grand trésorier de l'ordre en

1. Mme de Prie était fille d'un riche financier nommé Berthelot de Plénœuf ou Pleinœuf. Le marquis d'Argenson confirme, dans ses Mémoires (p. 201-202), ce que dit Saint-Simon de Mme de Prie : « Je ne crois pas, dit-il, qu'il ait jamais existé créature plus céleste. Une figure charmante et plus de grâces encore que de beauté; un esprit vif et délié, du génie, de l'ambition, de l'étourderie, et pourtant une grande présence d'esprit, etc. » Le Journal inédit du marquis d'Argenson donne, sur Mme de Prie, des détails qu'il aurait été difficile d'insérer dans les Mémoires.

2. Le sens de ce mot a été expliqué t. II, p. 296, note.

conservant le cordon; Desmarets en eut le râpé, et Chauvelin la charge. Il étoit fort jeune, et seulement avocat général. Ce fut une chute nouvelle pour ces charges, qui mortifia fort les ministres bien que décorés de les avoir eues, et les premiers magistrats. Celui-ci, qui étoit frère aîné de celui qui longtemps après fut garde des sceaux, en savoit encore plus que lui; il avoit su gagner la confiance du roi qui s'en servoit pour beaucoup de manéges des jésuites; il avoit des audiences longues et fréquentes par les derrières; à peine encore cela s'apercevoit-il, et il auroit été à tout pour peu que le roi et lui eussent vécu davantage. Il étoit gendre de Gruchy, qui avoit été longtemps intendant de mon père, qui ne l'a jamais oublié, qui l'a bien et fidèlement servi, qui s'étoit enrichi dans les partis sous Pontchartrain, contrôleur général, et qui a vécu près de cent ans dans une santé parfaite de corps et d'esprit.

Dalon, qui avoit succédé à son père, un des meilleurs et des plus honnêtes magistrats du royaume, et ami de mon père à la place de premier président de Pau, et qui étoit homme de beaucoup d'esprit et de capacité, avoit passé à celle de premier président de Bordeaux. Il y fit tant de folies et de friponneries insignes qu'il eut ordre d'en donner la démission. Cette punition parut un prodige dans l'impunité que la magistrature avoit acquise avec tant d'autres usurpations de ce règne. Dalon se cacha de honte les premières années après sa chute. Il reprit après courage, et demanda longtemps avec impudence une autre place pareille, ou une de conseiller d'État. Il ne se lassa point de frapper à toutes les portes. On ne se lassa point non plus de le laisser aboyer. Enfin, après bien des années, il s'en alla s'enterrer chez lui, où il a vécu fort abandonné et encore plus méprisé jusqu'à sa mort, arrivée il n'y a pas bien longtemps.

Le maréchal de Villars fit attaquer, le 14 octobre, la contrescarpe de Fribourg, à cinq heures du soir. Vivans étoit lieutenant général de jour, et s'y distingua fort. L'action fut longue et fort disputée. Il y eut vingt-cinq capitaines de grenadiers tués, et douze cents hommes plus tués que blessés; on s'établit enfin sur la contrescarpe et sur la lunette [1]. Le maréchal de Villars demeura dans la tranchée jusqu'à onze heures du soir, que le logement fut tout à fait fini. La demi-lune fut attaquée le dernier octobre. On y trouva peu de résistance, tout ce qui s'y trouva fut tué ou pris. On se préparoit à donner le lendemain l'assaut au corps de la place, lorsqu'on aperçut sur le rempart deux drapeaux blancs. Le baron d'Arche, qui commandoit dans la place, avoit abandonné la ville, et s'étoit retiré au château et dans les forts avec tout ce qu'il avoit pu y mettre de troupes. Il avoit laissé dans la ville plus de deux mille blessés ou malades, huit cents soldats sains, pour qui il n'avoit pu trouver place dans le château et dans les forts, et toutes les femmes, les enfants, et force valets de la garnison. Villars fit entrer le régiment des gardes dans la ville, ne permit point à ces bouches inutiles de sortir, quelques cris qu'ils fissent, fit demander un million aux bourgeois pour se racheter du pillage, accorda cinq jours de trêve au gouverneur pour envoyer au prince Eugène lui demander ses ordres, et dépêcha Contade au roi, qui arriva à Marly le lundi matin 6 novembre. Villars donna encore jusqu'au 15 au baron d'Arche, sans tirer de part ni d'autre, mais le maréchal faisant travailler à ses batteries, et le gouverneur envoyant la nourriture à ce qu'il avoit laissé dans la ville. Le mardi 21 novembre, le duc de Fronsac arriva à Marly portant au roi la nouvelle de la capitulation du château et des forts de Fribourg. Il y avoit sept mille hommes fort entassés, qui sortirent le 17 avec tous les honneurs de la guerre, qui finit par cet exploit. Asfeld, longtemps depuis, maréchal de France, fut laissé à Fribourg pour y commander, et dans le Brisgau, sous les ordres du Bourg, commandant en

1. Petite fortification de forme triangulaire pratiquée dans l'intérieur des demi-lunes.

Alsace. Villars revint à Strasbourg; et le duc de Fronsac eut douze mille livres pour sa course, et un logement à Marly pour le reste du voyage, et plus retourner, parce que l'armée s'alloit séparer.

Besons, en séparant la sienne, fit sommer Kirn qui se rendit; et lui s'en revint à Paris et saluer le roi.

Il y avoit eu des propositions secrètes, pendant les derniers temps du siége, de la part du prince Eugène au maréchal de Villars, qui disparut même une fois du siége fort peu accompagné pendant une journée. Contade, en apportant la nouvelle de la contrescarpe, avoit été chargé d'autres choses sur ces propositions, et de rapporter les ordres du roi. Il y eut encore depuis force courriers que n'exigeoit pas la situation du siége presque fini. En effet le maréchal de Villars partit le 27 novembre de Strasbourg, accompagné du prince de Rohan, de Châtillon, Broglio et Contade, pour arriver, le même jour et en même temps que le prince Eugène, au château de Rastadt, bâti magnifiquement par le feu prince Louis de Bade, et que sa veuve prêta pour y tenir entre ces deux généraux les conférences de la paix entre la France, l'empereur et l'empire. Ils conservèrent tous deux la plus entière égalité en tout, et la plus parfaite politesse. Ils eurent chacun une garde de cent hommes. Les conférences entre eux deux seuls commencèrent incontinent après. Le prince de Rohan n'y demeura que deux ou trois jours, et s'en revint à Paris. On trouvera dans les Pièces tout ce qui regarde ces conférences, le traité qui en résulta et que les deux généraux y signèrent, et ce qui se passa depuis en conséquence à Bade où le traité définitif fut signé; ce qui me dispensera de m'étendre ici sur ces matières[1].

Pendant ces conférences, le roi réforma soixante bataillons et dix-huit hommes par compagnie du régiment des gardes.

1. A défaut des pièces auxquelles renvoie Saint-Simon, on peut consulter les Mémoires de Torcy, qui a dirigé toutes ces négociations comme secrétaire d'État chargé des affaires étrangères.

et cent six escadrons, dont vingt-sept de dragons. Outre que la paix paroissoit sûre avec l'Allemagne, le roi, en paix avec le reste de l'Europe, n'avoit plus besoin de tant de troupes, quand la guerre eût continué contre l'empereur et l'empire.

L'année se termina par plusieurs morts. Le grand-duc perdit son fils aîné, le 30 octobre, à cinquante ans, qui étoit un prince de grande espérance, mais dont la santé étoit perdue il y avoit longtemps. Il avoit épousé, en 1688, la sœur de Mme la dauphine de Bavière, et des électeurs de Cologne et de Bavière, dont il n'eut jamais d'enfants. Mme la grande-duchesse, sa mère, qui étoit revenue en France depuis longues années, sentit moins cette perte que toute la Toscane, et que le grand-duc, à qui il ne restoit plus d'héritier [que] son second fils, séparé de sa femme depuis plusieurs années, dont il n'avoit point d'enfants, et qui s'en étoit retournée vivre chez elle en Allemagne. Elle n'avoit point eu d'enfants. Elle et sa sœur, la veuve du célèbre prince Louis de Bade, étoient les dernières de cette ancienne et grande maison de Saxe-Lauenbourg. Le deuil du roi fut en noir et de trois semaines.

Harleville mourut assez vieux. Son nom étoit Brouilly, comme la duchesse d'Aumont et la marquise de Châtillon, ses issues de germaines, du père duquel[1] il avoit acheté le gouvernement de Pignerol. Il avoit bien servi, et il étoit fort honnête homme et considéré. Le roi avoit continué à lui en payer trente-cinq mille livres de rente d'appointements, dont huit mille demeurèrent sur la tête de sa femme.

Le comte d'Adhémar mourut, à Marseille, sans enfants de Mlle d'Oraison, que sa famille lui avoit fait épouser pour en avoir. Il avoit été fort connu sous le nom de chevalier de Grignan. Il avoit été des premiers menins de Monseigneur, homme de beaucoup d'esprit, de sens, de courage et de

---

1. Nous avons reproduit exactement le manuscrit de Saint-Simon, mais il faudrait lire probablement *du père desquelles*.

lecture, fort dans le grand monde, et recherché de la meilleure compagnie. La goutte, qui l'affligea à l'excès et de fort bonne heure, le fit retirer en Provence. Il étoit frère du comte de Grignan, chevalier de l'ordre, lieutenant général et commandant dans cette province. Mme de Sévigné en parle beaucoup dans ses lettres.

Gassion, fort ancien lieutenant général, très-distingué, gouverneur d'Acqs et de Mézières, mourut, à Paris, d'une longue maladie à soixante-treize ans. Il avoit été longtemps lieutenant des gardes du corps, et en avoit quitté le corps pour servir plus librement de lieutenant général, dans l'espérance de devenir maréchal de France. On en avoit fait plus d'un qui ne le valoient pas, mais on n'en avoit jamais tiré des gardes du corps, et c'est ce qui le pressa d'en sortir. Le roi en fut secrètement piqué par jalousie pour ses compagnies des gardes, le traita extérieurement honnêtement, l'employa, mais ce fut tout. C'étoit un petit Gascon vif, ambitieux, ardent, qui se sentoit encore plus qu'il ne valoit, et qui peu à peu en mourut de chagrin. Il étoit propre neveu du célèbre maréchal de Gassion, et cela lui avoit tourné la tête. Gassion, son neveu, a été plus heureux que lui et à meilleur marché. Le grand-père du maréchal, qui est le premier de ces Gassion qu'on connoisse distinctement, fut procureur général au conseil de Navarre, que Jeanne d'Albret, reine de Navarre, avoit fait élever. Il se jeta dans Navarreins assiégé par les Espagnols; le gouverneur y fut tué, il y commanda en sa place, contraignit les Espagnols de se retirer à Orthez jusqu'où il les poursuivit, les y assiégea et les força de se rendre. Cette action lui valut la présidence du conseil souverain de Navarre, et [il] fut depuis chef du conseil secret du roi de Navarre. Le fils de celui-là fut procureur général, puis président du conseil souverain de Navarre, et mourut, avec un brevet de conseiller d'État, en 1598. Il fut père du maréchal de Gassion, d'un évêque d'Oléron, et de leur aîné qui fut président à mortier après avoir été procureur général au parlement de Navarre. Il fut aussi intendant de la généralité de Pau; eut, en 1636, de ces brevets de conseiller d'État comme avoit eu son père; et obtint, en 1660, l'érection de sa terre de Camou en marquisat sous le nom de Gassion. Celui-ci est le père de Gassion des gardes du corps qui a donné lieu à cette petite digression, et de plusieurs enfants dont l'aîné fut président à mortier au parlement de Pau, et eut, en 1664, un de ces brevets de conseiller d'État. Entre plusieurs enfants, il a eu le marquis de Gassion, gendre d'Armenonville, garde des sceaux, qui est devenu lieutenant général distingué, gouverneur d'Acqs et de [Mézières], chevalier du Saint-Esprit à la Pentecôte 1743.

Le prince de Courtenai perdit sa femme, qui par son bien le faisoit subsister, et qui lui laissa un fils, et une fille qui épousa le marquis de Bauffremont, chevalier de la Toison d'or, et depuis lieutenant général. Le fils avoit épousé la sœur de M. de Vertus des bâtards de Bretagne, veuve de don Gonzalez Carvalho Palatin, grand maître des bâtiments du roi de Portugal, d'où elle étoit revenue. Il avoit peu servi, et avoit eu un frère aîné tué dans les mousquetaires au siége de Mons, où son père étoit à la suite de la cour. Le roi l'alla voir sur cette perte, ce qui parut très-extraordinaire, et un honneur qu'il voulut faire, lorsqu'il ne le faisoit plus à personne depuis bien des années, qui montra qu'il ne le pouvoit ignorer être bien réellement prince de son sang, mais que les rois ses prédécesseurs ni lui n'avoient jamais voulu reconnoître. Ce prince de Courtenai étoit fils d'une Harlay, n'eut point d'enfants d'une Lamet, sa première femme, et eut ceux-ci de la seconde, qui étoit veuve de Le Brun, président au grand conseil, et fille de Duplessis-Besançon, gouverneur d'Auxonne et lieutenant-général. J'aurai lieu de parler encore de ce prince de Courtenai et du fils qui lui resta, et qui a été le dernier de cette branche infortunée de la maison royale.

Saintrailles mourut, qui étoit vieux et à M. le Duc dont j'ai eu occasion de parler lors de la mort de M. le Duc, gendre du roi. C'etoit un homme d'honneur et de valeur, le meilleur joueur de trictrac de son temps, et qui possédoit aussi tous les autres [jeux] sans en faire métier. Il avoit l'air important, le propos moral et sententieux, avare et avoit accoutumé à des manières impertinentes tous les princes du sang et leurs amis particuliers qui étoient devenus les siens. Il n'étoit ni Poton ni Saintrailles, mais un très-petit gentilhomme et point marié. Il n'avoit qu'une nièce, fort jolie et sage, fille d'honneur de Mme la Duchesse. Lorsqu'elle n'en eut plus, elle demeura auprès de Mme la Princesse. Le marquis de Lanques, de la maison de Choiseul, en devint si amoureux qu'il la voulut épouser. Il étoit capitaine dans Bourbon, fut blessé pendant la campagne, revint mourant à Paris, se fit porter à Saint-Sulpice, où il l'épousa, et mourut deux jours après. Saintrailles lui donna tout son bien, avec lequel elle épousa M. d'Illiers.

On apprit par les lettres de la Martinique que Phélypeaux y étoit mort. C'étoit un homme très-extraordinaire, avec infiniment d'esprit, de lecture, d'éloquence et de grâce naturelle; fort bien fait, point marié, qui n'avoit rien, avare quand il pouvoit, mais honorable et ambitieux, qui n'ignoroit pas qui il étoit, mais qui s'échafaudoit sur son mérite et sur le ministère; poli, fort l'air du monde et d'excellente compagnie, mais particulier, avec beaucoup d'humeur, et un goût exquis en bonne chère, en meubles et en tout. Il étoit lieutenant général, fort paresseux et plus propre aux emplois du cabinet qu'à la guerre. Il avoit été auprès de l'électeur de Cologne, puis ambassadeur à Turin, et fort mal traité à la rupture, dont il donna une relation à son retour, également exacte, piquante et bien écrite, à l'occasion de quoi j'ai eu lieu de parler de lui. Il fut conseiller d'État d'épée à son retour; mais, après cet écrit où M. de Savoie étoit cruellement traité, et les propos que Phélypeaux ne ménagea pas davantage, Mme la duchesse de Bourgogne lui devint un fâcheux inconvénient, et M. de Savoie même après la paix. Il n'avoit rien ; et il n'avoit qu'un frère, évêque de Lodève, qui n'avoit pas moins d'esprit et plus de mœurs que lui, chez lequel il alla vivre en Languedoc. Ils étoient cousins germains de Châteauneuf, secrétaire d'État, père de La Vrillière, qui avec le chancelier et son fils trouva moyen de l'envoyer à la Martinique général des îles, qui est un emploi indépendant, de plus de quarante mille livres de rente, sans le tour du bâton qu'il savoit faire valoir.

La mort du duc de Medina-Sidonia termina l'année. Elle arriva subitement à Madrid, comme il étoit prêt à monter dans le carrosse du roi d'Espagne, dont il étoit grand écuyer, et chevalier du Saint-Esprit. C'étoit un des plus grands seigneurs d'Espagne et des plus accomplis, fort vieux et fort attaché au roi d'Espagne. J'ai eu occasion d'en parler sur le testament de Charles II, et l'avénement de Philippe V à la couronne. Il laissa un fils qui a eu aussi postérité. Il étoit l'aîné de cette grande et ancienne maison de Guzman, et le plus ancien duc d'Espagne. Mais c'est la grandesse qui y fait tout ; et quoique la sienne soit des premières, j'ai déjà remarqué que l'ancienneté ne s'y observe point parmi les grands. J'aurai lieu d'en parler encore à l'occasion de mon ambassade extraordinaire en Espagne. J'y parlerai aussi de la grande charge de président du conseil de Castille, et à son défaut de la place de gouverneur de ce conseil. Ronquillo l'avoit, qui en cette qualité ne donnoit pas chez lui la main à M. de Vendôme, malgré l'étrange Altesse et le genre que Mme des Ursins lui avoit fait donner pour en prendre le semblable. Il fut remercié avec une pension de dix mille écus.

Le duc d'Aumont arriva de son ambassade d'Angleterre, et eut une longue audience du roi, dans son cabinet. On remarqua qu'il affecta toutes les manières angloises jusqu'à nouer sa croix à son cordon bleu, comme les chevaliers de la Jarretière portent leurs médailles attachées à leur cordon. Son arrivée ne reçut pas de grands applaudissements. L'argent qu'il en sut rapporter sut aussi l'en consoler.

Le nouveau roi de Sicile ne tarda pas à aller reconnoître cette île par lui-même, et ce qu'il en pourroit tirer. Il y mena la reine sa femme, fit un conseil pour gouverner à Turin en son absence, et offrit à Mme sa mère la qualité de régente. Au peu de part qu'il lui avoit donné toute sa vie aux affaires, depuis qu'il en eut pris l'administration de ses mains, elle sentit bien le vide d'un titre offert par la seule bienséance, et s'excusa de l'accepter. Sur son refus, il le donna au prince de Piémont, son fils, jeune prince de la plus grande espérance, et partit sur les vaisseaux de l'amiral Jennings, qui le portèrent à Palerme. Il y fut couronné; et les Siciliens n'oublièrent rien par leurs empressements, leurs hommages, leurs fêtes, pour se mettre bien avec un prince aussi jaloux et aussi clairvoyant. Il donna cinquante mille livres, avec son portrait enrichi de diamants, à Jennings pour son passage, et la reine de Sicile une fort belle bague. Jennings vint après mouiller aux côtes de Provence, et reçut force honneurs à Toulon. Il vint ensuite à Paris. Le comte de Peterborough, qui avoit tant de fois couru l'Europe, et servi l'archiduc en Espagne avec tant de fureur, étoit aussi venu se promener à Paris. C'étoit un homme qui, dans un âge fort avancé, et chevalier de la Jarretière, ne pouvoit durer en place. Torcy le présenta au roi à Versailles le lundi 4 décembre, et tout de suite Peterborough présenta Jennings au roi. Ces amiraux d'escadre ne sont, sous ces grands noms, que ce que sont parmi nous des chefs d'escadre. Celui-là disoit qu'il avoit gagné cinq cent mille écus depuis qu'il servoit. Il s'en faut tout que les nôtres gagnent autant. Il s'en alla incontinent en Angleterre.

L'électeur de Bavière arriva le lundi 18 décembre de Compiègne à Paris, et vint descendre chez Monasterol son envoyé en cette ville. Il alla le mercredi 20 à Versailles. Il vit le roi l'après-dînée par les derrières à l'ordinaire, il fut seul avec lui une demi-heure dans son cabinet, et retourna après à Paris chez Monasterol, où il vit peu de monde, fort triste de n'espérer plus le titre de roi de Sardaigne.

CHAPITRE III.

1714. — L'Évangile présenté à baiser au roi par un cardinal, de préférence à l'aumônier de jour, en absence du grand et du premier aumônier. — Duc d'Uzeda peu compté à Vienne, et son fils emprisonné au château de Milan. — Duc de Nevers dépouillé par le roi de la nomination à l'évêché de Bethléem. — Duc de Richelieu se brouille avec sa femme et la quitte. — Cavoye prend soin de lui. — Force bals à la cour et à Paris. — Bals, jeux, comédies et nuits blanches à Sceaux. — Mme la duchesse de Berry, grosse, mange au grand couvert en robe de chambre. — Abbé Servien à Vincennes. — Mort, fortune, famille et caractère du duc de La Rochefoucauld. — Bachelier; sa fortune; son mérite. — Surprise étrange du duc de Chevreuse et de moi chez le duc de La Rochefoucauld. — Hardie générosité du duc de La Rochefoucauld. — Vieux levain de Liancourt. — Ses deux fils. — Comte de Toulouse grand veneur. — Douze mille livres de pension au nouveau duc de La Rochefoucauld. — Le chancelier voit un homme se tuer. — Commencement de la persécution en faveur de la constitution *Unigenitus*. — Mariage du prince de Pons et de Mlle de Roquelaure. — Gouvernement de Dunkerque à Grancey en épousant la fille de Médavy, son frère. — Vingt-cinq mille livres de rente fort bizarres au premier président. — Mort de Bragelogne. — Ambassadeurs de Hollande saluent le roi. — Grande maladie de la reine d'Angleterre à Saint-Germain. — Mort du duc de Melford à Saint-Germain. — Mort de Mahoni. — M. le duc de Berry entre au conseil des finances.

Le premier jour de cette année 1714, il ne se trouva ni grand ni premier aumônier à la grand'messe de l'ordre, célébrée par l'abbé d'Estrées. Il y eut difficulté à qui présenteroit au roi l'Évangile à baiser, entre l'aumônier de jour en quartier et le cardinal de Polignac qui n'avoit point l'ordre, mais qui se trouva au prie-Dieu, et en faveur duquel le roi décida. Il ne donna aucunes étrennes cette année. Elles ne regardoient que Mme la duchesse de Berry dont il n'étoit guère content, et Madame à qui il venoit d'augmenter très-considérablement ses pensions. Pour M. le duc de Berry il ne s'en embarrassa pas ; il n'y avoit guère qu'un an qu'il lui avoit augmenté ses pensions de quatre cent mille livres. Peu de jours après il le fit entrer au conseil de finances, où il fut quelques conseils sans opiner, comme il avoit été quelques-uns de même en ceux de dépêches lorsqu'il avoit commencé à y entrer. C'étoit le chemin d'être bientôt admis en celui d'État. Le roi avoit usé des mêmes gradations envers Monseigneur et Mgr le duc de Bourgogne.

Le duc d'Uzeda, peu considéré de l'empereur, depuis qu'il avoit quitté si vilainement le parti de Philippe V pour s'attacher au sien, eut tout au commencement de cette année le déplaisir de voir mettre son fils prisonnier au château de Milan.

Il y a un fantôme d'évêché sous le titre de Bethléem dans le duché de Nevers, sans territoire, dont la résidence est à Clamecy, qui ne vaut que cinq cents écus de rente, que les ducs de Nevers avoient toujours nommé. M. de Nevers l'avoit donné au P. Sanlèque, religieux de Sainte-Geneviève, qui excelloit à régenter l'éloquence et les humanités en leur collége de Nanterre, et qui étoit aussi bon poëte latin, aux mœurs duquel il n'y avoit rien à reprendre. Mais les jésuites, jaloux de tous colléges et qui n'aimoient pas les chanoines réguliers, ne s'accommodèrent pas que cette figure d'évêché leur échappât, dont ils pouvoient défroquer quelque moine, et s'en attacher beaucoup par cet appât. Le P. Tellier, tirant sur le temps et sur le peu de considération du collateur, fit entendre au roi qu'il ne convenoit pas qu'un particulier fît sans lui un évêque dans son royaume, acheva ce que les jésuites avoient commencé avant lui, car il y avoit douze ans que Sanlèque étoit nommé sans avoir pu obtenir des bulles. Il les fit accorder au P. Le Bel, récollet, nommé dès lors par le roi qui n'y pensoit plus. Le Bel fut sacré, et Sanlèque n'eut aucune récompense. Depuis cela cette idée d'évêché est demeurée à la nomination du roi.

Le duc de Richelieu, remarié depuis assez longtemps pour la troisième fois, et logé chez sa femme au faubourg Saint-Germain, se brouilla avec elle, et voulut retourner à l'hôtel de Richelieu, à la place Royale, qu'il avoit loué à l'archevêque de Reims qui, faute de savoir où se mettre, vouloit soutenir son bail. Cavoye et sa femme, amis de tout temps de M. de Richelieu et qui ne venoient presque jamais à Paris, prêtèrent leur maison à l'archevêque jusqu'à ce qu'i en eût trouvé une à louer, et se mirent à prendre soin de M. de Richelieu qui avoit quatre-vingt-six ans, et qui en sa vie n'avoit su prendre soin de lui-même. Ce leur fut un mérite auprès de Mme de Maintenon, et par conséquent auprès du roi.

Cet hiver fut fertile en bals à la cour. Il y en eut plusieurs parés et masqués chez M. le duc de Berry, chez Mme la duchesse de Berry, chez M. le Duc et ailleurs. Il y en eut aussi à Paris, et à Sceaux où Mme du Maine donna force fêtes et nuits blanches, et joua beaucoup de comédies, où tout le monde alloit de Paris et de la cour, et dont M. du Maine faisoit les honneurs. Mme la duchesse de Berry étoit grosse et n'alloit guère aux bals hors de chez elle. Le roi lui permit, à cause de sa grossesse, de souper avec lui en robe de chambre, comme en même cas il l'avoit permis aux deux Dauphines seulement.

L'abbé Servien, dont j'ai parlé ailleurs, étant à l'Opéra, ne put tenir aux louanges du roi du prologue. Il lâcha tout à coup au parterre un mot sanglant, mais fort juste et fort plaisant, en parodie, qui le saisit, et qui fut trouvé tel, répété et applaudi. Deux jours après il fut arrêté et conduit à Vincennes, avec défense de parler à personne, et sans aucun domestique pour le servir. On mit pour la forme le scellé sur ses papiers. Il n'étoit pas homme à en avoir de plus importants que pour allumer du feu. Il est vrai que, à plus de soixante-cinq ans qu'il avoit alors, il étoit étrangement débauché.

Le duc de La Rochefoucauld mourut le jeudi 11 janvier, à soixante-dix-neuf ans, aveugle, à Versailles, dans sa belle maison du Chenil, où il s'étoit retiré depuis quelques années. Quoique j'aie eu lieu de parler diverses fois de lui, il a été personnage si singulier et si distingué toute sa vie qu'il est à propos de s'y arrêter un peu. Il étoit fils aîné du second fils de La Rochefoucauld et de la fille unique d'André de Vivonne, seigneur de La Chateigneraie, grand fauconnier de France, capitaine des gardes de la reine Marie de Médicis, et de Marie-Anne de Loménie. Cet André de Vivonne étoit petit-fils du frère aîné de François de Vivonne, seigneur d'Ardelay, favori d'Henri II, qui fut tué en sa présence en combat public et singulier par Guy Chabot, fils du seigneur de Jarnac, d'où est venu le proverbe du coup de Jarnac, 10 juillet 1547. Marie-Anne de Loménie était fille du sieur de La Ville-aux-Clercs, secrétaire d'État. M. de La Rochefoucauld porta le vain titre de prince de Marsillac, sans rang ni distinction quelconque pendant la vie de son père auquel il fut toujours très-attaché, quoique parfaitement dissemblable. Il le suivit dans le parti de M. le Prince, et ne rentra qu'avec lui dans l'obéissance. Il épousa en 1659, en novembre, Jeanne-Charlotte, fille et unique héritière d'Henri-Roger du Plessis, comte de La Rocheguyon, premier gentilhomme de la chambre du roi, en survivance de son père, qui fut depuis duc et pair de Liancourt, et d'Anne-Élisabeth de Lannoy, remariée un an auparavant au duc d'Elbœuf, père de celui d'aujourd'hui, dont elle fut la première femme, et dont elle eut M. d'Elbœuf, dit le Trembleur, et Mme de Vaudemont. M. et Mme de Marsillac étoient issus de germains. Le premier duc de La Rochefoucauld, grand-père de M. de Marsillac, avoit épousé Gabrielle du Plessis, fille de M. de Liancourt, premier écuyer, en faveur duquel cette charge fut soustraite à celle de grand écuyer, et de la célèbre Antoinette de Pons, marquise de Guercheville, père et mère du duc de Liancourt, ce qui faisoit que le grand-père et la grand'mère des mariés étoient frère et sœur. L'union étoit parfaite entre les deux familles, et ils logeoient tous ensemble à Paris, rue de Seine, dans ce bel hôtel de Liancourt qui est devenu l'hôtel de La Rochefoucauld. Il y auroit bien des choses curieuses à dire de ces deux Liancourt père et fils et de leurs femmes, mais qui sont trop éloignées de notre temps. M. de Marsillac n'eut que deux fils de sa femme; il la perdit le 14 août 1674. La duchesse de Liancourt sa grand'mère étoit morte le 14 juin précédent, à soixante-treize ans, et le duc de Liancourt le 1er août de la même année, à soixante-quinze ans. Grand Dieu, quel bonheur de ne survivre que six semaines!

Jamais peut-être l'aveuglement qu'on reproche à la fortune ne parut dans un plus grand jour que dans ce prince de Marsillac, qui rassembloit en lui toutes les causes de disgrâces, et qui, sans secours d'aucune part, brilla tout à coup de la plus surprenante faveur, et qui a été pleinement constante toute sa vie, c'est-à-dire près de cinquante ans, sans la plus légère interruption. Il étoit fils d'un père à qui le roi n'a jamais pu pardonner, le seul peut-être de tous les seigneurs du parti de M. le Prince, et M. de La Rochefoucauld le sentoit si bien qu'il ne se présentoit presque jamais devant le roi. M. et Mme de Liancourt étoient noircis d'un autre crime; le mari ne faisoit point sa charge de premier gentilhomme de la chambre longtemps avant de ne l'avoir plus; la femme avoit refusé d'être dame d'honneur de la reine. Ils passoient presque toute leur vie à Liancourt, dans les exercices de piété les plus édifiants et les plus continuels, ne paroissoient plus à la cour; et comme ils y avoient vécu dans la plus excellente et la plus brillante compagnie, ils avoient la meilleure à Liancourt, mais la moins à la mode. Ce lieu étoit le réduit de tout ce qui tenoit à Port-Royal, et la retraite des persécutés de ce genre. D'autres proches, M. de Marsillac n'en avoit point; et ceux-là n'étoient pas pour le produire ni l'étayer.

La figure, qui prévient souvent, et le roi presque toujours, n'étoit pas un don qu'il eût en partage, j'ai ouï dire aux gens de la cour de son temps que la sienne étoit tout à fait désagréable. Un homme entre deux tailles, maigre avec de gros os, un air niais quoique rude, des manières embarrassées, une chevelure de filasse, et rien qui sortît de là.

Fait de la sorte, et seul de sa bande, il arriva dans la plus brillante et la plus galante cour, où le comte de Guiche, Vardes, le comte du Lude, M. de Lauzun et tant d'autres se disputoient la faveur du roi et le haut du pavé chez la comtesse de Soissons, de chez qui le roi [ne] bougeoit alors. Ce centre de la cour d'où tout émanoit étoit encore un lieu où Marsillac, fils de M. de La Rochefoucauld, devoit être de contrebande pour la nièce du cardinal Mazarin; aussi fut-il fort mal reçu d'abord, et n'y fut accueilli de personne. Mais bientôt toute la troupe choisie, qui s'en moquoit, fut bien étonnée de voir le roi le mettre de ses parties, sans autre chose de sa part que de se présenter devant le roi, et sans que le roi lui eût montré auparavant aucune bienveillance. Cela dura ainsi quelque temps, et commença à exciter l'envie, lorsque la faveur se déclara et ne fit plus que croître.

M. de Lauzun fut arrêté en décembre 1671, à Saint-Germain, dans sa chambre, un soir qu'il revenoit de Paris rapporter des pierreries à Mme de Montespan qui l'en avoit chargé. Il étoit capitaine des gardes, et fut arrêté par le marquis de Rochefort, depuis maréchal de France, qui l'étoit aussi, car un capitaine des gardes ne peut être arrêté que par un autre capitaine des gardes, et dès le lendemain [il fut] mis en route de Pignerol. Il étoit gouverneur de Berry, Marsillac en fut pourvu tout aussitôt, et M. de Luxembourg de sa charge.

Guitry, favori pour qui le roi avoit fait la charge de grand maître de la garde-robe, fut tué au passage du Rhin en 1672. M. de Marsillac, qui y avoit été fort blessé à l'épaule, eut sa charge ; et à la mort de Soyecourt en 1679, qui étoit grand veneur, le roi écrivit à M. de Marsillac, qui étoit venu voir son père, ce billet qu'on a rendu si célèbre, par lequel il lui manda « qu'il se réjouissoit avec lui, comme son ami, de la charge de grand veneur qu'il lui donnoit comme son maître. »

Avec toute cette faveur, le père, de concert avec lui, eut beau s'opiniâtrer à ne lui point céder son duché, jamais M. de Marsillac ne put avoir le rang de prince, ni aucune autre distinction ; et ses instances furent aussi vaines depuis la mort de son père, qu'il perdit au commencement de 1680. Sur la fin de sa vie la faveur et les efforts de son fils lui avoient attiré quelques paroles du roi ; on en voit des traces dans les lettres de Mme de Sévigné, mais toujours rares et peu naturelles.

M. de Marsillac, que je nommerai désormais duc de La Rochefoucauld, étoit le seul confident des amours du roi, et le seul qui, le manteau sur le nez comme lui, le suivoit à distance lorsqu'il alloit à ses premiers rendez-vous. Il fut ainsi dans l'intimité de Mme de La Vallière, de Mme de Montespan, de Mme de Fontange, de tous leurs particuliers avec le roi, et de tout ce qui se passoit dans le secret de cet intérieur. Il demeura toute sa vie intimement avec Mme de Montespan, même depuis son éloignement, avec Mme de Thianges, avec ses filles. Il eût aimé d'Antin sans sa faveur. Aussi ne put-il jamais souffrir Mme de Maintenon, quoi qu'elle et le roi pussent faire. Jamais aussi elle n'osa l'entamer. Il se tenoit dans un respectueux silence, n'en approcha jamais; force révérences s'il la rencontroit par quelque hasard; et payoit toujours de monosyllabes et de révérences redoublées tout ce qu'en ces occasions elle lui disoit d'obligeant.

M. de La Rochefoucauld avoit beaucoup d'honneur, de valeur, de probité. Il étoit noble, bon, libéral, magnifique; il étoit obligeant et touché du malheur. Il savoit et osoit plus que personne rompre des glaces, et souvent forcer le roi. Mais, à force de prodiguer ses services avec peu de choix et de discernement, il fatigua et lassa enfin le roi, mais ce ne fut que sur les derniers temps; d'ailleurs sans aucun esprit, sans discernement, glorieux au dernier point, rude et rustre en toutes ses manières, très-volontiers brutal, désagréable en toutes ses façons, embarrassé avec tout ce qui n'étoit point ses complaisants, mais comme un homme qui ne sait pas recevoir une visite, ni entrer ou sortir d'une chambre; surtout désespéré si une femme lui parloit en le rencontrant. Hors M. de Bouillon et les maréchaux de Duras et de Lorges, il n'alloit chez qui que ce fût, excepté un instant pour des compliments indispensables de mort, de mariage, etc., et encore tout le moins qu'il pouvoit. Il vivoit chez lui avec un tel empire qu'il n'y voyoit personne aussi qu'à ces mêmes occasions, il n'y avoit que des gens désœuvrés qui n'étoient guère, et la plupart point, reçus ailleurs, qu'on appeloit les ennuyeux de M. de La Rochefoucauld, et ses valets, qui étoient ses maîtres, qui s'y mêloient de la conversation, et pour lesquels il falloit avoir toutes sortes d'égards et de complaisances, si on avoit envie de fréquenter la maison.

Il avoit plusieurs gentilshommes tant à lui que de la vénerie; mais, en cela très-homogène à son maître, ils étoient peu comptés, et ses valets l'étoient pour tout, jusque-là que ses enfants étoient réduits à leur faire la cour, et n'obtenoient rien de lui que par Bachelier, qui de son laquais étoit par sa protection devenu premier valet de garde-robe, et qui, contre l'ordinaire de ces gens-là, ne s'étoit jamais méconnu avec personne, quoique M. de La Rochefoucauld n'eût rien oublié pour le gâter. C'étoit un des meilleurs et des plus honnêtes hommes que j'aie vus dans ces étages-là, et le plus digne de sa fortune; toujours faisant du bien tant qu'il pouvoit, jamais de mal, infiniment respectueux avec tout le monde, nullement intéressé; qui vivoit avec les valets de M. de La Rochefoucauld comme avec ses camarades, avec ses enfants comme avec ses maîtres, toujours occupé de leur plaire et de leur être utile, honteux du besoin qu'ils avoient de lui, faisant sans eux mille choses pour eux, et, avec l'ascendant sans mesure qu'il avoit naturellement, et sans aucun soin de sa part sur M. de La Rochefoucauld, toujours attentif à ne s'en servir que pour le bien, la paix, l'union, l'avantage de sa famille, et pour l'honneur et la gloire de son maître, sans jamais montrer au dehors tout ce qu'il pouvoit sur lui.

Du reste M. de La Rochefoucauld ne regarda jamais sa belle-fille que comme la fille de l'homme du monde qu'il haïssoit le plus, ni son fils que comme le gendre de Louvois. Il en avoit si bien pris l'habitude que la mort de ce ministre n'y changea rien. M. de Liancourt n'étoit pas mieux traité de lui. Sa disgrâce du roi lui tourna toute sa vie à crime auprès de son père. Ses sœurs, il ne faisoit cas que de l'aînée, qui en effet avoit beaucoup d'esprit et de mérite, mais ce cas n'alloit à rien. Des autres et de son frère l'abbé de Verteuil, il n'en faisoit aucun, et le leur montroit sans cesse aussi bien qu'à ses fils, l'abbé de Marsillac et le chevalier, morts depuis longtemps; il ne les aimoit pas davantage, mais il les comptoit plus, parce que le monde les comptoit, et qu'ils se faisoient compter. Ils ressembloient assez en esprit à leur père. Il n'y avoit donc que l'abbé de La Rochefoucauld que M. de La Rochefoucauld aimât. Quoique son oncle paternel, ils étoient de même âge, et il en avoit tiré secours en jeunesse en ses besoins. En tout

temps, il fut panier percé, incapable de tout soin domestique et de toute affaire, et toute sa vie livré à des valets
qui, en vrais valets, en abusèrent sans cesse, et s'enrichirent
tous à ses dépens, et quelques-uns de son crédit.

Je n'oublierai jamais ce qui nous arriva à la mort du fils
unique du prince de Vaudemont, par la mort duquel tous
les biens de la première femme du duc d'Elbœuf, père de
celui-ci, revinrent aux enfants de M. de La Rochefoucauld,
fils de sa fille du premier lit. On étoit à Marly, et le roi
avoit couru le cerf. M. de Chevreuse, que je trouvai au dé-
botté du roi, me proposa d'aller avec lui chez M. de La
Rochefoucauld. sur ce compliment à lui faire, et nous nous
amusâmes dans le salon pour le laisser retourner et être
quelque temps chez lui. En y entrant quelle fut notre surprise, j'ajouterai notre honte, de trouver M. de La Rochefoucauld seul dans sa chambre jouant aux échecs avec un
de ses laquais en livrée assis vis-à-vis de lui! La parole en
manqua à M. de Chevreuse et à moi qui le suivois. M. de La
Rochefoucauld s'en aperçut et demeura confondu lui-même.
Il ne lui en falloit pas tant pour recevoir la visite de M. de
Chevreuse, qu'il ne voyoit jamais qu'aux occasions. Il bal-
butia, il s'empêtra, il essaya des excuses de ce que nous
voyions, il dit que ce laquais jouoit très-bien, et qu'aux
échecs on jouoit avec tout le monde. M. de Chevreuse n'étoit
pas venu pour le contredire, moi encore moins. On glissa,
on s'assit, on se releva bientôt pour ne pas troubler la partie, et nous nous en allâmes au plus tôt. Dès que nous fûmes
dehors, nous nous dîmes, M. de Chevreuse et moi, ce que
nous pensions d'une rencontre si rare, mais nous ne vou-
lûmes point la publier.

M. de La Rochefoucauld ne fut donc regretté que de ses
valets, qui le déshonorèrent par l'empire qu'ils exercèrent
dans tous les temps sur lui, et par cette ridicule et sèche
retraite du Chenil où ils le tenoient écarté de sa famille et
des honnêtes gens, mais à portée d'aller importuner le roi

pour eux. Ses *ennuyeux* le regrettèrent aussi, mais beaucoup moins depuis sa retraite. Jamais la cour ne l'avoit aimé, parce qu'il n'avoit jamais vécu avec elle. Son goût et son assiduité prodigieuse à toutes les heures de son service et des promenades du roi l'en avoit toujours entièrement séquestré, et cette assiduité introduisit celle de tous les grands officiers, qui se piquèrent à qui mieux mieux de l'imiter.

Le roi, qui ne s'en pouvoit passer, mais à qui sur les fins il étoit devenu à charge, qui se trouvoit soulagé de sa retraite, mais qui étoit fort importuné de sorties fréquentes qu'il en faisoit sur lui pour ses valets, et en dernier lieu pour sa famille, se trouva fort soulagé de sa mort. Tels ont été ses sentiments à la mort de presque tous ceux qu'il a aimés et comblés de faveurs et de grâces.

On a toujours cru que le peu d'esprit de M. de La Rochefoucauld avoit fait sa fortune. Le roi commençoit lors à sentir la supériorité d'esprit de la plupart de cet élixir de cour qui vivoit sans cesse avec lui chez la comtesse de Soissons. Le rogue, le dur, le désagréable de M. de La Rochefoucauld n'étoit pas pour le roi; son court lui plut et le mit à l'aise. Avec ce défaut il avoit celui d'envier tout jusqu'à un prieuré de cinq cents livres; et avec tant de charges et de grâces de toutes les sortes pour lui et pour les siens, avec ses dettes payées trois ou quatre fois par le roi, avec des présents d'argent gros et fréquents, il trouvoit tout le monde bien traité, hors lui.

Il ne s'étoit point consolé que le mariage de la fille de Louvois avec son fils, que le roi avoit exigé de lui pour raccommoder ces deux hommes fort ennemis et qu'il voyoit sans cesse, ne lui eût pu faire obtenir le rang de prince étranger, à quoi son père et lui, comme on l'a vu ailleurs (t. X, p. 290), tendirent toute leur vie, et que tout se fût borné à cet égard au duché V^e de La Rocheguyon pour son fils, comme M. de Luynes avoit eu celui de Chevreuse pour le sien en épousant la fille de Colbert.

Cette envie générale étoit bien plus forte à l'égard de ceux de sa sorte qui paroissoient en faveur. M. de Chevreuse, M. de Beauvilliers, M. le Grand surtout étoient ses bêtes. Il haïssoit les ministres, et eux le craignoient et le ménageoient. Quoiqu'il n'eût presque point de commerce avec la maison de Condé et de Conti, il s'étoit conservé une tradition d'estime et d'amitié qui se marquoit en toute occasion, et qui étoit fort entretenue par ses enfants, trop intimes du prince de Conti, comme on l'a vu, et qui le sont demeurés jusqu'à sa mort.

Pour achever ce qui regarde un favori si singulier, il faut à son honneur se souvenir du trait, rapporté t. II, p. 98, qu'il fit à Portland, que, jusqu'à M. le Prince, tout ce qu'il y avoit de plus considérable s'empressoit à festoyer et à courtiser.

J'ai été témoin d'un autre bien plus fort pour un courtisan tel qu'il l'étoit. Ce fut pendant un voyage de Marly, dans les jardins où le roi s'amusoit à une fontaine qu'il faisoit faire. Je ne me souviens plus sur quoi le roi se mit en propos, lui qui fut toujours si réservé. Mais ce jour-là il parla de Montgaillard, évêque de Saint-Pons, avec chaleur, qui étoit alors en disgrâce profonde, et dans laquelle il est mort, à l'occasion des affaires de Port-Royal et de celles de la régale [1]. M. de La Rochefoucauld laissa dire le roi, mais, dès qu'il eut cessé de parler, il se mit sur les louanges de l'évêque. Le silence peu approbatif du roi l'échauffa. Il poussa sa pointe, et il raconta que, visitant son diocèse, il enfila un chemin qui alla toujours en étrécissant, et qui aboutit à la fin à un précipice. Nul moyen d'en sortir qu'en retournant, et aucun espace pour tourner ni pour pouvoir mettre pied à terre. Le saint évêque, car ce fut son terme que je remarquai bien, leva les yeux au ciel, rendit toute

---

1. Droit qu'avaient les rois de France de jouir des fruits et revenus des évêchés et archevêchés pendant la vacance des sièges, et de conférer les bénéfices qui en dépendaient.

la bride, et s'abandonna à la Providence. Aussitôt sa mule se dressa sur ses pieds de derrière, et, ainsi dressée, se tourna doucement, lui toujours dessus, et ne remit les pieds de devant à terre que lorsqu'elle se trouva la tête où elle avoit la queue. Tout aussitôt elle se remit à marcher par où elle étoit venue jusqu'à ce qu'elle eût trouvé à rentrer dans le bon chemin. Tout ce qui étoit autour du roi imita son silence, qui excita encore le duc à commenter ce qu'il venoit de raconter. Cette générosité me charma, et surprit tous ceux qui en furent témoins.

Il avoit toujours conservé de cet ancien levain de Liancourt un penchant pour tout ce qu'il y avoit vu et entendu, et du commerce et de la liaison avec plusieurs de ceux qui avoient survécu à M. et à Mme de Liancourt, jusque-là que quelques-uns de ces saints persécutés passèrent de longues années dans Liancourt, de son temps, et y sont morts. Il avoit un tel respect pour M. et Mme de Liancourt, qui fit ce beau lieu pour amuser M. de Liancourt dans cette retraite, qu'il ne voulut jamais souffrir qu'on y changeât rien de ce qu'ils y avoient fait, quoique bien des choses eussent vieilli et eussent été bien mieux autrement; et c'étoit un plaisir que de l'entendre parler d'eux avec l'affection et la vénération qu'il conserva toujours pour eux.

Ses deux fils, malvoulus du roi, prirent différentes routes; aussi, nonobstant leur intime et inaltérable union, chose également rare et respectable entre deux frères, rien en tout de plus différent l'un de l'autre : l'aîné, rogue, avare à l'excès, sans esprit que silence, ricanerie, malignité qui lui avoit fait donner le nom de Monseigneur le Diable, force gloire et bassesse tout à la fois, et un long usage du monde en supplément d'esprit, fit la charge de grand maître de la garde-robe servilement, sans nul agrément, en valet assidu et enragé de l'être. Son nom sonore à trois syllabes, car il prit celui de son père qui, après avoir retenti dans les partis, s'étoit fait craindre dans les cabinets, lui donna un reste de considération qui ne passa guère un certain étage, et qui ne trouva en soi nul appui. Sans table, sans équipage, mais de grands biens, une cour de caillettes de Paris les soirs chez sa femme, avec un souper et des tables de jeu, et grande bassesse avec la robe qui leur fit gagner force procès. Son frère, doux, liant, poli, orné de beaucoup de simplicité, de lecture et d'esprit, plein d'honneur, de courage, de sentiment, de bonne gloire, étoit, à force de disgrâces, devenu solitaire et sauvage, et fut, ce qui est fort rare, également estimé, honoré et peu compté.

Pour achever cette matière, le nouveau duc de La Rochefoucauld, qui avoit la goutte, se fit porter, peu de jours après la mort de son père, dans le cabinet du roi, qui lui dit merveilles sur son père, et pas un mot des cinquante mille livres que le roi lui donnoit tous les ans de sa cassette pour augmentation à sa charge de grand veneur, et que l'équipage fût plus magnifique. Ce silence, soutenu pendant près de deux mois, parmi les divers comptes que M. de La Rochefoucauld cherchoit à rendre au roi des chasses et de l'équipage, et la situation personnelle en laquelle il se sentoit auprès de lui, le persuadèrent qu'il n'avoit point de continuation à espérer, et par conséquent de se défaire d'une charge fatigante, qu'il trouvoit trop pesante sans ce supplément, et qui ne le privoit de rien avec l'autre qu'il conservoit. Il en fit donner envie par Mme la Duchesse à M. le comte de Toulouse, qui l'acheta cinq cent mille livres comptant, dont il y en avoit deux cent trente mille livres en brevet de retenue pour les créanciers. Comme survivancier, M. de La Rochefoucauld avoit neuf mille livres de pension, qui s'éteignoit par le titre de la charge. Le roi, en faveur du marché, lui donna douze mille livres de pension personnelle, et M. le comte de Toulouse joignit sa meute à celle du roi, et augmenta fort l'équipage.

Le lendemain de la mort de M. de La Rochefoucauld, le chancelier essuya une scène bien tragique. Un vice-bailli d'Alençon venoit de perdre un procès apparemment fort intéressant pour son honneur ou pour son bien. Il vint à Pontchartrain, où étoit le chancelier, et l'attendit dans sa cour, qui alloit monter en carrosse. Là il lui demanda la révision de son procès et un rapporteur. Le chancelier, avec douceur et bonté, lui représenta que les voies de cassation étoient ouvertes de droit quand il y avoit lieu, mais que de révision on n'en connoissoit point l'usage, et se mit à monter dans son carrosse. Pendant qu'il y montoit, ce malheureux dit qu'il y avoit un moyen plus court pour sortir d'embarras, et se donna en même temps deux coups de poignard. Aux cris des domestiques le chancelier descendit de carrosse, le fit porter dans une chambre, et envoya chercher un chirurgien qu'il avoit, et un confesseur. Cet homme se confessa assez tranquillement, et mourut une heure après.

Nous voici parvenus à l'époque des premiers coups d'État en faveur de la constitution, et de la persécution qui a fait tant de milliers de confesseurs et quelques martyrs, dépeuplé les écoles et les places, introduit l'ignorance, le fanatisme et le déréglement, couronné les vices, mis toutes les communautés dans la dernière confusion, le désordre partout, établi la plus arbitraire et la plus barbare inquisition; et toutes ces horreurs n'ont fait que redoubler sans cesse depuis trente ans. Je me contente de ce mot, et je n'en noircirai pas ces Mémoires. Outre ce qu'on en voit tous les jours, bien des plumes s'en sont occupées et s'en occuperont. Ce n'est pas là l'apostolat de Jésus-Christ, mais c'est celui des révérends pères et de leurs ambitieux clients.

Roquelaure arriva de Languedoc, où on l'avoit envoyé commander après son aventure des lignes, et d'où il n'étoit pas sorti depuis huit ans. Sa femme, qui lui avoit valu cet emploi, avoit fait le mariage de sa seconde fille avec le prince de Pons, fils aîné du feu comte de Marsan, à qui, en haine de l'aînée, ils donnèrent tout ce qu'ils purent et qui alla à un million, dont la moitié après eux et sans renoncer.

Roquelaure étoit très-mal dans ses affaires, et son père aussi quand il se maria sans quoi que ce soit en dot que son brevet de duc. De ce rien Mme de Roquelaure trouva moyen, à force de procès, de crédit, d'affaires et d'industrie, de parvenir à faire une des plus riches maisons du royaume. La noce se fit à Paris chez Roquelaure avec fort peu d'apparat.

Médavy, n'ayant qu'une fille, la voulut marier à son frère, et obtint pour cela de faire passer sur sa tête son gouvernement de Dunkerque en s'en réservant les appointements. C'est ainsi qu'on escobardoit les survivances depuis que le roi n'en vouloit plus donner que des charges de secrétaire d'État.

Le roi fit en ce même temps une grâce au premier président, sans exemple, et qui ne se pouvoit imaginer à demander que par un panier percé de la dernière impudence, et aussi fortement appuyé qu'il l'étoit. Il avoit un brevet de retenue de cinq cent mille livres. Il osa proposer que le roi lui en payât les intérêts, et il l'obtint tout de suite. C'étoit une vraie pension de vingt-cinq mille livres qu'il eût été moins énorme de lui donner à cru. M. du Maine avoit ses raisons de le prendre par son foible quoique déjà tout à lui, et le roi et Mme de Maintenon les leurs de lui en donner tous les moyens. Le scandale ne laissa pas d'être grand.

Bragelogne, qui avoit été capitaine au régiment des gardes et major général de l'armée d'Allemagne, mais qui ne servoit plus par mauvaise santé, tomba mort chez Le Rebours, à Paris, le jour de la Chandeleur, jouant à l'hombre.

Buys et Goslinga, ambassadeurs d'Hollande, arrivèrent à Paris : le premier pour y demeurer comme ambassadeur ordinaire, l'autre pour s'en retourner au bout de quelques mois de la commission d'ambassadeurs extraordinaires. Ils saluèrent le roi, quelques jours après, dans son cabinet en particulier. Buys, qui portoit la parole, fit un beau discours.

On a pu voir dans les Pièces quel étoit son caractère, son animosité contre la France, et tout ce qu'il fit pour empêcher la paix. Son ambassade le changea entièrement, et le séjour qu'il fit en France le rendit tout françois. Cette singularité m'a paru mériter d'être remarquée.

La reine d'Angleterre tomba fort malade à Saint-Germain, et reçut tous les sacrements. Les médecins la condamnoient, et elle en étoit contente; la vie n'avoit rien qui pût l'attacher depuis bien des années, et elle faisoit le plus saint usage de ses malheurs. Le roi lui rendit de grands soins pendant cette maladie, et Mme de Maintenon aussi.

Le duc de Melford mourut à Saint-Germain. Il avoit la Jarretière, avoit été secrétaire d'État d'Écosse, et étoit frère du duc de Perth, aussi chevalier de la Jarretière. Il avoit essuyé des soupçons et des exils. On a vu que le feu roi Jacques avoit cru en mourant qu'ils avoient été mal fondés, et qu'en réparation il l'avoit fait duc. Tout le monde à Saint-Germain et à Versailles n'en fut pas aussi persuadé que ce prince.

Mahoni, Irlandois, lieutenant général, qui avoit beaucoup d'esprit, d'honneur et de talents, et qui s'étoit fort distingué à la guerre, surtout à la journée de Crémone, dont il apporta la nouvelle au roi, mourut en Espagne, où il s'étoit attaché et où il avoit acquis des biens. Il avoit épousé la sœur de la duchesse de Berwick, veuve et mère des comtes de Clare; et le duc de Berwick vivoit avec lui avec beaucoup d'estime et d'amitié. Il laissa des enfants qui sont aussi devenus officiers généraux avec distinction.

Le 3 février M. le duc de Berry entra, pour la première fois, au conseil des finances. Le roi voulut qu'il assistât à plusieurs avant que d'y opiner, comme il avoit fait lorsqu'il fut admis en celui de dépêches, et il se pressoit pour le faire entrer au conseil d'État[1].

---

1. Saint-Simon appelle ici *conseil d'État* ce qu'il appelle ailleurs *conseil*

CHAPITRE IV.

Helvétius en Espagne pour la reine à l'extrémité. — Orry et son fils. — La reine d'Espagne, pour ses derniers sacrements, congédie son confesseur jésuite et prend un dominicain. — Sa mort. — Retraite du roi d'Espagne chez le duc de Medina-Celi. — Deuil de la reine d'Espagne. — Conférences de Rastadt barbouillées. — Contade à la cour. — [Conférences] renouées. — Malhabileté de Villars. — La paix signée à Rastadt. — Contade en apporte la nouvelle. — Mort, caractère, maison, famille du duc de Foix. — Mort de Mme de Miossens; son caractère — Bâtards d'Albret expliqués. — Maréchal d'Albret; sa fortune. — Mort et dépouille de Montpéroux. — Mort du Charmel. — Dureté du roi. — Mort et caractère de la maréchale de La Ferté et de sa sœur la comtesse d'Olonne. — Le roi donne au prince Charles douze mille livres de rentes en fonds; voit en particulier l'électeur de Bavière; donne les grandes entrées au maréchal de Villars, et à son fils la survivance de son gouvernement de Provence. — Villars, du Luc et Saint-Contest ambassadeurs plénipotentiaires à Bade. — Époque de la première prétention des conseillers d'État de ne céder qu'aux gens titrés. — Six mille livres de pension à Saint-Contest. — Villars, chevalier de la Toison d'or, fait donner trois mille livres de pension au comte de Choiseul, son beau-frère. — Abbé de Gamaches auditeur de rote; son caractère. — Maréchal de Chamilly fait donner à son neveu son commandement de la Rochelle, etc.

La reine d'Espagne, depuis longtemps violemment attaquée d'écrouelles autour du visage et de la gorge, se trouvoit à l'extrémité. Ne tirant aucun secours des médecins, elle voulut avoir Helvétius, et pria le roi par un courrier exprès de le lui envoyer. Helvétius, fort incommodé, et sa-

---

d'en haut; c'était le conseil qui s'occupait des affaires politiques et où Louis XIV n'admettait qu'un petit nombre de personnes.

chant d'ailleurs l'état de la princesse, n'y vouloit point aller, mais le roi le lui commanda absolument. Il partit aussitôt dans une chaise de poste, suivi d'une autre en cas que la sienne vînt à rompre, et dans cette autre étoit le fils d'Orry. Il eût fallu être bon prophète alors pour dire que nous le verrions contrôleur général ici, très-absolu, très-longtemps, et ministre d'État, dont la France se seroit aussi utilement passée que l'Espagne de son père, qui eut en ce même temps un bel appartement dans le palais, et dont la faveur et l'administration mécontentoit de plus en plus les Espagnols.

Helvétius arriva à Madrid le 11 février. Dès qu'il eut vu la reine, il dit qu'il n'y avoit qu'un miracle qui pût la sauver. Elle avoit un confesseur jésuite. Elle fit comme Mme la Dauphine sa sœur : lorsqu'il fut question des derniers sacrements et de penser tout de bon à la mort, elle le remercia et prit un dominicain. Le roi d'Espagne ne cessa que le 9 de coucher dans le lit de la reine. Elle mourut le mercredi 14 avec beaucoup de courage, de connoissance et de piété.

Le roi sortit aussitôt après du palais, et alla se mettre à l'autre bout de la ville de Madrid, dans une des plus belles maisons, où logeoit le duc de Medina-Celi, assez près du Buen-Retiro, où les princes d'Espagne furent conduits bientôt après. Ce choix au lieu du Retiro parut bizarre ; il n'est pas encore temps d'en parler.

La désolation fut générale en Espagne, où cette reine étoit universellement adorée. Point de famille dans tous les états où elle ne fût pleurée, et personne en Espagne qui s'en soit consolé depuis. J'aurai lieu d'en parler à l'occasion de mon ambassade. Le roi d'Espagne en fut extrêmement touché, mais un peu à la royale. On l'obligea à chasser et à aller tirer pour prendre l'air. Il se trouva en une de ces promenades lors du transport du corps de la reine à l'Escurial, et à portée du convoi. Il le regarda, le suivit des yeux, et continua sa chasse. Ces princes sont-ils faits comme les autres humains.

Le roi regretta fort la reine d'Espagne. Il en prit le deuil en violet pour six semaines. M. le duc de Berry drapa. Mme de Saint-Simon ne vouloit point draper. Elle disoit avec raison que, n'étant point séparée comme les duchesses de Ventadour et de Brancas l'étoient de leurs maris, les équipages étoient à moi qui ne drapois point. Cela fut contesté quelques jours, mais M. [le duc] et Mme la duchesse de Berry le prirent à l'honneur, et en prièrent Mme de Saint-Simon si instamment, qu'il fallut céder à la complaisance, tellement que nous fûmes mi-partis dans notre maison, avec des carrosses et une livrée moitié noir et moitié ordinaire.

Les conférences continuoient à Rastadt. Villars s'y embarbouilla si mal à propos qu'il fallut le désavouer, c'est-à-dire lui ordonner de courir après ce qu'il avoit lâché, et, comme que ce fût, de raccommoder la sottise qu'il avoit faite. Le chancelier, que j'en vis en grand dépit, me le conta sur-le-champ, et trouvoit Villars un bien malhabile homme dans toutes ses conférences, et longtemps depuis que je fus en commerce intime avec Torcy, il ne m'en parla pas mieux, non-seulement sur Rastadt, mais sur toutes les négociations dont Villars s'est mêlé, et c'est ce qui est bien visible par les Pièces ici jointes. Ce retour de Villars à ce qu'il avoit lâché, et que je n'explique point non plus que cette négociation de paix avec l'empereur et l'empire, parce qu'elle se trouve dans les Pièces[1], ce retour, dis-je, surprit fort le prince Eugène qui avoit compté sur ce que Villars avoit lâché. Cela forma entre eux une contestation toujours polie, mais au fond si forte que le prince Eugène fit semblant de rompre, pour forcer la main au maréchal, qui à la fin ne put éviter de convenir d'envoyer au roi, et de se séparer en attendant ses ordres. Il se retira à Strasbourg le même jour

---

1. Tous les passages où Saint-Simon parle des Pièces annexées à ses Mémoires ont été supprimés dans les précédentes éditions.

que le prince Eugène à Stuttgard, et que Contade fut dépêché au roi. Torcy, chez qui il descendit, le mena au roi chez Mme de Maintenon, où Contade demeura plus d'une heure. C'étoit le samedi 10 février. Contade repartit le jeudi suivant, 15. A son retour les deux généraux se rassemblèrent à Rastadt, et y continuèrent leurs conférences. Elles finirent le mardi matin 6 mars, par la signature de la paix. Les deux généraux convinrent de se rassembler à Bade en Suisse, promptement après l'échange des ratifications, pour y ajuster plusieurs détails, et quelques intérêts de prince de l'empire, qui n'avoient pas paru assez importants pour arrêter la paix. Contade en apporta la nouvelle.

Le duc de Foix mourut à Paris à soixante-treize ans, sans enfants, sans charge, sans gouvernement. Il étoit chevalier de l'ordre et le dernier de sa maison. Avec lui son duché-pairie fut éteint. C'étoit un fort petit homme, de fort petite mine, qui, avec de la noblesse dans ses manières, de l'honneur dans sa conduite, de la valeur dans le peu qu'il avoit servi, et un esprit médiocre, n'avoit jamais été de rien, ni figuré nulle part; mais il s'étoit fait aimer partout par l'agrément et la douceur de sa société. Il ne s'étoit jamais soucié que de s'amuser et de se divertir. Il avoit trouvé la duchesse de Foix de même humeur, et on disoit d'eux avec raison qu'ils n'avoient jamais eu que dix-huit ans, et étoient demeurés à cet âge, mais toujours dans la meilleure compagnie, et peu à la cour où il étoit peu considéré; il finit la plus heureuse maison du monde, mais en qui le bonheur ne se fixa pas.

Elle étoit de Bresse, du nom de Greilly, et par corruption Grailly. Le hasard d'une alliance redoublée de la maison des comtes de Foix lui porta, contre toute apparence, le comté de Foix et tous les États de cette puissante maison. Un autre hasard aussi peu apparent la rendit héritière du royaume de Navarre. Un troisième hasard aussi bizarre lui enleva le tout presque aussitôt pour le faire passer dans la maison d'Albret, et de là bientôt après dans la maison de Bourbon par la mère d'Henri IV. Celle d'Anne, duchesse héritière de Bretagne et deux fois reine de France, étoit Greilly-Foix; et le fameux Gaston de Foix, duc de Nemours, qui gagna la bataille de Ravenne où il fût tué, et sa sœur germaine, seconde femme du roi d'Aragon Ferdinand le Catholique, étoient aussi Greilly-Foix, et enfants d'une sœur de notre roi Louis XII. Si c'en étoit le lieu j'en pourrois rapporter d'autres grandeurs. M. de Foix avoit aussi les siennes dans sa branche, quoiqu'il ne vînt pas de celles-là. Cependant, avec toute la faveur constante de la marquise de Senecey et de la comtesse de Fleix sa fille, mère du duc de Foix, il ne fut pas mention de rang de prince pour une maison si distinguée, dans un temps où la reine mère étoit régente, où elle pouvoit tout, où elle se piquoit de reconnoissance, d'amitié et de toute sorte de considération pour Mme de Senecey qui avoit été chassée pour elle étant sa dame d'honneur, qu'elle rappela et remit dans sa charge dès qu'elle fut la maîtresse, et en donna la survivance à sa fille; dans un temps où les Bouillon y parvinrent à force de félonies et d'épouvanter le cardinal Mazarin; dans un temps où les menées et la faveur de la duchesse de Chevreuse et de Mmes de Montbazon et de Guéméné en eurent quelques prémices et s'en frayèrent le chemin pour les Rohan; qu'auroient fait ces gentilshommes princisés s'ils avoient eu comme les Greilly des États étendus, et des royaumes dans leur maison, et surtout les Bouillon, des alliances pareilles?

Mme de Senecey n'avoit d'enfants que la comtesse de Fleix, veuve comme elle, et celle-ci que deux garçons. Ces dames cependant n'eurent qu'un tabouret de grâce avec la pointe de celui des Rohan. Le bruit qu'en fit la noblesse, plus sage et plus instruite de ses intérêts dans la minorité de Louis XIV qu'elle ne se l'est montrée en celle de Louis XV, les fit ôter[1].

1. Voy. sur les discordes relatives à ces tabourets, t. II, p. 153, 154, note.

Les troubles passés, ils furent rendus, c'est-à-dire à la seule princesse de Guéméné pour les Rohan, qui seule l'avoit attrapé, je dis attrappé comme on l'a vu (t. II, p. 153, 154), et aux deux dames d'honneur mère et fille, lesquelles enfin furent comprises dans cette étrange fournée de ducs et pairs de la fin de 1663 [1].

Randan fut érigé en leur faveur à toutes deux, et en celle du fils aîné de la comtesse de Fleix; et le cadet, qui est celui dont il s'agit ici, fût appelé dans les lettres. L'aîné parut à peine dans le monde et mourut très-promptement, sans enfants de la fille unique du duc de Chaulnes frère aîné de l'ambassadeur, et de la fille aînée du premier maréchal de Villeroy, qui se remaria si étrangement à ce M. d'Hauterive dont on a parlé, et qui fut toujours connue depuis sous le nom de Mme d'Hauterive de Chaulnes. M. de Foix, de la mort duquel on vient de parler, devint ainsi duc et pair de fort bonne heure; il ne prétendit jamais à princerie, mais il étoit bon à entendre et à voir sur ces rangs étrangers, quoique d'ailleurs simple et modeste. Il fut généralement et beaucoup regretté, et mérita de l'être.

Mme de Miossens mourut en même temps à soixante-dix-huit ans, dans un beau logement complet des basses cours de Luxembourg que le roi lui avoit donné, et que Mme de Caylus eut après elle. Mme de Miossens étoit aussi bonne femme que sa sœur cadette, Mme d'Heudicourt, étoit méchante. Elle avoit fort peu de bien et paroissoit très-rarement à la cour. C'étoit une femme très-maigre, d'une taille qui effrayoit par sa hauteur extraordinaire, avec des yeux vifs, un visage allumé, de longues dents blanches qui paroissoient fort; elle ressembloit à une sorcière. Elle vivoit très-retirée et dans la piété. Elle n'avoit point eu d'enfants de son mari, tué en duel en 1672 par Saint-Léger-Corbon; et

---

1. Voy., à la fin du Ier volume, p. 449, la note relative à cette fournée de ducs et pairs.

ce mari étoit frère cadet du maréchal d'Albret, dont le frère aîné fut premier mari de la duchesse de Richelieu, dame d'honneur de la reine, puis par confiance de la dauphine de Bavière à son mariage. L'occasion est trop naturelle d'expliquer une fois pour toutes ces bâtards d'Albret pour la manquer, d'autant que la fortune si étrangement prodigieuse dont Mme de Maintenon trouva la source chez le maréchal d'Albret, et celles que les connoissances qu'elle fit dans cette maison ont faites, doivent exciter la curiosité sur le maréchal d'Albret.

Gilles d'Albret étoit cinquième fils de Charles II sire d'Albret, comte de Dreux, vicomte de Tartas, fils aîné du connétable d'Albret Charles Ier tué à la bataille d'Azincourt, 25 octobre 1415, gagnée par les Anglois, si funeste à la France. Les frères de Gilles d'Albret étoient : Jean d'Albret vicomte de Tartas, grand-père de Jean sire d'Albret, qui devint roi de Navarre, comte de Foix, etc.; par son mariage avec Catherine de Greilly, dite de Foix, héritière de tous ces États, et dont la petite-fille Jeanne d'Albret fut héritière, et les porta dans la maison de Bourbon en épousant Antoine de Bourbon duc de Vendôme, dont elle eut notre roi Henri IV. Les autres frères de Gilles furent le cardinal d'Albret, le seigneur d'Orval dont la branche finit à son fils qui n'eut que des filles, et le seigneur de Sainte-Bazeille qui ne laissa point d'enfants, et eut la tête coupée à Poitiers, 7 avril 1473, pour avoir trahi Pierre de Bourbon sire de Beaujeu, et l'avoir livré au comte d'Armagnac. Mais, si de bons auteurs mettent notre Gilles pour le dernier fils de Charles II d'Albret avec le titre de seigneur de Castelmoron, d'autres aussi bons lui contestent cette naissance, et le font bâtard de Jean d'Albret grand-père de celui-ci qui par son mariage fut roi de Navarre, comte de Foix, etc.

Quoi qu'il en soit, ce Gilles d'Albret, bâtard ou légitime, ne fut point marié; et de Jeannette Le Sellier eut un bâtard nommé Étienne, qui est la souche des Miossens, dont il s'agit ici. Cet Étienne fut sénéchal de Foix, premier chambellan de Jean d'Albret, roi de Navarre et comte de Foix, par son mariage avec Catherine susdite, et obtint quelques terres de ce prince. Il fut aussi le premier des ambassadeurs de cette reine Catherine pour son traité de confédération avec Louis XII en 1512 ; et il eut de ce prince, en 1527, des lettres de légitimation, où il est traité de cousin, et son père nommé fils puîné de Charles II d'Albret. Étienne porta le nom de seigneur de Miossens depuis son mariage avec Françoise, fille et héritière de Pierre, baron de Miossens, qu'il épousa en 1510, dont il eut un fils unique, qui fut Jean dit d'Albret, baron de Miossens et de Coaraze. Il fut lieutenant général d'Henri d'Albret, roi de Navarre comte de Foix, etc., en ses pays et États ; il épousa Suzanne, dite de Bourbon, fille du seigneur de Busset, bâtard de Liége, laquelle fut gouvernante de notre roi Henri IV. Ils eurent un fils et une fille qui épousa un Cochefilet. Le fils fut Henri dit d'Albret, baron de Miossens, etc., qui fut, en 1595, chevalier du Saint-Esprit, gouverneur et sénéchal de Navarre et Béarn. Il épousa Antoinette de Pons, sœur d'autre Antoinette de Pons, qui fut la célèbre marquise de Guiercheville, dame d'honneur de la reine Marie de Médicis, femme de M. de Liancourt et mère du duc de Liancourt. De ce mariage une fille qui épousa, en 1609, Jean de Grossolles, baron de Flamarens, et deux fils, dont le cadet fut d'église et peu connu.

L'aîné, Henri dit d'Albret, baron de Miossens et, par sa mère, comte de Marennes, épousa Anne de Pardaillan sœur du père de Montespan, mari de la trop célèbre Mme de Montespan.

De ce mariage trois fils, en qui finit cette bâtardise, et six filles dont l'aîné épousa, en 1637, Renée Gruel, seigneur de La Frette, comte de Jonsac en Saintonge[1], frère du père de

---

1. Jonsac est en Saintonge, tandis que Lonsac, que portent les précédentes éditions, est en Angoumois.

MM. de La Frette, si connus par leur célèbre duel; deux autres mariées et trois abbesses.

Les trois fils furent Fr. Alexandre dit d'Albret, comte de Marennes, mort, en 1648, premier mari d'Anne Poussart, depuis remariée au duc de Richelieu, et dame d'honneur de la reine, etc. Il mourut de bonne heure, ne figura point, et laissa un fils qui porta hardiment le nom de marquis d'Albret et les armes pleines sans nulle brisure, moins encore de marques de bâtardise, comme avoient fait ses pères depuis l'extinction de la maison d'Albret. Mme de Richelieu, sa mère, le maria fort jeune à la fille unique du maréchal d'Albret, son beau-frère et oncle paternel de son fils. Elle étoit franche héritière, c'est-à-dire riche, laide et maussade. Le marquis d'Albret, jeune, galant, bien fait, étourdi, et qui se croyoit du sang des rois de Navarre, n'en fit pas grand cas, et se fit tuer malheureusement pour une galanterie, à la première fleur de son âge. Sa veuve demeura sans enfants avec sa belle-mère, qui la fit faire dame du palais de la reine, aux premières que le roi lui donna. Le comte de Marsan, jeune, avide et gueux, qui avoit accoutumé de vivre d'industrie, et qui avoit ruiné la maréchale d'Aumont, fit si bien sa cour à la marquise d'Albret, qui n'avoit pas accoutumé d'être courtisée, qu'elle l'épousa en lui donnant tout son bien par le contrat de mariage, sans que la duchesse de Richelieu en sût rien que lorsqu'il fallut s'épouser. Elle en fut la dupe. M. de Marsan la laissa dans un coin de sa maison, avec le dernier mépris et dans la dernière indigence, tandis qu'il se réjouissoit de son bien. Elle mourut dans ce malheur sans enfants.

Le maréchal d'Albret fut le second des trois frères; il porta le nom de Miossens. C'étoit un homme d'esprit, de main, de tête et plus encore d'intrigue et d'industrie, qui se dévoua au cardinal Mazarin, mais qui sut s'en faire compter, et monter rapidement à la tête des gens d'armes de la garde, que le comte de Coligny commandoit, mais qui paroissoit peu. Lorsque le cardinal eut tout arrangé pour arrêter M. le Prince, M. le prince de Conti et M. de Longueville dans l'appartement de la reine mère, l'après-midi du 18 janvier 1650, au Palais-Royal à Paris, il confia leur conduite du Palais-Royal à Vincennes à Miossens, et à un détachement qu'il choisit des gens d'armes de la garde. Le carrosse où étoient les illustres prisonniers rompit hors de Paris. Il fallut le raccommoder, et ce fut là où M. le Prince s'écria : « Ah! Miossens, si tu voulois! » en offrant monts et merveilles. Mais Miossens en savoit trop pour prendre le change. Il avoit fait son marché, et à force d'exagérer la délicatesse et le danger de cette conduite, il avoit tiré parole d'un bâton de maréchal de France. Moins d'une année après, il succéda à Coligny. Le cardinal crut l'amuser en lui donnant la compagnie des gens d'armes, et se délivrer de la sommation fréquente qu'il lui faisoit de sa parole. Miossens prit toujours la charge, mais, au bout de fort peu de temps, il se remit aux trousses du cardinal, et avec la force qu'il tiroit de plus de cette compagnie dont il étoit alors capitaine, il lui fit si grande peur qu'il en arracha le bâton, à la promotion qu'on fit le 15 février 1653. Ainsi il ne l'attendit pas longtemps. Il avoit lors trente-neuf ans, et avoit très-peu servi, jamais nulle part en chef, et depuis ne vit plus de guerre; mais il sut se donner et se continuer toute sa vie une grande considération, et obtenir le gouvernement de Guyenne.

Il avoit épousé en 1645 la fille cadette de Guénégaud, trésorier de l'épargne, sœur du secrétaire d'État, dont il fut veuf d'assez bonne heure, et n'en eut qu'une fille dont on vient d'expliquer la vie. L'hôtel d'Albret fut toujours à Paris le rendez-vous de la meilleure et de la plus illustre compagnie, et devint le berceau de la fortune de Mme de Maintenon, et par elle des amis qu'elle y avoit faits. Mme d'Heudicourt s'en sentit des premières. Sa sœur aînée, Mme de Miossens, n'en ramassa que peu de miettes. Son mari fut le troisième frère et le dernier, dont on a déjà vu la fin. Le maréchal d'Albret alla mourir à Bordeaux le 3 septembre 1676 à soixante-huit ans et fut fort regretté. Mme de Miossens et Mme d'Heudicourt étoient Pons, ainsi que la grand'mère du maréchal d'Albret, qui avec raison se faisoit grand honneur de cette alliance. Mlles de Pons, par là ses parentes, ne bougeoient de chez lui. Elles n'avoient pas de chausses; il les aidoit, et trouvoit la cadette fort à son gré par sa beauté et par son esprit, et la maria pour rien à Heudicourt qu'il en embâta pour l'honneur de l'alliance, et il décrassa ce Sublet par la charge de grand louvetier, que Saint-Hérem lui vendit lorsqu'il eut le gouvernement et la capitainerie de Fontainebeau. L'agrément que le maréchal d'Albret en obtint à Heudicourt fut en faveur de ce mariage.

Montpéroux, lieutenant général et mestre de camp général de la cavalerie, mourut assez jeune. Il dormoit partout depuis longtemps, et debout et en mangeant. C'étoit un brave homme, assez officier, sans aucun esprit. Il ne laissa point d'enfants. La Vallière, commissaire général, monta à sa charge, et vendit la sienne au comte de Châtillon, gendre de Voysin.

On a vu en son temps l'exil du Charmel et ses causes, dont son opiniâtreté à ne vouloir point voir le roi, et le dépit du roi contre les gens retirés qui ne le voyoient point, fut, comme je l'ai raconté alors, la cause foncière de sa disgrâce. Cette pique du roi à son égard ne se passa point, et dégénéra en une dureté étrange, pour en parler sobrement. Le Charmel, attaqué de la pierre, fit demander la permission de venir se faire tailler à Paris. La permission fut impitoyablement refusée. Le mal pressoit; il fallut faire l'opération au Charmel. Elle fut si rude et peut-être si mal faite, qu'il en mourut trois jours après, dans les plus grands sentiments de piété et de pénitence. Il est bien rare de la pousser aussi loin et de la soutenir aussi longtemps avec la même ferveur et la même exactitude qu'il fit la sienne, parmi une infinité de bonnes œuvres et toutes celles qu'il put pratiquer. Il n'avoit presque point d'étude, et il n'avoit d'esprit que ce que lui en avoit donné l'usage du grand monde. La piété avoit suppléé à tout. Je n'en dirai pas davantage, en ayant assez parlé ailleurs. Il avoit soixante-huit ans, et il avoit passé autant d'années dans la retraite qu'il en avoit vécu dans le grand monde. Il avoit toujours été persuadé que cela lui arriveroit, et il me l'avoit dit plusieurs fois. M. de Beauvau-Craon, mari de la dame d'honneur de Mme la duchesse de Lorraine, à qui M. de Lorraine a fait et procuré une si incroyable fortune, est fils de la sœur du Charmel.

La maréchale de La Ferté mourut à Paris en ce même temps, à plus de quatre-vingts ans. Elle étoit mère du feu duc de La Ferté et du P. de La Ferté jésuite, et sœur de la comtesse d'Olonne qui étoit son aînée et fort riche sans enfants, et elle fort pauvre. Mme d'Olonne étoit veuve d'un cadet de la maison de La Trémoille qui tint toute sa vie chez lui tripot de jeu et de débauche. Les deux sœurs étoient d'Angennes, d'une branche cadette éteinte en elles. Leur beauté et le débordement de leur vie fit grand bruit. Aucune femme, même des plus décriées pour la galanterie, n'osoit les voir ni paroître nulle part avec elles. On en étoit là alors. La mode a bien changé depuis. Quand elles furent vieilles et que personne n'en voulut plus, elles tâchèrent de devenir dévotes. Elles logeoient ensemble, et un mercredi des Cendres elles s'en allèrent au sermon. Ce sermon, qui fut sur le jeûne et sur la nécessité de faire pénitence, les effraya. « Ma sœur, se dirent-elles au retour, mais c'est tout de bon, il n'y a point de raillerie, il faut faire pénitence, ou nous sommes perdues. Mais, ma sœur, que ferons-nous ? » Après y avoir bien pensé : « Ma sœur, dit Mme d'Olonne, voici ce qu'il faut faire, faisons jeûner nos gens. » Elle étoit fort avare ; et avec tout son esprit, car elle en avoit beaucoup, elle crut avoir très-bien rencontré. A la fin pourtant elle se mit tout de bon dans la piété et la pénitence, et mourut trois mois après sa sœur la maréchale de La Ferté. Quelque impétueux que fût le maréchal son mari, il fut sa dupe toute sa vie ou le voulut bien paroître. On n'oubliera jamais que ce fut d'elle que se fit la planche de légitimer un bâtard sans nommer la mère, comme je l'ai raconté ailleurs, pour, sur cet exemple, légitimer ceux du roi sans nommer Mme de Montespan.

Le roi donna douze mille livres de rente en fonds d'un droit de péage en Normandie au prince Charles, fils et survivancier de M. le Grand; et il vit une demi-heure seul dans son cabinet l'électeur de Bavière, qui y étoit monté par les derrières. Il demeuroit en une maison de Saint-Cloud, où il étoit venu de Compiègne.

Le maréchal de Villars arrivant de Rastadt le salua le 15 mars dans son cabinet à Versailles, au retour de courre le cerf à Marly. Le roi l'embrassa, le loua fort, lui donna pour son fils la survivance de son gouvernement de Provence, et à lui les entrées des premiers gentilshommes de la chambre, dont il prit possession le soir même au coucher. Ces grâces si singulièrement grandes surprirent fort la cour, et, envie à part, ne l'édifièrent pas.

En même temps le roi le nomma son premier ambassadeur plénipotentiaire pour aller à Bade, le comte du Luc pour le second, qui se trouvoit tout porté, étant ambassadeur en Suisse; et pour troisième La Houssaye, conseiller d'État et intendant d'Alsace, qui se trouvoit aussi tout porté à Strasbourg. La surprise fut extrême du refus de La Houssaye qui ne pouvoit, disoit-il, céder au comte du Luc, qui n'étoit pas conseiller d'État; et le scandale plus grand encore de ce que le roi ne fit qu'en rire et s'en moquer tout haut, et nomma Saint-Contest, maître des requêtes, intendant à Metz, qui en eut six mille livres de pension. Outre que le comte du Luc étoit par sa naissance un seigneur, et qu'il étoit actuellement ambassadeur, on n'avoit jamais ouï parler encore qu'un magistrat eût osé prétendre aucune compétence avec un homme de qualité, ou passant pour tel. C'est donc ici l'époque où cela fut imaginé pour la première fois, et passé toute de suite. On cria ; les gens de robe eux-mêmes en furent honteux, mais il n'en fut autre chose. Ainsi la robe ose tout, usurpe tout et domine tout. Les premiers magistrats prétendent ne plus céder qu'aux ducs et aux officiers de la couronne. C'est encore une grande modestie dont il leur faut être très-obligé.

Peu de jours après, le maréchal de Villars qui vouloit tout atteindre, et qui, sans avoir jamais servi l'Espagne, en avoit obtenu la Toison, reçut le collier de cet ordre à Versailles, dans l'appartement de M. le duc de Berry, des mains de ce prince, en présence de tous ceux qui avoient cet ordre en France, et qui s'y trouvèrent en collier. Le maréchal fit presque en même temps donner mille écus de pension au comte de Choiseul son beau-frère.

L'abbé de Gamaches fut nommé auditeur de rote[1] en la place du cardinal de Polignac. C'étoit un garçon d'esprit, de savoir, encore plus d'ambition, et qui compta bien se faire cardinal. Mais pour le devenir quand on est François, il faut d'autres degrés que celui de la rote, et force ressorts dont cet abbé se flattoit bien aussi de ne pas manquer. Il y fit bien tout ce qu'il put, mais il mourut en la peine, après avoir frisé la corde plus d'une fois d'être rappelé et disgracié.

Le maréchal de Chamilly qui, à soixante-dix-huit ans, étoit sans enfants, et à qui le commandement de la Rochelle et des pays voisins ne pouvoit plus être bon à rien, obtint du roi de le faire passer au comte de Chamilly, ancien lieutenant général et fils de son frère, qui avoit été ambassadeur en Danemark.

---

1. Voy., sur le tribunal de la rote, t. II, p. 383, note.

CHAPITRE V.

Le roi tête à tête avec le chancelier, qui lui rapporte le procès d'entre M. de La Rochefoucauld et moi, m'adjuge toute préséance. — Mort de Saint-Chamant. — Tessé demandé par l'Espagne pour le siége de Barcelone. — Berwick choisi et Ducasse pour y mener une escadre. — Souveraineté manquée de la princesse des Ursins. — Palais qu'elle se prépare près d'Amboise, et ce qu'il devient. — Décadence de la princesse des Ursins dans l'esprit du roi et de Mme de Maintenon. — Princesse des Ursins gouvernante des infants. — Ses mesures pour se glisser en la place de la feue reine. — Générosité de Robinet, jésuite, confesseur du roi d'Espagne. — Princesse des Ursins se hâte de faire le mariage du roi d'Espagne avec la princesse de Parme; ses raisons. — Situation du marquis de Brancas en Espagne. — Raisons qui le déterminent à demander d'aller passer quinze jours à Versailles; il l'obtient. — Alarme de la princesse des Ursins. — Elle dépêche brusquement le cardinal del Giudice en France. — Brancas court après et le devance. — Quel étoit Giudice. — Brancas à Marly. — Giudice après lui avec son neveu Cellamare. — Caractère del Giudice. — Mort et caractère de la chancelière de Pontchartrain. — Mort de la reine douairière de Danemark. — Mort et caractère de l'évêque de Senlis. — Chamillart obtient un logement à Versailles. — Mort et caractère de Mme Voysin. — Caractère de Mme Desmarets. — Mort de Zurbeck. — Mort du président Le Bailleul, dont le fils obtient la charge. — Leur caractère.

J'ai eu trop souvent occasion de parler ici de la question de préséance qui étoit entre M. de La Rochefoucauld et moi, et des diverses choses qui s'y sont passées, principalement lors de ma réception au parlement, et à l'occasion de l'édit de 1711. Il suffira donc de se rappeler ici que M. de La Rochefoucauld ayant obtenu à force de cris que la question seroit revue et jugée de nouveau, comme si elle ne se le trouvoit pas dans cet édit de 1711, et enregistré, le roi s'en étoit réservé à lui seul le jugement, sans qui que ce soit avec lui que le chancelier seul pour rapporter l'affaire, à qui les parties sans autre formalité donneroient leurs mémoires signés d'eux-mêmes, et en recevroient la communication par lui. On a vu aussi ce qui s'étoit passé entre eux en conséquence. L'adresse de l'un étoit de piquer le roi de jalousie sur son autorité à l'égard du parlement; et celle de l'autre de bien expliquer que ce qui regardoit le parlement dans l'enregistrement des lettres, et dans la réception des impétrants, étoit une forme nécessaire, mais émanée du roi même, et qui par conséquent n'intéressoit en rien son autorité.

Je fis seul mes mémoires. Je les rendis les plus courts qu'il me fut possible. Je tâchai de n'y rien omettre de ce qui servoit à une instruction parfaite, et de guérir le roi sur les soupçons qu'on essayoit de lui jeter, et qui m'avoient, comme on l'a vu, mis une fois au moment de perdre ma cause.

Enfin tous les mémoires étant remis de part et d'autre au chancelier, et n'y ayant plus rien de part et d'autre à répondre ni à ajouter, le chancelier prit l'ordre du roi pour le jugement.

Le dimanche de la Passion, 18 mars, le roi tint conseil d'État après sa messe, dîna au petit couvert, entendit le sermon, remonta chez lui, où il trouva le chancelier, comme il le lui avoit ordonné, pour lui rapporter l'affaire. Elle dura bien deux heures.

Je m'étois présenté devant le roi au retour du sermon, sans lui rien dire. Le hasard fit que, passant au bas du grand escalier pour monter par le petit qui donnoit dans la première antichambre, je vis le chancelier qui descendoit. Je m'arrêtai pour l'attendre et lui demander à quoi j'en étois. Il eut la malice de faire avec moi le chancelier pour la première fois de sa vie. Il me dit avec une gravité austère : « Monsieur, je ne puis parler. » Je fus assez simple pour en demeurer interdit. Je le laissai passer, et quelques instants après je le suivis. J'entrai dans son cabinet comme il changeoit de robe. « Eh bien! monsieur, lui dis-je, au moins sommes-nous jugés? » La malignité le possédoit encore. De ce même ton, du bas du degré : « Oh! pour cela, oui, monsieur, me répondit-il, pour jugés, vous l'êtes, et vous l'êtes entièrement sur tout; » et fixant des yeux tristes et sévères sur moi, « et jugés sans retour. » L'air, le ton, les paroles si différentes pour moi de ce qu'il avoit accoutumé, me glacèrent. Je savois qu'il étoit pour moi; il eut l'art de me persuader qu'il avoit été tondu, que le roi avoit prononcé contre moi malgré lui, et que c'étoit le chagrin d'être tondu qui le rendoit tel que je le trouvois. Je me tus dans la plus mortelle angoisse tandis que les valets de chambre achevoient de sortir. Dès que la porte fut fermée : « De grâce, monsieur, lui dis-je, suis-je mort? apprenez-moi mon sort. » Il se prit à rire, m'embrassa, et me dit que j'avois gagné en plein, en tout et partout.

Il est difficile d'ôter en un instant à quelqu'un une meule plus pesante. Je l'embrassai encore, et le baisai comme on baise une maîtresse, en lui reprochant sa méchanceté qui m'avoit pensé faire mourir. Il m'avoua qu'il avoit voulu se divertir un moment, et se payer par là de toute la peine que je lui avois donnée. On peut juger que je lui pardonnai. A mon tour j'avouerai que je sentis une grande joie et un grand soulagement.

J'allai aussitôt tirer Mme de Saint-Simon de peine, et de là attendre le roi à la sortie de son cabinet comme il alloit passer chez Mme de Maintenon. Dès qu'on m'y vit, chacun comprit que j'avois gagné, mais on étoit curieux si j'avois emporté la cour avec le parlement, dont on n'avoit pas douté, et M. de La Rochefoucauld si peu lui-même, qu'il n'est rien qu'il n'eût tenté pour m'engager jusque dans les fins de nous accommoder de la sorte, ce que j'avois toujours constamment refusé. J'essuyai donc presque autant de questions que de compliments, mais je fus froid et modeste, et je me contentai de répondre court que j'étois content, et, quand on l'est autant que je l'étois, cela est aisé à faire.

Comme le roi sortit, je lui fis ma révérence et mon remercîment. « Monsieur, me dit le roi, vous avez tout gagné, et je suis bien aise de vous avoir fait plaisir en faisant justice. » Comme je ne m'étois ni expliqué ni ouvert à pas une des questions qu'on m'avoit faites, les oreilles avoient été très-attentives à la réponse du roi qui courut aussitôt de bouche en bouche, et nouveaux compliments. Je ne cachai plus que j'avois pleinement gagné, mais j'eus grand soin de continuer à être modeste, et de me dérober au monde qui se réjouissoit avec moi, peut-être avec chagrin, sûrement, au moins pour la plupart, sans y prendre la moindre part que celle de la curiosité de m'examiner.

M. de La Rochefoucauld fut outré et tout ce qui tenoit à lui. Quoiqu'il ne pût ignorer sa situation personnelle avec le roi, la faveur de son père l'avoit accoutumé à ne douter de rien de ce qui étoit affaire. Il n'avoit rien oublié sur celle-ci, jusqu'aux artifices les plus propres à entraîner le roi par l'intérêt d'une autorité qui étoit son idole, et il s'en étoit tout promis, au moins qu'à la cour la préséance lui demeureroit. Il alla donc chez le chancelier fort peu après que j'en fus sorti, qui me conta le lendemain qu'il en avoit essuyé d'étranges lamentations.

Deux jours après j'eus mon arrêt. Plus j'étois content, plus je voulus outrer les procédés honnêtes. J'allai à Paris, et je pris mon temps d'aller à l'hôtel de La Rochefoucauld, que je m'étois assuré de n'y trouver personne. Je leur fis dire que j'y étois allé pour le prier de ne pas trouver mauvais que je leur fisse signifier l'arrêt. Mme de La Rochefoucauld surtout étoit enragée; ils auroient voulu au moins pouvoir crier sur les procédés. L'arrêt fut signifié, puis enregistré au parlement et la contestation finie. Le commerce très-fréquent et très-libre l'étoit devenu beaucoup moins entre les deux beaux-frères et moi depuis la mort de la duchesse de Villeroy. La reprise de cette dispute le rendit encore plus froid et plus rare, et cette fin l'éteignit tout à fait; on en demeura aux simples bienséances des rares occasions. J'avois mon compte, je m'en consolai. On verra dans la suite que cette aigreur secrète les conduisit fort mal.

Saint-Chamant mourut à la campagne où il s'étoit retiré depuis longtemps. Il avoit été lieutenant des gardes du corps. Il commanda le détachement de la maison du roi qui conduisit la reine d'Espagne, fille de Monsieur, à la frontière. La reine allongea ce voyage tant qu'elle put. Saint-Chamant étoit fort bien fait; il avoit de l'esprit, encore plus d'audace; la reine peu d'expérience, de ménagement, de contrainte. Tout cela fit un grand bruit à la cour et retentit fort en Espagne, qui y fit grand tort à la reine, et qui perdit Saint-Chamant ici.

M. de Berwick fut nommé pour aller faire au roi d'Espagne les compliments de condoléance; il s'agissait du siége de Barcelone, et de soumettre les Catalans qui tenoient bon malgré la paix, et qui sous main étoient secourus. Mme des Ursins s'étoit trop bien trouvée du flexible et courtisan Tessé pour vouloir un autre général, et le faisoit demander par le roi d'Espagne. Tessé, qui n'avoit plus rien à gagner en ce pays-là, ne se soucioit point d'être chargé d'une si forte expédition. Le roi et Mme de Maintenon, par des raisons qu'il sera bientôt temps de développer, préférèrent le duc de Berwick à tout autre, qui, outre sa capacité, sa bonne volonté et son expérience d'Espagne, étoit depuis longtemps fort mal avec Orry pour l'avoir traité souvent comme il le méritoit, et par conséquent fort peu au gré de Mme des Ursins, qui le trouvoit droit, ferme, libre, barre de fer, toutes qualités qu'elle n'aimoit pas à rencontrer, surtout dans un général d'armée. Le roi donna quinze bataillons au duc de Berwick; et Ducasse fut chargé du commandement de l'escadre, qui porta tous les besoins du siége, que sa maladie et, après, les vents contraires retardèrent assez.

Il faut maintenant voir dans les Pièces ce qui se passa sur la souveraineté que la princesse des Ursins voulut obtenir par le traité de paix, qui en fut si longtemps et si scandaleusement arrêté par le roi d'Espagne. Elle y avoit tellement compté, et de l'échanger après avec le roi pour la Touraine et le pays d'Amboise, et y venir jouir de cette nouvelle grandeur, qu'elle avoit chargé son fidèle Aubigny de lui acheter un terrain près d'Amboise, situé à souhait, d'y bâtir un vaste palais, avec des basses cours et des communs pour une cour, de le meubler avec magnificence, de n'y épargner ni dorures ni peintures, de l'accompagner des plus beaux jardins et de ne s'y soucier d'aucun fief ni d'aucune seigneurie, parce que la souveraine du pays n'en avoit pas besoin. Aubigny méprisé à Utrecht où il étoit allé négocier cette souveraineté, et où il n'avoit jamais pu passer les antichambres, relevé par Bournonville, comme on l'a vu, étoit revenu à Paris et en Touraine, et travailloit à force à ce magnifique bâtiment. Il fut mené si vite qu'il se trouva presque achevé lorsque la corde cassa sur la souveraineté; et, pour n'avoir plus à revenir à cette folie, d'Aubigny, voyant que cela ne pouvoit plus servir à ce que sa maîtresse s'étoit proposé, retrancha tout ce qui pouvoit encore l'être, acheta comme il put quelques fiefs, pour qu'un si beau lieu ne fût pas absolument dans l'état d'une guinguette, et Mme des Ursins, honteuse après de ce pot au lait de la bonne femme, laissa le tout à d'Aubigny, pas assez seigneur pour remplir le lieu, mais suffisamment riche pour y bien recevoir le voisinage et les passants. Il y a passé le reste de sa vie, aimé et considéré dans le pays, avec assez d'esprit pour avoir laissé en Espagne ses grands airs et ses plus hautes espérances. Ce lieu s'appelle [Chanteloup], et a passé à Mme d'Armentières, fille d'Aubigny. C'est un des beaux et des plus singuliers lieux de France, et le plus superbement meublé.

Cette souveraineté, dont Mme de Maintenon se trouvoit si peu à portée, la choqua. Cette extrême différence offensa son orgueil, en lui faisant sentir la distance des rangs et des naissances, qui étoient la base d'un si grand essor. Elle sentit avec jalousie que le crédit sans mesure qui portoit Mme des Ursins si haut n'étoit que l'effet de la protection qu'elle lui avoit donnée. Elle ne put souffrir qu'elle en abusât au point de s'élever si fort au-dessus d'elle, et que cette souveraineté elle l'établît et en jouît sous ses yeux. Le roi sentit aussi tout l'excès de ce dessein, mais il fut aussi piqué d'en voir la paix retardée, de se trouver obligé à prendre des ménagements, et à la fin forcé de ne plus rien ménager, de fâcher le roi d'Espagne, de menacer, de parler en père et en maître, et de faire conclure la paix sans cette souveraineté, malgré son petit-fils qui n'en vouloit point démordre, et qui ne céda qu'à l'impuissance de tenir contre tant d'ennemis, abandonné de la France, et pour un si bizarre et si mince sujet. On peut juger aussi quelle fut la rage de Mme des Ursins, après avoir poussé sa pointe jusqu'à une opiniâtreté si démesurée, s'être donnée en spectacle à toute l'Europe, et ne remporter que le mépris et la honte d'une si folle entreprise. Telle fut la pierre d'achoppement entre les deux modératrices suprêmes de la France et de l'Espagne. Telle fut aussi la raison de la préférence de Berwick sur Tessé. Depuis cet essor de souveraineté, le concert ne fut plus le même entre Mme de Maintenon et Mme des Ursins. Mais cette dernière étoit parvenue à un point en Espagne, qu'elle crut pouvoir plus qu'aisément s'en passer.

On a vu avec quel art elle avoit sans cesse isolé le roi d'Espagne, jusqu'à quel point elle l'avoit enfermé avec la reine, et rendu inaccessible, non-seulement à sa cour, mais à ses grands officiers, à ses ministres, jusqu'aux valets les plus nécessaires, en sorte qu'il n'étoit servi que par trois ou quatre, qui étoient François et tout à elle. Le prétexte de la douleur de la mort de la reine continua cette solitude; et la retraite au palais de Medina-Celi fut préférée à celle du Buen-Retiro, pour être plus resserrée dans un lieu infiniment moins étendu que ce palais royal, où la cour pouvoit abonder, et où il auroit été plus embarrassant de ne laisser approcher le roi de personne. Elle prit elle-même la place de la reine; et pour avoir une sorte de prétexte d'être auprès du roi dans la même solitude, elle se fit nommer gouvernante de ses enfants. Mais, pour y être toujours, et qu'on ne pût savoir quand ils étoient l'un chez l'autre, elle fit faire un corridor de bois depuis le cabinet du roi jusque dans l'appartement de ses enfants dans lequel elle logeoit, pour pouvoir passer de l'un à l'autre sans cesse sans être aperçus, et sans traverser un long espace de pièces qui étoient entre-deux, et qui étoient remplies de courtisans. Ainsi on ne savoit jamais si le roi étoit seul ou avec Mme des Ursins, ni elle de même, lequel des deux étoit chez l'autre, ni quand, ni combien ils étoient ensemble. Cet appentis couvert et vitré fut ordonné avec tant de hâte, qu'avec toute la dévotion du roi, les fêtes et les dimanches ne furent point exceptés de ce travail. Il déplaisoit extrêmement à toute la cour, qui en sentoit l'usage, et jusqu'à ceux qui le dirigeoient. Le contrôleur des bâtiments, qui avoit ordre d'y faire travailler fêtes et dimanches, demanda un jour dans une de ces pièces où la cour étoit, et que Mme des Ursins étoit si pressée d'éviter, il demanda, dis-je, au P. Robinet, confesseur du roi, et le seul excellent qu'il ait eu, s'il feroit travailler le lendemain dimanche et le surlendemain fête de la Vierge. Robinet répondit que le roi ne lui en avoit point parlé; et à une seconde instance fit même réponse. A la troisième il ajouta qu'il attendroit que le roi lui en parlât. Enfin excédé d'une quatrième, la patience lui échappa, et il répondit que, si c'étoit pour détruire l'ouvrage commencé, il croyoit qu'on y pourroit travailler le propre jour de Pâques, mais que pour continuer ce corridor, il ne pensoit pas que cela se pût un dimanche ni une fête. Toute la cour applaudit ; mais Mme des Ursins, à qui ce propos ne tarda pas à être rapporté, en fut très-irritée.

On soupçonna qu'elle pensoit à plus qu'à devenir l'unique compagnie du roi. Il avoit plusieurs princes. On sema des discours qui parurent équivoques, et qui effrayèrent : il se débita que le roi n'avoit plus besoin de postérité avec toute celle dont il avoit plu à Dieu de le bénir, mais seulement d'une femme, et qui pût les gouverner. Non contente de passer toutes les journées avec le roi, et comme la feue reine de ne le laisser travailler avec ses ministres qu'en sa présence, la princesse des Ursins comprit qu'il falloit rendre cette conduite durable en s'assurant du roi dans tous les moments. Il étoit accoutumé à prendre l'air, et il en étoit d'autant plus affamé qu'il étoit demeuré fort enfermé dans les derniers temps de la reine, et dans les premiers qui avoient suivi sa mort. Mme des Ursins choisit quatre ou cinq hommes pour accompagner le roi privativement à tous autres, même à ses officiers grands ou autres les plus nécessaires. Chalais, Masseran, Robecque et deux ou trois autres sur la servitude de qui elle pouvoit compter, furent nommés pour suivre le roi toutes les fois qu'il sortoit. On les appela *recreadores* du roi, ceux qui étoient chargés de l'amuser. Avec tant de mesures, d'obsession, de discours préparatoires, jetés avec soin, on ne douta pas qu'elle n'eût le projet de l'épouser, et l'opinion ainsi que la crainte en devint générale ; le roi son grand-père en fut vivement alarmé, et Mme de Maintenon, qui n'avoit jamais pu parvenir à être déclarée après en avoir frisé le moment de bien près par deux fois, en fut poussée à bout de jalousie. Cependant, si Mme des Ursins s'en flatta, ce ne fut pas pour longtemps.

Le roi d'Espagne toujours curieux de nouvelles de France en demandoit souvent à son confesseur, le seul homme à qui il pût parler qui ne fût pas à Mme des Ursins. L'habile et le hardi Robinet, aussi inquiet que personne des progrès du dessein dont personne ne doutoit dans les deux cours de France et d'Espagne, se laissa pousser de questions dans une embrasure de fenêtre où le roi l'avoit attiré, et fit le réservé et le mystérieux pour exciter la curiosité davantage : quand il la vit au point où il la vouloit, il dit au roi que puisqu'il le forçoit il lui avoueroit que ses nouvelles de France étoient conformes à toutes celles de Madrid, où on ne doutoit plus qu'il ne fît à la princesse des Ursins l'honneur de l'épouser. Le roi rougit et répondit brusquement : « Oh ! pour cela, non, » et le quitta.

Soit que la princesse des Ursins fût informée de cette vive repartie, ou qu'elle désespérât déjà du succès, elle tourna court, et jugeant que cet état d'interstice au palais de Medina-Celi ne pouvoit durer toujours, résolut de s'assurer du roi par une reine qui lui dût un si grand mariage, et qui n'ayant aucun soutien se jetât entre ses bras par reconnoissance et par nécessité. Dans cette vue elle s'ouvrit à Albéroni qui, depuis la mort du duc de Vendôme, étoit demeuré à Madrid chargé des affaires de Parme, et lui proposa le mariage de la princesse, fille de la duchesse de Parme, et du feu duc, frère du régnant, qui avoit épousé la veuve de son frère.

Albéroni eut peine à croire ses oreilles ; une alliance si disproportionnée lui parut d'autant plus incroyable, qu'il n'espéra pas que la cour de France y pût consentir, et qu'il crut encore moins qu'on osât la conclure sans elle. En effet, une personne issue de double bâtardise, d'un pape par père, d'une fille naturelle de Charles-Quint par mère, fille d'un petit duc de Parme, et d'une mère tout autrichienne sœur de l'impératrice douairière, de la reine d'Espagne douairière, dont on étoit si mécontent, et qu'on avoit fait passer de l'exil de Tolède à la relégation de Bayonne, de la reine de Portugal, qui avoit déterminé le roi son mari à recevoir l'archiduc à Lisbonne, et à porter la guerre en Espagne, n'étoit pas un parti auquel il fût vraisemblable de songer pour en faire une reine d'Espagne.

Rien de tout cela néanmoins n'arrêta la princesse des Ursins ; son intérêt pressant fut sa considération la plus forte ; elle disposoit de la volonté du roi d'Espagne, elle sentoit tout le changement du roi et de Mme de Maintenon pour elle, elle n'en espéroit plus de retour : elle crut même devoir s'appuyer contre l'autorité qui l'avoit si puissamment établie, et qui auroit pu la détruire, et ne s'occupa plus qu'à brusquer un mariage dont elle se promettoit tout, et de faire de la nouvelle reine le même usage qu'elle avoit fait de celle qu'elle venoit de perdre. Le roi d'Espagne étoit dévot, il avoit besoin d'une femme, la princesse des Ursins étoit d'un âge où ses agréments n'étoient plus que de l'art : en un mot, elle mit Albéroni en besogne, et on peut croire qu'elle ne fut pas difficile dès l'instant qu'on put les persuader à Parme qu'elle étoit sérieuse, et qu'on ne se moquoit pas d'eux. Orry, toujours un avec Mme des Ursins et le tout-puissant par elle, fut le seul confident de cette importante affaire.

Le marquis de Brancas étoit lors ambassadeur de France à Madrid, comme on l'a vu en son temps. Il s'étoit flatté de la grandesse au sortir de Girone, il avoit été tout près de l'obtenir. Il crut toujours que Mme des Ursins l'avoit fait changer en Toison, et il ne lui avoit pas pardonné cet échange. Il étoit tout à Mme de Maintenon. On a vu ailleurs par quelles rares conjonctures il en avoit obtenu la protection, que son adroite mère et lui avoient bien su cultiver et conserver. Par cela même il étoit fort suspect à la princesse des Ursins, qui d'ailleurs se doutoit bien de la dent qu'il lui gardoit de sa grandesse manquée : elle ne lui laissoit aucun accès, et avoit les yeux fort ouverts sur toute sa conduite. Brancas voyoit et n'ignoroit rien de tout ce qui se passoit.

Le confesseur s'expliquoit à ce client de sa compagnie de ses inquiétudes sur la conduite de la princesse des Ursins, et les principaux d'une cour universellement mécontente alloient décharger leur cœur avec lui, dans la pensée qu'il n'y avoit que la France qui pût mettre ordre à la situation de l'Espagne. Brancas en sentit toute l'importance, mais instruit par l'aventure de l'abbé d'Estrées, craignant même pour ses courriers, il prit le parti de mander au roi qu'il avoit pressamment à lui rendre compte d'affaires les plus importantes, qui ne se pouvoient confier au papier, et qui exigeoient qu'il lui permît d'aller passer quinze jours à Versailles. La réponse fut la permission qu'il demandoit, mais avec ordre de s'arrêter où il rencontreroit le duc de Berwick sur la route, qui alloit faire le siége de Barcelone, pour conférer avec lui.

Mme des Ursins, qui trouvoit toujours moyen d'être instruite de tout, la fut non-seulement du voyage de Brancas, mais encore de l'ordre qu'il avoit reçu de conférer avec Berwick; elle en fut alarmée : elle fit presser par le roi d'Espagne le départ du maréchal comme si tout eût été prêt pour le siége de Barcelone, pour éviter que Brancas le rencontrât en chemin. Elle fit disposer seize relais de mules sur le chemin de Bayonne, et fit tout à coup partir pour France, le jeudi saint, le cardinal del Giudice, grand inquisiteur et ministre d'État, qui eut pour elle cette basse complaisance. C'étoit coup double : le cardinal étoit à ses ordres, mais un cardinal-ministre et grand inquisiteur l'embarrassoit, elle s'en délivroit au moins pour un temps de la sorte, en attendant mieux, et par le poids de sa pourpre et de ses établissements en Espagne, elle en donnoit à la commission dont elle le chargeoit, et prévenoit Brancas, ce qui en notre cour n'étoit pas un point médiocre. Brancas qui en sentoit toute l'importance le suivit dès le vendredi saint, et fit si bien qu'il l'atteignit à Bayonne la nuit qu'il y étoit couché. Il chargea, en passant tout droit, le commandant, qui étoit

Dudoncourt, d'amuser et de retarder le cardinal tout le lendemain tant qu'il pourroit, gagna pays et arriva à Bordeaux avec vingt-huit chevaux de poste qu'il emmena de partout avec lui pour les ôter au cardinal. Il arriva de la sorte deux jours plus tôt que lui à Paris, d'où il alla aussitôt à Marly, où le roi étoit, lui rendre compte des affaires qui l'avoient amené si roide; il en eut une longue audience avec Torcy en tiers, et un logement pour le reste du voyage.

Le cardinal del Giudice se reposa quatre ou cinq jours à Paris, puis vint de Paris chez Torcy à Marly qui le mena dans le cabinet du roi à l'issue de son lever. Il lui présenta le prince de Cellamare, fils du duc de Giovenazzo son frère, grand d'Espagne et conseiller d'État assez considéré à Madrid; Cellamare sortit aussitôt du cabinet, et le cardinal y demeura seul avec le roi et Torcy une bonne heure. Torcy lui donna à dîner; au sortir de table, ils retournèrent à Paris. Le cardinal, à ce que longtemps depuis Torcy m'a compté, fut un peu embarrassé de sa personne; il n'étoit chargé d'aucune affaire; toute sa mission n'alloit qu'à louer Mme des Ursins et se plaindre du marquis de Brancas. Ces louanges de Mme des Ursins n'étoient que vagues; elle ne comptoit pas assez sur le cardinal pour lui avouer la situation où elle se trouvoit en notre cour, et pour le charger de rien à cet égard, de sorte que la matière fut bientôt épuisée. Sur le marquis de Brancas il n'y avoit nul fait à alléguer; son crime étoit de voir trop clair, et de n'être pas dévoué à la princesse.

Le cardinal étoit un homme d'esprit, de cour, d'affaires et d'intrigue, qui sentoit pour un homme de son état et de son poids le vide de sa commission, et qui en étoit peiné. Il parut d'une conversation aimable, d'une société aisée, écartant les embarras du rang et du personnage, et il fut fort goûté et recueilli par la bonne compagnie. Il se rendit assidu auprès du roi sans l'importuner d'audiences qu'il n'avoit pas matière à remplir, et à tout son manége il donna lieu de soupçonner qu'il se doutoit de la décadence de la princesse des Ursins dans notre cour, et qu'il cherchoit à s'en attirer l'estime et la confiance pour, à l'appui du roi, devenir premier ministre en Espagne; mais nous verrons bientôt que la marotte ultramontaine de sa charge, de son chapeau, rompirent toutes ses mesures. Tout le succès de son voyage se borna à empêcher Brancas de retourner en Espagne, et quoique bien sans concert, Brancas fut de moitié avec lui : il n'avoit rien à espérer de cette cour dans la situation où il étoit avec Mme des Ursins, et il n'étoit pas homme à perdre sciemment son temps. Il a fallu conduire jusqu'ici cette affaire de suite; il faut maintenant un peu retourner sur nos pas.

Il y avoit longtemps que la chancelière étoit menacée d'une hydropisie de poitrine après un asthme de presque toute sa vie. Elle étoit fille de Maupeou, président d'une des chambres des enquêtes et peu riche, mais bon parti pour Pontchartrain qui l'étoit encore moins quand elle l'épousa. On ne peut guère être plus laide, mais avec cela une grosse femme, de bonne taille et de bonne mine, qui avoit l'air imposant, et quelque chose aussi de fin. Jamais femme de ministre ni autre n'eut sa pareille pour savoir tenir une maison, y joindre plus d'ordre à toute l'aisance et la magnificence, en éviter tous les inconvénients avec le plus d'attention, d'art et de prévoyance, sans qu'il y parût, et y avoir plus de dignité avec plus de politesse, et de cette politesse avisée et attentive qui sait la distinguer et la mesurer, en mettant tout le monde à l'aise. Elle avoit beaucoup d'esprit sans jamais le vouloir montrer, et beaucoup d'agrément, de tour et d'adresse dans l'esprit, et de la souplesse, sans rien qui approchât du faux, et quand il le falloit, une légèreté qui surprenoit; mais bien plus de sens encore, de justesse à connoître les gens, de sagacité dans ses choix et dans sa conduite, que peu d'hommes même ont atteint comme elle de son temps. Il est surprenant qu'une femme de la robe qui n'avoit vu de monde qu'en Bretagne, fût en si peu de temps au fait aux manières, à l'esprit, au langage de la cour; elle devint un des meilleurs conseils qu'on pût trouver pour s'y bien gouverner. Aussi y fut-elle dans tous les temps d'un grand secours à son mari, qui tant qu'il la crut n'y fit jamais de fautes, et ne se trompa en ce genre que lorsqu'il s'écarta de ses avis. Avec tout cela elle avoit trop longtemps trempé dans la bourgeoisie pour qu'il ne lui en restât pas quelque petite odeur. Elle avoit naturellement une galanterie dans l'esprit raffinée, charmante, et une libéralité si noble, si simple, si coulant de source, si fort accompagnée de grâces qu'il étoit impossible de s'en défendre. Personne ne s'entendoit si parfaitement à donner des fêtes. Elle en avoit tout le goût et toute l'invention, et avec somptuosité et au dehors et au dedans, mais elle n'en donnoit qu'avec raisons et bien à propos, et tout cela avec un air simple, tranquille et sans jamais sortir de son âge, de sa place, de son état, de sa modestie. La plus secourable parente, l'amie la plus solide, la plus effective, la plus utile, la meilleure en tous points et la plus sûre. Délicieuse à la campagne et en liberté; dangereuse à table pour la prolonger, pour se connoître en bonne chère sans presque y tâter, et pour faire crever ses convives; quelquefois fort plaisante sans jamais rien de déplacé; toujours gaie quoique quelquefois elle ne fût pas exempte d'humeur. La vertu et la piété la plus éclairée et la plus solide, qu'elle avoit eue toute sa vie, crût toujours avec la fortune. Ce qu'elle donnoit de pensions avec discernement, ce qu'elle marioit de pauvres filles, ce qu'elle en faisoit de religieuses, mais seulement quand elle s'étoit bien assurée de leur vocation, ce qu'elle en déroboit aux occasions, ce qu'elle mettoit de gens avec choix et discernement en état de subsister, ne se peut nombrer.

Sa charité mérite ce petit détail : sortant un dimanche de la grand'messe de la paroisse de Versailles avec Mme de Saint-Simon, elle s'amusa en chemin. Mme de Saint-Simon, qui étoit pressée, parce qu'elle devoit aller dîner chez Monseigneur à Meudon avec Mme la duchesse de Bourgogne, la hâtoit, et lui demanda avec surprise ce que c'étoit qu'une petite fille du bas peuple avec qui elle s'étoit arrêtée. « Ne l'avez-vous pas trouvée fort jolie? lui dit la chancelière : elle m'a frappée en passant. Je lui ai demandé qui étoient ses parents. Cela meurt de faim, cela a quatorze ou quinze ans. Jolie comme elle est, elle trouvera aisément pratique. La misère fait tout faire. Je l'ai un peu langueyée; demain matin elle viendra chez moi; et tout de suite je la paquetterai en lieu où elle sera en sûreté, et apprendra à gagner sa vie. »

Voilà de quoi cette femme-là étoit sans cesse occupée sans qu'elle le parût jamais : car elle ne l'auroit pas dit à une autre qu'à Mme de Saint-Simon, qu'elle regardoit comme une autre elle-même. Outre tout ce qui vient d'être dit, ses aumônes réglées étoient abondantes; les extraordinaires les surpassoient. Elle avoit toute une communauté à Versailles, de trente à quarante jeunes filles pauvres qu'elle élevoit à la piété et à l'ouvrage, qu'elle nourrissoit et entretenoit de tout, et qu'elle pourvoyoit quand elles étoient en âge. Elle avoit fondé avec le chancelier et bâti un hôpital à Pontchartrain, où tout le spirituel et le temporel abondoit, où ils alloient souvent servir les pauvres, et qui leur coûta plus de deux cent mille livres, et de l'entretien duquel ils n'étoient pas quittes à huit ni à dix mille livres par an. De tant de bonnes œuvres il n'en paroissoit que cet hôpital et sa communauté de Versailles, qui ne se pouvoient cacher et dont encore on ne voyoit que l'écorce. Tout le reste étoit enseveli dans le plus profond secret. Elle donnoit ordre à tout les matins, et aux choses domestiques, et il n'étoit plus mention de rien après, et tout dans une règle admirable.

Mais l'année 1709 la trahit. La disette et la cherté fit une espèce de famine. Elle redoubla ses aumônes, et, comme tout mouroit de faim dans les campagnes, elle établit des fours à Pontchartrain, des marmites et des gens pour distribuer des pains et des potages à tous venants, et de la viande cuite à la plupart tant que le soleil étoit sur l'horizon. L'affluence fut énorme. Personne ne s'en alloit sans emporter du pain de quoi nourrir deux ou trois personnes plusieurs jours, et du potage pour une journée. Ce concours a eu bien des journées de trois mille personnes, et avec tant d'ordre que nul ne se pressoit, ne passoit son tour d'arrivée, et avec tant de paix qu'on n'eût pas dit qu'il y eût plus de cinquante personnes. Plus la donnée avoit été nombreuse, plus la chancelière étoit aise, et cela dura six à sept mois de la sorte.

Le chancelier, ravi de faire aussi ces bonnes œuvres, l'en laissoit entièrement maîtresse. Leur union, leur amitié, leur estime étoit infinie et réciproque. Ils ne se séparoient de lieu que par une rare nécessité, et ils couchoient partout dans la même chambre. Ils avoient mêmes amis, mêmes parents, même société. En tout ils ne furent qu'un. Ils le furent bien aussi dans les regrets de leur première belle-fille, dont jamais ils ne purent se consoler. Telle fut la chancelière de Pontchartrain, que Dieu épura de plus en plus par de longues et pénibles infirmités, qui finirent par une hydropisie de poitrine, qu'elle porta avec une patience, un courage et une piété qui fut l'exemple de la cour et du monde. Elle s'en sépara entièrement au milieu de Versailles plusieurs mois avant sa mort, pour ne voir plus que sa plus étroite famille, Mme de Saint-Simon et des gens de bien, uniquement occupée jour et nuit de son salut. Elle y mourut le jeudi 12 avril, à [............], à [............] ans, universellement regrettée de toute la cour, qui l'aimoit et la respectoit, et pleurée des pauvres presque avec désespoir. Le chancelier alla cacher le sien dans son petit appartement de l'institution de l'Oratoire. Jamais Mme de Saint-Simon et moi n'eûmes de meilleure amie. Nous en fûmes amèrement touchés. Son fils fut le seul de toute la famille qui essuya cette perte avec tranquillité, et même des domestiques.

La reine douairière de Danemark mourut en ce même temps. Elle étoit Hesse, et petite-fille de la fameuse landgrave, dont le courage, l'âme haute et guerrière et l'attachement à la France ont tant fait parler d'elle. Elle étoit cousine germaine de Madame.

L'évêque de Senlis mourut aussi. Il étoit frère de Chamillart, le meilleur et le plus imbécile des hommes, dont le visage et le maintien ne le témoignoient guère moins que le discours. Sans quoi que ce soit de l'orgueil ni de l'impertinence si ordinaire aux enfants, aux frères, aux proches des ministres, c'étoit une fatuité de bonté et de confiance qui le persuadoit de l'amitié de tout le monde, qui le rendoit libre et caressant. Il étoit ravissant sur M. le Prince qui lui faisoit mille bassesses qu'il prenoit toutes pour soi, et avec grand soin de bien faire entendre que la place de son frère n'y avoit aucune part, que M. le Prince étoit le meilleur homme du monde, le plus agréable voisin, et qu'il ne comprenoit pas qu'on pût le trouver autrement ; mais quand la place du frère fut perdue, les bonnes grâces et les prévenances de M. le Prince s'évanouirent avec elle. Il n'alloit plus le voir, il ne l'attiroit plus à Chantilly. Il l'en bannit bientôt par ses manières. Plus de présents de gibier, plus de liberté à ses gens de chasser même chez leur maître. Le pauvre homme ne put digérer ce changement qui lui fut peut-être plus sensible que la chute de son frère, parce qu'il lui montroit sa sottise. Pendant la faveur, ses nièces et tout ce qui le voyoit en familiarité se moquoit de lui grossièrement, et il le comprenoit si peu, qu'il en rioit le premier. Son frère même s'en divertissoit quelquefois. Avec tout cela tout le monde l'aimoit tant il étoit bon homme. Il ne savoit rien, mais des mœurs excellentes, peut-être avoit-il conservé son innocence baptismale. C'étoit un homme à mettre bien richement à Mende ou à Auch, et à l'y confiner pour qu'on ne le vît jamais. Son frère fit la sottise de le faire passer de Dol à Senlis, de le mettre à la cour, de l'y attacher à la mort de M. de Meaux par la charge de premier aumônier de Mme la Dauphine, où il fut la risée de toutes ses dames; enfin de le mettre de l'Académie françoise en sa place, qui avoit eu la misère de l'élire. Cela combla toute mesure parce qu'il se crut bel esprit. Chamillart écrivit au roi pour lui demander le logement qu'il avoit conservé, et l'obtint aussitôt. Ce qui montra que le goût du roi n'étoit pas affoibli, malgré Mme de Maintenon et toutes les machines qui le dépostèrent.

Mme Voysin mourut à Paris d'une assez longue maladie : pourroit-on croire, si on ne le savoit, que ce fut de chagrin, unie comme elle étoit avec son mari, et dans l'état radieux où il étoit, et qu'il ne devoit qu'à elle? On a vu (t. VII, p. 254) quelle étoit cette femme, et à quel point elle fut utile à Voysin, qui sans elle n'avoit rien qui pût lui faire faire fortune qu'il ne mérita jamais, beaucoup moins une aussi démesurée qui l'a enfin porté à la tête de la guerre et de la robe. Mme de Maintenon étoit changeante: elle n'avoit mis le mari en place que pour avoir sa femme à la cour. Outre qu'elle les comptoit tous et avec raison à elle sans réserve, ce qu'elle brassa depuis par lui pour M. du Maine ne pouvoit entrer dans ses vues, alors que la petite vérole et le poison n'avoient pas détruit la maison royale, et que les princes du sang d'âge étoient encore pleins de vie. Mme Voysin eut dans les premiers temps de son arrivée à la cour toute la faveur de Mme de Maintenon et toute sa confiance. Elle ne s'aperçut pas assez tôt qu'il ne falloit pas rassasier d'elle. L'indigestion vint peu à peu. Toute la faveur, toute la confiance passa de la femme au mari. Elle le trouva homme à tout faire, et que pour lui plaire aucune considération ne l'arrêteroit. Cela soutint quelque temps sa femme, mais le goût étoit passé. Tout ce qui lui avoit tant plu en elle, commença à lui être à charge ou à lui paroître ridicule. Son assiduité, ses empressements, ses flatteries l'importunèrent; ses douceurs et ses complaisances la dégoûtèrent. Son vêtement et sa coiffure imitée de la sienne lui semblèrent ridicules. Mme Voysin commençoit à sentir sa décadence, lorsque sa jalousie de Mme Desmarets acheva de la perdre.

Vauxbourg, conseiller d'État, d'une vertu, d'une probité, d'une piété rare dans tous ses emplois, où il s'étoit montré assez capable, étoit frère aîné de Desmarets, et il avoit épousé la sœur de Voysin. Cette alliance des deux ministres réussit assez bien entre-deux, mais ne put concilier leurs femmes. Mme Desmarets, grande, bien faite, toujours bien mise, sans affectation, avoit un air simple, naturel et, avec de l'esprit, beaucoup de monde, rien du tout de bourgeois, un air et des manières nobles, un dehors de franchise qui n'étoit pas sans art, mais cet art n'étoit pas sans duplicité. Ses soins et ses respects pour Mme de Maintenon étoient sans bassesse. Elle se ménagea toujours si bien à l'approcher, que, bien loin de lui devenir à charge, elle eut l'adresse de s'en faire toujours désirer. Tout cela étoit bien loin de l'air doucereux, composé, préparé et de l'extrême bourgeoisie de Mme Voysin : aussi en fut-elle coulée à fond. Elle ne put soutenir une disgrâce personnelle ni une rivale d'autant plus odieuse qu'elle n'y trempoit en rien, et ne lui donnoit aucun sujet de plainte. La cour s'aperçut du changement, le mari le sentit. Il en fut outré sans toutefois oser en rien montrer. La douleur extrême prit sur la santé de Mme Voysin jusqu'alors ferme et brillante. La maladie se déclara, elle s'en alla à Paris, elle y mourut enfin de désespoir le vendredi 20 avril, à cinquante-un ans, peu regrettée. Ce fut une délivrance pour Mme de Maintenon. Le mari, tout dévoué à la fortune, s'en consola aisément; peut-être même se trouva-t-il soulagé de n'avoir plus quelqu'un de si nécessairement intime pris en aversion par Mme de Maintenon, auprès de laquelle il n'avoit plus besoin de personne.

Peu de jours après mourut Zurbeck, ancien lieutenant général, colonel du régiment des gardes suisses et des neuf autres régiments suisses au service de France. Ce fut une grande dépouille à distribuer pour M. du Maine.

Le Bailleul, président à mortier, mourut en même temps. Il étoit fils de l'ami de mon père, et petit-fils du surintendant des finances. Lui et le maréchal d'Huxelles, et Saint-Germain-Beaupré étoient enfants du frère et des deux sœurs. C'étoit un homme d'honneur et de vertu, d'ailleurs fort peu de chose. Il ne laissa qu'un fils qui, excepté l'honneur et la vertu, lui ressembla au reste. Il étoit dès lors fort décrié, mais les efforts du maréchal d'Huxelles, qui fit valoir son nom dans le parlement, et les services de ses pères, lui obtinrent enfin la charge avec grand'peine. Il ne prit pas celle de l'exercer, se ruina avec honte et scandale, et la vendit enfin à Chauvelin, depuis garde des sceaux, dont la fortune et la disgrâce ont tant fait parler. Ce dernier Bailleul est mort sans s'être marié, dans la dernière obscurité.

CHAPITRE VI.

Mariage du fils du marquis du Châtelet avec la fille du duc de Richelieu; [il obtient] la survivance de Vincennes. — Publication et réjouissances de la paix. — Contade grand'croix surnuméraire de Saint-Louis. — Marly. — Giudice bien traité du roi. — Ducasse malade. — Chalais mandé de l'armée à Madrid. — Ronquillo et d'autres exilés. — Bergheyck se retire tout à fait des affaires; son éloge. — Réforme de troupes. — Électeur de Bavière à la chasse à Marly. — M. le duc de Berry malade et empoisonné. — Mort de M. le duc de Berry; son caractère. — Quel avec sa famille. — M. [le duc] et Mme la duchesse de Berry; comment ensemble. — Ordres du roi. — Le corps de M. le duc de Berry très-promptement porté à Paris aux Tuileries. — Deuil drapé de six mois. — Le roi ne veut point de révérences, de manteaux, de mantes, de harangues ni de compliments. — État du roi. — Sa visite à Mme la duchesse

de Berry — M. [le duc] et Mme la duchesse d'Orléans fort touchés.
— Raisons particulières à M. le duc d'Orléans. — Mme de Maintenon et duc du Maine. — Duchesse du Maine. — Évêques usurpent pour la première fois, en gardant, fauteuils et carreaux. — Eau bénite. — Comte de Charolois et duc de Fronsac conduisent le cœur au Val-de-Grâce. — M. le Duc et le duc de La Trémoille conduisent le corps à Saint-Denis. — Fils et petits-fils de France tendent seuls chez le roi. — Précautions chez Mme la duchesse de Berry, qui font quelques aventures risibles.

Un événement singulier, et qui fit honneur à la cour, reposera pour quelques moments de ces tristesses. Parmi toutes les dames du palais dont il y avoit force dévotes, une seule n'étoit occupée que de Dieu, son mari un très-galant homme, et les deux personnes du monde, lui par peu d'entregent, elle par n'être occupée que de son salut, les moins propres à tirer le moindre parti d'aucune chose, et fort pauvres. C'étoit la marquise du Châtelet, fille du feu maréchal de Bellefonds. Un reste de considération pour la mémoire de son père et d'avoir été fille d'honneur de Mme la dauphine de Bavière, avec une grande réputation de sagesse et de vertu, la tirèrent de Vincennes où elle vivoit avec sa mère, pour la faire dame du palais lorsqu'elle y pensoit le moins. Elle aimoit tellement sa retraite qu'elle évita le voyage du Pont-Beauvoisin, et tant qu'elle put, Marly dans la suite, pour s'en aller à Vincennes; et à Versailles tant qu'elle pouvoit aussi à la chapelle ou dans sa chambre. Du reste gaie, paisible, assidue à ses fonctions, ne se mêlant de rien, mais à force de vertu, de douceur, de piété sincère, aimée, considérée, respectée de tout le monde, de Mme la duchesse de Bourgogne même, et de la jeunesse de la cour dont la vie ressembloit le moins à la sienne.

Ni elle ni son mari, ancien lieutenant général et de qualité distinguée, et fort estimé, ne savoient que faire de leur fils qui avoit un régiment et peu ou point de quoi y vivre; avec cela brave et honnête garçon, mais aussi demeuré que le père, et faute de savoir qu'en faire, ils n'y songeoient point du tout. Un beau jour qu'ils étoient tous à Vincennes et la cour à Versailles, Cavoye, qui prenoit soin du vieux duc de Richelieu, le trouva fort en peine de sa fille qui venoit chez lui d'un couvent de province. Il lui conseilla de s'en défaire promptement à un mari. Il chercha, il imagina Clefmont, fils de M. et de Mme du Châtelet, avec la survivance de Vincennes. Sur tout le bien qu'il lui dit d'eux tous, le bon homme y entra si bien que dans la même conversation Cavoye régla tout ce qu'il pouvoit donner, et l'affaire tout de suite résolue. Pour savoir des nouvelles de ce qu'auroit le prétendu, ils envoyèrent à l'heure même chercher Mme de Saint-Géran, qui avoit passé ses premières années chez le maréchal de Bellefonds, et qui étoit leur amie intime. Elle vint et leur dit ce qu'elle en savoit. Malgré le peu de bien, M. de Richelieu la chargea de parler au père et à la mère. Au sortir d'avec eux Mme de Saint-Géran en parla à Mme de Nogaret son amie, et qui l'étoit aussi de Mme du Châtelet, et avoit été sa compagne fille d'honneur et dame du palais chez les deux Dauphines. Mme de Nogaret qui avoit un excellent esprit trouva que rien ne pouvoit être plus avantageux à M. de Clefmont, et tandis qu'elles envoyèrent chercher Mme du Châtelet à Vincennes, Mme de Saint-Géran retourna, de l'avis de Mme de Nogaret, presser l'affaire, tellement que le même soir, car cela ne fut pas plus long, M. de Richelieu fut parler à Mme de Maintenon un moment avant que le roi y entrât. Elle se piquoit d'amitié pour lui, et sa porte lui étoit toujours ouverte. Elle le renvoya écrire au roi et se chargea du reste. Il lui envoya sa lettre dès qu'elle fut faite; elle la présenta au roi qui accorda la survivance en faveur du mariage, et sur-le-champ Mme de Maintenon le manda à M. de Richelieu, de manière que du dîner au souper l'affaire fut imaginée, réglée et consommée, sans que M. ni Mme du Châtelet en eussent la première notion.

Le lendemain ils arrivèrent à Versailles. Mmes de Saint-

Géran et de Nogaret les furent trouver aussitôt et leur apprirent que leur fils étoit marié, et marié avec cinq cent mille livres, à la vérité un peu légères, et peu présentes, à la fille d'un duc et pair bien élevée, et qui sortoit tout à l'heure d'un couvent, et avec la survivance de Vincennes. Jamais surprise ne fut pareille à la leur. A la surprise succéda la joie. Ils ne pouvoient comprendre que la chose fût vraie Le mariage se fit aussitôt après. On a vu que la considération seule de Mme du Châtelet avoit valu à son mari, et sans qu'elle s'en mêlât ni lui non plus, le gouvernement de Vincennes à la mort de son neveu. Ainsi la vertu fut doublement récompensée uniquement par des traits de Providence, et il est bien remarquable que de toutes les dames du palais, ce fut la seule qui en tira parti, et toujours sans s'en donner aucun soin, et même sans le savoir.

La paix avec l'empereur et l'empire fut publiée, le *Te Deum* chanté, des feux de joie le soir. Le roi qui étoit à Marly où le *Te Deum* ne put être chanté à sa messe, l'alla entendre sur les cinq heures du soir à la paroisse. Le duc de Tresmes donna une grande collation à l'hôtel de ville, et à minuit un grand repas chez lui à beaucoup de dames et d'étrangers, et à des gens de la cour.

En même temps [le roi] donna à Contade une grand'croix de l'ordre de Saint-Louis surnuméraire, n'y en ayant point de vacante, en attendant un gouvernement.

Ce Marly-ci fut encore bien funeste. Il est à propos de le reprendre dès le commencement, car c'est le même où arriva le marquis de Brancas, et où le cardinal del Giudice vit le roi, et pendant lequel se sont passées les choses qui ont été racontées depuis.

Quelque temps auparavant, Mme de Saint-Simon s'en étoit allée de Versailles à Paris incommodée; elle y eut la rougeole. Sur la fin de cette rougeole, le roi alla à Marly le mercredi 11 avril; peu de jours après, Mme de Lauzun et moi reçûmes chacun un billet de Bloin, qui nous mandoit que le roi nous avoit donné à chacun un logement à Marly, que la rougeole n'étoit pas comme la petite vérole, et que nous pouvions aller à Marly dès le lendemain. Permettre en ce genre c'étoit ordonner, et cet ordre étoit une distinction et une grâce, qui, sous prétexte de peur, fit jalousie à bien des gens. Mme de Saint-Simon alla s'établir chez Mme de Lauzun à Passy dès qu'elle fut en état de le faire, pour prendre l'air, en changer, et revenir à Versailles le même jour que le roi y retourneroit, car le voyage de Marly étoit annoncé pour être long. Mme la duchesse de Berry, qui étoit grosse, se trouvoit incommodée, et avoit été bien aise de demeurer à Versailles comme il lui arrivoit quelquefois pendant les Marly; et comme il s'en falloit tout qu'elle fût l'amusement du roi et de Mme de Maintenon, comme avoit été Mme la Dauphine, le roi s'en trouvoit soulagé quoiqu'il n'aimât pas ces séparations.

Le roi permit au cardinal del Giudice de lui venir faire sa cour à Marly sans le demander, toutes les fois qu'il voudroit. Il le distingua fort, et prit plaisir à lui montrer ses jardins, et tout cela finit enfin par lui donner un logement à Marly. On y apprit la maladie de Ducasse; que Chalais qui étoit avec les troupes qui alloient faire le siége de Barcelone, avoit été mandé à Madrid pour une commission secrète; que Ronquillo avoit été exilé avec quelques autres qui déplaisoient à la princesse des Ursins. Le roi apprit aussi avec chagrin que Bergheyck avoit obtenu de se retirer de toutes les affaires, et d'aller achever sa vie tranquillement dans une de ses terres en Flandre. C'étoit un homme infiniment modeste, affable, doux, équitable et parfaitement désintéressé; avec beaucoup d'esprit, mais sage et réglé, et qui possédoit à fond toutes les parties du ministère dont il étoit chargé, qui étoient les finances et le commerce des Pays-Bas espagnols où il fut toujours adoré. C'étoit l'homme du monde le plus véritable, le plus hardi à dire la vérité, qui aimoit et cherchoit le plus le bien pour le bien, et qui étoit le plus attaché aux intérêts du roi d'Espagne. Poussé enfin à bout de tous les obstacles qu'il trouvoit à tout à la cour de Madrid, où on ne s'accommodoit pas d'un ministre si intègre, si éclairé, si libre, et désespérant de rien faire de bon, qui étoit son ambition unique, quoiqu'il eût des enfants, il prit le parti de tout quitter, au grand soulagement d'Orry et de Mme des Ursins. Nous le verrons passer à la cour revenant de Madrid et allant se confiner dans une petite terre de Flandre, où il vécut retiré encore fort longtemps, aimé, respecté et considéré de tout le monde. Le roi l'aimoit, le croyoit et l'estimoit beaucoup.

Le roi réforma cinq hommes par compagnie d'infanterie qui demeurèrent à quarante-cinq, et de cavalerie qui restèrent à trente. L'électeur vint courre le cerf à Marly le jeudi 26 avril, et ne vit le roi qu'à la chasse; il soupa chez d'Antin et joua dans le salon après avec M. le duc de Berry à un grand lansquenet, puis retourna à Saint-Cloud.

Le lundi 30 avril, le roi prit médecine, et travailla l'après-dînée avec Pontchartrain; sur les six heures du soir il entra chez M. le duc de Berry qui avoit eu la fièvre toute la nuit. Il s'étoit levé sans en rien dire, avoit été à la médecine du roi, et comptoit aller courre le cerf; mais, en sortant de chez le roi sur les neuf heures du matin, il lui prit un grand frisson qui l'obligea de se remettre au lit. La fièvre fut violente ensuite. Il fut saigné, le roi dans sa chambre, et le sang fut trouvé très-mauvais; au coucher du roi, les médecins lui dirent que la maladie étoit de nature à leur faire désirer que c'en fût une de venin. Il avoit beaucoup vomi, et ce qu'il avoit vomi étoit noir. Fagon disoit avec assurance que c'étoit du sang; les autres médecins se rejetoient sur du chocolat, dont il avoit pris le dimanche. Dès ce jour-là je sus qu'en croire. Boulduc, apothicaire du roi, qui étoit extrêmement attaché à Mme de Saint-Simon et à moi, et dont j'ai eu quelquefois occasion de parler, me glissa à l'oreille qu'il n'en reviendroit pas, et qu'avec quelques petits changements, c'é-

toit au fond la même chose qu'à M. [le Dauphin] et Mme la
Dauphine. Il me le confirma le lendemain, ne varia ni pendant la courte maladie, ni depuis; et il me dit le troisième
jour que nul des médecins qui voyoient ce prince n'en doutoit, et ne s'en étoit caché à lui qui me parloit. Ces médecins en demeurèrent persuadés dans la suite, et s'en expliquèrent même assez familièrement.

Le mardi 1ᵉʳ mai, saignée du pied à sept heures du matin,
après une très-mauvaise nuit; deux fois de l'émétique qui
fit un grand effet, puis de la manne, mais deux redoublements. Le roi y alla au sortir de sa messe, tint conseil de
finances, ne voulut point aller tirer comme il l'avoit résolu,
et se promena dans ses jardins. Les médecins, contre leur
coutume, ne le rassurèrent jamais. La nuit fut cruelle. Le
mercredi 2 mai le roi alla après sa messe chez M. le duc de
Berry qui avoit été encore saigné du pied. Le roi tint le conseil d'État à l'ordinaire, dîna chez Mme de Maintenon, et
alla après faire la revue de ses gardes du corps. Coettenfao,
chevalier d'honneur de Mme la duchesse de Berry, étoit
venu le matin prier le roi de sa part que Chirac, médecin
fameux de M. le duc d'Orléans, vît M. le duc de Berry. Le
roi le refusa sur ce que tous les médecins étoient d'accord
entre eux, et que Chirac, qui seroit peut-être d'avis différent, ne feroit que les embarrasser. L'après-dînée, Mmes de
Pompadour et de La Vieuville vinrent de sa part prier le roi
de trouver bon qu'elle vînt, avec force propos de son inquiétude, et qu'elle viendroit plutôt à pied. Il y falloit venir en
carrosse si elle en avoit eu tant d'envie, et avant de descendre le faire demander au roi. La vérité est qu'elle n'avoit
pas plus d'envie de venir que M. le duc de Berry de désir de
la voir, qui ne proféra jamais son nom, ni n'en parla indirectement même. Le roi répondit des raisons à ces dames;
sur ce qu'elles insistèrent, il leur dit qu'il ne lui fermeroit
pas la porte, mais qu'en l'état où elle étoit cela seroit fort
imprudent. Il dit ensuite à Madame et à M. le duc d'Orléans

d'aller à Versailles pour l'empêcher de venir. Au retour de la revue, le roi entra chez M. le duc de Berry. Il avoit encore été saigné du bras, il avoit eu tout le jour de grands vomissements où il y avoit beaucoup de sang, et il avoit pris pour l'arrêter de l'eau de Rabel jusqu'à trois fois. Ce vomissement fit différer la communion ; le P. de La Rue étoit auprès de lui dès le mardi matin, qui le trouva fort patient et fort résigné.

Le jeudi 3, après une nuit encore plus mauvaise, les médecins dirent qu'ils ne doutoient pas qu'il n'y eût une veine rompue dans son estomac. Il commençoit dès la veille, mercredi, à se débiter que cet accident étoit arrivé par un effort qu'il avoit fait à la chasse le jeudi précédent que l'électeur de Bavière y étoit venu, en retenant son cheval qui avoit fait une grande glissade, et on ajouta que le corps avoit porté sur le pommeau de la selle, et que depuis il avoit craché et rendu du sang tous les jours. Les vomissements cessèrent à neuf heures du matin, mais sans aucun mieux. Le roi, qui devoit courre le cerf, contremanda la chasse. A six heures du soir, M. le duc de Berry étouffoit tellement qu'il ne put plus demeurer au lit ; sur les huit heures, il se trouva si soulagé qu'il dit à Madame qu'il espéroit n'en pas mourir ; mais bientôt après le mal augmenta si fort, que le P. de La Rue lui dit qu'il étoit temps de ne plus penser qu'à Dieu, et à recevoir le viatique. Le pauvre prince parut lui-même le désirer. Un peu après dix heures du soir, le roi alla à la chapelle où on gardoit une hostie consacrée dès les premiers jours de la maladie ; M. le duc de Berry la reçut et l'extrême-onction, en présence du roi, avec beaucoup de dévotion et de respect. Le roi demeura près d'une heure dans sa chambre, vint souper seul dans la sienne, ne vit point les princesses après souper, et se coucha. M. le duc d'Orléans alla à deux heures après minuit à Versailles, sur ce que Mme la duchesse de Berry vouloit encore venir à Marly. Un peu avant de mourir, M. le duc de Berry dit au P. de La Rue, qui au moins le conta ainsi, l'accident de la glissade dont on vient de parler, mais, à ce qui fut ajouté, la tête commençoit à s'embarrasser; après qu'il eut perdu la parole, il prit le crucifix que le P. de La Rue tenoit, il le baisa et le mit sur son cœur. Il expira le vendredi 4 mai, à quatre heures du matin, en sa vingt-huitième année, étant né à Versailles le dernier août 1686.

M. le duc de Berry étoit de la hauteur ordinaire de la plupart des hommes, assez gros, et de partout, d'un beau blond, un visage frais, assez beau, et qui marquoit une brillante santé. Il étoit fait pour la société et pour les plaisirs, qu'il aimoit tous; le meilleur homme, le plus doux, le plus compatissant, le plus accessible, sans gloire et sans vanité, mais non sans dignité, ni sans se sentir. Il avoit un esprit médiocre, sans aucunes vues et sans imagination, mais un très-bon sens, et le sens droit, capable d'écouter, d'entendre, et de prendre toujours le bon parti entre plusieurs spécieux. Il aimoit la vérité, la justice, la raison; tout ce qui étoit contraire à la religion le peinoit à l'excès, sans avoir une piété marquée; il n'étoit pas sans fermeté, et haïssoit la contrainte. C'est ce qui fit craindre qu'il ne fût pas aussi souple qu'on le désiroit d'un troisième fils de France, qui ne pouvoit entendre dans sa première jeunesse qu'il y eût aucune différence entre son aîné et lui, et dont les querelles d'enfant avoient souvent fait peur.

C'étoit le plus beau et le plus accueillant des trois frères, par conséquent le plus aimé, le plus caressé, le plus attaqué du monde; et comme son naturel étoit ouvert, libre, gai, on ne parloit dans sa jeunesse que de ses reparties à Madame et à M. de La Rochefoucauld qui l'attaquoient tous les jours. Il se moquoit des précepteurs et des maîtres, souvent des punitions; il ne sut jamais guère que lire et écrire, et n'apprit jamais rien depuis qu'il fut délivré de la nécessité d'apprendre. Ces choses avoient engagé à appesantir l'éducation; mais cela lui émoussa l'esprit, lui abattit le courage, et le rendit d'une timidité si outrée qu'il en devint inepte à la plupart des choses, jusqu'aux bienséances de son état, jusqu'à ne savoir que dire aux gens avec qui il n'étoit pas accoutumé, et n'oser ni répondre ni faire une honnêteté dans la crainte de mal dire, enfin jusqu'à s'être persuadé qu'il n'étoit qu'un sot et une bête propre à rien. Il le sentoit, et il en étoit outré. On peut se souvenir là-dessus de son aventure du parlement, et de Mme de Montauban. Mme de Saint-Simon, pour qui il avoit une ouverture entière, ne pouvoit le rassurer là-dessus, et il est vrai que cette excessive défiance de lui-même lui nuisoit infiniment. Il s'en prenoit à son éducation, dont il disoit fort bien la raison, mais elle ne lui avoit pas laissé de tendresse pour ceux qui y avoient eu part.

Il étoit le fils favori de Monseigneur par goût, par le naturel du sien pour la liberté et pour le plaisir, par la préférence du monde, et par cette cabale expliquée ailleurs, qui étoit si intéressée et si appliquée à éloigner et à écraser Mgr le duc de Bourgogne. Comme ce prince, depuis leur sortie de première jeunesse, n'avoit jamais fait sentir son aînesse, et avoit toujours vécu avec M. le duc de Berry dans la plus intime amitié et familiarité, et avoit eu pour lui toutes les prévenances de toute espèce, aussi M. le duc de Berry, qui étoit tout bon et tout rond, ne se prévalut jamais à son égard de la prédilection. Mme la duchesse de Bourgogne ne l'aimoit pas moins, et n'étoit pas moins occupée de lui faire tous les petits plaisirs qu'elle pouvoit que s'il avoit été son propre frère, et les retours de sa part étoient la tendresse même et le respect les plus sincères et les plus marqués pour l'un et pour l'autre. Il fut pénétré de douleur à la mort de l'un et à celle de l'autre, surtout à celle de Mgr le duc de Bourgogne lors Dauphin, et de la douleur la plus vraie, car jamais homme n'a su moins feindre que celui-là. Pour le roi, il le craignoit à un tel point qu'il n'en osoit presque approcher, et si interdit dès que le roi le regardoit d'un œil sérieux, ou lui parloit d'autre chose que de jeu ou de chasse, qu'à peine l'entendoit-il, et que les pensées lui tarissoient. On peut juger qu'une telle frayeur ne va guère de compagnie avec une grande amitié.

Il avoit commencé avec Mme la duchesse de Berry comme font presque tous ceux qu'on marie fort jeunes et tout neufs. Il en étoit devenu extrêmement amoureux, ce qui, joint à sa douceur et à sa complaisance naturelle, fit aussi l'effet ordinaire, qui fut de la gâter parfaitement. Il ne fut pas longtemps sans s'en apercevoir; mais l'amour fut plus fort que lui. Il trouva une femme haute, altière, emportée, incapable de retour, qui le méprisoit, et qui le lui laissoit sentir, parce qu'elle avoit infiniment plus d'esprit que lui, et qu'elle étoit de plus suprêmement fausse et parfaitement déterminée. Elle se piquoit même de l'un et de l'autre, et de se moquer de la religion, de railler avec dédain M. le duc de Berry parce qu'il en avoit, et toutes ces choses lui devinrent insupportables. Tout ce qu'elle fit pour le brouiller avec M. [le duc] et Mme la duchesse de Bourgogne, et à quoi elle ne put parvenir pour les deux frères, acheva de l'outrer. Ses galanteries furent si promptes, si rapides, si peu mesurées, qu'il ne put se les cacher. Ses particuliers journaliers et sans fin avec M. le duc d'Orléans, et où tout languissoit pour le moins quand il y étoit en tiers, le mettoient hors des gonds. Il y eut entre eux des scènes violentes et redoublées. La dernière qui se passa à Rambouillet, par un fâcheux contre-temps, attira un coup de pied dans le cul à Mme la duchesse de Berry, et la menace de l'enfermer dans un couvent pour le reste de sa vie; et il en étoit, quand il tomba malade, à tourner son chapeau autour du roi comme un enfant, pour lui déclarer toutes ses peines, et lui demander de le délivrer de Mme la duchesse de Berry. Ces choses en gros suffisent, les détails seroient et misérables et affreux; un seul suffira pour tous.

Elle voulut à toute force se faire enlever au milieu de la

cour par La Haye, écuyer de M. le duc de Berry, qu'elle avoit fait son chambellan. Les lettres les plus passionnées et les plus folles de ce projet ont été surprises, et d'un tel projet, le roi, son père, et son mari pleins de vie, on peut juger de la tête qui l'avoit enfanté et qui ne cessoit d'en presser l'exécution. On en verra dans la suite encore d'autres. Elle sentit donc moins sa chute à la mort de M. le duc de Berry que sa délivrance. Elle étoit grosse, elle espéroit un garçon, et elle compta bien de jouir en plein de sa liberté, délivrée de ce qui lui avoit attiré tant de choses fâcheuses du roi et de Mme de Maintenon, qui ne prendroient plus la même part dans sa conduite.

M. le duc de Berry étoit fort aimé et fut généralement regretté. Le vendredi matin, qu'il mourut, Mme de Maintenon, les princes, les princesses se trouvèrent au réveil du roi dans le petit salon, devant sa chambre. Tout s'y passa à peu près comme on l'a vu à la mort de Mgr le duc de Bourgogne, lors Dauphin. Le roi, dans son lit, donna ses ordres à Dreux, grand maître des cérémonies, se leva, entendit la messe à la chapelle plus tôt qu'à l'ordinaire, et passa tout le reste de la matinée chez Mme de Maintenon. Dès qu'il eut dîné, il alla se promener en calèche dans la forêt de Marly, c'est-à-dire entre trois et quatre heures. Dès qu'il fut sorti, le corps de M. le duc de Berry fut mis dans son carrosse, environné de ses pages et de ses gardes, suivi d'un autre de ses carrosses rempli de ses officiers principaux : MM. de Béthune, depuis duc de Sully, premier gentilhomme de la chambre en année; le chevalier de Roye, capitaine des gardes en quartier; Sainte-Maure, premier écuyer; Montendre, capitaine des Suisses de sa garde; Pons, maître de sa garde-robe en année; et Champignelle, premier maître d'hôtel. On avoit préparé à la hâte un appartement funèbre à Paris, aux Tuileries, où il fut déposé. Ainsi il ne demeura pas douze heures à Marly après sa mort. Le roi régla le même jour que la maison subsisteroit jusqu'aux couches de Mme la duchesse de Berry, pour continuer si c'étoit d'un prince.

Le lendemain, samedi, le roi ordonna à son lever que le deuil commenceroit le mardi suivant, que les princes du sang, ducs, officiers de la couronne, princes étrangers et grands officiers, draperoient, quoiqu'il ne portât point le deuil; qu'il dureroit six mois; et déclara qu'il ne vouloit point de révérences, ni voir personne en manteau ni en mante, ce qui fut cause qu'il n'y en eut pas même chez Mme la duchesse de Berry. Il chargea Breteuil, introducteur des ambassadeurs, d'avertir les ministres étrangers qu'il recevroit leurs compliments en allant et en revenant de la messe, mais qu'il ne donneroit d'audience pour cela à pas un d'eux; et il dit au premier président, qui étoit venu recevoir ses ordres, qu'il ne vouloit de compliment d'aucune compagnie. Il manda la perte qu'il venoit de faire à la reine d'Angleterre, à Saint-Germain, par le duc de Tresmes, et à Mme la duchesse de Berry qu'il iroit la voir le lendemain. Il vécut ce jour-là à l'ordinaire, et alla faire une dernière revue de ses gardes du corps, qu'il renvoya dans leurs quartiers. Il avoit l'âme fort noircie; mais il étoit d'ailleurs peu touché, et il ne cherchoit pas à s'affliger. Les bienséances en souffrirent.

Le dimanche après dîner, le roi fut à Versailles voir Mme la duchesse de Berry. Mme de Saint-Simon y étoit revenue, qui en reçut beaucoup d'honnêtetés, et force caresses de Mme la duchesse de Berry. M. [le duc] et Mme la duchesse d'Orléans étoient auprès d'elle. Le roi lui fit fort bien; mais il n'y demeura qu'un quart d'heure, et s'en retourna à Marly se promener dans ses jardins.

M. [le duc] et Mme la duchesse d'Orléans sentirent toute la grandeur de la perte. C'étoit un lien qui les attachoit au roi de fort près. Sa rupture étoit irréparable. L'idée de régence ne consola point M. le duc d'Orléans. Il ne pouvoit se dissimuler sa supériorité d'esprit sur un gendre avec qui d'ailleurs ses intérêts étoient communs, et qu'il conduiroit nécessairement. D'ailleurs cette régence ne paroissoit pas encore prochaine. Il fut véritablement affligé par intérêt et par amitié.

La nature du mal qui avoit emporté ce gendre ne tarda pas à devenir publique, et le contre-coup en fut pareil à celui des précédentes pertes. Plus elles augmentoient, plus M. le duc d'Orléans demeuroit seul, plus l'intérêt s'augmentoit de l'affubler de ce qu'il y avoit de plus odieux, de le rendre tel au roi et au monde, et on y étoit enhardi par l'expérience des précédents essais. Mme de Maintenon et un intérieur de valets affidés y prétoient toute leur assistance, et on n'oublioit pas à s'aider au dehors des ressorts qui avoient donné tant de succès à M. de Vendôme dans tous les temps, surtout contre M. le duc de Bourgogne. Ces ressorts, M. du Maine en disposoit; il les avoit trop maniés dans ce temps-là pour se trouver rouillé à les remettre en pratique, et s'en étoit trop utilement servi à la mort des deux Dauphins et de la Dauphine. Le roi ne montra rien au dehors; mais ces bons ouvriers n'y perdirent rien, comme on le verra en plus d'un endroit, et qu'ils surent toujours croître et s'élever sur un si bon fondement. M. le duc d'Orléans n'étoit pas encore revenu avec le roi, ni avec le monde des premiers bruits excités contre lui. Ceux qui les avoient tramés avoient su ne les pas laisser s'évanouir. Ces derniers les réchauffèrent, et formèrent un étrange groupe, sous lequel il n'y eut qu'à baisser la tête et ployer les épaules.

Un intérêt domestique affligeoit encore M. [le duc] et Mme la duchesse d'Orléans. Ils avoient éprouvé ce dont leur fille avoit été capable ayant un fils de France pour époux. Ils comprirent donc aisément quel essor elle étoit capable de prendre veuve, et ils avoient raison d'en trembler. M. le duc d'Orléans, attaqué et miné de la sorte, étoit l'unique prince légitime qui eût âge d'homme.

Jamais aussi ne vit-on M. du Maine si solaire et si désinvolte qu'alors. On voyoit qu'il se cachoit encore plus qu'à l'ordinaire; mais, dans le peu qu'on l'apercevoit quelquefois, on sentoit qu'il se tenoit à quatre, et toutefois qu'il ne touchoit pas à terre. Jamais les Guise si accueillants qu'il se le montra malgré lui en partie, et en partie il vouloit l'être, parce qu'il vouloit tout gagner. Tout cela, et tout à la fois, se sentoit comme au nez. A peine osoit-on s'en couler un demi-mot à l'oreille entre les plus claivoyants et les plus sûrs l'un de l'autre. Mme du Maine gardoit moins de mesures. Elle triomphoit à Sceaux ; elle y nageoit dans les plaisirs et les fêtes, et M. du Maine, qui, assis vers la porte, en faisoit les honneurs plus souvent qu'il n'eût voulu, en paroissoit embarrassé et honteux.

Les obsèques de M. le duc de Berry furent un peu cavalières. Cela fut pitoyable aux Tuileries. Les évêques prirent des fauteuils et des carreaux pour garder. Dreux les laissa faire. Ce fut la première fois que cette usurpation eut lieu. Les princes du sang, les ambassadeurs, les ducs allèrent en manteaux à l'eau bénite, et les compagnies ; tout cela reçu par les principaux officiers en forme de maison et conduits. Le comte de Charolois et le duc de Fronsac conduisirent le jeudi 10 mai le cœur au Val-de-Grâce. M. le duc d'Orléans devoit mener le corps à Saint-Denis, il pria le roi de l'en dispenser; M. le Duc en fut chargé à sa place avec le duc de La Trémoille. Ce fut le mercredi 16 mai. La décence fut fort observée chez Mme la duchesse de Berry, à quoi Mme de Saint-Simon eut grande attention. Les fils et petits-fils de France tendent leurs appartements chez le roi, ce que ne peuvent faire les princes du sang. Mme la Duchesse même, malgré les distinctions de la bâtardise, n'eut rien de veuve dans le sien.

Celui de Mme la duchesse de Berry fut entièrement fermé et sans jours, c'est-à-dire la chambre où elle étoit; le reste n'étoit que tendu. Cette précaution fut prise pour qu'on ne la vît pas dans son lit; et la première fois que le roi y vint, on ne donna de jour qu'au moment qu'il entra pour qu'il vît à se conduire. Personne que lui n'eût ce privilége, ce qui causa force scènes ridicules et des rires assez indécents qu'on avoit peine à retenir. Les personnes habitantes de la chambre étoient accoutumées à y voir un peu, mais celles qui venoient du grand jour n'y voyoient rien, trébuchoient et avoient besoin de secours. Le P. du Trévoux et le P. Tellier après lui firent leur compliment à la muraille, d'autres au pied du lit; cela devint un amusement secret. Les dames et le domestique étoient affligés, mais il arrive des accidents ridicules qui surprennent le rire, et puis on en est honteux. Cet aveuglement factice ne dura que le moins qu'on put.

CHAPITRE VII.

Le roi voit en particulier le cardinal del Giudice, tous deux avec surprise; et peu après l'électeur de Bavière. — Mort de La Taste; sa femme. — Mort du duc de Guastalla. — Cardinal de Bouillon à Rome. — Mort, naissance et caractère de la maréchale d'Estrées douairière. — Congrès de Bade. — Camps de paix. — Nesle quitte le service; en est puni. — Succession de M. le duc de Berry. — Deux cent mille livres d'augmentation de pension à Mme la duchesse de Berry. — Canal de Mardick. — Trente mille livres d'augmentation de pension à Ragotzi, et quarante mille livres de pension à distribuer dans son parti. — Survivances des gouvernements du duc de Beauvilliers à son gendre et à son frère. — Mort et caractère de la duchesse de Lorges. — Des Forts conseiller d'État. — Mort et caractère de Saint-Georges, archevêque de Lyon. — Mort de Matignon, évêque de Lisieux. — Petite sédition à Lyon; le maréchal de Villeroy y va. — Chalais à Paris; Giudice à Marly. — Le roi, à qui il échappe un mot inintelligible sur la princesse des Ursins, résout entièrement sa perte. — L'Espagne signe la paix sans plus parler de souveraineté pour la princesse des Ursins. — Soixante-huit bataillons françois avec Berwick pour le siége de Barcelone. — Giudice, puis Chalais, voient le roi en particulier. — Ducasse, malade, revient; remplacé par Bellefontaine. — Mort de Menager; son caractère. — Duchesse de Berry blessée d'une fille. — Mme de Saint-Simon, par méprise du roi, la conduit à Saint-Denis, et le cœur au Val-de-Grâce. — Mort de la première électrice d'Hanovre. — Mort, naissance, famille et caractère de la duchesse de Bouillon. — Mariage de La Mothe avec Mlle de La Roche-Courbon, et d'une fille du marquis de Châtillon avec Bacqueville. — Mariage de Creuilly avec une Spinola. — Giudice établi à Marly. — Berwick part pour faire le siége de Barcelone. — Chalais donne part particulière au roi du mariage du roi d'Espagne avec la princesse de Parme. — Giudice voit aussitôt après le roi en particulier. — Retraite de Bergheyck; il arrive d'Espagne, vient à Marly.

Le roi vécut à son ordinaire à Marly dès aussitôt après la perte de son petit-fils, mais les musiques chez Mme de Maintenon ne recommencèrent que quelques jours après le retour à Versailles. Il fit entrer le cardinal del Giudice un matin dans son cabinet, qui ne s'y attendoit point, peu de jours après la mort de M. le duc de Berry. Il le croyoit chargé de quelque affaire qu'il ne vouloit pas être sue des ministres, et le roi étoit seul, mais le cardinal ne lui dit rien de nouveau, et montra ainsi le vide de sa commission.

L'électeur de Bavière vint peu de jours après de Saint-Cloud, sur les six heures du soir, à Marly. Il entra d'abord dans le cabinet du roi. Il y demeura tête à tête un quart d'heure, et s'en retourna tout de suite à Saint-Cloud. Il revint le lendemain courre le cerf, et ne vit le roi qu'à la chasse.

Le gros La Taste mourut subitement à Versailles : c'étoit une manière de gros brutal que le roi traitoit bien, et que tout le monde connoissoit, parce qu'il avoit passé presque toute sa vie aide-major des gardes du corps. Il se retira, demeura à Versailles, ne connoissant point d'autre pays, et se maria par inclination. Il étoit pourtant fort vieux, et il avoit plus de quatre-vingts ans quand il mourut. Le roi laissa deux mille livres de pension à cette femme, qui étoit jolie et qui avoit des protecteurs. Chamlay prit soin d'elle, et il prit soin de lui quand il fut vieux et apoplectique. Elle n'y perdit pas.

En même temps mourut le duc de Guastalla, qui auroit dû succéder au duc de Mantoue si l'empereur, qui s'étoit emparé de ses États pendant la guerre, n'eût mieux aimé les garder à la paix. La grandeur d'âme, la fidélité et la valeur personnelle de Louis XIII au célèbre Pas de Suse, son opiniâtreté et sa capacité pour le forcer, avoit sauvé autrefois la maison de Gonzague des griffes de la maison d'Autriche; mais ce héros n'étoit plus.

Le cardinal de Bouillon étoit enfin arrivé des Pays-Bas à Rome. Il sembloit que ce fût malgré lui, tant il avoit prolongé son voyage. Tous les François et les attachés à la couronne eurent défense de le voir, et de tout commerce. Les cardinaux Gualterio et de La Trémoille eurent permission de l'aller voir une seule fois comme doyen du sacré collége, et reçurent d'ailleurs la même défense que tous les autres François. Le cardinal de Bouillon fit à Rome une figure triste, et y parut fort délaissé et fort peu considéré.

La maréchale d'Estrées, douairière, mourut à Paris. Elle avoit eu à Marly, ce voyage-ci, dont elle ne manquoit guère aucun, un logement tout neuf qui la tua. Elle s'y trouva fort mal, se fit porter à Paris, et y mourut bientôt après. Elle étoit fille d'un riche financier nommé Morin, qu'on n'appeloit que Morin le juif. C'étoit une grande et assez grosse femme, de bonne mine, quoique avec des yeux un peu en dedans, qui avoit une physionomie haute, audacieuse, résolue, et pleine d'esprit; aussi n'a-t-on guère vu de femme qui en eût tant, qui sût tant de choses, ni qui fût de plus excellente compagnie. Elle étoit brusque et pourtant avec politesse, et savoit très-bien rendre ce qu'elle devoit, et se le faire rendre aussi. Elle avoit passé sa vie à la cour, et dans le meilleur du plus grand monde, jouant gros jeu nettement et avec jugement. On la craignoit fort, et on ne laissoit pas de la rechercher. Elle passoit pour méchante. Elle ne l'étoit que par dire franchement et très-librement son avis de tout, souvent très-plaisamment, toujours avec beaucoup d'esprit et de force, et de n'être pas d'humeur à rien souffrir. Dangereuse alors à se lâcher en peu de mots d'une manière solide et cruelle, et à parler en face aux gens, à les faire rentrer sous terre. D'ailleurs n'aimant ni les querelles ni à médire pour médire, mais à se faire considérer et compter, et elle l'étoit beaucoup, et vivoit très-bien dans sa famille.

Elle étoit avare à l'excès, et en rioit la première; avec cela brocanteuse, se connoissoit aux choses et aux prix, avoit le goût excellent et ne se refusoit rien. Quand il lui prenoit fantaisie de donner un repas, rien de plus choisi, de plus exquis ni de plus magnifique. Elle étoit bonne amie, de très-bon conseil, fidèle et sûre, et sans être de ses amis on ne risquoit jamais à parler devant elle.

Mlle de Tourbes[1] qui n'avoit pas moins d'esprit qu'elle, et de la même sorte, mais plus impérieux et plus aigre, se laissa un jour tomber à Marly, au milieu du salon, chargée de pierreries, en dansant au bal devant le roi. Sa mère qui, comme les vieilles, étoit assise au second rang, escalada le premier, courut à sa fille, et sans s'informer si elle étoit blessée, car elle étoit encore par terre, ne pensa qu'aux pierreries. On en rit beaucoup, elle aussi.

Elle lui laissa plus de huit cent mille livres; presque autant au maréchal d'Estrées son fils; à Mme de Courtenvaux et à l'abbé d'Estrées ses autres enfants six cent mille livres chacun, sans compter un amas prodigieux de meubles, de bijoux, de porcelaines; de la vaisselle en quantité et des pierreries. Elle avoit soixante-dix-sept ou soixante-dix-huit

---

1. On appelait aussi cette fille de la maréchale d'Estrées Mlle de Tourpes.

ans, avoit l'esprit et la santé comme à quarante, et sans ce logement neuf auroit encore vécu très-longtemps. Quoiqu'elle aimât peu de gens, elle fut regrettée, mais avec tout son esprit elle n'auroit jamais pu durer hors de la cour et du grand monde. Elle vivoit bien avec sa belle-fille et avec les Noailles, et ne laissoit pas d'être excellente sur eux et avec eux.

Le mercredi 16 mai, jour du convoi de M. le duc de Berry, le roi quitta ce funeste Marly et retourna à Versailles. En même temps, le prince Eugène manda au maréchal de Villars que le comte de Goëz et le baron Seylern, plénipotentiaires de l'empereur avec lui à Bade, s'y acheminoient, et qu'ils avoient les pouvoirs de l'empire pour ce qui le concernoit. On fit partir aussitôt Saint-Contest, et Villars, qui ne tarda pas à le suivre, se mesura sur l'arrivée du prince Eugène à Bade. En même temps, on fit deux camps de paix pour exercer les troupes, qui n'en avoient pas grand besoin, mais ce ne fut que de la cavalerie pour consommer les fourrages dont on avoit trop de magasins.

Le marquis de Nesle, qui avoit la compagnie écossoise de la gendarmerie, se sentant peu propre au service, la vendit à son cousin germain le comte de Mailly, qui n'y fit pas plus de fortune. Nesle l'avoit achetée deux cent dix mille livres. Le roi, qui n'aimoit pas qu'on quittât le service de si bonne heure, la taxa à cent cinquante mille livres.

Le roi dit le soir après souper dans son cabinet, à Madame, qu'il vouloit être tuteur de Mme la duchesse de Berry et de l'enfant dont elle étoit grosse. Il avoit, le même jour, envoyé Voysin et Pontchartrain faire l'inventaire des pierreries de M. le duc de Berry. Celles que Mme la duchesse de Berry avoient apportées lui furent rendues, celles que M. le duc de Berry avoit à lui avant son mariage furent réservées à l'enfant qui naîtroit, les acquises depuis partagées entre la mère et l'enfant. En même temps, le roi donna à Mme la duchesse de Berry deux cent mille livres d'augmentation de pension.

La perte de Dunkerque, dont les Anglois avoient exigé la ruine des fortifications et du port, fit imaginer un canal à Mardick, pour y faire peu à peu un port en supplément. Le Blanc, intendant de cette province, le proposa à Pelletier, chargé de l'intendance des fortifications et du génie. Cela fut fort goûté, et on se mit à y travailler avec chaleur. Les Anglois s'en sont fort scandalisés dans tous les temps; on leur a répondu qu'on ne faisoit rien en cela contre les conventions de la paix, et cet ouvrage, quoique quelquefois interrompu par leurs cris et leurs menaces, a assez bien réussi, en sorte qu'on n'a cessé depuis de l'augmenter.

Ragotzi avoit du roi six cent mille livres au denier vingt-cinq[1] sur l'hôtel de ville, mais dont les deux cinquièmes étoient retranchés, et vingt-quatre mille écus de pension. Il eut en ce temps-ci dix mille écus d'augmentation de pension, et de plus une autre de quarante mille livres à distribuer à son gré entre les principaux de son parti dont les biens de Hongrie étoient confisqués. M. de Beauvilliers, encore malgré tout ce que je lui pus dire, fit donner au duc de Mortemart la survivance de son gouvernement du Havre de Grâce, qui est indépendant et vaut trente-trois mille livres de rente, et au duc de Saint-Aignan celle de Loches, qui ne vaut rien, mais qui est au milieu des terres qu'il lui a données en le mariant. La justice y eut plus de part que l'inclination. Il prétendoit qu'il devoit ce dédommagement à son gendre des avantages qu'il a faits à son frère.

La duchesse de Lorges, troisième fille de Chamillart, mourut à Paris, en couche de son second fils, le dernier mai, jour de la Fête-Dieu, dans sa vingt-huitième année. C'étoit une grande créature, très-bien faite, d'un visage agréable, avec de l'esprit et un naturel si simple, si vrai, si surnageant à tout, qu'il en étoit ravissant; la meilleure femme du monde et la plus folle de tout plaisir, surtout du gros jeu. Elle n'avoit quoi

---

1. Quatre pour cent.

que ce soit des sottises de gloire et d'importance des enfants des ministres; mais tout le reste, elle le possédoit en plein. Gâtée dès sa première jeunesse par une cour prostituée à la faveur de son père, avec une mère incapable d'aucune éducation, elle ne crut jamais que la France ni le roi pût se passer de son père. Elle ne connut aucun devoir, pas même de bienséance. La chute de son père ne put lui en apprendre aucun, ni émousser la passion du jeu et des plaisirs. Elle l'avouoit tout le plus ingénument du monde, et ajoutoit après qu'elle ne pouvoit se contraindre. Jamais personne si peu soigneuse d'elle-même, si dégingandée : coiffure de travers, habits qui traînoient d'un côté, et tout le reste de même, et tout cela avec une grâce qui réparoit tout. Sa santé, elle n'en faisoit nul compte; et pour sa dépense, elle ne croyoit pas que terre pût jamais lui manquer. Elle étoit délicate, et sa poitrine s'altéroit. On le lui disoit : elle le sentoit, mais de se retenir sur rien, elle en étoit incapable. Elle acheva de se pousser à bout de jeu, de courses, de veilles en sa dernière grossesse. Toutes les nuits elle revenoit couchée en travers dans son carrosse. On lui demandoit en cet état quel plaisir elle prenoit. Elle répondoit d'une voix qui de foiblesse avoit peine à se faire entendre qu'elle avoit bien du plaisir. Aussi finit-elle bientôt. Elle avoit été fort bien avec Mme la Dauphine et dans la plupart de ses confidences. J'étois fort bien avec elle; mais je lui disois toujours que pour rien je n'eusse voulu être son mari. Elle étoit très-douce, et pour qui n'avoit que faire à elle, fort aimable. Son père et sa mère en furent fort affligés.

Orcey, frère de feue Mme de Montchevreuil, qui avoit été prévôt des marchands, mourut en même temps. Il étoit conseiller d'État. Sa place fut donnée à des Forts, qui a depuis été deux fois contrôleur général, et qui étoit lors encore fort jeune, fils de Pelletier de Sousy et intendant des finances.

Saint-Georges, archevêque de Lyon, y mourut, prélat pieux, décent, réglé, savant, imposant, résidant et de grande mine, avec sa haute taille et ses cheveux blancs. Il y avoit longtemps que cette grande église, dont il avoit été chanoine ou comte, comme ils les nomment, et archevêque de Tours, n'avoit vu d'évêque; et depuis lui elle n'en a pas vu, j'entends des évêques qui prissent la peine de l'être. Bientôt après mourut l'évêque de Lisieux, frère du comte et du maréchal de Matignon.

Il y eut un petit désordre à Lyon pour une imposition que la ville avoit nouvellement mise sur la viande. Les bouchers excitèrent le peuple, dont quantité prit les armes et fit une assez grande sédition, tellement que Méliand, intendant, fut obligé d'ôter l'imposition, et apaisa tout par là. Cette imposition n'avoit pas été trop approuvée : ainsi l'intendant le fut. Le maréchal de Villeroy, qui sur tous les hommes du monde aimoit à se faire de fête, se trouvoit lors à Villeroy avec un peu de goutte. Il écrivit au roi pour lui permettre d'aller à Lyon. Il l'obtint et partit. On envoya ordre à quelques troupes du camp de la Saône d'y marcher, et le maréchal de Villeroy trouva en arrivant qu'il n'y avoit plus rien à faire; mais il ne laissa pas d'y demeurer. Au moins étoit-il mieux là qu'à la tête d'une armée.

Chalais, qu'on a vu mandé de l'armée destinée à Barcelone, s'étoit peu arrêté à Madrid. Il était arrivé à Paris, dépêché par la princesse des Ursins, et elle l'avoit chargé de lettres pour le cardinal del Giudice. La corde venoit de casser par le roi sur sa souveraineté, et la paix [étoit] enfin conclue avec l'Espagne, sans en faire mention, laquelle étoit demeurée seule en arrière accrochée sur ce point. Dans ces entrefaites, le roi alla, le mardi 29 mai, à Marly, et y donna un logement au cardinal del Giudice.

J'étois du voyage à mon ordinaire, quoique Mme de Saint-Simon fût restée à Versailles auprès de Mme la duchesse de Berry. Le roi n'avoit pas ouï parler encore par le roi d'Espagne qu'il pensât se remarier, beaucoup moins à une fille de Parme; mais il en étoit informé d'ailleurs. Ce procédé, enté sur la souveraineté prétendue par la princesse des Ursins et sur toute sa conduite avec le roi d'Espagne depuis la mort de la reine, mit le sceau à la résolution de la perdre sans retour.

Il échappa au roi, toujours si maître de soi et de ses paroles, un mot et un sourire sur Mme des Ursins tellement énigmatique, quoique frappant, que Torcy, à qui il le dit, n'y comprit rien. Dans sa surprise il le conta à Castries, son ami intime, et celui-ci à Mme la duchesse d'Orléans, qui le conta à M. le duc d'Orléans et à moi. Nous nous cassâmes vainement la tête pour y comprendre quelque chose. Toutefois un mot si peu intelligible sur une personne comme Mme des Ursins, et qui jusqu'à ces derniers temps avoit été si parfaitement avec le roi et avec Mme de Maintenon, ne me parut pas favorable. J'y étois confirmé par ce qui venoit de se passer sur sa souveraineté, mais à mille lieues de la foudre que cet éclair annonçoit, et qui ne nous le développa que par sa chute. Mais il n'est pas temps encore d'en parler.

Le mariage de Parme étoit conclu, et le roi n'en ouït point encore parler de quelque temps de la part de l'Espagne. Tout portoit à croire néanmoins que Chalais n'étoit venu que pour cette affaire, que les dépêches qu'il avoit apportées au cardinal del Giudice la regardoient. Peut-être s'en trouvèrent-ils embarrassés, et qu'ils différèrent. Je n'en ai pas pénétré davantage là-dessus. Peut-être aussi cela ne regardoit-il encore que la souveraineté manquée, et l'ordre envoyé aux plénipotentiaires d'Espagne de signer la paix, sans en plus parler. Quoi qu'il en soit, Chalais apporta lui-même les paquets dont il étoit chargé au cardinal del Giudice à Marly. Il s'en retourna sans voir le roi ni personne. C'étoit le samedi 2 juin.

Le lendemain dimanche 3, le roi, satisfait enfin de l'ordre du roi d'Espagne envoyé à Utrecht, fit entrer le duc de Berwick dans son cabinet, à qui il ordonna de se tenir prêt à partir pour le siége de Barcelone avec soixante-huit bataillons françois, à qui en même temps on envoya ordre d'y marcher, et quatre lieutenants généraux, et quatre maréchaux de camp françois, outre ceux qui y sont déjà. Le duc de Mortemart obtint d'y être le cinquième de ces maréchaux de camp. On remarquera en passant que ce départ fut bien retardé, tandis que les Espagnols en corps d'armée se morfondoient en Catalogne, sous le duc de Popoli qui s'en retourna vilainement à Madrid dès que le siège commença. Brancas, courant au plus fort avec le cardinal del Giudice, avoit eu ordre, comme on l'a vu, de s'arrêter en chemin, où il rencontreroit Berwick, pour conférer avec lui. Le roi sans doute s'étoit ravisé sur l'opiniâtreté de l'Espagne à arrêter la paix sur la souveraineté de Mme des Ursins. Il y avoit longtemps que Brancas et le cardinal étoient arrivés, sans qu'il fût mention du départ de Berwick ni des troupes qui lui étoient destinées, et l'ordre n'en fut donné, comme on le voit, qu'immédiatement après que le roi fut assuré que le roi son petit-fils avoit enfin envoyé les siens à Utrecht de signer sans plus songer à la souveraineté.

Aussitôt après que le duc de Berwick fut sorti du cabinet du roi, il y fit entrer le cardinal del Giudice, apparemment pour lui dire ce qu'il venoit de commander, et trois jours après, Chalais revint passer quelques heures à Marly, où Torcy le mena pour quelques moments dans le cabinet du roi.

Ducasse, retombé malade à la mer, demanda son congé. On le fit remplacer par Bellefontaine, lieutenant général.

Menager, troisième plénipotentiaire à Gertruydemberg et à Utrecht, dont on a suffisamment parlé alors pour le faire connoître, mourut d'apoplexie à Paris, fort riche, sans avoir été marié. Ce fut dommage pour sa probité, sa modestie, sa capacité dans le commerce et son intelligence dans les affaires. Il n'étoit point vieux.

Mme la duchesse de Berry se blessa dans sa chambre, le

samedi 16 juin, d'une fille qui ne vécut que douze heures. Le roi, qui étoit à Rambouillet, nomma Mme de Saint-Simon, comme duchesse, pour mener ce petit corps à Saint-Denis, et le cœur au retour au Val-de-Grâce. Deux heures après il dit qu'il l'avoit nommée parce qu'elle lui étoit venue la première dans l'esprit comme étant à Versailles, et Mme de Pompadour de même pour femme de qualité, mais que s'il eût pensé que l'une étoit dame d'honneur, l'autre gouvernante, laquelle par son emploi y devoit toujours aller, il auroit nommé une autre duchesse et une autre dame. Mais la chose étoit faite et de Rambouillet, et Mme de Saint-Simon en eut la corvée. L'évêque de Séez, premier aumônier de feu M. le duc de Berry, étoit avec elle, et à droite au fond du carrosse, portant le cœur; Mme de Pompadour et Mme de Vaudreuil, gouvernante et sous-gouvernante au devant; le curé à la portière; et à l'autre portière le petit corps; des gardes, des pages, des carrosses de suite. Il en eurent pour quatorze ou quinze heures.

La princesse Sophie, palatine, veuve du premier électeur d'Hanovre, et mère du premier Hanovre roi d'Angleterre, mourut à quatre-vingts ans. Elle étoit fille de la sœur du roi Charles Ier d'Angleterre, qui eut la tête coupée, et fille de l'électeur palatin, à qui il en prit si mal de s'être voulu faire roi de Bohême. Ce fut par elle que le droit à la couronne d'Angleterre vint à la maison d'Hanovre, non qu'indépendamment de la ligne royale des Stuarts il n'y eût plusieurs héritiers plus proches, mais tous catholiques, et elle étoit la plus proche d'entre les protestants. C'étoit une princesse de grand mérite, qui avoit quatre-vingts ans. Elle avoit élevé Madame, qui étoit fille de son frère, laquelle avoit conservé un extrême attachement pour elle, et qui toute sa vie lui écrivit, deux fois la semaine, des vingt à vingt-cinq pages par ordinaire. C'étoit à elle à qui elle écrivoit ces lettres si étranges que le roi vit, et qui la pensèrent perdre à la mort de Monsieur, comme on l'a vu alors. Elle fut affligée au dernier point de la perte de cette tante.

M. de Bouillon avoit eu une assez grande maladie à Versailles, dont on crut même qu'il ne reviendroit pas. Lorsqu'il se trouva en état de changer d'air, il alla le prendre à Clichy. Mme de Bouillon l'y alla voir de bonne heure le mercredi 20 juin. En entrant dans sa chambre elle se trouva si mal et si subitement, qu'elle tomba à ses pieds et y mourut à l'instant même. Elle avoit eu deux ou trois attaques d'apoplexie si légères qu'elles furent traitées d'indigestion, et qu'elle ne prit aucune sorte de précaution. Elle avoit soixante-huit ans, et on voyoit encore en elle de la beauté et mille agréments. Cet épouvantable spectacle fut regardé de tout le monde comme une amende honorable à son mari de sa conduite, dont elle ne s'étoit jamais contrainte un moment, au point qu'elle ne voyoit que très-peu de femmes qui n'avoient rien à perdre, mais la meilleure et la plus florissante compagnie en hommes, dont sa maison, d'où elle ne sortoit guère, étoit le rendez-vous, avec grand jeu et grande chère. Mais sur la fin elle étoit devenue avare, et avoit éclairci sa compagnie par son humeur, sa mauvaise chère, et se faire donner à souper partout où elle pouvoit.

Elle avoit été mariée en 1662, et elle étoit la dernière des nièces du cardinal Mazarin, mort 9 mars 1661, au château de Vincennes, où il s'étoit fait porter. Elle étoit née à Rome en 1646, de Michel-Laurent Mancini, mort en 1657, et d'une sœur du cardinal Mazarin, mariée en 1634, et morte en 1656. Ces Mancini ne sont connus depuis 1380 que par des contrats d'acquisitions et de vente du prix de quarante ou cinquante florins, et des dots de quarante et cinquante ducats jusque très-tard. Jamais aucun emploi de nulle sorte, jamais ni fiefs ni terre, jamais une alliance qui se puisse nommer, ni active ni passive. On trouve vers 1530 une Jacqueline Mancini, mariée à Jean-Paul Orsini; mais ce

Jean-Paul est entièrement ignoré par Imhof[1], qui est exact et instruit des maisons d'Italie, et ne se trouve nulle part. On ne voit même personne de la maison Ursine qui ait porté le nom de Jean-Paul. Ajoutez à cette obscurité les alliances actives et passives contemporaines des Mancini, celle de cet inconnu n'imposera pas.

Une seule acquisition d'un château ruiné et quelque terre autour, aux portes de Rome, appelé Leprignana, de Jacques Conti pour cinq mille florins, revendue longtemps après quarante mille écus à un Justiniani, fait toute leur illustration. On voit aussi que, vers les temps de cette vente, leurs dots passoient mille ducats, et vers ces mêmes temps un Laurent Mancini est dit avoir servi les Vénitiens avec distinction, mais en quelle qualité? c'est ce qui n'est point exprimé. Enfin Paul Mancini, grand-père de Mme de Bouillon, servit en 1597 à la guerre de Ferrare, on ne dit point encore en quelle qualité, épousa en 1600 Vittoria Capoccia, fille de Vincent se qualifiant patrice romain, et en eut quinze mille écus de dot. Voilà l'illustre de la race. Il revint à Rome, s'adonna à l'étude, et l'académie des Humoristes prit naissance dans sa maison. Enfin devenu veuf, il prit l'habit ecclésiastique, il laissa trois fils et deux filles. L'une épousa en 1624 Jacques Vellii, l'autre Sartorio Teofilo. Jusqu'ici les alliances ne brillent pas; les trois fils furent Laurent, qui épousa la sœur du cardinal Mazarin, longtemps avant sa fortune, et qui mourut en 1657, veuf depuis un an. Le second, Fr.-Marie Mancini, eut par la nomination du roi le chapeau de cardinal en 1660. Il étoit né en 1606 et mourut en 1672. Le troisième, Laurent-Grégoire, qui étoit de 1608, mourut jeune et obscur : aucun des trois ne sortit d'Italie.

Michel-Laurent Mancini n'eut aucun emploi, point de terres connues, ne brilla pas plus que ses pères, et comme

---

1. Voy. t. III, p. 249, où il est question des *Recherches* d'Imhof sur la noblesse espagnole.

eux, vécut en citadin obscur à Rome, et fort inconnu. Ses enfants furent plus heureux. Le cardinal Mazarin en fit comme des siens, et les fit venir en France. Il y avoit trois garçons et cinq filles; deux autres étoient mortes à Rome enfants.

L'aîné des fils fut tué au combat de Saint-Antoine, en 1652, tout jeune. Il promettoit beaucoup et la fortune encore davatage. Le cardinal Mazarin en fut très-affligé. M. de Nevers étoit le second, dont il a été parlé en son lieu. Le troisième, qui ne promettoit pas moins pour son âge que l'aîné, mourut à quatorze ans, en 1658. Il étoit au collége des jésuites. La jalousie que quelques écoliers conçurent des distinctions qu'il y avoit les poussa à le berner dans une couverture. Il en tomba, et se blessa tellement qu'il en mourut, dont le cardinal Mazarin fut outré. Cet exemple, et celui du fils aîné du maréchal de Boufflers par les jésuites mêmes, avec bien d'autres, montrent que ce collége des jésuites n'est pas un lieu sûr pour ceux que la fortune élève dès leur première jeunesse. Voici maintenant les filles[1] :

Laure-Victoire, mariée, 4 février 1651, au duc de Mercœur, fils aîné du duc de Vendôme, bâtard d'Henri IV, puis duc de Vendôme, morte à Paris, 4 février 1657, mère du dernier duc de Vendôme, dont il a été tant parlé en ces Mémoires, et du grand prieur de France. Elle n'avoit pas vingt et un ans encore. Son mari fut cardinal en mars 1667, et mourut en août 1668.

Olympe, mariée, 20 février 1657, à Eugène-Maurice de Savoie, comte de Soissons, colonel général des Suisses et Grisons, gouverneur de Champagne et Brie, dont, entre autres enfants, elle eut le comte de Soissons et le fameux prince Eugène. J'ai tant parlé d'elle en divers endroits que je n'ai rien à y ajouter.

Marie, qui fut l'objet des premières amours du roi, qui la

---

1. Voy. notes à la fin du volume.

vouloit épouser. Cette raison la fit dépayser et marier à Rome, en avril 1661, au connétable Colonne, qu'elle perdit en 1689. On aura lieu de parler d'elle encore.

Hortense, qui, avec vingt-huit millions de dot, des dignités, des gouvernements, etc., et l'obligation de prendre en seul le nom et les armes de Mazarin, épousa le duc Mazarin, fils unique du maréchal de La Meilleraye, desquels aussi on a suffisamment parlé.

Enfin Marie-Anne, mariée, 20 avril 1662, au duc de Bouillon, qui avoit acheté en 1658 de la maison de Guise la charge de grand chambellan de France.

Ajoutons à tant de grandeur que la sœur aînée du cardinal Mazarin avoit épousé en 1634 Hiérôme Martinozzi, soi-disant gentilhomme romain, dont elle n'eut que deux filles que le cardinal Mazarin maria aussi passablement, l'aînée en 1655 à Alphonse d'Este, duc de Modène, et la reine d'Angleterre, épouse de Jacques II, morts à Saint-Germain, étoit leur fille : l'autre au prince de Conti, frère de M. le Prince le héros, dont deux fils : l'aîné mort fort jeune, gendre naturel du roi ; l'autre si connu par sa réputation, qui fut un instant roi de Pologne, et dont le prince de Conti d'aujourd'hui est petit-fils. Ainsi Mme de Bouillon, avec quatre sœurs si grandement établies, se trouvoit comme elles cousine germaine de la princesse de Conti et de la duchesse de Modène, mère de la reine d'Angleterre réfugiée en France. Le cardinal Mazarin avoit doté ses sept nièces, et on peut imaginer comment, pour les placer si haut d'une naissance si persévéramment basse, pauvre et obscure. Ajoutez-y les vingt-huit millions de sa véritable héritière, les biens qu'il donna à M. de Nevers, dont le duché est une province, les meubles, les maisons, les bijoux, les pierreries, les statues et les tableaux, les gouvernements et les charges, et on verra ce que c'est qu'un premier ministre pour un roi, pour ses sujets, pour un royaume. Encore faut-il avouer que cet effréné pillage en est le plus léger et le moins dangereux, peut-être encore le moins honteux de tous les inconvénients, et sûrement, quelque monstrueux qu'il soit, le moins nuisible.

Si les pères de ces nièces n'étoient rien, leurs mères, sœurs du cardinal Mazarin, étoient, s'il se peut, encore moins. Jamais on n'a pu remonter plus haut que le père de cette trop fameuse Éminence, ni savoir où elle est née, ni quoi que ce soit de sa première jeunesse; tout ce qui l'a suivie est si connu qu'on n'en parlera pas ici. On sait seulement qu'ils étoient de Sicile; on les a crus des manants de la vallée de Mazzare qui avoient pris le nom de Mazarin, comme on voit à Paris des gens qui se font appeler Champagne et Bourguignon. La mère du cardinal étoit Buffalini. On ignore toutes les antérieures puisqu'on ne sait rien des Mazarin. Le père du cardinal vécut si obscur toute sa vie à Rome, que lorsqu'il y mourut en novembre 1654 à soixante-dix-huit ans, cela n'y fit pas le moindre bruit. Les nouvelles publiques de Rome eurent la malice d'y insérer ces mots : « Les lettres de Paris nous apprennent que le seigneur Pietro Mazarini, père du cardinal de ce nom, est mort en cette ville de Rome, le, » etc. Revenons maintenant à Mme de Bouillon.

Avec des grandeurs en tel nombre, et si proches, Mme de Bouillon trouva en se mariant M. de Turenne dans le comble de son lustre et du crédit auprès du roi jusqu'à anéantir publiquement à son égard celui des plus puissants ministres, et la comtesse de Soissons, la reine de la cour, le centre de la belle galanterie qui dominoit le monde, de chez qui le roi ne bougeoit, et qui tenoit le sort de tous entre ses mains. Ce radieux état dura longtemps, celui de M. de Turenne jusqu'à sa mort en 1675. Elle vit de plus le frère de son mari cardinal à vingt-six ans, en 1669, et grand aumônier en 1671, dans la plus grande faveur; et son autre beau-frère recueillir la charge de la cavalerie, et le gouvernement de M. de Turenne : aussi poussa-t-elle l'orgueil jusqu'à l'audace, et un orgueil qui s'étendoit à tout ; mais comme elle avoit beaucoup d'esprit et de tour, et d'agrément dans l'esprit, elle sentoit les proportions, et avoit le jugement de ne les outre-passer guère et de couvrir son jeu de beaucoup de politesse pour les personnes qu'il ne falloit pas heurter, et d'un air de familiarité avec les autres, qui voiloit comme par bonté celui d'autorité. En quelque lieu qu'elle fût, elle y donnoit le ton et y paroissoit la maîtresse. Il étoit dangereux de lui déplaire ; elle se refusoit peu de choses, et encore n'étoit-ce que par rapport à elle-même, d'ailleurs très-bonne amie, et très-sûre dans le commerce.

Son air libre était non-seulement hardi, mais audacieux, et, avec la conduite dont on a d'abord touché un mot, elle ne laissa pas d'être une sorte de personnage dans Paris, et un tribunal avec lequel il falloit compter ; je dis dans Paris, où elle étoit une espèce de reine ; car à la cour, elle n'y couchoit jamais, et n'y alloit qu'aux occasions, ou une ou deux fois au plus l'année.

Le roi personnellement ne l'avoit jamais aimée ; sa liberté l'effarouchoit ; elle avoit été souvent exilée, et quelquefois longtemps. Malgré cela elle arrivoit chez le roi la tête haute, et on l'entendoit de deux pièces ; ce parler haut ne baissoit point de ton, et fort souvent même au souper du roi, où elle attaquoit Monseigneur et les autres princes ou princesses qui étoient à table, derrière qui elle se trouvoit, et les dames assises auprès d'elle.

Elle traitoit ses enfants et souvent aussi ses amis et ses compagnies avec empire ; elle l'usurpoit sur les frères et les neveux de son mari et sur les siens, sur M. le prince de Conti et sur M. le Duc même, tout féroce qu'il étoit, et qui à Paris ne bougeoit de chez elle. Elle traitoit M. de Bouillon avec mépris, et tous étoient plus petits devant elle que l'herbe. Elle n'alloit chez personne qu'aux occasions, mais elle y étoit exacte et chez quelques amis fort particuliers ; et ces visites, elle y conservoit un air de grandeur et de supériorité sur tout le monde, qu'elle savoit néanmoins pousser ou mesurer et assaisonner de beaucoup de politesse selon les personnes qu'elle connoissoit très-bien, et qu'elle savoit distinguer.

Sa maison étoit ouverte dès le matin ; jamais femme qui s'occupât moins de sa toilette ; peu de beaux et de singuliers visages comme le sien qui eussent moins besoin de secours, et à qui tout allât si bien ; toutefois toujours de la parure et de belles pierreries. Elle savoit, parloit bien, disputoit volontiers, et quelquefois alloit à la botte. La splendeur dont les douze ou quinze premières années de son mariage elle s'étoit vue environnée l'avoit gâtée ; ce qui lui en resta après ne la corrigea pas ; l'esprit et la beauté la soutinrent, et le monde s'accoutuma à en être dominé. Tant qu'elle put elle fit la princesse, et hasarda sur cela quelquefois des choses dont elle eut du dégoût, mais qui ne ralentirent point cette passion en elle. En tout ce fut une perte pour ses amis, surtout pour sa famille ; c'en fut même une pour Paris. Elle n'étoit ni grande ni menue, mais tout le reste admirable et singulier. C'étoit grande table soir et matin, grand jeu et de toutes les sortes à la fois, et en hommes la plus grande, la plus illustre et souvent la meilleure compagnie. Au demeurant, une créature très-audacieuse, très-entreprenante, par conséquent toujours embarrassante et dangereuse. Elle sortit plus d'une fois du royaume ; elle se promena en Italie et en Angleterre sous prétexte de ses sœurs, et vit aussi les Pays-Bas ; mais elle régna moins à Rome et à Londres qu'à Paris.

Le fils aîné du comte de La Mothe épousa Mlle de La Roche-Courbon, riche, sage et bien faite ; et le marquis de Châtillon, qui n'avoit rien à donner à ses filles, en maria une à Bacqueville, fils d'un premier président de la chambre des comptes de Rouen, dont le père étoit un gros laboureur qui s'étoit fort enrichi dans les fermes qu'il avoit tenues. Le mariage ne fut pas heureux.

Creuilly, second fils de feu M. de Seignelay, ministre et secrétaire d'État, épousa en même temps une Spinola qui n'avoit rien, sœur de celle que le fils de M. de Nevers avoit épousée. Cela ne fit pas non plus un mariage fort heureux.

Le roi étoit revenu de Rambouillet droit à Marly, le mardi 19 juin, d'où il fut voir Mme la duchesse de Berry à Versailles, sans y coucher. Je fus à mon ordinaire de ce voyage; j'en avertis parce qu'il fut étrangement curieux; le cardinal del Giudice en fut aussi. Dès les premiers jours du voyage, le maréchal de Berwick y prit congé du roi, et partit pour aller faire le siége de Barcelone.

Chalais y vint, sur un courrier d'Espagne, conférer, le mardi 26 juin, après dîner, avec le cardinal del Giudice, puis avec Torcy; il ne vit point le roi, mais il revint le lendemain matin à la fin du lever du roi, qui le fit entrer dans son cabinet avec Torcy. Sa commission étoit embarrassante: il s'agissoit de donner part au roi du mariage du roi d'Espagne fait et conclu, et c'étoit la première fois que le roi d'Espagne lui en faisoit parler. L'audience finie, Chalais prit congé pour retourner en Espagne. Mme des Ursins, inquiète de cette hardiesse, voulut savoir par un homme uniquement à elle comment elle auroit été reçue, et ce qu'il y auroit remarqué. Peu de moments après que Chalais fut sorti du cabinet, le cardinal del Giudice y fut appelé. Ce fut sur la même matière; tout cela ne fut su que depuis. Le roi passa le plus doucement et le plus légèrement du monde cet étrange mariage et le mystère si long et si entier qui lui en avoit été fait, plus étrange, s'il se peut, que le mariage même. Il ne le pouvoit empêcher, et il étoit sûr dès lors de sa vengeance sur celle qui l'avoit fait et achevé de la sorte.

Bergheyck arriva de Madrid, ayant, comme on l'a dit, renoncé aux emplois et aux affaires, et allant se retirer dans une de ses terres en Flandre. Le roi le vit longtemps dans son cabinet, et, comme il en avoit toujours été parfaitement content, il lui permit de venir à Marly toutes les fois qu'il le voudroit. Comme il se proposa d'user souvent de cette liberté, il se logea à Versailles, vint souvent à Marly, où le roi le distingua toujours, et le vit plusieurs fois dans son cabinet. Avec toutes ses mesures, sa sagesse et sa modestie, les affaires d'Espagne, qu'il connoissoit à fond, et celles de cette cour, qu'outre ses épreuves particulières il avoit vues à revers, il ne raccommoda pas la princesse des Ursins dans l'esprit du roi. Tant qu'il demeura en ce pays-ci il fut fort accueilli de la cour, et toujours avec le roi et ses ministres sur un grand pied de privance et de distinction, sans jamais sortir des bornes de sa discrétion et de sa modestie. Cellamare eut aussi la liberté de venir, sans demander, de temps en temps à Marly faire sa cour, mais sans coucher le cardinal del Giudice l'avoit obtenu ainsi.

CHAPITRE VIII.

Retraite du chancelier de Pontchartrain. — Voysin chancelier, et conserve sa place de secrétaire d'État. — M. du Maine. — Mot plaisant et salé de M. de Lauzun. — Électeur de Bavière deux fois à Marly. — Roi Stanislas aux Deux-Ponts. — Arrivée de la flotte des Indes au Port-Louis. — Trois mille livres d'augmentation de pension à Mme de Saint-Géran. — Le fils de Fagon intendant des finances. — Mariage de Brassac avec la fille du feu maréchal de Tourville. — Reine de Pologne veuve de Jean Sobieski; causes de sa haine pour la France, de son séjour à Rome, de sa retraite à Blois. — Égalité de rois du cardinal Mazarin. — Reine de Pologne, médiocrement reçue, ne veut aucune réception; va droit à Blois, sans pouvoir approcher de la cour ni de Paris. — Service de M. le duc de Berry à Saint-Denis. — Prince de Dombes y fait le troisième deuil. — Tranchée ouverte devant Barcelone, 12 juillet. — Maisons président à mortier; sa femme; leur famille, leur caractère, leur conduite, leur situation, leurs vues. — Désir de Maisons de lier avec moi; comment il y réussit. — Première entrevue de Maisons avec moi fort singulière. — Notre commerce s'établit. — Maisons me fait aller de Marly le trouver. — Il m'apprend que les bâtards et leur postérité sont devenus princes du sang en plein, et capables de succéder à la couronne. — Scène singulière chez Maisons. — La nouvelle se publie à Marly; effet qu'elle y produit. — Mon compliment aux bâtards. — Comte de Toulouse. — Cause secrète de la conservation de la place de secrétaire d'État au nouveau chancelier.

Le chancelier fit alors un événement qui n'avoit point encore eu de semblable et qui surprit étrangement, on pourroit ajouter funestement. Toute sa vie il avoit formé le dessein de mettre un intervalle entre la vie et la mort, souvent il me l'avoit dit. Sa femme l'avoit empêché bien des fois de se retirer avant qu'il fût chancelier, elle le retint encore depuis, et en mourant elle lui fit promettre que, s'il vouloit enfin se retirer, il demeureroit encore six semaines à y penser. Dès qu'il alla après sa mort à l'institution des pères de l'Oratoire, dans un petit appartement qu'il y avoit, où il se retiroit les bonnes fêtes, il songea à exécuter son dessein, et il y prit secrètement toutes ses mesures.

Elles ne purent être si cachées qu'elles ne transpirassent dans sa famille. La Vrillière, qui en fut alarmé, m'en avertit; nous consultâmes le premier écuyer lui et moi; ils me pressèrent de lui parler sur les inconvénients de cette retraite pour lui-même, et pour son fils si détesté qu'il laisseroit par là à découvert. J'eus beau dire, je ne gagnai rien.

Il attendit son terme, et il parla au roi, dont la surprise fut extrême. Il ne croyoit pas qu'un chancelier pût se démettre, et il est vrai qu'il n'y en avoit point d'exemple. Quoique l'aversion que Mme de Maintenon avoit conçue pour lui, qui, depuis la mort de sa femme qu'elle avoit toujours aimée et considérée, n'eut plus de contre-poids; que cette haine et l'opinion que le roi avoit prise de longue main du jansénisme du chancelier, l'eût fort changé à son égard; l'habitude et l'ancien goût qu'il avoit pour lui ne laissoient pas de prévaloir, et de se faire sentir dans toute leur étendue quand il fut question d'une véritable séparation. Le roi n'oublia rien pour le retenir par ses raisons et par tout ce qu'il y put ajouter de tendre, et qui marquoit le plus son estime; il le trouva ferme et déterminé. Le roi se rabattit à lui demander quinze jours pour y penser encore. Ce terme finit avec le mois de juin; le chancelier retourna à la charge, et obtint enfin, quoiqu'à grand'peine, la liberté après laquelle il soupiroit, et dont il a fait un si courageux et si saint usage.

La netteté de son esprit, l'agrément de ses manières, la justesse et la précision de ses raisonnements toujours courts, lumineux, décisifs, surtout son antipode de pédanterie, et cet alliage qu'il savoit faire avec tant de mesure et de légèreté du respect avec la liberté, du sérieux avec la fine plaisanterie qui étoit en lui des traits vifs et perçants, plaisoit toujours infiniment au roi, qui d'ailleurs étoit peiné que tout homme qui l'approchoit le quittât.

Le bruit de l'événement qui se préparoit ne bourdonna que quatre ou cinq jours avant l'exécution, et d'une manière encore fort douteuse. Le dimanche 1er juillet, le chancelier resta seul assez longtemps avec le roi après que les autres ministres furent sortis du conseil d'État, et ce fut là où, malgré les derniers efforts du roi, le chancelier arracha son congé. Le roi, fort attendri, lui fit donner parole de le venir voir de temps en temps par les derrières. En entrant, en sortant, ni pendant le conseil, à ce que dirent après les autres ministres, il ne parut quoi que ce soit sur le visage ni dans les manières du chancelier, et la plupart de la cour étoit encore dans l'incertitude.

Le lendemain lundi, 2 juillet, comme le roi fut rentré chez lui après sa messe; on vit arriver le chancelier en chaise, à la porte du petit salon d'entre l'appartement du roi et celui de Mme de Maintenon. Comme il n'y avoit point de conseil, chacun courut du grand salon. On le vit entrer chez le roi avec la cassette des sceaux, et on ne douta plus alors de la retraite. Ce fut une louange et une consternation générale. Je savois la chose par lui-même. Je le vis entrer et sortir avec le cœur bien serré, lui avec l'air de l'avoir bien au large. Le roi le combla d'amitiés et de marques d'estime, de confiance et de regrets; et sans qu'il lui demandât rien, lui donna une pension de trente-six mille livres, et la conservation du rang et des honneurs de chancelier. En finissant l'audience, il demanda au roi d'avoir soin de ses deux secrétaires, qui en effet étoient de très-honnêtes gens, et sur-le-champ le roi donna à chacun une pension de deux mille livres.

Pendant qu'il étoit chez le roi, la nouvelle courut, et fit amasser tout ce qui se trouva d'hommes dans Marly qui firent presque foule sur son passage. Il sortit de chez le roi comme il y étoit entré; sans qu'il parût en rien différent de son ordinaire; saluant à droite et à gauche, mais sans parler à personne, ni personne à lui. Il se mit dans sa chaise où il l'avoit laissée, gagna son pavillon, où il monta tout de suite dans son carrosse qui l'attendoit, et s'en alla à Paris. Il y fut plus d'un mois dans sa maison en butte à ce qu'il ne put refuser les premiers jours, puis se resserra tant qu'il put. La maison que la mort du Charmel avoit laissée tout à fait vacante, et qu'il faisoit accommoder pour lui, n'étoit pas encore prête. Dès qu'il y put habiter, il s'y retira. J'aurai lieu ailleurs de parler de sa solitude, et de la vie qu'il y mena également sainte et contente.

Outre l'âge, la douleur, et la liberté que lui donnoit la perte de la chancelière pour cette résolution de tous les temps de mettre un intervalle entre la vie et la mort, il se sentit hâté de l'exécuter par les événements qu'il prévoyoit devenir de jour en jour plus difficiles à soutenir dans sa place. Il voyoit les desseins du P. Tellier, les progrès de l'affaire de la constitution, le renversement des libertés de l'Église gallicane, de celles des écoles, la persécution qui s'échauffoit, et les plus saintes barrières qui n'arrêtoient plus. Il prévit que la tyrannie des jésuites et de leurs supports, qui avoient transformé leur cause en celle de l'autorité du roi en ce monde et de son salut en l'autre, se porteroit peu à peu à toutes les sortes de violences. Il n'en vouloit pas être le ministre par le sceau, ni même le témoin muet. Parler et refuser le sceau, c'étoit se perdre sans rien arrêter, et ce fut une de ses plus pressantes raisons de ne différer pas de se mettre à l'écart. Une autre, qui ne le diligenta pas moins, fut le vol rapide qu'il voyoit prendre à la bâtardise, qui, délivrée des fils de France et des princes du sang d'âge à la contenir, ne donneroit plus de bornes à son audace et à ses conquêtes. C'étoit encore un article sur lequel on ne pouvoit se passer de son ministère, auquel il avoit horreur de le prêter où ses représentations l'auroient perdu sans en pouvoir espérer aucun fruit. La prompte suite a fait sentir toute la sagacité de ses vues. Il avoit été contrôleur général dix ans, et peu après qu'il le fut ministre d'État, puis secrétaire d'État à la mort de Seignelay en 1690, le 5 septembre 1699 chancelier et garde des sceaux; et lors de sa retraite il avoit soixante et onze ans, sans jamais la plus légère infirmité, et la tête comme à quarante.

Fort peu après qu'il fut sorti du cabinet du roi, Pelletier de Sousy y entra pour son travail ordinaire sur les fortifications. Cela dura peu; et quand il eut fini, le roi, qui avoit eu le temps de choisir un chancelier depuis que celui qui quittoit cette place lui en avoit demandé la permission avec tant de persévérance instante, envoya chercher Voysin, lui remit la cassette des sceaux, et le déclara chancelier. On ne douta pas qu'il ne remît sa charge de secrétaire d'État du département de la guerre. Il n'y avoit point d'exemple d'aucun chancelier secrétaire d'État à la fois, mais celui-ci avoit l'appétit bon, et il fut l'un et l'autre.

De Mesmes, bien éveillé, bien averti, avoit tourné vers cette première charge de la robe une gueule béante. Le grand appui et l'unique qu'il eût lui manqua. M. du Maine, plein de tout ce qui ne tarda pas à éclore, avoit plus besoin du premier président totalement et servilement à lui que d'un chancelier ; il ne pouvoit jamais trouver de premier président plus en sa main, ni plus parfaitement corrompu et vendu à la fortune, par conséquent à la faveur et à la protection, que Mesmes ; il étoit donc de son intérêt principal de l'y conserver. Pour chancelier il avoit Voysin tout prêt, tout initié dans le conseil, dans l'habitude, dans la privance du roi, et aussi corrompu que l'autre pour la fortune et la faveur, mais nullement propre à manier rien que par voie d'autorité et de violence, et qui d'ailleurs étoit dans la confiance intime de Mme de Maintenon, et valet à tout faire et à tout entreprendre ; aussi elle et lui ne balancèrent-ils pas à préférer Voysin, qu'ils gouvernèrent comme ils voulurent auprès du roi, tandis que le premier président, vendu à M. du Maine, fut réservé pour le servir à la cour et dans le parlement par tout l'art et les manéges infâmes, dont il sera temps incontinent de parler à plus d'une reprise. J'ai suffisamment expliqué ailleurs quels étoient ces deux chanceliers et ce premier président pour n'avoir rien ici à y ajouter qu'un mot sur l'écorce.

Voysin porta ses deux [charges] comme on vient de le dire, et le roi eut l'enfantillage de s'amuser à le montrer. Au conseil, et tous les matins même qu'il n'y en avoit point, Voysin étoit vêtu en chancelier. L'après-dînée, il étoit en manteau court de damas, et travailloit ainsi avec le roi. Les soirs, comme c'étoit l'été, il quittoit son manteau, et paroissoit à la promenade du roi en justaucorps de damas. Cela parut extrêmement ridicule et parfaitement nouveau. M. de Lauzun, qui alloit volontiers faire des courses de Marly à Paris, se trouva en compagnie, où on lui demanda des nouvelles de Marly. « Rien, répondit-il de ce ton bas et ingénu qu'il prenoit si souvent, il n'y a aucunes nouvelles ; le roi s'amuse à habiller sa poupée. » L'éclat de rire prit aux assistants qui entendirent bien ce qu'il vouloit dire, et lui en sourit aussi malignement, et gagna la porte.

L'électeur de Bavière vint courre le cerf à Marly, et vit le roi avec tout le monde à la chasse. Il joua après dans le salon jusqu'à minuit. Le roi, au sortir de son souper, entra; contre sa coutume, dans le salon, s'approcha de l'électeur, et le vit jouer quelques moments. L'électeur alla faire *media noche* chez d'Antin, avec Mme la Duchesse et grande compagnie, puis retourna à Saint-Cloud. Il y fit deux autres chasses de même, sans voir le roi en particulier ni ailleurs qu'à la chasse.

On sut en même temps que le roi Stanislas, après avoir fort longtemps erré et ne sachant où se retirer, étoit enfin arrivé aux Deux-Ponts avec quatre officiers seulement du régiment du baron Spaar. Ce duché, qui a un beau château logeable et meublé, appartenoit au roi de Suède, qui l'avoit fait recevoir là en asile.

On apprit en même temps une nouvelle plus intéressante, l'arrivée au Port-Louis de la flotte des Indes orientales, riche de dix millions en marchandises.

Le roi donna mille écus d'augmentation de pension à Mme de Saint-Géran; et choisit Fagon, maître des requêtes, fils de son premier médecin, pour la charge d'intendant des finances qu'avoit du Buisson, qui l'avoit très-dignement remplie, mais devenu trop vieux pour en pouvoir continuer les fonctions. Ce fut une grande distinction pour Fagon à son âge, et qui n'avoit point été intendant de province. Il parut depuis homme de beaucoup d'esprit et de capacité, et figura grandement dans les finances.

Brassac épousa la fille du feu maréchal de Tourville, qui fut quelque temps après dame de Mme la duchesse de Berry. Personne n'avoit été plus singulièrement ni plus délicatement jolie, avec une taille charmante qui y répondoit. La petite vérole la changea à tel point qu'il n'y eut personne qui la pût reconnoître. Je le rapporte par l'extraordinaire de la chose portée à cet excès. La graisse survint bientôt après, et en fit une tour, d'ailleurs une bonne, honnête et très-aimable femme.

Il y avoit du temps que la reine de Pologne, veuve du célèbre Jean Sobieski, étoit embarrassée de sa retraite, et qu'elle avoit eu envie de venir finir sa vie en France. La passion qu'elle avoit eue autrefois de venir montrer sa couronne dans sa patrie, sous prétexte des eaux de Bourbon, l'en avoit rendue la plus mortelle ennemie. Elle voulut savoir sur quoi compter précisément. A l'égard du cérémonial, il se trouva que, la Pologne étant couronne élective, la reine ne pouvoit lui donner la main. Il étoit même bien nouveau que le roi la donnât aux rois héréditaires, et c'est du cardinal Mazarin que l'introduction de l'égalité des rois est venue, et que ceux du Nord, qui ne faisoient pas difficulté de donner la main aux ambassadeurs de nos rois, ont non-seulement abrogé cet usage, mais en sont venus à se parangonner à eux. La reine de Pologne, qui n'avoit d'autre objet de son voyage que l'orgueil de se voir égalée à la reine, le rompit aussitôt et ne le pardonna jamais.

On a prétendu que ses menées avoient eu grande part à former la fameuse ligue d'Augsbourg contre la France; et il est certain qu'elle se servit toute sa vie du pouvoir presque entier qu'elle s'étoit acquis sur le roi son mari, pour l'éloigner de la France contre son goût, et l'attacher à la maison d'Autriche, dont elle fut récompensée par le grand mariage de son fils aîné avec une sœur de l'impératrice, et des reines d'Espagne et de Portugal, de la duchesse de Modène et de l'électeur palatin Neubourg.

Elle ne laissa pas parmi ses desservices de demander au roi de faire son père duc et pair. Le peu de succès qu'eurent ses instances lui inspira un nouveau dépit, qu'elle fit éclater dans toute son étendue, contre la France et contre le prince de Conti, à la mort du roi son époux. A bout d'espérance d'un duché pour son père, qui étoit veuf depuis longtemps et chevalier du Saint-Esprit, elle le fit cardinal par la nomination de Pologne.

Son humeur altière et son extrême avarice l'avoient fait détester en Pologne ; et l'aversion publique qu'elle témoigna sans mesure au prince Jacques, son fils aîné, coûta la couronne à sa famille. Elle ne put donc se résoudre à demeurer dans un pays où, après avoir été tout, elle se trouvoit haïe, méprisée, étrangère et sans appui par la division de ses enfants, et prit le parti d'aller avec son père s'établir à Rome. Elle avoit compté y être traitée comme l'avoit été la reine Christine de Suède ; mais celle-ci étoit reine héréditaire par elle-même, et avoit de plus touché la cour de Rome par sa conversion du luthéranisme. Il y eut donc des différences, qui mortifièrent tellement la reine de Pologne qu'elle ne put plus soutenir le séjour de Rome dès qu'elle y eut perdu le cardinal d'Arquien, et que, ne sachant que devenir, elle voulut venir en France. De la façon qu'elle s'étoit comportée il n'est pas surprenant que la demande qu'elle en fit fût reçue froidement, et que la liberté d'y venir se fît attendre. A la fin le roi consentit, mais à condition qu'elle ne songeroit pas à venir, ni même à s'approcher de la cour ni de Paris, et lui donna le choix d'une ville sur la Loire, et même des châteaux de Blois, d'Amboise et de Chambord.

Elle arriva, le 4 juillet, à Marseille, sur les galères du pape, et y trouva pour la recevoir, de la part du roi, le marquis de Béthune, fils de sa sœur, et père de la maréchale de Belle-Ile, qui n'étoit pas encore mariée pour la première fois. Elle ne voulut point d'honneurs nulle part, de peur apparemment qu'ils ne fussent pas tels qu'elle les auroit souhaités, séjourna peu à Marseille, et s'en alla par le plus droit à Blois, qu'elle avoit choisi, et dont elle ne sortit plus. Elle avoit avec elle la fille aînée du prince Jacques son fils, qui épousa depuis, à Rome, le roi Jacques d'Angleterre, que les Anglois appellent le Prétendant. Elles vécurent à Blois dans la plus grande solitude et sans nul éclat.

M. le Duc, M. le comte de Charolois son frère, et M. le prince de Conti devoient faire le deuil du service de M. le duc de Berry à Saint-Denis. Le comte de Charolois se trouva malade; M. le duc de Chartres avoit onze ans. Des princes aussi jeunes et plus jeunes ont fait le deuil en pareilles cérémonies; et, sans remonter bien loin, les fils de Mme la dauphine de Bavière à son enterrement, qui étoient plus chers à la France; et M. de Chartres n'avoit pas les mêmes raisons de s'en dispenser que M. le duc d'Orléans ; mais le temps pressoit, on en voulut profiter, et le roi ne voulut pas manquer l'occasion d'y faire figurer le prince de Dombes en troisième. Cette parité sembla fort étrange : ce n'étoit pourtant qu'un léger essai. Il n'y eut à ce service que les compagnies à l'ordinaire, et les seuls officiers de la maison de Berry. L'abbé Prévost fit l'oraison funèbre. Ce fut le lundi 16 juillet.

Le maréchal de Berwick fit ouvrir, le 12 juillet au soir, la tranchée devant Barcelone.

Maisons, président à mortier, et sa femme, sœur aînée de la maréchale de Villars, furent deux espèces de personnages dont il est temps de parler. Son grand-père, aussi président à mortier, fut surintendant des finances, bâtit le superbe château de Maisons, étoit ami de mon père, qui pour l'obliger, car rien ne lui coûta jamais pour ses amis, lui vendit presque pour rien la capitainerie de Saint-Germain en Laye qu'il avoit, et qui étoit nécessaire au président par la position de Maisons tout près de Saint-Germain et au milieu de la capitainerie. C'est lui qui, lorsqu'on lui ôta les finances, dit tout haut : « Ils ont tort; car j'ai fait mes affaires, et j'allois faire les leurs. » Tant qu'il vécut l'amitié subsista avec mon père. Son fils, père de celui dont il s'agit, et président à mortier, voyoit aussi mon père. C'est lui qui présida si indignement au jugement de notre procès avec M. de

Luxembourg, comme je l'ai rapporté en son lieu. Sa conduite ne me donna pas envie de cultiver l'ancienne amitié, et je n'en eus pas davantage à l'égard de son fils, de qui aussi je n'entendis point parler jusque tout au commencement de cette année, et tout au plus tôt tout à la fin de la précédente. Cet exposé étoit nécessaire pour l'intelligence de ce qui va suivre.

Maisons étoit un grand homme, de fort belle représentation, de beaucoup d'esprit, de sens, de vues et d'ambition, mais de science dans son métier fort superficielle, fort riche, la parole fort à la main, l'air du grand monde, rien du petit-maître ni de la fatuité des gens de robe, nulle impertinence du président à mortier. Je pense que l'exemple de M. de Mesmes lui avoit fort servi à éviter ces ridicules dont l'autre s'étoit chamarré. Loin comme lui de faire le singe du grand seigneur, de l'homme de la cour et du grand monde, il se contentoit de vivre avec la meilleure compagnie de la ville et de la cour, que sa femme et lui avoient su attirer chez eux par les manières les plus polies, même modestes, et sans jamais s'écarter de ce qu'ils devoient à chacun; respect aux uns, civilité très-marquée aux autres; avec un air de liberté et de familiarité mesurée, qui, loin de choquer ni d'être déplacée, leur attiroit le gré de savoir mettre tout le monde à son aise, sans jamais la moindre échappée qui fût de trop.

Sa femme, avec très-peu ou point d'esprit, avoit celui de savoir tenir une maison avec grâce et magnificence, et de se laisser conduire par lui. Elle n'avoit donc rien de la présidente, ni des femmes de robe, seulement quelque petit grain plus que lui du grand monde, mais avec la même politesse et les mêmes ménagements. C'étoit une grande femme qui avec moins d'embonpoint eût eu la taille belle, et une beauté romaine que bien des gens préféroient à celle de sa sœur. Elle eut le bon sens de bien vivre toujours avec elle, et de ravaler bien soigneusement la jalousie du rang et de la concurrence de beauté ; et Maisons, de son côté, vivoit en déférence très-marquée, mais intimement, avec le maréchal de Villars.

Il eut le bon esprit de sentir de fort bonne heure que le parlement étoit la base sur laquelle il devoit porter; que du crédit qu'il y auroit dépendroit sa considération dans le monde ; et que tout celui dans lequel il se mêloit ne lui deviendroit utile qu'autant que sa compagnie le compteroit. Il fut donc assez avisé pour en faire son principal, attirer chez lui les magistrats du parlement, courtiser, pour ainsi dire, les plus estimés dans toutes les chambres, les persuader qu'il se faisoit honneur d'être l'un d'eux, faire conduire sa femme en conséquence, être très-assidu au palais et y gagner la basse robe en général, et en particulier ce qui se distinguoit le plus parmi les avocats, les procureurs, les greffiers, par ses manières gracieuses, ouvertes, affables, par des louanges et des prévenances qui l'en firent adorer. De cette conduite il en résulta une réputation qui dans tout le parlement n'eut pas deux voix, qui gagna la cour et le monde; qui donna jalousie au premier président, et qui fit regarder Maisons comme celui qui mèneroit toujours le parlement à tout ce qu'il voudroit.

La situation de Maisons si près de Marly lui fournit des occasions, qu'il sut bien ménager, d'y attirer des gens principaux de la cour. Il devint du bon air d'y aller de Marly, et il se contenta longtemps d'y voir la cour de ses terrasses. Il alloit peu à Versailles, il rapprocha mesurément ses voyages à une fois la semaine; et, à force de gens principaux d'autour du roi qui pendant les longs Marlys alloient dîner à Maisons, le roi s'accoutuma à lui parler de ce lieu presque toutes les fois qu'il le voyoit, et jamais il n'en fut gâté. Il avoit si bien fait que M. le Duc et M. le prince de Conti étoient en liaison avec lui, et qu'il regarda leur mort comme une perte qu'il faisoit. Il travailloit aussi en dessous, et je ne sais par où il s'étoit mis fort en commerce avec M. de Beauvilliers, mais un commerce qui ne paroissoit point, et dont je n'ai démêlé ni le comment ni la date.

Ces deux princes du sang morts, il se tourna vers M. le duc d'Orléans, et il lui fut aisé de s'en approcher par Canillac, son ami intime, qui l'étoit de tout temps de ce prince, mais qui ne le voyoit qu'à Paris, parce qu'il ne venoit comme jamais à la cour. Il vanta donc tant le mérite de Maisons, son crédit dans le parlement et dans le monde, les avantages qui s'en pouvoient tirer et de son conseil, que M. le duc d'Orléans, accoutumé à se laisser dominer à l'esprit de Canillac, crut trouver un trésor dans la connoissance et l'attachement de Maisons.

Celui-ci, qui vouloit circonvenir le prince, ne trouva pas Canillac suffisant, leurs séparations de lieu étoient trop continuelles; il jeta son coussinet sur moi. Je pense qu'il me craignoit par ce que j'ai raconté de son père. Il avoit un fils unique à peu près de l'âge de mes enfants; il y avoit déjà longtemps qu'il avoit fait toutes les avances et qu'il les voyoit souvent. Cela ne rendoit rien au delà, et ce n'étoit pas le compte du père; enfin il me fit parler par M. le duc d'Orléans. Ce fut alors que j'appris cette liaison nouvelle, combien Maisons en désiroit avec moi, estime, louanges, amitié des pères que ce prince me rapporta; je fus froid, je payai de compliments, j'alléguai que je n'allois que très-peu à Paris, et pour des moments, et je m'en crus quitte. Peu de jours après, M. le duc d'Orléans rechargea, je ne fus pas plus docile. Quatre ou cinq jours après, je fus fort surpris que M. le duc de Beauvilliers m'en parlât, me dit les mêmes choses, m'apprit sa liaison, me voulût persuader que celle que Maisons désiroit que je prisse avec lui pouvoit être extrêmement utile à bien des choses, et finalement, voyant que je n'y prenois point, employât l'autorité qu'il avoit sur moi, et me dit qu'il m'en prioit, et qu'il le désiroit puisque je n'avois point de raison particulière ni personnelle pour m'en défendre. Je vis bien clairement alors que Maisons, n'avançant pas à son gré par M. le duc d'Orléans, étoit bien au fait de moi, et qu'il avoit bien compris que je ne résisterois pas au duc de Beauvilliers si celui-ci entreprenoit de former la liaison, et ne voulût pas être éconduit; aussi ne le fut-il pas, mais après être demeuré sur la défensive avec M. le duc d'Orléans, je ne voulus pas lui montrer que je rendois les armes à un autre.

L'attente ne fut pas longue. Ce prince m'attaqua de nouveau, me maintint que rien ne seroit plus utile pour lui qu'une liaison de Maisons avec moi, qui n'osoit le voir que rarement et comme à la dérobée, et avec qui il ne pouvoit avoir le même loisir ni la même liberté de discuter bien des choses qui pouvoient se présenter. J'avois d'autres fois répondu à tout cela, mais comme j'avois résolu de me rendre à lui depuis que l'autorité du duc de Beauvilliers m'avoit vaincu, je consentis à ce que le prince voulut.

Maisons en fut bientôt informé. Il ne voulut pas laisser refroidir la résolution. M. le duc d'Orléans me pressa d'aller coucher une nuit à Paris. En y arrivant j'y trouvai un billet de Maisons, qui m'avoit déjà fait dire merveilles par le prince et par le duc. Ce billet, pour les raisons qu'il réservoit à me dire, contenoit un rendez-vous à onze heures du soir, ce jour-là même, derrière les Invalides, dans la plaine, avec un air fort mystérieux. J'y fus avec un vieux cocher de ma mère et un laquais, pour dépayser mes gens. Il faisoit un peu de lune. Maisons en mince équipage m'attendoit. Nous nous rencontrâmes bientôt. Il monta dans mon carrosse. Je n'ai jamais compris le mystère de ce rendez-vous. Il n'y fut question que d'avances, de compliments, de protestations, de souvenirs des anciennes liaisons de nos pères, et de tout ce que peut dire un homme d'esprit et du monde qui veut former une liaison étroite; du reste de propos généreux, de louanges et d'attachement pour M. le duc d'Orléans et pour M. de Beauvilliers, sur la situation présente de la cour, en un mot toutes choses qui n'alloient à rien d'important ni de particulier. Je répondis le plus civilement qu'il me fut possible à l'abondance qu'il me prodigua. J'attendois ensuite quelque chose qui méritât l'heure et le lieu ; ma surprise fut grande de n'y trouver que du vide, et seulement pour raison que cette première entrevue devoit être secrète, après laquelle il n'y auroit plus d'inconvénient qu'il vînt quelquefois chez moi à Versailles, et serrer les visites, après qu'on se seroit accoutumé à l'y voir quelquefois, et me priant de n'aller point chez lui à Paris de longtemps, où il se trouvoit toujours trop de monde. Ce tête-à-tête ne dura guère plus de demi-heure. C'étoit beaucoup encore pour ce qu'il s'y passoit. Nous nous séparâmes en grande politesse, et dès la première fois qu'il alla à Versailles, il vint chez moi sur la fin de la matinée.

Il ne fut pas longtemps sans y venir ainsi tous les dimanches. Nos conversations peu à peu devinrent plus sérieuses. Je ne laissois pas d'être en garde, mais je le promenois sur plusieurs sujets, et lui s'y prêtoit très-volontiers.

Nous raisonnions et nous étions sur ce pied-là ensemble, lorsque, rentrant chez moi à Marly sur la fin de la matinée du dimanche 29 juillet, je trouvai un laquais de Maisons avec un billet par lequel il me conjuroit, toutes affaires cessantes, de venir sur-le-champ chez lui à Paris où il m'attendroit seul, et où je verrois qu'il s'agissoit de chose qui ne pouvoit souffrir le moindre retardement, qui ne se pouvoit même désigner par écrit, et qui étoit de la plus extrême importance. Il y avoit longtemps que ce laquais étoit arrivé, et qu'il me faisoit chercher partout par mes gens. Mme de Saint-Simon étoit à Versailles avec Mme la duchesse de Berry, qui venoit souper les soirs avec le roi sans coucher encore à Marly, et je devois dîner chez M. et Mme de Lauzun. Y manquer auroit mis la curiosité et la malignité de M. de Lauzun en besogne : je n'osois donc pas disparoître. Je donnai ordre à ma voiture ; dès que j'eus dîné je m'éclipsai. Personne ne me vit monter en chaise ; j'arrivai fort diligemment chez moi à Paris, d'où j'allai sur-le-champ chez Maisons avec l'empressement qu'il est aisé d'imaginer.

Je le trouvai seul avec le duc de Noailles. Du premier coup d'œil je vis deux hommes éperdus, qui me dirent d'un air mourant, mais après une vive quoique courte préface, que le roi déclaroit ses deux bâtards, et à l'infini leur postérité masculine, vrais princes du sang, en droit d'en prendre la qualité, les rangs et honneurs entiers, et capables de succéder à la couronne au défaut de tous les autres princes du sang. A cette nouvelle, à laquelle je ne m'attendois pas, et dont le secret jusqu'alors s'étoit conservé sans la plus légère transpiration, les bras me tombèrent. Je baissai la tête et je demeurai dans un profond silence, absorbé dans mes réflexions. Elles furent bientôt interrompues par des cris auxquels je me réveillai. Ces deux hommes se mirent en pied à courir la chambre, à taper des pieds, à pousser et à frapper les meubles, à dire rage à qui mieux mieux, et à faire retentir la maison de leur bruit. J'avoue que tant d'éclat me fut suspect de la part de deux hommes, l'un si sage et si mesuré, et à qui ce rang ne faisoit rien, l'autre toujours si tranquille, si narquois, si maître de lui-même. Je ne sus quelle subite furie succédoit en eux à un si morne accablement, et je ne fus pas sans soupçon que leur emportement ne fût factice pour exciter le mien. Si ce fut leur dessein, il réussit tout au contraire. Je demeurai dans ma chaise, et leur demandai froidement à qui ils en vouloient. Ma tranquillité aigrit leur furie. Je n'ai de ma vie rien vu de si surprenant.

Je leur demandai s'ils étoient devenus fous, et si au lieu de cette tempête il n'étoit pas plus à propos de raisonner, et de voir s'il y avoit quelque chose à faire. Il s'écrièrent que c'étoit parce qu'il n'y avoit rien à faire à une chose nonseulement résolue, mais exécutée, mise en déclaration, et envoyée au parlement, qu'ils étoient outrés de la sorte; que M. le duc d'Orléans, en l'état où il étoit avec le roi, n'oseroit souffler; les princes du sang en âge de trembler comme des enfants qu'ils étoient; les ducs hors de tout moyen de s'opposer, et le parlement réduit au silence et à l'esclavage; et là-dessus à qui des deux crieroit le plus fort et pesteroit davantage, car rien de leur part ne fut ménagé, ni choses, ni termes, ni personnes.

J'étois bien aussi en colère, mais il est vrai que ce sabbat me fit rire et conserva ma froideur. Je convins avec eux que quant alors je n'y voyois point de remède, et nulles mesures à prendre; mais qu'en attendant ce qui pouvoit arriver à l'avenir, je les aimois encore mieux princes du sang capables de la couronne, qu'avec leur rang intermédiaire. Et il est vrai que je le pensai ainsi dès que j'eus repris mes esprits.

Enfin l'ouragan s'apaisa peu à peu. Nous raisonnâmes et ils m'apprirent que le premier président et le procureur général, qui en effet étoient venus ce jour-là de très-bonne heure à Marly chez le chancelier, qui avoit vu le roi dans son cabinet, à l'issue de son lever, et qui étoient revenus à Paris tout de suite, en avoient rapporté la déclaration tout expédiée. Il falloit néanmoins que Maisons l'eût sue plus tôt d'ailleurs, parce qu'à l'heure que le laquais qu'il m'envoya arriva à Marly, ces messieurs n'en pouvoient pas être revenus à Paris quand il partit. Nos discours n'allant à rien, je pris congé et regagnai Marly au plus vite, afin que mon absence ne fît point parler.

Tout cela néanmoins me conduisit vers l'heure du souper du roi. J'allai droit au salon, je le trouvai très-morne. On se regardoit, on n'osoit presque s'approcher, tout au plus quelque signe dérobé ou quelque mot en se frôlant coulé à l'oreille. Je vis mettre le roi à table, il me sembla plus morgué qu'à l'ordinaire, et regardant fort à droite et à gauche. Il n'y avoit qu'une heure que la nouvelle avoit éclaté, on en étoit glacé encore, et chacun fort sur ses gardes. A chose sans ressource il faut prendre son parti, et il se prend plus aisément et plus honnêtement quand la chose ne porte pas immédiatement comme le rang intermédiaire dont les bâtards n'eurent jamais de moi ni compliment ni la moindre apparence. J'avois donc pris ma résolution.

Dès que le roi fut à table, et qui m'avoit fort fixement regardé en passant, j'allai chez M. du Maine; bien que l'heure fût un peu indue, les portes tombèrent devant moi, et je remarquai un homme surpris d'aise de ma visite, et qui vint au-devant de moi presque sur les airs, tout boiteux qu'il étoit. Je lui dis que pour cette fois je venois lui faire mon compliment, et un compliment sincère; que nous n'avions rien à prétendre sur les princes du sang; que ce que nous prétendions et ce qui nous étoit dû, c'étoit qu'il n'y eût personne entre les princes du sang et nous; que dès qu'il l'étoit et les siens, nous n'avions plus rien à dire qu'à nous réjouir de n'avoir plus à essuyer ce rang intermédiaire que je lui avouois qui m'étoit insupportable. La joie de M. du Maine éclata à ce compliment. Tout ce qu'il m'en fit, tout ce qu'il m'en dit ne peut se rendre, avec une politesse, un air même de déférence que l'esprit inspire dans le transport du triomphe.

J'en dis autant le lendemain au comte de Toulouse et à Mme la duchesse d'Orléans, cent fois plus bâtarde et plus aise que ses frères, et qui les voyoit déjà couronnés. Mme la Duchesse fort princesse du sang, et point du tout comme Mme sa sœur, parut fort sérieuse, et n'ouvrit point sa porte. M. le duc d'Orléans fut fâché, mais fâché à sa manière, et n'eut pas grand'peine à ne rien montrer. Ducs et princes étrangers enragés, mais de rage mue. La cour éclata en murmures sourds bien plus qu'on n'auroit cru. Paris se déchaîna et les provinces; le parlement, chacun à part, ne se contraignit pas. Mme de Maintenon, transportée de son ouvrage, en recevoit les adorations de ses familières. Elle et M. du Maine n'avoient pas oublié ce qui avoit pensé arriver du rang de ses enfants. Quoiqu'il n'y eût plus personne du sang légitime à craindre, ils ne laissèrent pas d'être effarouchés, et le roi fut gardé à vue, et persuadé par des récits apostés de la joie et de l'approbation générale à ce qu'il venoit de faire. M. du Maine n'eut garde de se vanter de l'air triste, morne, confondu, qui accompagnoit tous les compliments, dont une cour esclave lui portoit un hommage forcé, et qui n'en cachoit pas la violence. Mme du Maine triompha à Sceaux de la douleur publique. Elle redoubla de fêtes et de plaisirs, prit pour bons les compliments les plus secs et les plus courts, et glissa sur le grand nombre de gens qui ne purent se résoudre d'aller eux-mêmes à son adoration. Les bâtardeaux déifiés ne parurent que quelques moments à Marly. M. du Maine crut nécessaire cet air de modestie et de ménagement pour le public. Il n'eut pas tort.

Le comte de Toulouse profita de ce monstreux événement sans y avoir eu aucune part. Ce fut l'ouvrage de son frère, de sa fidèle et toute-puissante protectrice, et de l'art qui fut lors aperçu d'avoir fait conserver à Voysin, devenu chancelier, sa charge de secrétaire d'État. Comme chancelier il n'auroit rien eu qui l'eût approché du roi, plus de travail réglé avec lui, plus de prétextes de lui aller parler quand il le jugeoit à propos. Il n'auroit eu que les occasions de la fin des conseils, quand les ministres en sortent; et comme il n'étoit chargé de rien qui eût rapport au roi, il eût fallu l'attaquer sans préface, sans prétexte, sans insinuation, et sans moyen de sonder le terrain; quoique sur les bâtards, il auroit trouvé le roi en garde. L'usurpation de ses audiences l'eût effarouché et rendu Voysin désagréable, et comme le chancelier n'a point de travail avec le roi que pour des affaires extraordinaires, rares, courtes, qui même pour l'ordinaire ne sont pas secrètes, comme mon affaire avec M. de La Rochefoucauld et autres pareilles quoique de différentes natures, ces audiences, si elles avoient été répétées, auroient fait nouvelle, excité une curiosité dangereuse au secret dont ce mystère d'iniquité avoit tant intérêt de se couvrir, et dont les artisans sentoient si bien l'importance. Ce fut aussi ce qui fit conserver à Voysin cette place de secrétaire d'État, qui lui donnoit une occasion nécessaire de travailler presque tous les jours seul avec le roi ou Mme de Maintenon en tiers unique, et la faculté des prétextes d'y travailler extraordinairement et tous les jours, et plus d'une fois par jour tant que bon lui sembloit, sans que cela parût extraordinaire au roi ni à sa cour. Par là Voysin se trouvoit à portée d'examiner les moments, les humeurs, de sonder, d'avancer, de s'arrêter; par là nul temps perdu qui ne se pût retrouver le lendemain, et quelquefois le jour même; par là liberté de discuter et de pousser sa pointe quand il y trouvoit lieu, et de prolonger la conversation tant qu'il étoit nécessaire; sans quoi ils n'en seroient jamais venus à bout.

Le roi, malgré tout ce qu'il sentoit d'affection pour ses bâtards, avoit toujours des restes de ses anciens principes. Il n'avoit pas oublié l'adresse de la planche de la légitimation du chevalier de Longueville sans nommer la mère, pour parvenir à donner un état à ses enfants, lorsqu'il avoit voulu les tirer de leur néant propre, et de l'obscurité secrète dans laquelle ils avoient été élevés. De ce néant, ce qu'il fit par degrés pour les conduire possiblement au trône est si prodigieux que ce tout ensemble mérite d'être exposé ici sous un même coup d'œil tout à la fois, et comparer les premiers degrés qui, par un effort inconnu jusqu'alors de puissance, les égala peu à peu aux autres hommes, en les égalant aux droits communs de tous; avec les derniers qui les portèrent à la couronne. On ne parlera ici que des enfants de Mme de Montespan.

CHAPITRE IX.

Degrés rapides qui, du plus profond non-être, portent à la capacité de porter la couronne, par droit de naissance, la postérité sortie du double adultère du roi et de Mme de Montespan. — Adresse de la réception de César, duc de Vendôme, au parlement. — Traversement du parquet par les princes du sang; son époque. — Réflexions. — Position de l'esprit du roi sur ses bâtards paroît bien peu égale.

1. Lettres de légitimation en faveur de Charles-Louis (le chevalier de Longueville), avec permission de porter le nom de bâtard d'Orléans, et déclaré capable de posséder toutes charges; vérifiées au parlement sans que le nom de la mère y fût exprimé; dont c'est le premier exemple, 7 septembre 1673.

Telle fut la planche pour légitimer les enfants du roi, leur faire porter le nom de Bourbon, leur pouvoir donner des charges, et sans nommer Mme de Montespan.

2. Lettres de légitimation en faveur de Louis-Auguste, né dernier mars 1670 (le duc du Maine); de Louis-César, né 1672 (le comte du Vexin); de Louise-Françoise, née en 1673 (Mlle de Nantes, depuis Mme la Duchesse); toutes de décembre 1673, vérifiées 20 des mêmes mois et an.

3. Noms de provinces imposés, qui ne se donnent qu'à des fils de France.

4. Avant le pouvoir, le duc du Maine pourvu en février 1674, c'est-à-dire avant l'âge de quatre ans, de la charge de colonel général des Suisses et Grisons.

Lettres de légitimation en faveur de Louise-Marie-Antoinette (Mlle de Tours), janvier 1676. Elle mourut 15 septembre 1681.

5 et 6. Lettres de décembre 1676, qui déclarent Louis-Auguste de Bourbon capable de posséder toutes charges et qu'il seroit nommé duc du Maine. (Le comte de Toulouse n'a rien eu d'écrit pour porter ce nom.)

Ainsi cette déclaration donna la faculté que le fait avoit précédé de deux ans, tant pour les charges que pour l'appellation de duc du Maine, et suppose en lui d'avance, comme on le va voir, le nom de Bourbon qu'il n'avoit pas.

7. Le comte de Vexin, tout contrefait, nommé à l'abbaye de Saint-Germain des Prés et à celle de Saint-Denis; mort le 10 janvier 1683, à dix ans et demi, dans l'abbatial de Saint-Germain des Prés.

8 et 9. Lettres patentes portant que le duc du Maine, le comte de Vexin, Mlle de Nantes et Mlle de Tours, porteront le surnom de Bourbon, et se succéderont les uns aux autres tant pour les biens qu'ils ont reçus de notre libéralité, que pour ceux qu'ils pourront acquérir d'ailleurs, comme aussi que leurs enfants se succéderont selon l'ordre des successions légitimes. Données au mois de janvier 1680, registrées en parlement le 11 janvier même année, et en la chambre des comptes le lendemain.

Ainsi les voilà égalés aux autres hommes, élevés du néant à la condition commune, enrichis de tous les droits des légitimes dans la société, en même temps décorés du surnom de la maison régnante, et de noms de provinces que les princes du sang même ne portent pas.

10. Don fait (c'est-à-dire arraché pour tirer de Pignerol M. de Lauzun) au duc du Maine de la principauté de Dombes, etc., par Mademoiselle, 2 février 1681.

Lettres de légitimation en faveur de Françoise-Marie, née en mai 1677 (Mlle de Blois, depuis duchesse d'Orléans), et de Louis-Alexandre, né le 6 juin 1678 (le comte de Toulouse), avec permission de porter le nom de Bourbon; et la faculté tant à eux qu'à Louis-Auguste, Louis-César, Louise-Françoise, de se succéder les uns aux autres, etc. Ces lettres données en novembre 1681, registrées le 22 du même mois et an.

11. Le duc du Maine pourvu du gouvernement de Languedoc en juin 1682, à douze ans.

12. Le comte de Toulouse pourvu de l'office d'amiral de France en novembre 1683, à cinq ans.

Cet office, si nuisible par ses droits pécuniaires, et si embarrassant par son autorité, avoit été supprimé avec grande raison. Le roi l'avoit rétabli en faveur du comte de Vermandois, enfant qu'il avoit eu de Mme de La Vallière, à la mort duquel il le donna au comte de Toulouse.

On remarquera que, le parlement et le monde une fois accoutumés aux bâtards de double-adultère, le roi fit par une seule et même déclaration, pour les deux derniers, ce qu'il n'avoit osé présenter qu'en plusieurs pour les premiers.

13. Louise-Françoise de Bourbon, mariée, 24 juillet 1685, à Louis III, duc de Bourbon.

Outre sa dot, ses pierreries et ses pensions, M. son mari eut les survivances de l'office de grand maître de France et du gouvernement de Bourgogne, une forte pension, et toutes les entrées, même celles d'après le souper. M. son père, qui, comme lui, n'en avoit aucunes, eut les premières entrées, qui ne sont pas même celles des premiers gentilshommes de la chambre. Avant que le roi eût, à l'occasion d'une longue goutte, l'année de la mort du premier duc de Bretagne, supprimé son coucher aux courtisans, on voyoit M. le Prince, qu'il étoit lors, sur un tabouret dans le coin de la porte du cabinet du roi, en dehors, dans la pièce où tout le monde attendoit le coucher, et dormant là tandis que M. son fils étoit avec le roi, et ce qu'il appeloit sa famille. Quand la porte s'ouvroit pour le coucher, M. le Prince se réveilloit et voyoit sortir M. son fils, M. le duc d'Orléans, Monseigneur, et le roi ensuite, au coucher duquel il demeuroit comme les courtisans, et au petit coucher après avec les entrées, et qui étoit fort court. Le reste de la famille sortoit par les derrières.

14. Le duc du Maine, à seize ans chevalier de l'ordre, à la Pentecôte 1686.

Je n'ose dire qu'à douze ans, que je n'avois pas encore, j'étois fort en peine et je m'informois souvent de l'état du duc de Luynes qui avoit la goutte; je mourois de peur qu'elle ne le quittât, parce qu'il auroit été parrain de M. le prince de Conti avec le duc de Chaulnes, et M. du Maine eût échu à mon père. La goutte persévéra, et mon père présenta le prince de Conti avec le duc de Chaulnes. L'ordre à un âge inouï, rare aux fils de France, et en quatrième avec M. le duc de Chartres, à qui cette considération le fit avancer alors, [avec] M. le duc de Bourbon (car le grand prince de Condé ne mourut qu'à la fin de l'automne), et [avec] M. le prince de Conti, parut une distinction bien extraordinaire. Monseigneur et Monsieur furent les parrains de M. le duc de Chartres, M. le Prince et M. le Duc de M. le duc de Bourbon; feu M. le prince de Conti, gendre naturel du roi, étoit mort sans avoir été chevalier de l'ordre, et celui-ci ne l'eût pas été sans le cri général, que le roi craignit, de faire M. du Maine en laissant le prince de Conti. Il étoit lors exilé à Chantilly, et ne coucha qu'une nuit à Versailles pour la cérémonie. C'étoit la suite de son voyage en Hongrie. Il ne fut rappelé qu'à l'instante prière de M. le Prince mourant, mais jamais pardonné, comme on l'a pu voir ci-dessus en plus d'un endroit.

15. Le duc du Maine pourvu de la charge des galères, en 1688, à la mort du duc de Mortemart.

16. Le comte de Toulouse gouverneur de Guyenne, en janvier 1689, à onze ans.

17. Le duc du Maine commande la cavalerie en Flandre en 1689.

Jusqu'alors les princes du sang faisoient une ou deux campagnes, à la tête d'un de leurs régiments. M. du Maine, à dix-huit ans, et dès sa première campagne, a la distinction que les princes du sang n'obtenoient pas de si bonne heure, qui leur étoit nouvelle, et qui même en eux blessoit fort les trois généraux nés de la cavalerie par leurs charges.

18. Marie-Françoise, mariée, 18 février 1692, à Philippe d'Orléans, duc de Chartres, petit-fils de France.

Ce prodige fut le chef-d'œuvre du double adultère et de la sodomie, l'un et l'autre publics et bien récompensés. La violence ouverte avec laquelle ce mariage du propre neveu du roi, fils unique de son frère, fut fait, eut toute la cour pour témoin, et ce qui s'y passa est détaillé à l'entrée de ces Mémoires. Comparer ce mariage avec ceux de toutes les bâtardes reconnues et légitimées de nos rois et de simple adultère jusqu'à Henri IV inclusivement, la chute est à perte d'haleine.

19. Le duc du Maine épouse, 19 mars 1692, une fille de M. le Prince; encore eut-il le choix des trois.

Le roi donna des espèces de fêtes et se para lui-même aux mariages de ses filles, à celui-ci, et y donna un festin royal, à la totale différence du mariage du prince de Conti avec la fille aînée de M. le Prince, à la célébration duquel il assista et n'y donna ni repas ni fête.

Le duc du Maine lieutenant général, 3 avril 1692.

Il ne fut pas longtemps à acquérir un grade dont il ne fit pas un bon usage, mais par lequel le roi comptoit le mener rapidement loin. Ce sont choses qui se sont vues ici en leur lieu.

20. Le comte de Toulouse fait chevalier de l'ordre, et seul, 2 février 1693, avant quinze ans.

21 et 22. Déclaration du roi en faveur des duc du Maine et comte de Toulouse, du 5 mai 1694, registrée le 8 du même mois et an, par laquelle le roi veut qu'eux et leurs enfants qui naîtront en légitime mariage aient le premier rang, immédiatement après les princes du sang, et qu'ils précèdent en tous lieux, actes et cérémonies.... même en la cour de parlement de Paris et ailleurs, en tous actes de pairie quand ils en auront, tous les princes des maisons qui ont des souverainetés hors de notre royaume, et tous autres seigneurs de quelque qualité et dignité qu'ils puissent être, nonobstant toutes lettres, si aucunes y avoit à ce contraires, et quand même les pairies desdits princes et seigneurs se trouveroient plus anciennes que celles desdits enfants naturels.

C'est ce qui s'appela le rang intermédiaire, et on va voir que les deux bâtards n'étoient pas encore pairs alors. On a vu plus haut que leur légitimation et ceci fut l'ouvrage de Harlay, procureur général au premier [de ces actes], premier président à l'autre, et qu'à tous les deux il eut parole des sceaux, qu'il n'eut point, et dont il creva enfin de rage.

23. Lettres de continuation de la pairie d'Eu, en faveur du duc du Maine, données en mai 1694, registrées le 8 du même mois et an, pour lui, ses hoirs et ayants cause mâles et femelles, sous le titre ancien du comté et pairie d'Eu, pour en jouir aux rangs, droits et honneurs, etc., ainsi que les anciens comtes d'Eu avoient fait depuis la première érection de 1458.

Le 6 mai 1694 le premier président dit au parlement que le roi l'avoit mandé pour lui expliquer ses intentions au sujet des honneurs qu'il vouloit être rendus au duc du Maine et au comte de Toulouse, lorsqu'ils iroient au parlement;

Que le roi lui dit qu'il vouloit qu'il y eût toujours de la différence entre les princes du sang et les duc du Maine et comte de Toulouse, et d'eux aux ducs et pairs.

Tout ceci fut encore de l'invention du premier président. On verra enfin que cette différence d'avec les princes du sang fut bien solennellement et bien totalement bannie.

24. Qu'il savoit (le roi) que le duc de Vendôme avoit été reçu très-jeune et sans information, Henri IV l'ayant ainsi souhaité. Il croyoit que son témoignage pouvoit bien servir d'information; et que M. du Maine en pouvoit être dispensé.

Ce fut une hardiesse et une supercherie. M. de Sully se faisoit recevoir au parlement. On peut juger qu'un favori, surintendant des finances et grand maître de l'artillerie, y alla bien accompagné. Le duc de Vendôme y parût tout à coup sans que personne s'y attendît, et prit subitement sa place. Le parlement se trouva si surpris et en même temps si étonné qu'il n'osa dire mot, et la chose demeura faite. Pour l'âge, on a vu que le duc de Luynes, sans aucune faveur ni distinction, fut reçu sans difficulté, 24 novembre 1639, à dix-neuf ans, et par quel art et quelles raisons Louis XIV a le premier conduit à la fixation de l'âge.

Qu'il savoit aussi qu'il n'y avoit que les enfants de France qui traversassent le parquet de la grand'chambre ; cependant les princes du sang étant en possession de le faire, il ne falloit pas donner atteinte à cette possession, puisque lorsque le duc du Maine prendroit place au parlement il passeroit par le barreau ;

C'étoit pour apaiser et flatter les princes du sang, en confirmant pour la première fois une usurpation qui ne l'avoit jamais été et qui n'étoit que tolérée. Le prince de Condé, qu'Henri IV fit venir de Saint-Jean d'Angély pour l'élever à sa cour, se trouvoit le plus prochain à succéder à la couronne. Il traversa le parquet, et comme les honneurs ne se perdent point, il le traversa toute sa vie, et prétendit que c'étoit un droit du premier prince du sang. Traversant un jour le parquet, dans la minorité de Louis XIII[1], M. son fils, qui le suivoit et qui étoit fier de ses victoires, se mit aussi à le traverser. M. le Prince se tourna pour l'en empêcher. « Allez, allez, monsieur, votre train et laissez-moi faire, lui répondit le fameux duc d'Enghien, nous verrons qui osera m'en empêcher. » Personne n'osa en effet, et depuis cette époque tous les princes du sang l'ont toujours traversé.

25. Qu'il vouloit que le premier président se découvrît en demandant l'avis à M. du Maine, et qu'il lui fît une inclination moindre que celle qu'il fait aux princes du sang, en le nommant par le nom de sa pairie ;

Il ne nomme point les princes du sang ; et les pairs ecclésiastiques il les nomme par leur nom de pairie, et jamais évêque, mais M. le duc de Reims, M. le comte de Beauvais, etc.; pour le bonnet il en sera bientôt mention : ainsi on n'en dit rien ici.

26. Et enfin que les princes du sang à leur sortie de la cour étant précédés par deux huissiers jusqu'à la Sainte-Chapelle, le duc du Maine ne le seroit que par un seul.

---

1. Le manuscrit porte *minorité de Louis XIII*; mais il faut lire évidemment *minorité de Louis XIV*, puisque le duc d'Enghien, dont il est ici question, n'était pas né à l'époque où cessa la minorité de Louis XIII.

Les pairs sortant ensemble, ou un seul s'il n'y en avoit qu'un en séance, ont aussi un huissier devant eux jusque par delà la grande salle, et quelque chose de plus loin.

27. Que l'enregistrement des lettres de la continuation de la comté d'Eu en pairie se feroit la grand'chambre et tournelle assemblées.

Non toutes les chambres du parlement.

28. Arrêt d'enregistrement et réception du 8 mai 1694, de M. le duc du Maine, en qualité de comte d'Eu et de pair de France au parlement [qui], après le serment par lui fait, sans différence aucune des pairs à cet égard, a pris place au-dessous de M. le prince de Conti.

Les princes du sang ne prêtent point de serment.

29. Arrêt de réception du 8 juin 1694, de Louis-Joseph, duc de Vendôme, en la dignité de pair de France, pour avoir rang et séance, conformément aux lettres patentes du roi Henri IV, du 15 avril 1610 (qui depuis la mort d'Henri IV étoient demeurées ensevelies), en prêtant par lui le serment accoutumé, lequel fait a repris son épée, et a passé sur le banc au-dessus de M. l'archevêque-duc de Reims.

30. Le premier président avoit dit auparavant au parlement, par ordre du roi, que l'intention de Sa Majesté étoit qu'on en usât à la réception de M. de Vendôme, et lorsqu'il viendroit en la cour, ainsi qu'on avoit fait à M. du Maine.

31. Lettres d'érection et de rétablissement de la terre et seigneurie d'Aumale en titre et dignité de duché-pairie de France, en faveur du duc du Maine et de ses enfants mâles et femelles, ses héritiers, successeurs et ayants cause, pour en jouir et user aux mêmes titres, droits et honneurs que les autres ducs et pairs, etc. Ces lettres données au mois de juin 1695, registrées 1ᵉʳ juillet même année.

32. Lettres de nouvelle érection de la terre et seigneurie de Penthièvre, en titre et dignité de duché et pairie de France, en faveur du comte de Toulouse, ses hoirs et successeurs et ayants cause, tant mâles que femelles, préférant l'aîné et plus capable d'iceux, etc. Ces lettres données au mois d'avril 1697, registrées en parlement le 15 décembre 1698.

33. Le comte de Toulouse, gouverneur de Bretagne en mars 1698.

On a vu la violence avec laquelle l'échange des gouvernements de Bretagne et de Guyenne fut fait, que le duc de Chaulnes ne s'en cacha pas, et qu'il en mourut tôt après de douleur. On a vu aussi à quel point Monsieur en fut outré, et combien il éclata sur le manquement de parole du roi à lui, pour le premier gouvernement de province vacant, qu'au mariage de M. de Chartres, il s'étoit engagé de lui donner, et qu'il éludoit par là, et sur la puissance dont il revêtoit ses bâtards.

34. Le comte de Toulouse, lieutenant général en 1703, et commande la cavalerie sur la Meuse; va plusieurs fois à la mer.

35. Lettres de nouvelle érection des terres d'Arc et de Châteauvillain, unies et incorporées ensemble avec leurs dépendances, en duché pairie sous le nom de Châteauvillain, en faveur du comte de Toulouse, pour en jouir par lui, ses enfants tant mâles que femelles qui naîtront de lui en loyal mariage, etc., données en mai 1703, registrées au parlement 29 août même année.

Il avoit d'abord, et avant Penthièvre, eu l'érection en sa faveur de la terre de Damville en duché-pairie, et c'est sous ce nom qu'il fut reçu au parlement. On ne la tire point ici en ligne, parce qu'il vendit depuis cette terre à Mme de Parabère, ce qui a éteint le duché-pairie. Elle est tombée depuis en d'autres mains.

36. Le comte de Toulouse, chevalier de la Toison d'or en 1704, revenant de commander l'armée navale.

37. Dès qu'ils commencèrent à pointer à la cour, le roi

leur fit usurper peu à peu toutes les manières, l'extérieur et les distinctions des princes du sang, sans autre chose marquée que le simple usage qui fut bientôt établi chez eux et partout, sans que le roi s'en expliquât que par le fait.

C'est ce qui fit que la duchesse du Maine n'eut point en se mariant le brevet ordinaire aux filles des princes du sang, qui n'épousent pas des princes du sang, de conservation du rang et honneurs de princesse du sang, et qu'elle fut obligée de le prendre lors du règlement de préséance que le roi fit entre les femmes et les filles des princes du sang.

38. Brevet qui conserve à Mme la duchesse du Maine son rang de princesse du sang, du 13 mars 1710.

39. Règlement fait par le roi, le 17 mars 1710, en faveur du prince de Dombes, né 4 mars 1700, et du comte d'Eu, né 15 octobre 1701, enfants du duc du Maine légitimé de France, portant qu'ils auront, comme petits-fils de Sa Majesté, le même rang, les mêmes honneurs et les mêmes traitements dont a joui jusqu'à présent ledit duc du Maine.

C'est-à-dire les rang, honneurs, traitement et l'extérieur en plein des princes du sang sans différence. Cela se glisse ainsi parce que M. du Maine et M. le comte de Toulouse s'en étoient mis d'abord en possession par la volonté du roi tacite, sans ordre public, ni par écrit ni verbal. Ce règlement fut seulement mis en note sur le registre du secrétaire d'État de la maison du roi. On a vu en son lieu ce qui se passa de curieux en cette occasion.

40 et 41. Démission de la charge de général des galères faite par le duc du Maine, 1ᵉʳ septembre 1694, en faveur du duc de Vendôme.

Le duc du Maine pourvu le 10 septembre 1694 de l'office de grand maître de l'artillerie, vacant par la mort du maréchal-duc d'Humières.

42. Le prince de Dombes pourvu en survivance de la charge de colonel général des Suisses et Grisons.

43. Le comte d'Eu pourvu en survivance de l'office de grand maître de l'artillerie, tous deux 16 mai 1710.

44 et 45. Le roi ôte à tous les régiments de cavalerie la compagnie de carabiniers de chaque régiment, sans les dispenser d'en fournir les cavaliers, en fait un corps à part divisé en cinq brigades, avec chacune leur colonel et état-major, en donne le commandement général, détail et toute nomination des cinq colonels et tous les autres officiers au duc du Maine.

Outre ce corps, celui des Suisses et Grisons, et celui de l'artillerie, le duc du Maine avoit en particulier, et le comte de Toulouse aussi, chacun un régiment d'infanterie et un de cavalerie.

46, 47, 48 et 49. L'article 2 de l'édit du mois de mai 1711, portant règlement général pour les duchés-pairies, registré le 21 des mêmes mois et an, porte ces mots : « Nos enfants légitimés et leurs enfants et descendants mâles qui posséderont des pairies, représenteront pareillement les anciens pairs au sacre des rois; après et au défaut des princes du sang, et auront droit d'entrée et voix délibérative en nos cours de parlement, tant aux audiences qu'au conseil à l'âge de vingt ans, en prêtant le serment ordinaire des pairs, avec séance immédiatement après les princes du sang, conformément à notre déclaration du 5 mai 1694; et ils y précéderont tous les ducs et pairs, quand même leurs duchés-pairies seront moins anciennes que celles desdits ducs et pairs. Et en ce cas qu'ils aient plusieurs pairies et plusieurs enfants mâles, leur permettons, en se réservant une pairie pour eux, d'en donner une à chacun de leursdits enfants si bon leur semble, pour en jouir par eux aux mêmes honneurs, rangs, préséances et dignité que dessus, du vivant même de leur père. »

50. Brevets du 20 mai 1711, par lesquels le roi veut et entend que MM. le duc du Maine et le comte de Toulouse continuent à jouir leur vie durant à la cour, dans la famille royale, dans toutes les cérémonies publiques et particulières, aux audiences des ambassadeurs des princes étran-

gers, aux logements, et généralement en toutes rencontres et occasions, des mêmes honneurs qui sont et pourront être rendus aux princes du sang, et immédiatement après eux, le tout sans préjudice de l'édit du présent mois, que Sa Majesté veut être exécuté dans toute son étendue.

51. Brevet du 21 mai 1711 par lequel Sa Majeté, ayant égard aux très-humbles supplications à lui faites par le duc du Maine, a déclaré et déclare, veut et entend que les princes et princesses, fils et filles de M. le duc du Maine et petits-fils de Sa Majesté, jouissent à l'avenir, ainsi qu'ils ont déjà fait, de tous tels et semblables honneurs et autres avantages dont ledit duc du Maine a ci-devant joui, et est en droit de jouir aux termes du brevet du 20 du présent mois, le tout sans préjudice de l'édit du présent mois que Sa Majesté veut être exécuté dans toute son étendue.

Voilà l'usurpation de tout l'extérieur de prince du sang faite par le père, puis par les enfants, de la tacite volonté du roi, non jamais même verbalement exprimée, passée en titre bien clair et bien libellé par écrit. Voilà sans doute un brave et succulent mois de mai. Monseigneur étoit mort à Meudon le 24 avril précédent.

52. Lettres d'érection du marquisat de Rambouillet, auquel sont unies les terres, seigneuries et forêt de Saint-Léger en duché-pairie en faveur du comte de Toulouse et de ses enfants tant mâles que femelles, etc., données en mai 1711, registrées le 29 juillet même année.

53. Le prince de Dombes pourvu en survivance du gouvernement de Languedoc en mai 1712.

54. Le comte d'Eu pourvu du gouvernement de Guyenne en janvier 1713 vacant par la mort du duc de Chevreuse.

Le Dauphin et la Dauphine étoient morts en février 1712, et M. le duc de Berry en mai 1714. On se hâta d'en profiter.

55. Édit du mois de juillet 1714, registré au parlement le 2 août même année, qui appelle à la succession à la cou-

ronne M. le duc du Maine, et M. le comte de Toulouse, et leurs descendants mâles au défaut de tous les princes du sang royal, et ordonne qu'ils jouiront des mêmes rangs, honneurs et préséances que lesdits princes du sang, après tous lesdits princes.

56. Prince de Dombes prend séance au parlement précisément en la manière des princes du sang à l'occasion de la réception du duc de Tallard au parlement le 2 avril 1715.

57. Déclaration du roi, 23 mai 1715, registrée au parlement le 24 des mêmes mois et an, portant que M. le duc du Maine et M. le comte de Toulouse, et leurs descendants en légitime mariage, prendront la qualité de princes du sang royal.

On s'arrête ici, parce que ce que le roi fit dans la suite pour bien assurer cette effrénée grandeur appartient à son testament, dont il ne s'agit pas encore, et parce que, encore qu'il le fît en même temps, les dispositions n'en furent sues qu'à l'ouverture de son testament et de son codicille après sa mort. On ne sut même que quinze jours après qu'il en avoit un, comme on le verra incontinent, sans que personne se fût douté qu'il y travaillât.

Pour peu qu'on examine ce groupe immense qui, du profond non-être des doubles adultérins, les porte à la couronne, on sera moins frappé de l'imagination des poëtes qui ont fait entasser des montagnes les unes sur les autres, à force de bras, par les Titans pour escalader les cieux. En même temps, l'exemple que ces poëtes offrent d'un Encelade et d'un Briarée se présente aussi bien naturellement à l'esprit, comme le los le plus juste de pareilles entreprises.

Que les rois soient les maîtres de donner, d'augmenter, de diminuer, d'intervertir les rangs, de prostituer à leur gré les plus grands honneurs, comme à la fin ils se sont approprié le droit d'envahir les biens de leurs sujets de toutes conditions et d'attenter à leur liberté d'un trait de plume à leur volonté, plus souvent à celle de leurs ministres et de leurs favoris, c'est le malheur auquel la licence effrénée des sujets a ouvert la carrière, et que le règne de Louis XIV a su courir sans obstacle jusqu'au dernier bout, devant l'autorité duquel le seul nom de loi, de droit, de privilège, étoit devenu un crime. Ce renversement général, qui rend tout esclave, et qui, par le long usage de n'être arrêté par rien, de pouvoir tout ce qu'on veut sans nul obstacle, et de ne recevoir que des adorations à l'envi du fond des gémissements les plus amers et les plus universels, et de la douleur la plus sanglante de tous les ordres d'un État opprimé, accoutume bientôt à vouloir tout ce qu'on peut. Un prince, arrivé et vieilli dans ce comble extrême de puissance, oublie que sa couronne est un fidéicommis qui ne lui appartient pas en propre, et dont il ne peut disposer; qu'il l'a reçue de main en main de ses pères à titre de substitution, et non pas de libre héritage (je laisse à part les conditions abrogées par la violence et le souverain pouvoir devenu totalement despotique.); conséquemment qu'il ne peut toucher à cette substitution; que, venant à finir par l'extinction de la race légitime, dont tous les mâles y sont respectivement appelés par le même droit qui l'en a revêtu lui-même, ce n'est ni à lui ni à aucun d'eux à disposer de la succession qu'ils ne verront jamais vacante; que le droit en retourne à la nation de qui eux-mêmes l'ont reçue solidairement avec tous les mâles de leur race, pendant qu'il y en aura de vivants; que les trois races ne l'ont pas transmise par un simple édit, et par volonté absolue de l'une à l'autre; que, si ce pouvoir étoit en eux, ils le pourroient exercer en faveur de qui bon leur sembleroit; que dès lors, il y a moins loin d'en priver les mâles de leur race appelés solidairement avec eux à la même substitution, pour en revêtir d'autres à leur gré, que d'usurper le pouvoir de la disposition même, puisque, si ce pouvoir étoit en effet en eux, rien ne pourroit les empêcher d'en user dans toute étendue, et avec la même injustice, à l'égard des appelés à la substitution avec eux, qu'ils en usent sans cesse avec tous leurs sujets pour les rangs, les honneurs et les biens; que dès lors chaque roi seroit maître de laisser la couronne à qui bon lui sembleroit; et que l'exemple de Charles VI, qui n'est pas l'unique, quoique le plus solennel et le seul accompli au moins pour le reste de son règne, fait voir qu'il ne seroit pas impossible de voir des rois frustrer de la couronne tous ceux qui y sont appelés par la substitution perpétuelle, en faveur d'un étranger, mais jusqu'à leurs propres enfants. On laisse moins à juger quelles pourroient être les suites de l'exercice de cette usurpation, qui sautent aux yeux d'elles-mêmes, qu'à considérer que, le premier pas franchi par cet édit pour la première fois depuis tant de siècles que la monarchie existe sous trois races, il ne sera pas impossible, pour en parler avec adoucissement, d'en porter l'abus jusque-là, surtout si on considère avec soin de quelles infractions légères est sorti l'abattement entier de tous droits, lois, serments, engagements, promesses, qui forme cette confusion générale et ce désordre universel dans tous les biens et les conditions et états du royaume.

Que penser donc d'une créole, publique, veuve à l'aumône de ce poëte cul-de-jatte, et de ce premier de tous les fruits de double adultère rendu à la condition des autres hommes, qui abusent de ce grand roi au point qu'on le voit, et qui ne peuvent se satisfaire d'un groupe de biens, d'honneurs, de grandeurs si monstrueux, et si attaquant de front l'honnêteté publique, toutes les lois et la religion, s'ils n'attentent encore à la couronne même? et se peut-on croire obligé d'éloigner comme jugement téméraire la pensée que le prodige de ces édits, qui les appellent à la couronne après le dernier prince du sang, et qui leur en donnent le nom, le titre, et tout ce dont les princes du sang jouissent et pourront jouir, n'aient pas été dans leur projet un dernier échelon, comme tous les précédents n'avoient été que la préparation à ceux-ci, un dernier échelon, dis-je, pour les porter à la couronne, à l'exclusion de tous autres que le Dauphin et sa postérité? Sans doute il y a plus loin de tirer du non-être par état, et de porter après ces ténébreux enfants au degré de puissance qu'on voit ici par leurs établissements, et à l'état de rang entier des princes du sang, avec la même habileté de succéder à la couronne; sans doute, il y a plus loin du néant à cette grandeur, que de cette grandeur à la couronne. Le total est à la vérité un tissu exact et continuel d'abus de puissance, de violence, d'injustice, mais une fois prince du sang en tout et partout, il n'y a plus qu'un pas à faire; et il est moins difficile de donner la préférence à un prince du sang sur les autres pour une succession dont on se prétend maître de disposer, puisqu'on se le croit, de faire des princes du sang par édit, qu'il ne l'est de fabriquer de ces princes avec de l'encre et de la cire, et de les rendre ainsi tels sans la plus légère contradiction.

On a coté exprès le nombre des degrés qui ont porté les bâtards à ce comble, pour n'être pas noyé dans leur nombre. Qu'on examine le trente-neuvième et le cinquantième, on y trouvera les avantages qui y sont accordés aux enfants du duc du Maine fondés, libellés, établis, et causés, comme *petits-fils du roi;* le mot de naturel y est omis. Ce n'est pas que cela se pût ignorer, mais enfin il ne s'y trouve point. Voilà donc le fondement du droit qui leur est accordé en tant de choses et de façons par ces articles! Ce fondement ainsi déclaré et réitéré est le même qui très-explicitement se suppose où il n'est pas exprimé, pour tout ce qui leur est donné de nouveau; ainsi c'est comme descendants du roi que les descendants de ses deux bâtards sont avec eux appelés à la couronne après le dernier prince du sang. Mais nul autre qu'eux, excepté l'unique Dauphin et la branche d'Espagne, ne descendoit du roi. Le Dauphin étoit unique et dans la première enfance; sans père ni mère, morts empoisonnés; la branche d'Espagne avoit renoncé à la succession françoise; M. le duc d'Orléans, rendu odieux et suspect avec grand art, n'avoit qu'un fils et ne sortoit que du frère du roi ; tous les autres princes du sang d'un éloignement extrême, sortis du frère du père d'Henri IV, et remontoient jusqu'à saint Louis pour trouver un aïeul du roi de France. Quelle comparaison de proximité avec les petits-fils du roi, et combien de raisons, dès que droit et possibilité s'en trouvent dans leur grand-père, de leur donner la préférence et à leurs pères qui sont ses fils? Et voilà l'aveuglement où conduit l'abandon aux femmes de mauvaise vie que Salomon décrit si divinement. Il est vrai que la vie du roi ne fut pas assez longue pour leur donner le loisir d'arriver à ce grand point.

Mais sans même comprendre cette vue dans le tissu de tant d'effrayantes grandeurs, laissant à part l'amas d'une puissance si dangereuse dans un État, et la subversion des premiers, des plus anciens, et des plus grands rangs du royaume, se renfermant dans l'unique concession du nom, titre, etc., de prince du sang, et de l'habileté après eux à la couronne, quel nom donner devant Dieu à une telle récompense d'une naissance tellement impure, que jusqu'à ces bâtards les hommes en pas un pays n'ont voulu la connoître ni l'admettre à rien de ce qui a trait au nom, à l'état, et à la société des hommes, sans s'être jamais relâchés sur ce point, dans les pays même où l'indulgence est la plus grande à l'égard des autres bâtards? et devant les hommes, y peut-on dissimuler l'attentat direct à la couronne, le mépris de la nation entière dont le droit est foulé aux pieds, l'insulte au premier chef à tous les princes du sang, enfin le crime de lèse-majesté dans sa plus vaste et sa plus criminelle étendue?

Quelque vénérable que Dieu ait rendu aux hommes la majesté de leurs rois et leurs sacrées personnes, qui sont ses oints, quelque exécrable que soit le crime d'attenter à leur vie qui est connu sous le nom de lèse-majesté au premier chef, quelque terribles et uniques que soient les supplices justement inventés pour le punir et pour éloigner par leur horreur les plus scélérats de l'infernale résolution de le commettre, on ne peut s'empêcher de trouver dans celui dont il s'agit une plénitude qui n'est pas dans l'autre, quelque abominable qu'il soit, si on veut substituer le raisonnement sur celui-ci au trouble et au soulèvement des sens qui est un effet naturel de l'impression de l'autre. Cet autre, qui ne peut être trop exagéré (et que Dieu confonde quiconque oseroit le vouloir exténuer le moins du monde), doit néanmoins, sans tomber dans cette folie, être examiné tel qu'il est, pour en faire une juste comparaison avec celui dont l'invention est due à la perversité et au desordre de nos temps, en l'examinant de même. Dans l'un il s'agit de la vie de l'oint du Seigneur; mais quelque horrible que soit ce crime, il n'attente que sur la vie d'un seul. L'autre joint à la fois la subversion des lois les plus saintes, et qui subsistent depuis tant de siècles que dure la monarchie, et en particulier la race heureusement régnante, sans que l'ambition la plus effrénée ait osé y attenter; à l'extinction radicale du droit le plus saint, le plus important, le plus inhérent à la nation entière; et de cette nation si libre que, jusque dans son asservissement nouveau, elle en porte encore le nom, et des restes très-évidents de marques, ce crime en fait une nation d'esclaves, et la réduit au même état de succession purement, souverainement et despotiquement arbitraire, fort au delà de ce que le czar Pierre Ier a osé entreprendre en Russie, le premier de tous ses souverains, et qui a été imité après lui, fort au delà, on le répète, puisqu'il n'y avoit point de maison nombreuse appelée à la couronne comme nos princes du sang, et encore moins de loi salique, qui est la règle consacrée par tant de siècles du droit unique à la succession à la couronne de France. Et qu'on n'oppose point ici les funestes fruits de la guerre des Anglois, qui, après s'être soumis au jugement rendu en faveur de la loi salique, ne fondèrent leurs prétentions qu'en impugnant de nouveau cette loi fondamentale. Qu'on n'allègue point non plus les infâmes desseins de la

Ligue; quand on n'auroit pas horreur de s'en protéger, au moins les ligueurs couverts du manteau de l'hypocrisie, et voulant exclure Henri IV comme hérétique relaps, respectèrent encore les droits de la nation, et, supposant qu'il n'y avoit plus de princes de la race d'Hugues Capet en état de régner, après avoir échoué à usurper la couronne comme prétendus descendants mâles et légitimes de la seconde race, ils voulurent au moins une figure d'élection, et la tenir de la nation même.

Ici elle n'est comptée que pour une vile esclave, à qui, sans qu'on songe à elle, on donne des rois possibles et une nouvelle suite de rois, par une création de princes du sang habiles à succéder à la couronne, qui ne coûte à établir que la volonté, et une patente à expédier et à faire enregistrer. Dès lors, comme on l'a dit, une telle puissance, établie et reconnue, disposera de la couronne non-seulement dans un lointain qui peut ne jamais arriver, mais d'une manière prompte, subite, active, au préjudice des lois de tous les temps, de la nation entière, de la totalité de la maison appelée à la couronne, des fils de France même. Et que penser des désordres si nécessairement causés par un crime de cette nature, de la vie des princes en obstacle, de celle du roi même, duquel, de quelque façon que ce soit, douce ou violente, on auroit arraché cette disposition?

Voilà donc un crime de lèse-majesté contre l'État qui entraîne très-naturellement celui qui est connu sous le nom du premier chef, qui égale les princes du sang, et dans la partie le plus éminemment sensible, à la condition de tous les autres sujets qui leur peuvent être préférés par un roi pour lui succéder, et qui ne va pas à moins par une suite nécessaire qu'à les écraser et à se défaire d'eux. Pendant la violence de tels mouvements que devient un royaume, et que ne font pas ses voisins pour achever de l'abattre et pour en profiter?

Ces considérations, qui sont parfaitement naturelles, et

on ne peut s'empêcher qu'elles ne sautent aux yeux, ne prouvent-elles pas avec surabondance, ce qui fait peur à penser, mais qui n'en est pas moins une vérité frappante, que le crime de se faire prince du sang et habile à succéder à la couronne avec une patente qui s'enregistre tout de suite, sans que qui que ce soit ose même en soupirer trop haut, est un crime plus noir, plus vaste, plus terrible, que celui de lèse-majesté au premier chef, et qui, outre tous ceux qui à divers degrés portent le nom de lèse-majesté qu'il renferme, en présente sans nombre qui en aggravent l'espèce énorme, et qui n'avoient jamais été imaginés.

Rapprochons d'autres temps à celui-ci, quelques-uns même qui n'en sont pas fort éloignés, et qu'une courte mention en soit permise sans sortir de ce qui s'en trouve épars dans ces Mémoires. Cette tendresse d'un roi puissant pour les enfants de son amour, cultivée sans cesse par la dépositaire funeste de son cœur qui avoit été leur gouvernante, et qui aimoit M. du Maine comme son propre fils depuis le sacrifice entier qu'il lui avoit fait de sa propre mère; cette jalouse et superbe préférence de sentiment des enfants de la personne, et qui n'étoient rien que par elle, sur les enfants du roi, grands par cet être indépendant de lui qui fut toujours un si puissant ressort dans l'âme de Louis XIV, avoient bien pu l'engager en leur faveur aux premiers excès sur l'extérieur des princes du sang tacitement usurpé, et à leur prodiguer les charges et les biens, même à marier leurs sœurs dans les nues. Mais on a vu qu'il résista longtemps au mariage des frères, et qu'il ne feignit pas de dire et de répéter que ces espèces-là ne devoient jamais se marier.

En effet ce fut à toutes peines et à la fin sous le seul prétexte de la conscience, que M. du Maine arracha la permission de se marier. On a vu que Longepierre fut honteusement chassé de chez le comte de Toulouse et de la cour pour avoir parlé de son mariage avec Mlle d'Armagnac dont il étoit amoureux, toute neuve encore, d'une naissance plus que très-sortable, et fille de l'homme de son temps à qui le roi a témoigné l'amitié, la distinction, la considération la plus constante et la plus marquée toute sa vie. On a vu que le comte de Toulouse, en tout si heureusement différent de son frère, n'a osé songer à se marier tant que le roi a vécu. On a vu par quels longs et artificieux détours le duc de Vendôme parvint au commandement des armées, avec quelle sécheresse il fut refusé d'y rouler d'égal avec les maréchaux de France, c'est-à-dire de commander à ceux qui étoient ses cadets lieutenants généraux, en obéissant aux autres plus anciens lieutenants généraux que lui. On a vu encore en quels termes le roi répondit au maréchal de Tessé, qui allant en Italie, y rencontreroit le duc de Vendôme, commandant les armées, car il y en avoit deux corps, et qui demandoit les ordres sur sa conduite avec lui, et de quel ton le roi lui dit qu'il ne devoit ni éviter ni balancer de prendre le commandement sur le duc de Vendôme, et de quel air il ajouta qu'il ne falloit pas accoutumer ces petits messieurs-là, ce fut son expression que Tessé m'a rendue à moi et à bien d'autres, à ces sortes de ménagements. Enfin on ne peut avoir oublié la curieuse scène du soir du cabinet du roi, lorsqu'il y déclara le rang qu'il donnoit aux enfants de M. du Maine, à combien peu il tint qu'il ne fût révoqué deux jours après, la réduction ridicule de s'être appuyé de mon compliment aussi simple que forcé, et de l'éclaircissement que Mme la duchesse de Bourgogne m'en fit demander : que de distance en peu d'espace de temps de façons de penser et de faire !

Mais le roi ne pensoit pas autrement en se laissant tout arracher. Après ce grand acte de succession à la couronne déclaré, et avant l'enregistrement de l'édit qui suivit de si près, le roi, accablé de ce qu'il venoit de faire, ne sut se contenter, tout maître de lui-même qu'il étoit, de dire en soupirant à M. du Maine, en présence de ce peu de courtisans intimes, et de ce nombre de valets principaux qui se trouvoient dans son cabinet à Marly, qu'il avoit fait pour eux, entendant aussi son frère et ses fils, tout ce qu'il avoit pu ; mais que plus il avoit fait, plus avoient-ils à craindre et à travailler à s'en rendre dignes, pour se pouvoir soutenir après lui dans l'état où il les avoit mis, ce qu'ils ne pouvoient attendre que d'eux-mêmes, par leur propre mérite. C'étoit bien laisser échapper ce qu'il sentoit et qu'il ne disoit pas, et cela fut incontinent su de tout le monde. Il n'est pas temps encore de développer par quels moyens le roi fut amené à ce dernier période, car il peut être confondu avec son testament, qui se fabriquoit en même temps. Nous y arrivons incessamment, puisque entre les deux déclarations il n'y eut qu'une quinzaine. Délassons-nous quelques moments par le récit de ce qui se passa entre-deux.

CHAPITRE X.

Prostitution du maréchal d'Huxelles. — Embarras de Maisons. — Enregistrement de l'édit. — Bâtards traités en princes du sang au parlement. — Grand présent du roi à Mme la duchesse de Berry. — Électeur de Bavière et Peterborough à Marly. — Promenades nocturnes au Cours à la mode. — Mort de Mme de Vaudemont; son caractère. — Mort de la marquise de Béthune-Harcourt. — Mort de Virville. — Mort de l'abbé de Clérembault. — Sourches cède à son fils la charge de grand prévôt. — Actions devant Barcelone. — Marlborough retourne en Angleterre. — Mort de la reine Anne. — L'électeur d'Hanovre proclamé. — Routes profondes par lesquelles le duc du Maine parvient à l'état, nom et tout droit de prince du sang, et au testament du roi. — Fortes paroles du roi au duc du Maine.

La cour, Paris, le monde furent étrangement indignés de l'infâme prostitution du maréchal d'Huxelles, qui vint remercier le roi, en forme et comme de la plus grande grâce qu'il auroit personnellement reçue, de ce qu'il venoit de faire pour les bâtards. Il brigua de leur donner un grand dîner, l'un des jours qu'ils devoient employer en sollicitations à Paris pour la forme. Il n'osa en prier ni ducs ni gens distingués. Enfin il se donna pour recevoir des compliments sur cette affaire. Il petilloit d'entrer dans le conseil, il séchoit d'être duc; sa prostitution ne lui valut ni l'un ni l'autre.

Mais ce qui me donna fort à penser, fut que l'un des deux jours de cette sollicitation, le duc du Maine et le comte de Toulouse dînèrent à huis clos chez le président de Maisons. Je ne sais comment un homme d'esprit pouvoit espérer que cela ne se sauroit point. Il s'en flatta pourtant, aussi n'y eut-il nuls convives. Il se trouva fort embarrassé quand je lui en parlai. Je ne fis pas semblant de le remarquer, et pris pour bon le hasard qu'il allégua, qu'ils étoient pressés de leurs sollicitations, parce qu'ils ne couchoient point à Paris; qu'ils ne savoient où manger un simple morceau, parce qu'ils ne vouloient pas s'arrêter à dîner. Cette conduite me sembla mal ajustée avec les fureurs dont j'avois été témoin il y avoit si peu de jours, et ces messieurs, dans l'apogée de leur faveur et de leur gloire, ne devoient pas être réduits à ne savoir où faire un léger repas à la hâte, et avec chacun une maison dans Paris. Maisons n'avoit pas eu cette préférence et cette privance sans l'avoir recherchée. C'est ce que je fis sentir à M. le duc d'Orléans, avec qui Maisons se déployoit tant en raisonnements contre les bâtards, et que je crus toujours avoir eu grande part à la scène dont il me rendit spectateur chez lui, qu'il se doutoit bien que je rendrois à ce prince.

Les deux frères, seuls avec leur cortége rassemblé, sans avertir personne de l'heure de leur visite, allèrent chez tous les pairs et chez tous ceux des magistrats qui avoient séance à la grand'chambre. Si toute voix avoit été étouffée, et jusqu'aux soupirs retenus, on peut juger quel crime c'eût été de manquer à cette invitation sous aucun prétexte que de maladie bien effective et bien évidente. Le jeudi 2 août fut le grand jour du possible couronnement de cet ordre nouveau de princes du sang. M. le Duc et M. le prince de Conti, et une vingtaine de pairs, c'est-à-dire tout ce qui y pouvoit assister, s'y trouvèrent. J'y fus témoin du frémissement public lorsque les deux bâtards parurent, et qui augmenta avec une sorte de bruit suffoqué, lorsqu'ils se mirent à traverser lentement le parquet.

L'hypocrisie étoit peinte sur le visage et sur toute la contenance de M. du Maine, et une modestie honteuse sur toute la personne du comte de Toulouse qui le suivoit. L'aîné, courbé sur son bâton avec une humilité très-marquée, s'arrêtoit à chaque pas pour saluer plus profondément de toutes parts. Il redoubloit sans cesse ses révérences, et y demeuroit plongé en pauses distinguées; je crus qu'il s'alloit prosterner vers le côté où j'étois; son visage contenu dans un sérieux doux, sembloit exprimer le *non sum dignus* du plus profond de son âme, que ses yeux, étincelants d'un ravissement de joie, démentoient publiquement, et qu'il promenoit sur tous, comme en les dardant à la dérobée. Il multiplia encore ses révérences du corps de tous les côtés, arrivé en sa place avant que s'asseoir, et il fut admirable à considérer pendant toute la séance, et lorsqu'il en sortit.

Les princes du sang furent ceux qui parurent avoir le moins de part à tant de courbettes; ils étoient trop jeunes pour qu'il en fît cas.

Le comte de Toulouse droit, froid à son ordinaire, avoit les yeux baissés, ses révérences mesurées, point multipliées; il ne levoit les yeux que pour les adresser. Toute sa personne témoignoit qu'il se laissoit conduire, et sa confusion de ce qui se passoit. Il fut immobile et sans ouvrir la bouche tant qu'il fut en place, regardant comme point, et l'air concentré, tandis qu'on apercevoit le travail du duc du Maine à contenir tout ce qui lui échappoit. Il put jouir à son aise d'un silence farouche, rarement interrompu par quelques ondulations de murmures sourds et contenus avec violence, et de regards qui tous, sans exception que du seul premier président, qui nageoit aussi dans une indiscrète joie, découvroient à plein l'horreur dont chacun étoit saisi.

Le premier président donna un grand dîner à ces nouveaux successeurs à la couronne, où le maréchal d'Huxelles se surpassa ; force domestiques de ces deux messieurs, quelque magistrature avide du sac, d'Antin, nul autre duc ni autres gens de marque, quelque peu de mortiers, Maisons entre autres qui tint dans la séance une contenance fort grave, fort sérieuse et fort compassée. Le soir, les deux bâtards retournèrent à Marly.

Quelque peu de satisfaction que le roi eût de Mme la duchesse de Berry, quelque fût son éloignement pour elle, et pour M. le duc d'Orléans, dans lequel Mme de Maintenon l'entretenoit avec tant d'art et de soin sur ce prince, tout ce qu'il venoit de faire pour ses bâtards l'engagea à tâcher d'en émousser l'amertume par un traitement dont il pût espérer cet effet. M. [le duc] et Mme la duchesse de Berry avoient fait plus de cinq cent mille livres de dettes depuis leur mariage ; ils avoient fait faire quantité de très-beaux meubles, et acheté beaucoup de pierreries quoiqu'ils en eussent déjà beaucoup, mais Mme la duchesse de Berry en étoit insatiable. Le roi lui fit payer pour quatre cent mille livres de dettes ; et comme il n'y avoit point d'enfants, lui donna tous les meubles et toutes les pierreries, même celles que M. le duc de Berry avoit avant son mariage, et celles qu'il avoit eues de feu Monseigneur.

L'électeur de Bavière vint chasser, jouer et souper à Marly, comme il avoit fait plusieurs fois, sans voir le roi qu'à la chasse. Le comte de Peterborough, si échauffé pour le service des alliés contre la France, et qui avoit tant fait de voyages et de personnages, de négociations et de guerres, passa à Paris retournant à Londres de son ambassade de

Turin, et vint dîner à Marly, chez Torcy. Le roi ordonna au duc d'Aumont, qui l'avoit fort connu en Angleterre, et à d'Antin, de lui faire voir les jardins de Marly, et d'y faire jouer les eaux. Il joignit le roi à la promenade, qui le traita avec beaucoup de distinction. Il s'en retourna coucher à Paris, et partit peu de jours après pour l'Angleterre.

On se mit à Paris à s'aller promener au Cours à minuit, aux flambeaux, à y mener de la musique, à danser dans le rond du milieu. Cette mode emporta longtemps tout Paris, et beaucoup de personnes de la cour. Il en naquit force histoires qui ne corrigèrent personne de continuer à y aller. Il y avoit presque autant de carrosses qu'aux plus beaux jours de l'été. Cette folie eut son cours, et prit fin avec les derniers jours où les nuits purent être supportables.

Mme de Vaudemont mourut d'apoplexie à Commercy; en entrant le matin dans sa chambre on la trouva râlant, sans connoissance qui ne revint plus. On a dit ailleurs qui elle étoit, et qu'elle n'avoit plus d'enfants. Ainsi le duc d'Elbœuf hérita de ce qu'elle avoit eu de son père, et M. de La Rochefoucauld du maternel. Le tout alla à peu de chose. C'étoit une dévote précieuse, qui ne put s'accoutumer à n'être plus une manière de reine, et qui sécha peu à peu de dépit et de douleur d'avoir vu se dissiper en fumée ses folles prétentions de rang, et ses vastes chimères de faire à la cour et à Paris un grand personnage. L'unisson avec toutes les dames titrées, dont tout l'art, la souplesse et les appuis ne la purent distinguer en rien, et la solitude où son air haut, sec, froid, mécontent, la jetèrent, lui avoient fait prendre promptement le parti de se confiner à Commercy, où l'ennui acheva de la tuer. Mme d'Espinoy y courut chercher et ramener son cher oncle, qui, comme tous les grands princes, arriva consolé.

Le maréchal d'Harcourt perdit en même temps sa sœur, mère de la maréchale de Belle-Ile aujourd'hui, pendant que son mari, le marquis de Béthune, étoit allé de la part du roi recevoir à Marseille la reine douairière de Pologne, sœur de sa mère.

Virville mourut aussi, qui laissa un grand héritage à sa sœur, mariée à Senozan, riche financier, à qui on avoit compté de s'en défaire pour rien. Virville étoit sur le point de se marier; il avoit une autre sœur, mais imbécile, que Verderonne, frère de Mme de Pontchartrain, ne laissa pas d'épouser, et dont il n'a point eu d'enfants. J'ai parlé de la naissance de Virville dont le nom est Groslée, à l'occasion de la mort de son père qui étoit frère de la femme du maréchal de Tallard.

L'abbé de Clérembault mourut aussi. C'étoit un assez vilain bossu, qui avoit de l'esprit et de la science, et qui ne se produisoit pas beaucoup. Il laissa quatre abbayes. La maréchale de Clérembault, qui n'avoit plus d'autres enfants, ne crut pas que ce fût la peine de s'en affliger.

En même temps le roi permit à Sourches, prévôt de son hôtel, dit par abus grand prévôt, de céder sa charge à Monsoreau, son fils aîné, ancien lieutenant général. Sourches étoit fort vieux, fort menaçant ruine, et grand dévôt, qui n'avoit jamais pu se faire admettre nulle part à la cour[1]. Son père y étoit considéré dans la même charge, et fut de la promotion de l'ordre de 1661, sans qu'on y trouvât à redire. M. de Louvois empêcha Cavoye, ami de M. de Seignelay, d'être de celle de 1688. Il n'y put jamais revenir; et j'ai toujours ouï dire que cela avoit empêché le grand prévôt d'en être, le roi ne voulant pas faire Cavoye, ni lui donner le déplaisir de voir l'ordre au grand prévôt.

Le duc de Berwick emporta le 30 juillet le chemin couvert de Barcelone sans résistance ni perte. Un des bastions fut attaqué le 13, et fut bravement défendu. Sauvebœuf et Polastron, colonels de Blésois et de La Couronne, l'emportèrent; le premier y fut tué, l'autre très-blessé. La Couronne

---

1. M. Bernier a publié des Mémoires du marquis de Sourches dont il est ici question. Paris, 2 vol. in-8°.

s'y maintint valeureusement, mais ayant été relevé le lendemain par les gardes wallones, elles en furent rechassées.

Le périlleux état où la reine Anne se trouvoit rappela le duc de Marlborough en Angleterre, où la fortune se réconcilia incontinent avec lui. Anne mourut le 1ᵉʳ août, à cinquante-trois ans, veuve et sans enfants, après un règne de douze années, dont la fin fut traversée par beaucoup de factions et de chagrins. On a cru qu'elle avoit toujours eu dessein de faire en sorte que le roi son frère lui succédât, qu'elle avoit sans cesse travaillé sur ce plan, qu'il fut le ressort secret du changement entier du ministère d'Angleterre à la chute de Godolphin et de Marlborough, et de la paix. Le roi y perdit une sincère amie, qui avoit ardemment désiré qu'il voulût bien prendre l'ordre de la Jarretière, à l'exemple de ses pères et d'autres de ses prédécesseurs; mais le roi, qui par amitié pour elle l'auroit accepté volontiers, ne put se résoudre d'ajouter au préjudice du vrai roi d'Angleterre, et aux yeux de la reine sa mère, dans Saint-Germain, une nouvelle marque et si éclatante de sa reconnoissance du droit de la reine Anne. Il eut raison de la regretter beaucoup. Le deuil fut de six semaines qu'il porta en violet. L'électeur d'Hanovre fut proclamé aussitôt à Londres, et bientôt après le ministère entièrement changé, et celui duquel nous tenions la paix abandonné à la haine et aux recherches.

Il est temps maintenant de venir au testament du roi, qui va paroître avec de si singulières précautions, tant pour la profondeur du secret de tout son contenu, que pour l'inviolable sûreté de cette pièce. Le roi vieillissoit, et sans qu'il parût aucun changement à l'extérieur de sa vie, ce qui le voyoit de plus près commençoit depuis quelque temps à craindre qu'il ne vécût pas longtemps. Ce n'est pas ici le lieu de s'étendre sur une santé jusque-là si forte et si égale; il suffit maintenant de dire qu'elle menaçoit sourdement. Accablé des plus cuisants revers de la fortune, après une si longue habitude de la dominer, il le fut bien davantage par les malheurs domestiques. Tous ses enfants avoient disparu devant lui, et le laissoient livré aux réflexions les plus funestes. Il s'attendoit lui-même à tous moments au même genre de mort. Au lieu de trouver du soulagement à cette angoisse dans ce qu'il avoit de plus intime, et qu'il voyoit le plus continuellement, il n'y rencontroit que peines nouvelles. Excepté le seul Maréchal, son premier chirurgien, qui travailla sans cesse à le guérir de ses soupçons, Mme de Maintenon, M. du Maine, Fagon, Bloin, les autres principaux valets de l'intérieur vendus au bâtard et à son ancienne gouvernante, ne cherchoient qu'à les augmenter, et dans la vérité ils n'y pouvoient avoir grand'peine. Personne ne doutoit du poison, personne n'en pouvoit douter sérieusement ; et Maréchal, qui en étoit aussi persuadé qu'eux, n'en différoit d'avis auprès du roi que pour essayer de le délivrer d'un tourment inutile, et qui ne pouvoit que lui faire un grand mal. Mais M. du Maine avoit trop d'intérêt à le maintenir dans cette crainte, et Mme de Maintenon aussi pour sa haine et pour servir ce qu'elle aimoit le mieux, dont toute l'horreur par leur art en tomboit sur le seul prince d'âge, et de la maison royale, que pour se faire place ils avoient entrepris de renverser, tellement que le roi, soutenu sans cesse dans ses pensées, et ayant tous les jours sous ses yeux le prince qu'on lui donnoit pour l'auteur de ces crimes, et à sa table, et à certaines heures dans son cabinet, on peut juger du redoublement continuel de ses sentiments intérieurs.

Avec ses enfants il avoit perdu, et par la même voie, une princesse irréparable qui, outre qu'elle étoit l'âme et l'ornement de sa cour, étoit de plus tout son amusement, toute sa joie, toute son affection, toutes ses complaisances dans presque tous les temps qu'il n'étoit pas en public. Jamais depuis qu'il étoit au monde il ne s'étoit familiarisé qu'avec elle ; on a vu ailleurs jusqu'à quel point cela étoit porté. Rien ne pouvoit remplir un si grand vide, l'amertume d'en être privé s'augmentoit par ne plus trouver de délassement. Cet état malheureux lui en fit chercher où il put, en s'abandonnant de plus en plus à Mme de Maintenon et à M. du Maine. Leur dévotion sans lacune extérieure, leur renfermé continuel le rassuroit sur eux. Ils avoient eu de longue main l'art de lui persuader que M. du Maine, quoique avec beaucoup d'esprit et de capacité pour les affaires, dans l'opinion de laquelle il l'entretenoit par les derniers détails de ses charges, et les détails étoient un des grands foibles du roi, ils l'avoient, dis-je, persuadé que M. du Maine étoit sans vues, sans desseins, incapable même d'en avoir, occupé seulement de ses enfants en bon père de famille, touché de grandeur uniquement par rapport à la grandeur du roi dont il étoit par attachement suprêmement amoureux, tout simple, tout franc, tout droit, tout rond, et qui, après avoir travaillé tout le jour à ses charges par devoir et pour lui plaire, après avoir donné bien du temps à la prière et à la piété, se délassoit solitairement à la chasse, et usoit dans son petit particulier de la gaieté et de l'agrément naturel de son esprit, sans savoir le plus souvent quoi que ce soit de la cour ni de ce qui se passsoit dans le monde.

Toutes ces choses plaisoient infiniment au roi, et le mettoient parfaitement à son aise avec un fils d'ailleurs le bien-aimé, qui l'approchoit si continuellement de si près, et qui l'amusoit fort par ses contes et ses plaisanteries, où il y excelloit plus qu'homme que j'aie jamais connu, avec un tour charmant et si aisé qu'on croyoit en pouvoir dire autant, en même temps adroit à faire du mal, à toucher cruellement le ridicule, et tout cela avec mesure, suivant le temps, l'occasion, l'humeur du roi qu'il connoissoit à fond et [selon] que les choses prenoient, poussant ou enrayant avec tant d'artifice, de naturel et de grâce, qu'on auroit dit qu'il ne songeoit à rien, et avec cela, et toujours quand il vouloit, le plus excellent pantomime. Que si on rapproche de ceci son caractère, qui est touché ailleurs, on sentira avec terreur quel serpent à sonnettes dans le plus intime intérieur du roi.

Dans l'état où on vient de représenter qu'étoit le roi, établis l'un et l'autre dans son esprit et dans son cœur au point où ils l'étoient, et parfaitement d'accord ensemble, il fut question de profiter d'un temps précieux qu'ils sentoient bien ne pouvoir plus être long. Si la couronne même n'étoit pas leur but, comme il semble difficile d'en douter après ce qui a été remarqué sur l'édit qui en rend les bâtards capables, au moins vouloient-ils toutes les grandeurs dont on vient de parler, et s'assurer en même temps, autant qu'il pouvoit être possible, d'une puissance qui les établît, à la mort du roi, dans un état assez formidable pour les mettre en situation non-seulement de se soutenir entiers d'une manière durable, mais encore de forcer le régent de compter sur tout avec eux.

Tout leur rioit dans ce vaste dessein ; eux-mêmes en avoient préparé les voies par les calomnies exécrables dont ils avoient eu l'art profond, et si bien suivi, de noircir le seul prince à qui la régence ne pouvoit être contestée. Ils étoient parvenus, à force d'artifices et de manéges obscurs, mais toujours vigilants, à persuader les ignorants et les simples, à donner des soupçons aux autres, à le rendre au moins suspect à tous dans Paris et dans les provinces, et plus à la cour qu'ailleurs, où personne ne vouloit ou n'osoit approcher de M. le duc d'Orléans. Ces bruits ne pouvoient pas toujours durer ; on se lasse enfin de dire et de parler de la même chose. Ils tomboient donc, mais tôt après ils reprenoient une nouvelle vigueur. On n'entendoit plus s'entretenir d'autre chose, sans savoir pourquoi cela avoit repris ; et ces bouffées d'ouragan reprenoient de la sorte et se soutenoient du temps par les mêmes ressorts qui leur avoient donné le premier être. Ces bouffées leur servoient infiniment pour réveiller toutes les horreurs du roi par les récits de ce qu'ils feignoient d'apprendre, et pour l'entretenir sur son neveu dans les pensées les plus sinistres, dont par eux-mêmes, sans ces prétextes tirés du public, ils n'auroient osé lui parler souvent. Par cette conduite soutenue par les valets intérieurs, ils confirmoient le roi par le public, et le public par le roi, dont l'éloignement pour son neveu devenoit de plus en plus visible à sa cour, et eux-mêmes le savoient faire répandre. Il n'en falloit pas davantage pour froncer les courtisans importants, et les autres à leur exemple, à l'égard de M. le duc d'Orléans, ou par soupçons ou par crainte de se perdre, les mieux au fait encore plus timides parce qu'ils apercevoient clairement M. du Maine et Mme de Maintenon dans l'enfoncement de la cour. Le même esprit se répandoit dans Paris, et inondoit les provinces. Ces ressorts, ils les faisoient jouer tout à leur aise. Que pouvoit y opposer un prince isolé, dans la cruelle situation dans laquelle ils l'avoient mis? Comment prouver une négative, et négative de cette espèce; et que faire d'ailleurs pour se dénoircir aux yeux du roi paqueté de la sorte, et du monde ou sot, ou méchant, ou timide ? M. du Maine pouvoit-il avoir plus beau jeu ? Il le sentit si bien, et Mme de Maintenon aussi, que, dès qu'ils se furent assurés d'avoir mis les choses à ce point, ils ne différèrent plus à se mettre en chemin d'en tirer tout ce qu'ils s'en étoient proposé pour le présent et pour le futur.

Plus ils connoissoient parfaitement le roi, plus ils en avoient tiré de choses jusque-là inouïes en faveur des bâtards, plus ils connoissoient jusqu'à quelle foiblesse la tendresse et la superbe du roi l'avoient jeté pour eux, mieux aussi ils avoient senti à chaque cran de succès qu'il étoit moins un don qu'une conquête, à laquelle des idées anciennes du roi, comme on l'a dit et on l'a vu, avoient fortement résisté, qu'ils avoient conquis plutôt qu'obtenu, et qu'ils en étoient redevables à l'adresse, à l'artifice, au pied à pied, si on peut hasarder ce terme, à la persévérance, plus qu'à tout au malaise de refuser opiniâtrement les désirs opiniâtrés de ce qu'on aime, de qui on veut être aimé, et avec qui on passe uniquement les particuliers les plus libres.

Ces considérations, la dernière surtout, les conduisirent à d'autres. Il ne s'agissoit plus ici de charges, de gouvernements, de survivances, encore moins d'honneurs, de distinction de rangs. L'affection avoit facilité les premiers ; la superbe, aidée de leurs artifices, avoit arraché peu à peu les autres. Ils se souvenoient avec terreur de ce qui s'étoit passé sur le rang donné aux enfants de M. du Maine, et de combien près ils avoient frisé l'affront de se le voir révoquer sitôt après l'avoir emporté. Toutes ces choses étoient épuisées parce qu'elles étoient au comble. Les ducs, les rangs étrangers, les maréchaux de France, les ambassadeurs même et les cardinaux, en avoient été cruellement blessés, mais ce n'avoit pas été de quoi les arrêter, et le roi, malgré ses répugnances tant de fois marquées, s'étoit enfin laissé forcer la main à tous ces égards.

Ce qu'ils vouloient maintenant étoit tout autre chose. Devenir par être ce que par être on ne peut devenir ; d'une créature quoique couronnée en faire un créateur ; attaquer les princes du sang dans leur droit le plus sublime et le plus distinctif de toutes les races des hommes ; introduire le plus tyrannique, le plus inouï, le plus pernicieux de tous les droits : anéantir les lois les plus antiques et les plus saintes ; se jouer de la couronne ; fouler aux pieds toute la nation : enfin persuader cet épouvantable ouvrage à faire à un homme qui ne peut commander à la nature, et faire que ce qui n'est pas, soit ; au chef de cette race unique, et tellement intéressé à en protéger le droit qu'il n'est roi qu'à ce titre, ni ses enfants après lui, et à ce roi de la nation la plus attachée et la plus soumise ; de la déshonorer et d'en renverser tout ce qu'elle a de plus sacré, pour possiblement couronner un double adultère, qu'il a le premier tiré du néant depuis qu'il y a des François, et qui y est demeuré sans cesse jusqu'à cette heure enseveli chez toutes les nations, et jusque chez les sauvages; la tentative étoit étrangement forte, et si[1] ce n'étoit pas tout, parce qu'elle ne pouvoit se proposer seule sans s'accabler sous ses ruines, et perdre de plus tout ce qu'on avoit conquis.

Ils ne virent donc qu'un testament du roi, dicté par eux-mêmes, dont ils pussent espérer une stabilité de leur nouvel être par le respect du testateur, et par les nouveaux degrés de puissance dans lesquels ils se feroient établir. Ce n'étoit pas que M. du Maine pût ignorer le sort ordinaire de pareilles précautions; mais il n'étoit pas aussi dans le cas ordinaire à cet égard, par tout ce que de longue main il avoit su faire jouer d'artifices et de ressorts, toujours depuis si soigneusement soutenus. Il avoit su, comme on l'a expliqué, persuader au roi et au gros du monde toutes les horreurs sur M. le duc d'Orléans qui lui étoient les plus utiles; il s'agissoit maintenant d'en recueillir le fruit.

Ce fruit étoit de profiter des dispositions où il avoit mis le roi pour l'engager par conscience, pour la conservation de l'unique rejeton qui lui succédoit immédiatement, pour le salut du royaume, à énerver le plus qu'il seroit possible la puissance d'un prince rendu si suspect, et qui, par les renonciations, n'avoit entre la couronne et soi que ce rejeton dans la première enfance; revêtir, à faute de princes du sang d'âge raisonnable, ses bâtards de toute l'autorité soustraite au régent; de rendre M. du Maine dépositaire et maître absolu de la personne de ce rejeton si précieux; ne l'environner que des personnes livrées au bâtard; et de lui donner sur elles, et sur toute la maison civile et militaire, tout pouvoir indépendant du régent.

M. du Maine avoit lieu de se flatter que l'impression prise par ses soins dans la cour, dans Paris, dans les provinces,

---

1. Et pourtant.

sur M. le duc d'Orléans, seroit puissamment fortifiée par ces dispositions si déshonorantes, et que tout y applaudiroit bien loin qu'on en fût choqué; qu'il se trouveroit ainsi montré et reçu comme le gardien et le protecteur de la vie du royal enfant, à laquelle étoit attaché le salut de la France, dont lui-même par là deviendroit l'idole; que la possession indépendante du jeune roi, et de sa maison militaire et civile, fortifieroit avec l'applaudissement public la puissance dont il se trouveroit revêtu dans l'État, aux dépens de celle du régent, par ce testament; que le régent, honni et dépouillé de la sorte, avec l'horreur qu'on avoit eu l'artifice de répandre sur sa personne et d'entretenir, non-seulement ne seroit pas en état d'oser rien disputer, mais même n'auroit pas de quoi se défendre de tout ce que le bâtard voudroit entreprendre dans les suites contre lui, établi comme il se le trouveroit dans une posture si favorable et si puissante, qui lui rallieroit pour le présent et les personnages et les peuples, et pour l'avenir ceux dont l'ambition songeroit à être portés auprès du roi majeur par celui auquel il auroit l'obligation de la vie et de la couronne. Pour arriver lui-même à ce grand état qu'il atteignoit dès lors en projet pour le temps de la majorité, il lui étoit essentiel de n'avoir en caractère auprès du jeune prince que des dépendants et des affidés sur qui il pût entièrement compter, et les faire choisir et nommer par le testament pour tous les emplois de l'éducation, et pour les rendre invulnérables au régent par ces choix, et pour n'avoir l'air de vouloir se rendre absolu s'il les faisoit après lui-même, ne pas s'exposer au mécontentement des aspirants, enfin pour éviter là-dessus tout prétexte de lutte avec le régent, et avoir en même temps ses propres choix autorisés du testament qui paroîtroit seul les avoir faits.

A ce genre de domination, où, en cas de mort, et pour rendre le régent plus suspect et plus odieux à toute la France par la multiplication des précautions contre lui sur la conservation de l'enfant si précieux, et les étendre en faveur de la bâtardise, il falloit substituer un frère à l'autre, et pour en cacher la grossièreté un gouverneur à celui qui seroit nommé ; à ce genre de domination, dis-je, M. du Maine n'oublia pas de penser à un autre, toujours en flétrissant le futur régent de plus : ce fut de ne lui en laisser que le nom, et de faire attribuer en effet tout le pouvoir de la régence au conseil établi par le même testament, avec l'application la plus exacte de le composer de façon que les deux frères y fussent les maîtres par la pluralité des voix. Il n'est pas temps encore d'expliquer combien M. du Maine sut bien faire tous ces différents choix. Ils demeurèrent scellés tous sous le plus impénétrable secret tant que le roi vécut. Il faut donc attendre à les démêler jusqu'à ce que l'ouverture du testament les déclare.

Il restoit encore un point, qui n'étoit pas le moins difficile, et qui, comme les précédents, opérât plusieurs choses à la fois, c'étoit la sûreté du testament lorsqu'on seroit parvenu à le faire faire, une sûreté qui fût entière, une sûreté qui augmentât le respect pour les précautions par le bruit et la singularité, une sûreté qui emportât la voix publique d'avance en faveur du testament, une sûreté enfin qui rendît l'exécution de tout ce qui s'y trouveroit contenu la chose propre du parlement et de toute la magistrature du royaume. Mais quel moyen de surmonter la prévention du roi à l'égard du parlement, prise dès les temps de sa minorité, dont l'impression qui n'avoit jamais pu s'affoiblir l'avoit engagé sans cesse à l'abattre avec jalousie, et souvent indignation ? esprit et sentiment que diverses difficultés sur des édits bursaux avoient entretenus, et que les matières de Rome, et en dernier lieu celles de la constitution, avoient fort aigris. Confier son testament à la garde du parlement n'étoit pas, à la vérité, ajouter, moins encore confirmer ses volontés par l'autorité du parlement, mais c'étoit en quelque sorte la reconnoître pour la sûreté de l'instrument, et même pour les protéger à son ouverture comme d'une pièce dont ils étoient les dépositaires, et pour laquelle ils devoient s'intéresser. A qui a connu le roi, la fermeté de ses principes, la force d'une habitude sans interruption, l'excès de sa délicatesse sur tout ce qui pouvoit avoir le trait le plus imperceptible à son autorité, même dans le plus grand lointain, cette dernière difficulté paroîtroit insurmontable.

Mais il étoit dit que, pour la punition du scandale donné au monde entier par ce double adultère, celui qui, le premier de tous les hommes et jusqu'à aujourd'hui l'unique, par un excès de puissance l'avoit tiré du néant, et enhardi par là ses successeurs à le commettre, sentiroit à chaque pas qu'il feroit après en sa faveur l'iniquité de ce pas, dans toute sa force et sa honte; qu'il seroit entraîné malgré lui à passer outre; et que de degrés en degrés, tous sautés malgré lui, il en viendroit enfin, en gémissant dans l'amertume de son âme et dans le désespoir de sa foiblesse, à couronner son crime par la plus prodigieuse et la plus redoutable apothéose.

Pour arriver à la fois à ce double but, qui ne se pouvoit séparer, de l'habilité de succéder à la couronne avec le nom, titre, état entier de prince du sang, et du testament, la double place de Voysin étoit un coup de partie, et un instrument dans la main de M. du Maine et de Mme de Maintenon, toujours prêt, également nécessaire et à portée de tout comme chancelier et comme secrétaire d'État, qui avoit prétexte de [voir le roi] et de travailler avec lui à toute heure. Ce fut aussi sur lui que porta tout le faix. Il falloit être bien esclave, bien valet à tout faire, pour oser se charger d'une pareille insinuation; mais il falloit encore plus être instruit à fond de l'incroyable foiblesse du roi pour l'un et pour l'autre, laissant à part l'horreur de la chose, celle de ses suites, toute probité, toute religion, tout honneur, tout lien à sa patrie, à laquelle il ne falloit pas même tenir par le moindre petit filet. Que si on considère que Voysin, qui avoit marié ses filles, qui n'avoit ni fils ni neveux, dont le grand-père étoit un des greffiers criminels du parlement, qui au double comble de son état ne pouvoit plus avoir d'objet que de s'y conserver, qui n'en pouvoit tomber en démontrant la chose impossible à tenter, et plus sûr encore de demeurer entier après le roi par ce trait d'honneur et de prudence si utile au régent, on sera bien tenté de croire aux possessions du démon, aussi effectives et réelles que peu visibles au dehors. Que si de là on jette les yeux sur la mort de ce malheureux homme, on n'en sera que plus persuadé.

Les deux consuls et leur licteur convinrent donc de tout ensemble, et du personnage de chacun d'eux dans cette funeste tragédie. Ils ne doutèrent pas de la résistance et de l'amertume que causeroit une si étrange insinuation et qui ne pouvoit avoir de base que la mort peu éloignée à présenter à un roi de soixante-seize ans, tout effarouché de la mort et du genre de mort de tous ses enfants. Aussi arrêtèrent-ils qu'elle ne se feroit que peu à peu et à sages reprises, de peur de se voir la bouche fermée par une défense de plus revenir à une si dure matière. A chaque fois que Voysin avoit tentée, il rendoit compte à ces deux commettants, et puisoit en eux des forces et des lumières nouvelles. Cette sape, quoique si délicatement conduite, ne trouvant qu'un rocher vif qui émoussoit les outils, Mme de Maintenon et M. du Maine changèrent de batteries, ils ralentirent les efforts de Voysin, qui avoit essayé de tourner ses insinuations en propositions, pour en venir au plan qu'ils avoient arrêté entre eux; tandis qu'eux-mêmes ne se montrèrent plus au roi que sous une forme entièrement différente de celle qu'ils avoient constamment prise jusqu'alors devant lui.

Ils n'avoient jamais été occupés qu'à lui plaire et à l'amuser, chacun en sa manière, à le deviner, à le louer, disons tout, à l'adorer. Ils avoient redoublé en tout ce qui leur avoit été possible, depuis que, par la mort de la Dauphine, ils étoient devenus tous deux son unique ressource. Ne pouvant l'amener à leurs volontés en ce qu'ils considéroient comme si principalement capital, et à quelque prix que ce fût le voulant arracher, ils prirent une autre forme dans l'entière sécurité qu'ils n'y hasarderoient rien. Tous deux devinrent sérieux, souvent mornes, silencieux jusqu'à ne rien fournir à la conversation, bientôt à laisser tomber ce que le roi s'efforçoit de dire, quelquefois jusqu'à ne répondre pas même à ce qui n'étoit pas une interrogation précise. De cette sorte, l'assiduité qui fut toujours la même de Mme de Maintenon dans sa chambre tant que le roi y étoit, de M. du Maine dans les cabinets aux temps des particuliers, ne servoit plus qu'à faire sentir au roi un poids d'autant plus triste qu'il lui étoit plus inconnu; à contenir, par cet air de contrainte et de tristesse, ce très-petit nombre de diverses sortes de gens des cabinets, et chez Mme de Maintenon ce peu de dames, toujours les mêmes, admises aux dîners particuliers, aux musiques et au jeu, les jours qu'il n'y avoit point de travail de ministres; et à tourner en ennui et en embarras tout ce qui étoit délassement et amusement, sans que le roi eût aucun moyen d'en pouvoir chercher ailleurs.

Ces dames étoient Mme d'O, Mme de Caylus, Mme de Dangeau, et Mme de Lévi, amie intime et de toute confiance de Mme de Saint-Simon et de moi de tout temps. Elles se mesuroient toujours sur Mme de Maintenon. Elles furent les dupes un temps du voile de sa santé; mais voyant enfin que la durée passoit les bornes, qu'il n'y avoit aucuns moments d'intervalle, que le visage n'annonçoit aucun mal, que la vie ordinaire n'étoit en rien dérangée, que le roi devenoit aussi sérieux, aussi triste, chacune se sondoit, se tâtoit. La crainte de quelque chose qui les regardât troubla chacune d'elles, et cette crainte les rendit encore de plus mauvaise compagnie que la retenue ou le modèle de Mme de Maintenon les contraignoit.

Dans les cabinets, c'étoient pour toute ressource les froids récits de chasses et de plants de Rambouillet que faisoit le comte de Toulouse, qui ne savoit rien du complot, mais qui n'étoit pas amusant, quelque conte de quelqu'un des valets intérieurs, qui se ralentirent dès qu'ils s'aperçurent que M. du Maine ne ramassait plus rien et ne les faisoit plus durer et valoir à son ordinaire. Maréchal et tous les autres, étonnés de ce morne inconnu du duc du Maine, se regardoient sans pouvoir en pénétrer la cause. Ils voyoient le roi triste, ennuyé, ils en craignirent pour sa santé, mais pas un d'eux ne savoit et n'osoit que faire. Le temps couloit, et dans l'un et l'autre des deux particuliers le morne s'épaississoit. Voilà jusqu'où il a été permis aux plus instruits de l'extérieur des particuliers de pénétrer, et ce seroit faire un roman que vouloir paroître l'être des scènes qui, sans doute, se passèrent dans le tête-à-tête pendant le long temps que ce manége dura sans se relâcher en rien. La vérité exige également d'avouer ce que l'on sait, et d'avouer ce que l'on ignore; je ne puis donc aller plus loin, ni percer plus avant dans l'épaisseur de ces mystères de ténèbres.

Ce qui est certain, c'est que les deux intérieurs se rassérénèrent tout à coup, avec la même surprise des témoins que ce morne si continu leur avoit causée, parce qu'ils ne pénétrèrent pas plus la cause de la fin que celle du commencement, et qu'ils n'arrivèrent que tout à la fois à cette double connoissance, que quelques jours après que Mme de Maintenon et M. du Maine eurent repris auprès du roi, et avec une sorte d'usure, leur forme ordinaire, c'est-à-dire à l'épouvantable fracas de la poudre qui tomba sur la France, et qui étonna toute l'Europe. Il faut venir maintenant au noir événement qui suivit l'autre de si près, et qui furent résolus ensemble.

On a déjà vu, par ce qu'il étoit échappé au roi de dire à M. du Maine, sur ce qu'il venoit de faire en sa faveur pour l'habilité de succéder à la couronne, par l'air et le ton qui fut tant remarqué, combien malgré lui cette énormité lui avoit été forcément arrachée. Maintenant on va voir encore que ce monarque, de tous les hommes le plus maître de soi, ne se rendit pas moins transparent sur cela encore, et sur ce qui regardoit son testament. Quelques jours avant que cette nouvelle éclatât, plein encore de l'énormité de l'état et droits entiers de prince du sang, et d'habilité de succéder à la couronne qui venoit de lui être arrachée pour ses bâtards, il les regarda tous deux dans son cabinet, en présence de ce petit intérieur de valets, et de d'Antin et d'O, et d'un air aigre et qui sentoit le dépit, il se prit tout à coup à leur dire, adressant la parole et un œil sévère à M. du Maine : « Vous l'avez voulu, mais sachez que, quelque grands que je vous fasse, et que vous soyez de mon vivant, vous n'êtes rien après moi, et c'est à vous après à faire valoir ce que j'ai fait pour vous, si vous le pouvez. » Tout ce qui étoit présent frémit d'un éclat de tonnerre si subit, si peu attendu, si entièrement éloigné du caractère du roi et de son habitude, et qui montroit si naïvement l'ambition extrême du duc du Maine, et la violence qu'il avoit faite à la foiblesse du roi, qui sembloit si manifestement se la reprocher, et au bâtard son ambition et sa tyrannie.

Ce fut alors que le rideau se leva devant tout cet intérieur, jusque-là si surpris, si étonné, si en peine des changements si marqués, si suivis de M. du Maine dans cet intérieur, qui viennent d'être expliqués il n'y a pas longtemps. Deux jours après, ce qui arriva acheva de lever le rideau. La consternation de M. du Maine parut extrême à cette sortie si brusque, et que nul propos qui vînt à cela n'avoit attirée. Le roi s'y étoit abandonné de plénitude. Tout ce qui étoit là, les yeux fichés sur le parquet, en étoient à retenir leur haleine. Le silence fut profond un temps assez marqué ; il ne finit que lorsque le roi passa à sa garde-robe, et qu'en son absence chacun respira. Il avoit le cœur bien gros de ce qu'on lui avoit fait faire ; mais, semblable à une femme qui accouche de deux enfants, il n'avoit encore mis au monde qu'un monstre, et il en portoit encore un second dont il falloit se délivrer, et dont il sentoit toutes les angoisses, sans aucun soulagement des douleurs que lui avoit causées le premier.

CHAPITRE XI.

Testament du roi. — Ses paroles en le remettant au premier président et au procureur général pour être déposé au parlement. — Paroles du roi à la reine d'Angleterre sur son testament. — Lieu et précautions du dépôt du testament du roi. — Édit remarquable sur le testament. — Consternation générale sur le testament, et ses causes. — Duc d'Orléans; sa conduite sur le testament. — Dernière marque de l'amitié et de la confiance du roi pour le duc de Beauvilliers, et de celles du duc pour moi. — Mort du duc de Beauvilliers. — Sa maison; sa famille. — Son caractère et son éloge. — Époque et nature de la charge de chef du conseil royal des finances, que le duc de Beauvilliers accepte difficilement. — Malin compliment du comte de Grammont au duc de Saint-Aignan.

On étoit lors à Versailles. Le lendemain 27 août, Mesmes, premier président, et Joly de Fleury[1], procureur général, que le roi avoit mandés, entrèrent dans son cabinet à l'issue de son lever; ils avoient vu le chancelier chez lui auparavant, la mécanique de la garde du dépôt y avoit été arrêtée. On peut juger que dès que le duc du Maine avoit été bien assuré de son fait, il l'avoit bien discutée avec le premier président, sa créature. Seuls avec le roi, il leur tira d'un tiroir sous sa clef un gros et grand paquet cacheté de sept cachets (je ne sais si M. du Maine y voulut imiter le mystérieux livre à sept sceaux de l'Apocalypse, pour diviniser ce paquet). En le leur remettant : « Messieurs, leur dit-il, c'est mon testament; il n'y a qui que ce soit que moi qui sache ce

---

1. Saint-Simon a biffé le nom de Joly de Fleury et l'a remplacé par celui de d'Aguesseau. Voy. plus bas la note, p. 175.

qu'il contient. Je vous le remets pour le garder au parlement, à qui je ne puis donner un plus grand témoignage de mon estime et de ma confiance, que de l'en rendre dépositaire. L'exemple des rois mes prédécesseurs et celui du testament du roi mon père ne me laissent pas ignorer ce que celui-ci pourra devenir; mais on l'a voulu, on m'a tourmenté, on ne m'a point laissé de repos, quoi que j'aie pu dire. Oh bien! j'ai donc acheté mon repos. Le voilà, emportez-le, il deviendra ce qu'il pourra; au moins j'aurai patience et je n'en entendrai plus parler. » A ce dernier mot, qu'il finit avec un coup de tête fort sec, il leur tourna le dos, passa dans un autre cabinet et les laissa tous deux presque changés en statues. Ils se regardèrent, glacés de ce qu'ils venoient d'entendre, et encore mieux de ce qu'ils venoient de voir aux yeux et à toute la contenance du roi, et dès qu'ils eurent repris leurs sens ils se retirèrent et s'en allèrent à Paris. On ne sut que l'après-dînée que le roi avoit fait un testament, et qu'il le leur avoit remis. A mesure que la nouvelle se publia, la consternation remplit la cour, tandis que les flatteurs, au fond aussi consternés que le reste de la cour et que Paris le fut ensuite, se tuèrent de louanges et d'éloges.

Le lendemain lundi 28, la reine d'Angleterre vint de Chaillot, où elle étoit presque toujours avec Mme de Maintenon. Le roi l'y fut trouver. Dès qu'il l'aperçut : « Madame, lui dit-il en homme plein et fâché, j'ai fait mon testament, on m'a tourmenté pour le faire; » passant lors les yeux sur Mme de Maintenon : « j'ai acheté du repos; j'en connois l'impuissance et l'inutilité. Nous pouvons tout ce que nous voulons tant que nous sommes; après nous, nous pouvons moins que les particuliers; il n'y a qu'à voir ce qu'est devenu celui du roi mon père, et aussitôt après sa mort, et ceux de tant d'autres rois. Je le sais bien, malgré cela on l'a voulu, on ne m'a donné ni paix, ni patience, ni repos qu'il ne fût fait; oh bien! donc, madame, le voilà fait, il deviendra ce qu'il pourra, mais au moins on ne m'en tourmentera plus. »

Des paroles aussi expressives de la violence extrême soufferte, et du combat long et opiniâtre avant de se rendre, de dépit et de guerre lasse, aussi évidentes, aussi étrangement signalées, veulent des preuves aussi claires, aussi précises qu'elles le sont elles-mêmes, et tout de suite les voici. Je tiens celles que le roi dit au premier président et au procureur général du premier qui n'avoit eu garde de les oublier; il est vrai que ce ne fut que longtemps après, car il faut être exact dans ce que l'on rapporte. Je fus entre deux ans brouillé avec le premier président jusqu'aux plus grands éclats; la durée en fut longue. Il fit tant de choses pour se raccommoder avec moi après le mariage de sa fille avec le duc de Lorges, sur quoi je me portai aux plus grandes extrémités, qu'enfin le raccommodement se fit, et si bien que je devins avec lui à portée de tout; et que sa sœur, Mme de Fontenilles, femme d'une piété et d'un esprit rare, devint une de nos plus intimes amies, de Mme de Saint-Simon et de moi, sans que cela se soit démenti un moment depuis. C'est alors que le premier président me raconta mot pour mot ce que le roi leur dit en leur remettant le testament, que le procureur général me raconta précisément et de même, tous deux chacun à part et en temps différents[1], tel exactement que je le viens d'écrire. Il n'est pas temps de parler de cette brouillerie, moins encore du raccommodement; mais il m'a paru nécessaire de faire ici cette explication.

A l'égard de ce que le roi dit à la reine d'Angleterre, qui

1. Cette phrase : *que le procureur général me raconta précisément et de même, tous deux chacun à part et en temps différents*, a été biffée par Saint-Simon qui a ajouté la note suivante : « Je me suis ici trompé de nom et de mémoire, Fleury n'étoit pas lors procureur général, et ne sut que par le premier président et par le procureur général, qui étoit d'Aguesseau, ce que le roi leur avoit dit. Je fais cette note pour rendre raison de la rature de ce que j'écrivis avant-hier. » Voy. plus haut, p. 173.

est encore bien plus fort et bien plus expliqué, parce qu'il étoit plus libre avec elle, peut-être encore parce que Mme de Maintenon étoit en tiers, sur laquelle en plus grande partie tomboient les reproches que le dépit d'être violenté lui arrachoit, je le sus deux jours après de M. de Lauzun, à qui la reine d'Angleterre le raconta, encore dans sa première surprise. Nous le fûmes à tel point que Mme de Lauzun, pour qui la reine avoit beaucoup d'amitié et d'ouverture, se hâta de lui aller faire sa cour, et elle la voyoit souvent et souvent en particulier tête à tête, pour se le faire raconter. La reine ne s'en fit pas prier, tant elle étoit encore pleine et étonnée, et lui rendit le discours que le roi lui avoit tenu mot pour mot, comme M. de Lauzun nous l'avoit dit, et tel que je l'ai exactement écrit ici.

Il parut à l'altération si fort inusitée du visage du roi, de toute sa contenance, du bref et de l'air sec et haut de son parler plus rare encore qu'à l'ordinaire, et de ses réponses sur tout ce qui se présentoit, à l'embarras extrême et peiné de Mme de Maintenon que ses dames familières virent à plein, à l'abattement du duc du Maine, que la mauvaise humeur dura plus de huit jours, et ne s'évapora ensuite que peu à peu. Il est apparent qu'ils essuyèrent des scènes; mais ils tenoient tout ce qu'ils avoient tant désiré, et ils se trouvoient quittes à bon marché d'essuyer une humeur passagère, sûrs encore par ce qu'ils venoient d'éprouver que, là souffrant avec patience et accortise, et reprenant et redoublant même leurs manières accoutumées avec lui, il se trouveroit bientôt trop heureux de se rendre et de goûter ce repos qu'il avoit si chèrement acheté d'eux.

Aussitôt que le premier président et le procureur général furent de retour à Paris, ils envoyèrent chercher des ouvriers, qu'ils conduisirent dans une tour du palais, qui est derrière la buvette de la grand'chambre et le cabinet du premier président, et qui répond au greffe. Ils firent creuser un grand trou dans la muraille de cette tour, qui est fort épaisse, y déposèrent le testament, en firent fermer l'ouverture par une porte de fer, avec une grille de fer en deuxième porte, et murailler encore par-dessus. La porte et la grille eurent trois serrures différentes, mais les mêmes à la porte et à la grille, et une clef pour chacune des trois, qui par conséquent ouvroient chacune deux serrures. Le premier président en garda une, le procureur général une autre, et le greffier en chef du parlement la troisième. Ils prirent prétexte de la donner au greffier en chef sur ce que ce dépôt étoit tout contre la chambre du greffe du parlement, pour éviter la jalousie entre le second président à mortier et le doyen du parlement, et la division que la préférence auroit pu causer. Le parlement fut assemblé en même temps, à qui le premier président rendit le compte le plus propre qu'il lui fut possible à flatter la compagnie, et à la piquer d'honneur sur la confiance de ce dépôt et le maintien de toutes les dispositions qui s'y trouveroient contenues.

En même temps les gens du roi y présentèrent un édit que le premier président et le procureur général avoient reçu des mains du chancelier à Versailles le même matin que le roi leur remit son testament, et y firent enregistrer cet édit. Il étoit fort court. Il déclaroit que le paquet remis au premier président et au procureur général contenoit son testament, par lequel il avoit pourvu à la garde et à la tutelle du roi mineur et au choix d'un conseil de régence, dont, pour de justes considérations, il n'avoit pas voulu rendre les dispositions publiques; qu'il vouloit que ce dépôt fût conservé au greffe du parlement jusqu'à la fin de sa vie; et qu'au moment qu'il plairoit à Dieu de le retirer de ce monde, toutes les chambres du parlement s'assemblassent avec tous les princes de la maison royale et tous les pairs qui s'y pourroient trouver, pour, en leur présence, y être fait ouverture du testament, et après sa lecture, les dispositions qu'il contenoit être rendues publiques et exécutées sans qu'il fût permis à personne d'y contrevenir; et les *du-*

plicata dudit testament être envoyés à tous les parlements du royaume, etc., par les ordres du conseil de régence, pour y être enregistrés.

Il fut remarquable que dans tout cet édit il n'y eut pas un seul mot pour le parlement, ni d'estime, ni de confiance, ni même un seul mot sur le choix du greffe du parlement, pour que vaguement encore ce greffe [fût] le lieu du dépôt, ni nommer rien qui pût avoir trait à la garde des clefs. Il étoit pourtant bien naturel de gratifier le parlement dans un édit de cette sorte, et si expressément fait sur ce dépôt, en un mot de faire le moins et le gracieux, puisqu'on faisoit le solide et l'important. C'étoit bien encore le compte et l'esprit de M. du Maine d'y flatter le parlement, qui, avec tout le public, fut surpris de n'y rien trouver du tout qu'un silence sec et dur, et qui parut même affecté, pour cette compagnie. Quoique ce que le roi avoit dit à M. du Maine sur la dernière grâce qu'il lui avoit faite pour l'état de prince du sang et l'habilité à la couronne, et au premier président, au procureur général et à la reine d'Angleterre, sur son testament, ne fût pas public, la surprise extrême des témoins de l'un, et l'étonnement prodigieux des deux magistrats et de la reine, en avoient laissé transpirer quelque chose. Le malaise du roi, précédent et long, avoit aussi un peu percé. On ignoroit le fond et les détails, mais les gens de la cour les mieux instruits, et d'autres par eux à la cour et à la ville, savoient en gros la violence, le dépit, le chagrin marqués du roi. La sécheresse singulière de l'édit confirma cette persuasion, et on ne douta point que le roi ne se fût roidi à vouloir l'édit de cette sorte par humeur, et qu'il n'en eût fallu passer par là.

On a dit en passant que la consternation fut grande à la nouvelle du testament. C'étoit le sort de M. du Maine d'obtenir tout ce qu'il vouloit, mais avec la malédiction publique. Ce même sort ne l'abandonna point sur le testament, et dès qu'il la sentit, il en fut accablé, Mme de Maintenon indignée, et leurs veilles et leurs soins redoublés pour enfermer le roi de telle sorte que ce murmure ne pût aller jusqu'à lui. Ils s'occupèrent plus que jamais à l'amuser et à lui plaire, et à faire retentir autour de lui les éloges, la joie, l'admiration publique d'un acte si généreux et si grand, en même temps si sage et si nécessaire au maintien du bon ordre et de la tranquillité publique, qui le feroit régner si glorieusement au delà même de son règne.

Cette consternation étoit bien naturelle, et c'est en cela même que le duc du Maine se trouva bien trompé et bien en peine. Il avoit cru tout préparer, tout aplanir en rendant M. le duc d'Orléans si suspect et si odieux; il y étoit en effet parvenu, mais il croyoit l'être encore plus qu'il n'étoit véritable. Ses désirs, ses émissaires lui avoient tout grossi; et il se trouva dans l'étonnement le plus accablant, quand, au lieu des acclamations publiques dont il s'étoit flatté que la nouvelle du testament seroit accompagnée, ce fut précisément tout l'opposé.

Ce n'étoit pas qu'on ne vît très-clairement que ce testament ne pouvoit avoir été fait que contre M. le duc d'Orléans, puisque, si on n'eût pas voulu le lier, il n'étoit pas besoin d'en faire, il ne falloit que laisser aller les choses dans l'ordinaire et dans l'état naturel. Ce n'étoit pas, non plus, que les opinions et les dispositions semées et inculquées avec tant d'artifice et de suite contre ce prince eussent changé; mais quoi qu'on en pensât, de quelque sinistre façon qu'on fût affecté à son égard, personne ne s'aveugloit assez pour ne pas voir qu'il seroit nécessairement régent par le droit incontestable de sa naissance; que les dispositions du testament ne pouvoient l'affoiblir que par l'établissement d'un pouvoir qui balançât le sien; que c'étoit former deux partis dans l'État, dont chaque chef seroit intéressé à se soutenir, et à abattre l'autre par tout ce que l'honneur, l'intérêt et le péril ont de plus grand et de plus vif; que personne alors ne seroit à l'abri de la nécessité de choisir l'un ou l'autre ; que ce choix des deux côtés auroit mille dangers, et nulle bonne espérance pour soi-même, raisonnable.

Tous les particuliers trouvèrent donc à gémir sur leur fortune, sur eux-mêmes, sur l'État livré ainsi à l'ambition des partis. Le chef du plus juste, ou plutôt du seul juste en soi, on l'avoit mis en horreur. Le chef de l'autre ,et il n'y avoit personne qui n'y reconnût M. du Maine, qui n'en faisoit pas moins par son ambition effrénée qui l'avoit porté où il étoit à l'égard de la succession à la couronne, qui avoit outré tous les cœurs, et qui, aux dépens des suites qu'on en prévoyoit, vouloit après le roi faire contre au régent, et élever autel contre autel. On comparoit les droits sacrés en l'un, nuls en l'autre. On comparoit les personnes, on les trouvoit toutes deux odieuses ; mais la valeur, la disgrâce, le droit du sang l'emportoient encore sur tout ce que l'on voyoit en M. du Maine. Je ne parle pas du gros monde peu instruit, et de ce qui se présentoit naturellement de soi-même ; combien plus dans ce qui l'étoit davantage, et qui n'avoit point de raison de sortir de neutralité !

Ces considérations, dont plus ou moins fortement selon l'instruction et les lumières, mais l'universalité étoit frappée, formoient ces plaintes et ces raisonnements à l'oreille, d'où naissoit le murmure qui, bien qu'étouffé par la crainte, ne laissa pas de percer, et qui partout perça enfin de plus en plus.

Ce que la raison dictoit, ce que les plus considérables vouloient, ce qui entroit même dans les têtes communes qui font le plus grand nombre dans ce qu'on appelle le public, n'étoit rien moins qu'un testament scellé, qui tenoit tout en crainte, et jetoit en partialité. Le défaut de ces hommes illustres par leurs exploits, par leur capacité, par une longue et heureuse expérience, par là reconnus supérieurs aux autres, et en possession de primer et d'entraîner par leur mérite et leur réputation ; le défaut d'âge de tous les princes du sang ; les idées si fausses, mais si fort reçues, qui défavorisoient celui à qui de droit et de nécessité inévitable les rênes de l'État se trouveroient dévolues, faisoient souhaiter que le roi mît ordre au gouvernement qui succéderoit au sien, mais non pas dans les ténèbres.

On souhaitoit que le roi établît de son vivant le gouvernement tel qu'il le vouloit laisser après lui; qu'il mît actuellement dans son conseil et dans ses affaires ceux qu'il y destinoit après lui, et dans les places et les fonctions qu'ils devoient remplir; que lui-même, gouvernant toujours avec la même autorité, réglât publiquement celle qui devoit succéder à la sienne, dans les limites et dans l'exercice qu'il avoit résolu qu'elle eût; qu'il dressât le futur régent, et ceux qui en tout genre entreroient après lui dans l'administration, à celle que chacun devoit avoir; qu'il en formât l'esprit et l'harmonie en se servant d'eux dès lors en la même façon qu'ils devoient servir après lui, chacun respectivement au gouvernement de l'État; qu'il eût le temps de voir et de corriger, de changer, d'établir ce qu'il trouveroit en avoir besoin; qu'il accoutumât à ce travail, et qu'il instruisît ceux qu'il ne faisoit qu'y destiner, et le reste de ses sujets à voir ceux-là en place, et à les honorer; en un mot à tout exécuter lui-même, de manière qu'il n'y eût aucun changement à sa mort, qu'elle n'interrompît pas même la surface des affaires, et qu'il n'y eût qu'à continuer tout de suite et tout uniment ce qu'il auroit établi lui-même, dirigé et consolidé.

Mais ce qui étoit le vœu public, celui même des plus sages, le bien solide de l'État, n'étoit pas celui du duc du Maine; il craignoit trop le cri public de tout ce qu'il embloit au régent, et le prince qui devoit l'être, qui avec honneur et sûreté n'auroit pu s'y soumettre; le parallèle de la loi et de la faveur aveugle et violente; celui de leur commune base, le sang légitime des rois, dont M. le duc d'Orléans étoit petit-fils et neveu, avec le ténébreux néant d'une naissance si criminelle que jusqu'au duc du Maine elle étoit inconnue de la société des hommes; enfin la comparaison militaire dans une nation toute militaire; et de la nudité entière du petit-fils de France, avec ce prodigieux et monstrueux amas de charges, de gouvernements, de troupes, de rangs et d'honneurs inouïs dont le groupe effrayant servoit de piédestal au double adultère pour fouler aux pieds tous les ordres de l'État, et y mettre pour le moins tout en confusion pour peu qu'ils voulussent se servir de la puissance qu'il avoit su arracher.

M. du Maine redoutoit les réflexions qui naîtroient de ces trop fortes considérations, et le repentir du roi trop annoncé par la violence qu'il avoit soufferte, dont il n'avoit pu retenir ses plaintes; et qu'il ne saisît l'indignation publique accrue par l'exercice des fonctions, pour détruire ce qu'il avoit eu tant de peine à édifier. Enfin il eut peur, et peut-être le roi plus que lui, des plaintes de ceux qui n'étoient pas des élus : l'un de s'en faire des ennemis qui dès lors se joindroient à M. le duc d'Orléans, l'autre de l'importunité des mécontents et des visages chagrins. Ainsi on étoit bien éloigné de voir révéler des mystères que leurs auteurs avoient tant d'intérêt de cacher.

M. le duc d'Orléans fut étourdi du coup; il sentit combien il portoit directement sur lui; du vivant du roi il n'y vit point de remède. Le silence respectueux et profond lui parut le seul parti qu'il pût prendre; tout autre n'eût opéré qu'un redoublement de précautions. On en demeurera là maintenant sur cet article; il n'est pas temps encore d'entrer dans les mesures et dans les vues de ce prince pour l'avenir. Le roi évita avec lui tout discours sur cette matière, excepté la simple déclaration après coup; M. du Maine de même. Il se contenta d'une simple approbation monosyllabe avec l'un et avec l'autre, en courtisan qui ne se doit mêler de rien, et il évita même d'entrer là-dessus en matière avec Mme la duchesse d'Orléans, et avec qui que ce fût. J'étois le seul avec qui il osât se soulager et raisonner à fond; avec tout le reste du monde un air ouvert et ordinaire, en garde contre tout air mécontent et contre la curiosité de tous les yeux. L'abandon inexprimable où il étoit au milieu de la cour et du monde lui servit au moins à le garantir de tout propos hasardé sur le testament, dont personne ne se trouva à portée de lui parler ; et ce fut en vain que Maisons, qui affecta de laisser passer quelque temps sans le voir, essaya par Canillac et par lui-même de le faire parler là-dessus. Ce ne fut que dans la suite que le duc de Noailles et lui le firent avec plus de succès, lorsque la santé plus menaçante du roi engagea à s'élargir sur les mesures à prendre.

Il falloit qu'il y eût déjà du temps que le roi songeât à pourvoir à l'éducation du Dauphin après lui. Il étoit bien naturel que, pensant sur tout comme on le faisoit penser de M. le duc d'Orléans, il ne voulût pas lui en laisser la disposition, et songeât à la faire lui-même. Peut-être fut-ce par ce point que Mme de Maintenon et M. du Maine firent ouvrir la tranchée devant lui par Voysin, pour de l'un à l'autre le conduire à tout le reste. Quoi qu'il en soit, étant allé à Vaucresson fort peu après la mort de M. le duc de Berry, où M. de Beauvilliers étoit dans son lit un peu incommodé, il voulut être seul avec moi. Là il me dit sans préface et sans que la conversation conduisît, car ce fut tout aussitôt que nous fûmes seuls, qu'il avoit une question à me faire, mais qu'avant de me dire ce que c'étoit, il exigeoit ma promesse que j'y répondrois sans complaisance, sans contrainte, mais naturellement, suivant ce que je pensois, et que ce n'étoit que sur ce fondement assuré qu'il pouvoit me parler.

Je fus surpris de ce propos et je le lui témoignai. Je lui demandai si depuis tant d'années de bontés et de confiances intimes de sa part pour moi, et pendant lesquelles il s'étoit traité et passé tant de choses si importantes entre nous, l'ouverture, la franchise, la liberté entière de ma part avec lui, ne devoient pas lui répondre qu'il trouveroit toujours en moi les mêmes. Il me répondit avec toute l'amitié que je lui connoissois pour moi, et il ajouta que si je lui donnois la parole qu'il me demandoit, je verrois, par ce qu'il avoit à me dire, qu'il auroit eu raison de vouloir s'en assurer. Je la lui donnai donc, encore plus surpris de cette recharge et plus curieux de ce qui la lui faisoit faire.

Il me dit que le roi n'espérant guère voir le Dauphin en âge de passer entre les mains des hommes, se croyoit être obligé de pourvoir lui-même à son éducation; que le roi l'en vouloit charger et de tout ce qui la regardoit comme il l'avoit été de celle de Mgrs son père et ses oncles ; qu'il s'étoit excusé sur son âge et ses infirmités qui ne lui permettoient point les assiduités nécessaires, ni d'espérer même d'achever l'éducation jusqu'à l'âge qui la termine ; que le roi, persistant à vouloir l'en charger, consentoit qu'il ne fît que ce qu'il pourroit et voudroit; et tout de suite fixant son regard plus attentivement sur moi : « Vous êtes, me dit-il, duc et pair, mon ancien; auriez-vous de la peine à être gouverneur conjointement avec moi, à suppléer à tout ce que je ne pourrois faire, à agir dans cette fonction dans un concert entier, en un mot, quoique égaux en fonctions et plus ancien pair que moi, à n'être pas le premier? c'est sur cela que je vous conjure de me répondre naturellement, sans complaisance, sûr que je ne serai blessé de rien. Vous voyez, ajouta-t-il, que j'avois raison de vous en demander votre parole ; vous me l'avez donnée, tenez-la-moi à présent. »

Je lui répondis que je la lui tiendrois en effet sans peine, que j'entendois bien que sous un nom pareil c'étoit être gouverneur sous lui en tout et partout; que je ne connoissois qui que ce fût sans exception autre que lui, avec qui je l'acceptasse; mais que pour lui que j'avois toute ma vie regardé comme mon père, qui m'en avoit servi, dont je connoissois les talents et la vertu avec une vénération aussi de toute ma vie, et la confiance et l'amitié par une expérience de même durée, je serois avec lui et sous lui, en tout et partout, sans en avoir la moindre peine, et que mon cœur lui étoit attaché de manière que je trouverois ma joie à lui marquer sans cesse respect, déférence, et un abandon dont je lui avois donné une preuve plus difficile sur les renonciations. Il m'embrassa, me dit que je le soulageois infiniment et mille choses touchantes.

Il me demanda un profond secret, et de la façon qu'il me parla, j'eus lieu de croire que, lorsqu'il auroit pesé et fait tous ses arrangements et ses choix pour la totalité de l'éducation, le roi ne tarderoit pas à les déclarer après qu'il les lui auroit proposés. Je ne laissai pas de repasser d'autres sujets avec lui par l'importance dont la chose me parut. Sur deux qui étoient fort en sa main, je lui dis que la vérité exigeoit de moi que je lui avouasse que l'un y étoit plus propre que moi; que pour l'autre je m'y croyois plus propre. Il ne fit que glisser sur eux comme sur les autres dont nous parlâmes, ce n'étoit que conversation : il s'étoit fixé sur moi. Cela n'étoit pas nouveau, puisque Mgr le Dauphin étoit pleinement déterminé à me demander au roi pour gouverneur du frère aîné du roi d'aujourd'hui, que je ne l'ignorois pas, et que ce prince ne pouvoit avoir pris et s'être affermi dans cette résolution que par le duc de Beauvilliers qui ne vouloit pas être du tout gouverneur de ce jeune prince, chargé comme il l'étoit déjà, et comme il l'eût été de plus en plus, de fonctions auprès du Dauphin qui le demandoient tout entier pour la totale confiance de ce prince, et pour les affaires de l'État.

Telle fut la dernière marque que M. de Beauvilliers me donna de son estime, de son amitié, de sa confiance; tel fut aussi le dernier témoignage qu'il reçut de celle du roi, malgré la haine persévérante de Mme de Maintenon. Son peu de santé dura trop peu après cette conversation pour que la matière en pût subsister. Elle étoit en soi délicate; une vie entièrement partagée entre les exercices de piété, les fonctions de ses charges dont il ne manquoit aucune de celles qui ne se croisoient pas, et les affaires, ne lui laissoit que de courts délassements, dans le plus intime intérieur de sa famille la plus étroite, et de moins encore d'amis, et ne contribuoit pas à former une santé bien établie. La perte de ses enfants l'avoit foncièrement pénétré; on a vu avec quel courage et quelle insigne piété lui et Mme de Beauvilliers en firent sur l'heure même le sacrifice, mais ils ne se consolèrent ni l'un ni l'autre. La mort du Dauphin lui fut encore tout autrement sensible : il me l'a avoué bien des fois. Toute sa tendresse s'étoit réunie dans ce prince, dont il admiroit l'esprit, les talents, le travail, les desseins, la vertu, les sacrifices, et la métamorphose entière que la grâce avoit opérée en lui et y confirmoit sans cesse; il étoit sensiblement touché de sa confiance sans réserve, et de leur réciproque liberté à se communiquer, à discuter et à résoudre toutes choses; il étoit pénétré de l'amour de l'État, de l'ordre, de la religion qu'il alloit voir refleurir, et comme renaître sous son règne, et en attendant, par sa prudence, sa sagesse, sa justice, sa modération, son application, et par l'ascendant que le roi se plaisoit à lui laisser prendre sur la cour, sur les affaires, et sur lui-même. Quelque convaincu qu'il fût de sa sainteté et de son bonheur, sa mort l'accabla de telle sorte, qu'il ne mena plus qu'une vie languissante, amère, douloureuse, sans relâche, sans consolation. Enfin, la mort du duc de Chevreuse, son cœur, son âme, le dépositaire et souvent l'arbitre de ses pensées les plus secrètes, même de piété, enfin depuis toute leur vie un autre lui-même, lui donna le dernier coup.

Il fut malade près de deux mois à Vaucresson, où peu auparavant il s'étoit retiré et renfermé à l'abri du monde, même de ses plus familiers, pour ne songer plus qu'à son salut et y consacrer tous les instants de sa solitude. Il y mourut le vendredi, dernier août, sur le soir, de la mort des justes, ayant conservé toute sa tête jusqu'à la fin. Il avoit près de soixante-six ans, environ trois ans moins que le duc de Chevreuse, étant né le 24 octobre 1648 d'une maison fort ancienne et très-noblement alliée, surtout en remontant.

Il étoit fils de M. de Saint-Aignan qui, avec de l'honneur et de la valeur, étoit tout romanesque en galanterie, en belles-lettres, en faits d'armes. Il avoit été capitaine des gardes de Gaston, et tout à la fin de 1649, acheta du duc de Liancourt la charge de premier gentilhomme de la chambre du roi, lors duc à brevet. Il commanda ensuite en Berry contre le parti de M. le Prince, lors prisonnier, puis [fut] lieutenant général de l'armée destinée contre MM. de Bouillon et de Marsillac en Guyenne. Il eut le gouvernement de Touraine à la mort du marquis d'Aumont, et le crédit de le vendre fort cher à Dangeau encore jeune, lorsqu'à la disgrâce de M. et de Mme de Navailles, il s'accommoda avec lui du gouvernement du Havre de Grâce en 1664. Il fut chevalier de l'ordre à la promotion de 1661 et duc et pair en 1663, de cette étrange fournée des quatorze[1]. Il fut chef et juge du camp des derniers carrousels du roi, et mourut à Paris 16 juin 1687. Il avoit épousé une Servien, parente du surintendant des finances, qu'il perdit en 1679. Au bout de l'an, il se remaria à une femme de chambre de sa femme qui y étoit entrée d'abord pour avoir soin de ses chiens. Elle fut si modeste et lui si honteux que le roi le pressa souvent et toujours inutilement de lui faire prendre son tabouret. Elle vécut toujours fort retirée et avec tant de vertus, qu'elle se fit respecter toute sa vie qui fut longue. Du premier mariage, le comte de Seri et le chevalier de Saint-Aignan qui fut tué au duel de MM. de La Frette, et l'aîné mourut à vingt-six ans survivancier de premier gentilhomme de la chambre et distingué à la guerre, deux fils

---

1. Voy. t. Ier, p. 449, note de la fin du volume.

morts enfants, des filles abbesses, et une qui ne voulut point être religieuse, qu'on maria à Livry, premier maître d'hôtel du roi, pour s'en défaire. M. de Beauvilliers demeura seul de ce lit. Du second, deux fils dont l'aîné fut évêque-comte de Beauvais, l'autre duc de Saint-Aignan, comme on l'a vu en leur lieu, et une fille aussi romanesque que le père, mais en dévotion, qui épousa un fils de Marillac, conseiller d'État, tué avancé à la guerre sans enfants, puis M. de L'Aubépine, mon cousin germain, dont elle a un fils qui sert et qui est gendre du duc de Sully.

Je ne sais quel soin M. et Mme de Saint-Aignan prirent de leurs aînés. Pour M. de Beauvilliers, ils le laissèrent jusqu'à six ou sept ans à la merci de leur suisse, élevé dans sa loge, d'où ils l'envoyèrent à Notre-Dame de Cléry, en pension chez un chanoine, dont tous les canonicats étoient à la nomination de M. de Saint-Aignan. Ils ne sont pas gros. Tout le domestique du chanoine consistoit en une servante, qui mit le petit garçon coucher avec elle, lequel y couchoit encore à quatorze et quinze ans, sans penser à mal ni l'un ni l'autre, ni le chanoine s'aviser qu'il étoit un peu grand. La mort du comte de Seri le fit rappeler par son père, qui en même temps lui fit donner la survivance de sa charge, et remettre deux abbayes qu'il avoit. C'étoit tout à la fin de 1666. Il servit avec distinction à la tête de son régiment de cavalerie, et fut brigadier.

Il étoit grand, fort maigre, le visage long et coloré, un fort grand nez aquilin, la bouche enfoncée, des yeux d'esprit et perçants, le sourire agréable, l'air fort doux, mais ordinairement fort sérieux et concentré. Il étoit né vif, bouillant, emporté, aimant tous les plaisirs. Beaucoup d'esprit naturel, le sens extrêmement droit, une grande justesse, souvent trop de précision; l'énonciation aisée, agréable, exacte, naturelle; l'appréhension vive, le discernement bon, une sagesse singulière, une prévoyance qui s'étendoit vastement, mais sans s'égarer; une simplicité et une sagacité extrêmes, et qui ne se nuisoient point l'une à l'autre ; et depuis que Dieu l'eut touché, ce qui arriva de très-bonne heure, je crois pouvoir avancer qu'il ne perdit jamais sa présence, d'où on peut juger, éclairé comme il étoit, jusqu'à quel point il porta la piété. Doux, modeste, égal, poli avec distinction, assez prévenant, d'un accès facile et honnête jusqu'aux plus petites gens ; ne montrant point sa dévotion, sans la cacher aussi, et n'en incommodant personne, mais veillant toutefois ses domestiques, peut-être de trop près; sincèrement humble, sans préjudice de ce qu'il devoit à ce qu'il étoit, et si détaché de tout, comme on l'a vu sur plusieurs occasions qui ont été racontées, que je ne crois pas que les plus saints moines l'aient été davantage. L'extrême dérangement des affaires de son père lui avoit néanmoins donné une grande attention aux siennes (ce qu'il croyoit un devoir), qui ne l'empêchoit pas d'être vraiment magnifique en tout, parce qu'il estimoit que cela étoit de son état.

Sa charité pour le prochain le resserroit dans des entraves qui le raccourcissoient par la contrainte de ses lèvres, de ses oreilles, de ses pensées, dont on a vu les inconvénients en plusieurs endroits. Le ministère, la politique, la crainte trop grande du roi, augmentèrent encore cette attention continuelle sur lui-même, d'où naissoit un contraint, un concentré, dirai-je même un pincé, qui éloignoit de lui, et un goût de particulier très-resserré, et de solitude qui convenoit peu à ses emplois, qui l'isoloit, qui, excepté ses fonctions, parmi lesquelles je range sa table ouverte le matin, lui faisoit un désert de la cour, et lui laissoit ignorer tout ce qui n'étoit pas les affaires où ses emplois l'engageoient nécessairement. On a vu où cela pensa le précipiter plus d'une fois, sans la moindre altération de la paix de son âme, ni la plus légère tentation de s'élargir là-dessus; son cœur droit, bon, tendre, peu étendu; mais ce qu'il aimoit, il l'aimoit bien, pourvu qu'il pût aussi l'estimer,

Sa crainte du roi, celle de se commettre, ses précisions, engourdissoient trop son désir sincère de servir ses amis. Il fut tout autre, comme on l'a vu, sur cela comme sur tout le reste, après la mort de Monseigneur, et on ne put douter alors qu'il se plaisoit à servir ses amis en petites et en grandes choses.

Dans les particuliers où il étoit libre, comme chez lui les soirs, surtout chez le duc de Chevreuse, et à Vaucresson, il étoit gai, mettoit au large, plaisantoit avec sel, badinoit avec grâce, rioit volontiers. Il aimoit qu'on plaisantât aussi avec lui; il n'y avoit que le coucher de la servante du chanoine dont sa pudeur se blessoit, et je l'ai vu quelquefois embarrassé de ce conte que Mme de Beauvilliers faisoit, en rire pourtant, mais quelquefois aussi la prier de ne le point faire.

Il l'épousa en 1671 ; le triste état des affaires de sa maison que son père avoit ruinée, les engagea à faire cette alliance de la troisième fille de M. Colbert avec de grands biens. L'aînée avoit épousé quatre ans auparavant le duc de Chevreuse, et huit ans après la dernière fut mariée au duc de Mortemart. Les ducs de Chevreuse et de Beauvilliers et leurs femmes se trouvèrent si parfaitement faits l'un pour l'autre, que ce ne fut qu'un cœur, qu'une âme, qu'une même pensée, un même sentiment toute leur vie, une amitié, une considération, une complaisance, une déférence, une confiance réciproques. Elle étoit pareille entre les deux sœurs, et la devint bientôt entre les deux beaux-frères. Vivant tous deux à la cour, attachés par leurs charges, et par la place de dames du palais de leurs femmes, ils se voyoient sans cesse, et mangeoient par semaine l'un chez l'autre, ce qui dura jusqu'à ce que les grands emplois du duc de Beauvilliers l'obligèrent à tenir une table publique; ils ne s'en voyoient guère moins, rarement une seule fois par jour tant qu'ils vécurent. Il étoit rare aussi d'être ami de l'un à un certain point sans l'être aussi de l'autre et de leurs épouses.

La piété du duc de Beauvilliers, qui commença de fort bonne heure, le sépara assez de ceux de son âge. Étant à l'armée, à une promenade du roi, dans laquelle il servoit, il marchoit seul un jour un peu en avant; quelqu'un le remarquant se prit à dire qu'il faisoit là sa méditation. Le roi qui l'entendit se tourna vers celui qui parloit, et le regardant : « Oui, dit-il, voilà M. de Beauvilliers qui est un des plus sages hommes de la cour et de mon royaume. » Cette subite et courte apologie fit taire et donna fort à penser; en sorte que les gloseurs demeurèrent en respect devant son mérite.

Il falloit que le roi en fût dès lors bien prévenu pour le charger de la commission la plus délicate en 1670. Madame venoit d'être si grossièrement empoisonnée[1], la conviction en étoit si entière et si générale qu'il étoit bien difficile de le pallier. Le roi et le roi d'Angleterre, dont elle venoit tout nouvellement d'être le plus intime lien par le voyage qu'elle venoit de faire en Angleterre, en étoient également pénétrés de douleur et d'indignation, et les Anglois ne se contenoient pas. Le roi choisit le duc de Beauvilliers pour aller faire ses compliments de condoléance au roi d'Angleterre, et sous ce prétexte tâcher que ce malheur n'altérât point leur amitié et leur union, et calmer la furie de Londres et de la nation. Le roi n'y fut pas trompé ; la prudente dextérité du duc de Beauvilliers ramena entièrement la bouche égarée du roi d'Angleterre, et adoucit même Londres et la nation.

Le maréchal de Villeroy mourut à Paris en sa quatre-vingt-huitième année, le 28 novembre 1685. M. Colbert, intendant du cardinal Mazarin, en même temps intendant des finances à sa mort, avoit été recommandé au roi par ce tout-puissant premier ministre comme l'homme le plus capable qu'il connût pour l'administration des finances, en même temps qu'après avoir sucé le surintendant Fouquet jusqu'au

---

1. Voy. t. III, p. 448, note de la fin du volume.

sang, il le lui avoit rendu plus que suspect. Il ne fut donc pas difficile à Colbert, après la mort de son maître, de s'introduire auprès du roi, et de s'établir sur les ruines de Fouquet. Il connoissoit parfaitement le roi sur ce qu'il en avoit ouï dire si souvent à Mazarin. Il le prit par les détails et par la capacité et par l'autorité de tout faire; il acheva de concert avec Le Tellier la ruine de Fouquet, glissa en la place de contrôleur général suffoquée jusqu'alors par celle de surintendant. Il persuada au roi le danger de cette grande place, et, comme il n'osoit y aspirer, il fit accroire au roi de s'en réserver toutes les fonctions. Le roi crut les faire par les *bons* et les signatures dont Colbert, souple commis, l'accabla, tandis qu'il saisit toute l'économie et tout le pouvoir des finances, et qu'il s'en rendit le maître plus qu'aucun surintendant; mais ne se trouvant pas d'aloi à exercer cette autorité sans voile, il en imagina un de gaze en persuadant au roi de créer une charge toute nouvelle de chef du conseil des finances qui auroit l'entrée dans ceux que le roi tiendroit, dans les grandes directions[1], qui présideroit chez lui aux petites, qui feroit des signatures d'arrêts en finances, et qui avec un nom et une représentation ne feroit rien en effet dans les finances, et lui laisseroit l'autorité entière d'y tout faire et d'y tout régler.

Cette charge fut donc créée lors de la catastrophe de Fouquet, et donnée au maréchal de Villeroy, qui avoit été gouverneur de la personne du roi sous le cardinal Mazarin, chef de son éducation, et qui avec cette ombre ne fut jamais ministre d'État. Cela valoit quarante-huit mille livres de rente avec d'autres choses encore, en sorte que cette vacance eut tout ce qu'il y avoit de grand et de plus considérable à la cour pour aspirants : le duc de Montausier, qui avoit été gouverneur de Monseigneur; le duc de Créqui, gouverneur

---

1. Voy., sur les conseils du roi, t. Ier, p. 445. Il y est question des conseils de finances, connus sous le nom de *grande* et *petite direction*.

de Paris, premier gentilhomme de la chambre, dont l'ambassade à Rome et la fameuse affaire des Corses de la garde du pape avoit fait tant de bruit, et dont la femme étoit dame d'honneur de la reine, et plusieurs autres dans la privance du roi et dans la première considération.

Le roi leur préféra le duc de Beauvilliers qui avoit trente-sept ans et qui n'avoit garde d'y songer. Il en étoit si éloigné que la délicatesse de sa conscience, alarmée de tout ce qui sentoit les finances, ne put se résoudre à l'accepter, lorsque le roi la lui donna. La surprise du roi d'un refus de ce qui faisoit l'ambition des plus importants de sa cour ne servit qu'à le confirmer dans son choix. Il insista et il obligea le duc à consulter des personnes en qui il pouvoit prendre confiance, et de tirer parole de lui qu'il le feroit de bonne foi, avec une droite indifférence, et qu'il se rendroit à leur avis s'il alloit à le faire accepter. Le duc s'y engagea et consulta. Au bout de sept ou huit jours le roi lui en demanda des nouvelles, et le poussa jusqu'à lui faire avouer qu'il avoit trouvé tous les avis de ceux qu'il avoit consultés pour qu'il ne refusât pas davantage. Le roi en fut fort aise, le somma de sa parole, et le déclara deux heures après, au grand étonnement de sa cour.

Le comte de Grammont, qui étoit sur le pied de se divertir de tout aux dépens de qui il appartenoit, et qui savoit que le duc de Saint-Aignan s'étoit mis aussi sur les rangs pour cette charge, le rencontra dans la galerie une heure après la déclaration. Il alla droit à lui, et lui dit « qu'il lui faisoit ses compliments d'être d'une race si heureuse qu'elle donnoit tous les chefs que le roi choisissoit : que s'il en falloit un aux carrousels, il prenoit le père; s'il y en avoit un à nommer pour le conseil des finances, il choisissoit le fils, » et sans attendre de réponse, le laissa là, avec une révérence et une pirouette, outré de dépit de son compliment.

CHAPITRE XII.

Duc de Beauvilliers; quel sur le cardinal de Noailles, Rome, Saint-Sulpice, les jésuites. — Mesures futures pour l'archevêque de Cambrai. — Ambition de ce prélat. — Grandeur d'âme et de vertu du duc de Beauvilliers. — Comparaison des ducs de Chevreuse et de Beauvilliers. — Mot plaisant et vrai du chancelier de Pontchartrain. — Caractère de la duchesse de Beauvilliers. — Fortune et conduite des Saumery. — Épreuve et action de vertu héroïque de la duchesse de Beauvilliers. — Mort de la duchesse de Beauvilliers en 1733.

M. de Beauvilliers fut duc en se mariant sur la démission de son père dont il eut les gouvernements à sa mort, et chevalier de l'ordre de la promotion de 1688. En 1689 le roi lui demanda s'il feroit autant de difficultés pour être gouverneur de Mgr le duc de Bourgogne, qu'il alloit ôter d'entre les mains des femmes, qu'il en avoit apporté pour la place de chef du conseil des finances. Il n'en fit aucune et l'accepta. Il le fut des deux autres fils de France, à mesure qu'ils quittèrent les femmes; et ce fut avec tant de confiance de la part du roi, qu'à l'exception de Moreau, un de ses premiers valets de garde-robe qu'il fit premier valet de chambre de ce prince et de deux ou trois valets qu'il y voulut placer, il laissa tout le reste au choix du duc de Beauvilliers: précepteur, sous-gouverneur et tout le reste, sans faire de perquisition sur aucun. On a vu ailleurs que ce fut aussi avec tant de désintéressement de la part du duc qu'il refusa absolument les appointements pour les deux autres princes : quarante-huit mille livres pour chacun par an, c'est-à-dire quatre-vingt-seize mille livres.

La mort de Louvois, qui rendit le roi libre sur bien des

chôses, fit rappeler Pomponne dans le conseil d'État en 1691 aussitôt après, et y fit entrer le duc de Beauvilliers en même temps. Ce fut un prodige, et l'unique gentilhomme qui y ait été admis en soixante-douze ans de règne; je dis l'unique, parce que les deux maréchaux de Villeroy qui ne l'étoient guère plus qu'il ne falloit, le père ne fut jamais ministre, et le fils, qui ne l'a été qu'un an depuis la mort de M. de Beauvilliers jusqu'à celle du roi, ne peut être compté en un si court espace. M. de Beauvilliers n'y songeoit pas plus qu'il avoit fait à ses deux autres places.

Quelque excessivement que le roi lui imposât, quelque foible qu'il parût à lui parler pour des grâces par une timidité qui étoit en lui, il n'étoit pas reconnoissable au conseil, à ce que j'ai ouï dire à Chamillart son ami, et au chancelier de Pontchartrain son ennemi si longtemps, lorsqu'il s'agissoit d'affaires de justice, ou d'affaires d'État importantes. Il opinoit alors avec fermeté, embrassoit toute l'étendue de l'affaire avec netteté et précision, la développoit avec lumière, prenoit son parti avec fondement, et le soutenoit avec modestie, mais avec une force que le penchant montré du roi n'ébranloit point. Dans les autres il se laissoit assez aller à son naturel doux et timide. Son exactitude, ou, pour parler plus juste, sa ponctualité à ses diverses et continuelles fonctions, étoit sans le plus léger relâche, qui, je crois, avoit augmenté sa précision naturelle jusqu'aux minutes, et jusqu'à savoir ce qu'il lui en falloit pour aller de chez lui chez le roi.

On a vu ailleurs avec quelle grandeur d'âme, quel détachement, quelle soumission à Dieu, quelle délicatesse de totale dépendance à son ordre, il soutint l'orage du quiétisme, la disgrâce de l'archevêque de Cambrai, de ceux qui y furent enveloppés, et le péril extrême qu'il y courut; avec quelle noblesse il s'y conduisit; et avec quelle soumission il reçut la nouvelle de la condamnation du livre de M. de Cambrai à Rome. Toutefois les plus rares tableaux ont des ombres, et la vérité m'oblige à ne pas dissimuler celles de ce modèle de toutes les vertus. En les considérant on ne l'en estimera pas moins si on est équitable, mais on tremblera à la vue des profondeurs de Dieu, et on s'humiliera jusqu'en terre à la vue de ce que sont les hommes les plus parfaits.

Celui-ci, avec la probité la plus innée, l'amour et la soif de la vérité la plus ardente et la plus sincère, la pureté la plus scrupuleuse, une présence de Dieu sensible, habituelle dans toutes les diverses fonctions et situations de ses journées, à qui il rapportoit avec une sainte jalousie ses plus importantes et ses plus légères actions, son travail, ses fonctions, ses amitiés, ses liaisons, ses vues, ses bienséances, et jusqu'aux délassements et aux besoins de l'esprit et du corps; cet homme, si droit, si en garde contre lui-même, et d'une attention si active, se laissa tellement enchanter, lui et M. de Chevreuse aux charmes de l'archevêque de Cambrai, que sans l'avoir jamais vu depuis sa disgrâce, ce prélat ne cessa d'être l'âme de son âme et l'esprit de son esprit, que tout ce qu'il pratiquoit dans son intérieur de conscience et dans son domestique étoit réglé souverainement par M. de Cambrai, qu'enchanté d'après lui de Mme Guyon, il ne la vit jamais que sainte, et qu'excellent docteur, enfin que s'étant hasardée à faire des prophéties claires qu'il vit toutes manquées, le bandeau ne put jamais lui tomber des yeux. Disons tout et ne retenons point la vérité captive; on a vu en son lieu la grande et sainte action par laquelle le cardinal de Noailles le sauva et le maintint dans ses places aux dépens de son frère, à qui elles étoient destinées de leur su, et avec lequel il en fut brouillé plusieurs années. Tombé lui-même en disgrâce par l'affaire de la constitution, jusqu'à la défense de voir le roi, jusqu'à voir poursuivre la privation de son chapeau et la déposition de son siége, jusqu'au plus juste soupçon que le roi l'alloit faire enlever et conduire à Rome, j'étois peiné de savoir

M. de Beauvilliers des plus ardents contre lui, et que l'objet si cher de M. de Cambrai, de la doctrine et du livre duquel le cardinal de Noailles avoit été un de plus grands adversaires, dépouillât cette âme si vraie, si droite, si candide, de reconnoissance et d'humanité en divinisant ses préventions.

Je ne pus m'empêcher de lui en parler un jour qu'il vint causer avec moi dans ma chambre à Versailles comme il faisoit assez souvent pour y être plus en liberté. Après quelque peu de propos : « Mais vous, monsieur, lui dis-je à brûle-pourpoint, ne songez-vous jamais que sans la rare vertu et la pureté d'âme du cardinal de Noailles vous étiez chassé, et que, de son su, son frère avoit toutes vos places? Il étoit sûr de leur destination, le maréchal et la maréchale de Noailles ont été bien des années à le lui pardonner. Vous n'ignorez pas qu'il ne vous raffermit pas sans peine, et qu'il se rendit même votre caution auprès du roi, et aujourd'hui vous pousseriez un homme à qui vous devez tout, et depuis si longtemps, et sans lequel vous seriez depuis tant d'années hors de mesure ! » Le duc demeura quelques moments sans repartie, rougit, convint après quelque silence par un seul « il est vrai, » se défendit sur sa conscience, mais mollement, et fut toujours depuis fort mesuré avec moi sur le cardinal de Noailles, lorsque nous traitions ces matières, où d'ailleurs nous n'étions jamais d'accord. Ce n'étoit pas certainement défaut de sentiment dans un homme qui en avoit de si délicats, moins encore ingratitude. Il étoit très-reconnoissant par nature et par principe, mais telle fut en lui la force d'un abandon aveugle divinisé en lui pour M. de Cambrai par religion.

Cette même disposition le mettoit toujours du côté de Rome sur ses diverses entreprises, et le rendoit industrieux à les exténuer et à les pallier. Nous en avions souvent des disputes vives. Sa préface étoit toujours la même en ces occasions : les droits sacrés des rois de France que saint Louis même avoit soutenus contre les papes avec plus de force qu'aucun autre roi ; mais le cas dont il s'agissoit n'étoit jamais, selon lui, de ceux qu'on devoit défendre.

Saint-Sulpice où il avoit toujours eu sa principale confiance, et non les jésuites avec qui il vivoit bien, mais qu'il connoissoit, et à qui lui et M. de Chevreuse auroient voulu ôter la feuille et le confessionnal des rois ; Saint-Sulpice, dis-je, l'avoit gâté de bonne heure sur Rome, et l'archevêque de Cambrai qui avoit ses raisons, qu'il se gardoit bien de lui montrer, avoit achevé.

De ces matières et de celles de la constitution, il m'en parloit toujours le premier, soit confiance, soit espérance de me convertir, jusqu'à ce que tout à la fin de sa vie disputant là-dessus, tous deux seuls dans ma chambre à Versailles, il me pria que nous ne nous en parlassions plus, parce que cela l'agitoit trop, et depuis en effet nous ne nous en sommes jamais parlé.

Avec cet abandon à M. de Cambrai, qui le lioit à tout ce petit troupeau d'une chaîne si forte, il eut la fidélité de n'entretenir son commerce avec lui que du su du roi, et de ne voir qu'à Vaucresson fort à la dérobée, mais avec sa permission, ceux que son affaire avoit fait ôter d'auprès des princes, et chasser de la cour. Jamais, comme on le voit, je n'avois été initié dans ces mystères, mais je les voyois librement à Vaucresson ; on y parloit tout librement aussi devant moi ; et depuis la mort du Dauphin, M. de Beauvilliers et M. de Chevreuse, ces exilés me parloient ouvertement de leur désir extrême du retour de Fénelon. Jusqu'aux plus petites choses qui pouvoient toucher ce prélat étoient leur grand ressort à tous, et le plus infailliblement puissant. Les deux ducs, et je ne l'ai jamais compris, qui demeurèrent toujours dans le plus parfait silence avec moi sur une doctrine et des principes dont l'enchantement les avoit absorbés, parce qu'ils ne m'en crurent pas capable ou qu'ils sentirent que je n'y prendrois point, n'en furent non-seulement pas le moins du monde en contrainte avec moi sur toute espèce de confiance, comme on l'a pu voir par tant de choses qui ont été racontées, mais ils s'ouvrirent toujours à moi sur leur attachement à M. de Cambrai, et à ceux qui tenoient à lui par les mêmes liens, et sur tout ce qui les regardoit.

Ils me parlèrent donc franchement après la mort du Dauphin, pour m'engager à lui être favorable auprès de M. le duc d'Orléans, pour le rappeler, et l'employer grandement à la mort du roi; ils voyoient bien que ce prince mèneroit aisément M. le duc de Berry, sur lequel ils n'avoient pas lieu de compter avoir grand crédit, comme il a été remarqué ailleurs, et qui ne se soucioit de son précepteur en nulle sorte; je ne m'en souciois pas intérieurement davantage, mais je ne pouvois rien refuser à M. de Beauvilliers. Je m'engageai donc à lui et à M. de Chevreuse, et j'eus d'autant moins de peine à réussir, que M. le duc d'Orléans étoit naturellement porté d'estime et d'inclination pour Fénelon. Cette espérance fondée que je leur donnai les combla. Par les discours du duc de Chevreuse, je compris qu'il l'informoit de ce qu'il se passoit à son égard. Je le dis au duc, qui me l'avoua et qui m'en parla depuis ouvertement, jusqu'à me dire franchement que l'archevêque, certain de ce que je faisois pour lui, ne laissoit pas de me craindre. Cela me revint encore par d'autres endroits.

Je ne le connoissois que de visage; trop jeune quand il fut exilé, je ne l'avois pas vu depuis. Ainsi il ne pouvoit aussi me connoître que par autrui, et à la façon dont j'étois avec les deux ducs, et à ce que je voyois librement de cette faciende [1] à Vaucresson, il ne pouvoit lui être revenu rien qui lui inspirât cette frayeur. Mais accoutumé comme il étoit à régner à la divine sur son royal pupille, sur les deux ducs, sur tout ce petit troupeau, il craignoit de ne régner pas de

1. Cabale.

même sur M. le duc d'Orléans, de me trouver entre ce prince et lui, et de ne me pas rencontrer facile à son joug, autant que ceux qu'il y avoit assujettis. Sa persuasion, gâtée par l'habitude, ne vouloit point de résistance ; il vouloit être cru du premier mot ; l'autorité qu'il usurpoit étoit sans raisonnement de la part de ses auditeurs, et sa domination sans la plus légère contradiction ; être l'oracle lui étoit tourné en habitude, dont sa condamnation et ses suites n'avoient pu lui faire rien rabattre ; il vouloit gouverner en maître qui ne rend raison à personne, régner directement de plain-pied. Pour peu qu'on se rappelle ce qui se trouve en son lieu de son caractère et de sa conduite à la cour, et depuis qu'il en fut chassé, on le reconnoîtra à tous ces traits. C'est ce qui excita sa crainte à mon égard, dont tout ce que je fis pour lui, et tout ce qu'il apprenoit de moi par les deux ducs, ne purent le guérir. Son ambition ignoroit qu'il ne vivroit pas assez pour être satisfaite, pas même pour s'en voir dans le chemin.

Quelque solidement humble que fût le duc de Beauvilliers, quelque déférence qu'il se fût accoutumé d'avoir pour les sentiments du duc de Chevreuse, il étoit fort loin de ne penser jamais que comme lui, et de se rendre à lui sur toutes choses. On en a vu en leurs lieux plusieurs exemples, un entre autres sur les renonciations où il fut pour moi contre lui, et où je fus dans une honte et dans une surprise égale, parce que cela regardoit mon avis. L'humilité n'altéroit point en lui la dignité ; plus il étoit sincèrement détaché de tout, plus il se tenoit à sa place, sans soins bas ou superflus. Jamais il ne fit un seul pas vers Monseigneur ni aucun de son intrinsèque qui ne l'aimoient pas, ni vers Mme de Maintenon depuis l'orage du quiétisme, qui ne lui pardonna jamais d'avoir échappé à tous ses efforts pour le perdre, qu'elle redoubla, comme on a vu, de temps en temps, et qu'elle n'abandonna que par en sentir enfin l'impuissance.

Elle haïssoit encore plus le duc de Chevreuse, et ne fut

pas plus heureuse contre lui. Il est plaisant qu'avec cela elle aimât assez Mme de Chevreuse, et fort sa fille, Mme de Lévi, qui néanmoins étoit toute franche et un avec son père et sa mère et M. et Mme de Beauvilliers. Pour celle-ci, Mme de Maintenon ne la pouvoit souffrir. Mme de Beauvilliers ne s'en soucioit guère, ne lui rendoit aucun devoir, n'étoit point comme sa sœur des particuliers du roi, dont elle étoit pourtant fort bien traitée, et ne la voyoit jamais, sinon rarement par hasard à des promenades, où le roi la menoit et où Mme de Maintenon se trouvoit quelquefois, et alors très-poliment, également, mais d'une politesse sèche de part et d'autre. Il n'y eut que les énormités de la campagne de Lille et leurs suites qui rejoignirent M. de Beauvilliers à Mme de Maintenon, qui en fit les premiers pas. Le concert fut entier entre eux et le commerce vif, mais qui cessa tout court avec la matière qui l'avoit causé, et ils demeurèrent pour toujours depuis comme ils étoient auparavant qu'elle fût née.

Quoique inaccessible à ce qui n'étoit pas de devoir étroit et de bienséance nécessaire, sans commerce à la cour, et fort volontiers à l'écart chez le roi, et cela sans proportion plus que M. de Chevreuse, il est surprenant jusqu'où il imposoit chez le roi, et partout ailleurs dès qu'il paroissoit quelque part; Mmes de Chevreuse et de Beauvilliers de même, mais un peu plus mêlées dans la cour, quoique avec grande réserve. Les princes du sang, les bâtards même, les plus considérables seigneurs, les ministres ne l'approchoient qu'avec un air de respect, de déférence, fort souvent d'embarras. On regardoit à qui il parloit; je me suis souvent diverti des instants à voir les yeux des principaux de la cour, ce qui arrivoit assez souvent à Marly, fichés sur moi, assis à l'écart auprès de lui qui me parloit à l'oreille. Je n'ai vu personne sur un si grand pied à la cour, et, à quelques semaines près de l'orage du quiétisme, tant qu'il a vécu, même après la mort du Dauphin.

Depuis cette fatale époque, il se retira de plus en plus, et il ne se soutint qu'à force de piété, de courage, d'abandon à Dieu, de conformité à sa volonté. Quelque musique d'airs tristes, quelques soupers chez moi, plus rares néanmoins qu'avant cette plaie, faisoient tout son délassement. Il étoit fait exprès pour être capable et en même temps digne de former un excellent roi, bon, saint, grand devant Dieu et devant les hommes. Il y avoit mis tous ses talents et tous ses soins, et il voyoit avec ravissement et actions de grâces continuelles, que le succès passoit de loin ses plus flatteuses espérances. Il se trouvoit le conseil intime, le cœur, l'esprit, l'âme de ce prince, qui en avoit infiniment. Il en attendoit tout pour le rétablissement de l'ordre, de la justice, du bonheur des sujets de tous les états, et le rétablissement du royaume, parce qu'il en savoit les vues, les projets, les désirs, que lui-même avoit inspirés; et il en voyoit assez par l'expérience pour ne pas craindre la corruption du cœur ni l'étourdissement de l'esprit par le souverain pouvoir. Enfin il considéroit un âge qui dans sa fleur avoit vaincu toutes les plus formidables passions; une vertu solidement fondée, et qui avoit passé par d'étranges épreuves, enfin un long cours d'années à donner tout loisir aux sages et lentes opérations au dedans et au dehors, dont lui-même, après les plus promptes, pouvoit se flatter de voir les commencements; et tout à coup il voit enlever ce prodige de talents et de grâce dont nous n'étions pas dignes, qui ne nous fut montré que pour nous faire admirer la puissance de la droite de Dieu, et nous faire sentir l'excès de nos péchés par la profondeur de notre chute.

Alors, si on ose hasarder ce terme, les jointures de son âme avec son corps furent ébranlées, il aperçut d'un coup d'œil les funestes suites qui résultoient sur la France, il éprouva les plus horribles effets de la tendresse, il entra dans le néant que cet horrible vide laissoit, il en vivifia son plein sacrifice, il dompta la nature éperdue par un effort si terrible qu'il m'a souvent avoué que celui de ses enfants ne lui avoit en comparaison presque rien coûté. Tout fut mis au pied de la croix. Avide de profiter de toute l'amertume d'un calice si exquis, on a vu qu'il n'en perdit pas une seule goutte dans ses affreuses fonctions à Saint-Denis, à Notre-Dame, auprès du roi, avec une supériorité sur soi-même qui passoit la portée de l'homme. La mort du duc de Chevreuse combla en lui la destruction de l'homme animal. Sa solitude la fut moins qu'une prison. Des sacrifices sanglants devinrent le tissu de sa vie. L'épurement sublime de son âme sans cesse lancée vers Dieu acheva la dissolution de la matière, et fit de sa mort un holocauste. Que si ce que la vérité m'a forcé de rapporter sur M. de Cambrai et sur le cardinal de Noailles étoit capable de répandre quelques nuages trompeurs, qu'on se souvienne sur le dernier de saint Épiphane avec saint Jean Chrysostome; et sur le premier et sa Guyon, du célèbre Grenade, des lumières et de la sainteté dont personne n'a douté, et qui, pour un entêtement semblable, plus surprenant encore, n'a pu être canonisé; et de nos jours, du savant Boileau de l'archevêché, et de M. Duguet, dont les nombreux ouvrages de piété font admirer l'étendue et la sublimité de son érudition et de ses lumières, qui tous deux ont été les admirateurs et les dupes jusqu'à leur mort, de cette Mlle Rose, cette étrange béate qui fut enfin chassée, sans que leurs yeux pussent s'ouvrir sur elle, et dont on a parlé en son temps.

J'avois eu la douceur de goûter toute la joie de la réconciliation parfaite, qu'on a vu en son lieu que j'avois faite entre le duc de Beauvilliers et le chancelier de Pontchartrain, et le déplaisir véritable du premier de la retraite de l'autre; et j'eus la consolation de voir le chancelier sincèrement affligé de la mort du duc. Dès auparavant cette réconciliation, le chancelier, quoique ami du duc de Chevreuse, me disoit quelquefois plaisamment des deux beaux-frères « qu'il étoit merveilleux, liés comme ils l'étoient par l'habitude de toute leur vie, jusqu'à n'être tous deux qu'un cœur, une âme, un esprit, un sentiment, [que] M. de Beauvilliers eût un ange qui à point nommé l'arrêtoit, et ne manquoit jamais de le détourner de tout ce que M. de Chevreuse avoit de nuisible et quelquefois d'insupportable, l'un dans sa conduite, qui ruinoit ses affaires et sa santé, l'autre dans ses raisonnements; un ange qui lui faisoit pratiquer tout l'opposé, qui dans tout le reste ne troubloit en rien leur union, et par cela même ne l'altéroit pas. » En effet, rien de plus opposé que le désordre et le bon état des affaires de l'un et de l'autre, avec toute l'application de l'un, et une plus générale de l'autre; que l'austérité de la sobriété de l'un, et l'ample nourriture de l'autre; l'un persuadé par philosophie et par le livre de Cornaro, l'autre par Fagon; la précision jusqu'à une minute des heures de M. de Beauvilliers, l'homme le plus avare de son temps, et qui faisoit des excuses à son cocher s'il n'arrivoit pas avec justesse au moment qu'il avoit demandé son carrosse, et l'incurie de M. de Chevreuse de se faire toujours attendre, dont on a vu en leur lieu des exemples plaisants, et son ignorance des heures, quoique jaloux aussi de son temps; enfin l'exactitude de l'un à tout faire et finir avec justesse, tandis que l'autre faisoit sans cesse et paroissoit ne jamais finir. Aussi M. de Beauvilliers, qui vouloit le bien en tout, s'en contentoit; et M. de Chevreuse, qui cherchoit le mieux, manquoit bien souvent l'un et l'autre.

M. de Beauvilliers voyoit les choses comme elles étoient; il étoit ennemi des chimères, pesoit tout avec exactitude, comparoit les partis avec justesse, demeuroit inébranlable dans son choix sur des fondements certains. M. de Chevreuse, avec plus d'esprit, et sans comparaison plus de savoir en tout genre, voyoit tout en blanc et en pleine espérance, jusqu'à ce qui en offroit le moins, n'avoit pas la justesse de l'autre, ni le sens si droit. Son trop de lumières point assez ramassées l'éblouissoit par de faux jours, et sa facilité prodigieuse de concevoir et de raisonner lui ouvroit tant de routes qu'il étoit sujet à l'égarement, sans s'en apercevoir et de la meilleure foi du monde. Ces inconvénients n'étoient jamais en M. de Beauvilliers, qui étoit préférable dans un conseil, et M. de Chevreuse dans toutes les académies. Il avoit aussi une élocution plus naturellement diserte, entraînante, et dangereuse aussi par les grâces qui y naissoient d'elles-mêmes, à entraîner dans le faux à force de chaînons, quand on lui avoit passé une fois ses premières propositions en entier faute d'attention assez vigilante, et de donner par cet entraînement dans un faux qu'à la fin on apercevoit tout entier, mais déjà dans le branle forcé de s'y sentir précipité. Enfin, pour achever ce contraste de deux hommes si unis jusqu'à n'être qu'un, le duc de Chevreuse ne pouvoit se lever ni se coucher; M. de Beauvilliers, réglé en tout, se levoit fort matin, et se couchoit de bonne heure, c'est-à-dire qu'il sortoit de table au commencement du fruit, et qu'il étoit couché avant que le souper fût fini.

Ils furent tous deux, comme on l'a vu ailleurs, les protecteurs et le soutien de leurs frères et sœurs du second lit et des femmes de leur père. M. de Beauvilliers eut le moyen et la funeste occasion d'y être plus magnifique que son beau-frère; il y fut aussi plus heureux, et Mme de Beauvilliers s'y surpassa. Elle but à loisir le calice de la chute de l'évêque de Beauvais, que M. de Beauvilliers n'eut pas le loisir de voir. Elle logeoit ce beau-frère; elle lui donnoit; et persuadée de sa piété, il faisoit toute sa consolation. Elle porta seule la douleur de ses premiers désordres, qu'elle essaya d'ensevelir dans le plus grand secret. Ils étoient de nature à n'y pouvoir pas demeurer longtemps. Elle n'oublia ni soins, ni caresses, ni mesures, et les moins selon son cœur, puisqu'elle employa le cardinal de Noailles, qui s'y prêta comme son propre frère. Je fus témoin de tout ce qui s'y passa, de la charité vraiment tendre et agissante, de la douleur la plus amère de Mme de Beauvilliers. L'éclat affreux, qu'ils ne purent jamais empêcher par la folie de ce déplorable évêque, fut peu à peu porté à son comble, qui fut celui des douleurs de la duchesse de Beauvilliers, et une nouvelle et forte épreuve de sa vertu, qui néanmoins eût été ici supprimée, si la cour, Paris, toute la France, et par un reflet devenu nécessaire, Rome même, n'avoient pas retenti de ce malheur rendu si peu commun, et si étrangement public, par l'extravagance d'une conduite qui fut le sceau de l'affliction de Mme de Beauvilliers.

Il n'y eut point de femme à la cour qui eût plus d'esprit que celle-là, plus pénétrant, plus fin, plus juste, mais plus sage et plus réglé, et qui en fût plus maîtresse. Jamais elle n'en vouloit montrer, mais elle ne pouvoit faire qu'on ne s'en aperçût dès qu'elle ouvroit la bouche, souvent même sans parler. Il étoit naturellement rempli de grâce, avec une si grande facilité d'expression, qu'elle en étoit parée, jusqu'à en faire oublier sa laideur, qui, bien que sans difformité ni dégoût, et avec une taille ordinaire et bien prise, étoit peu commune. Il y avoit même un tour galant dans son esprit. Elle aimoit à donner, et je n'ai vu qu'elle et la chancelière qui eussent l'art de le faire avec un tour et des grâces aussi parfaites. Son goût étoit exquis et général : meubles, parures de tout âge, table, en un mot sur tout; fort noble, fort magnifique, fort polie, mais avec beaucoup de distinction et de dignité. Elle auroit eu du penchant pour le monde. Une piété sincère dès ses premières années, et le désir de plaire à M. de Beauvilliers, la retenoit, mais elle y étoit fort propre; et indépendamment de commerce avec elle, on le sentoit à la manière grande, noble, aisée; accueillante avec discernement, dont elle savoit tenir sa maison ou la cour; et les étrangers qualifiés abondoient à dîner.

Son esprit qui échappoit quelquefois, quoique toujours

avec grande circonspection, se montroit, malgré elle, assez pour faire regretter qu'elle ne lui laissât pas plus de liberté. Sa conversation étoit agréable, charmante en liberté, avec des traits vifs, fins, perçants, après lesquels il étoit plaisant de la voir quelquefois courir. Ailleurs il y avoit du contraint, et qui communiquoit de la contrainte; et en tout il est vrai que fort peu de gens, même des plus familiers, se trouvoient avec elle pleinement à l'aise, au contraire de Mme de Chevreuse qui, avec autant de piété, avoit beaucoup moins d'esprit. D'ailleurs, Mme de Beauvilliers étoit parfaitement droite et vraie, tendre amie et parente excellente. Les aumônes et les bonnes œuvres que M. de Beauvilliers et elle ont faites se peuvent dire immenses; c'étoit leur premier soin, et, avec la prière, leur plus chère occupation.

Une en tout avec M. de Beauvilliers, on a vu ailleurs comment elle en usa à la mort de ses enfants pour ceux du second mariage du vieux duc de Saint-Aignan qu'elle combla de biens, de soins, de tendresse, et à qui elle ne laissa jamais sentir quel poignard ce lui étoit que ce souvenir perpétuel de ses pertes.

Celle de M. de Beauvilliers fut un glaive qui ne sortit plus de son cœur, qui le perça. Elle resta aussi riche que la duchesse de Chevreuse étoit demeurée pauvre; aussi le chancelier de Pontchartrain prétendoit-il « que c'étoit toujours l'effet du jeu de ce même ange en faveur de l'un pour confondre la philosophie de l'autre. »

Mme de Beauvilliers, si tendrement et si pieusement une avec son époux toute leur vie, demeura inconsolable, mais en chrétienne et en femme forte. Il voulut être enterré à Montargis, dans le monastère de bénédictines où huit de ses filles avoient voulu faire profession, et dont l'aînée étoit supérieure perpétuelle, sans qu'aucune ait voulu ouïr parler d'abbaye; Mme de Beauvilliers y alla, et, par un acte de religion qui fait la plus terrible horreur à penser, elle voulut assister à son enterrement. Ce fut aussi le lieu de sa plus chère retraite depuis, toutes les années de sa vie, et longtemps et souvent plus d'une fois l'an, vivant au milieu de ses filles, et d'autres fort proches dont le couvent étoit rempli, dans la plus poignante douleur, et la pénitence la plus austère, sans que rien en parût aux heures du délassement de la communauté. A Paris, dans sa vaste maison, fort loin de ses sœurs (et c'étoit un autre sacrifice, surtout à l'égard de Mme de Chevreuse), elle ne se crut pas obligée à vivre comme les autres veuves, n'ayant ni enfants ni besoins. Sa retraite fut totale; ni table, ni le plus léger amusement d'aucune espèce. Tout ce qui put y avoir le moindre trait fut banni, tout commerce fut rompu avec le monde. Elle se borna à sa plus étroite famille, et à un nombre le plus court d'amis qui l'étoient de M. de Beauvilliers aussi, avec qui tout lui étoit commun. Sa solitude étoit entière, rarement interrompue par quelqu'un de ce petit nombre. Ses journées n'étoient que prières chez elle ou à l'église, quelquefois chez ses sœurs, et chez Mme de Saint-Simon depuis que nous fûmes à Paris; nulle autre part, ou comme jamais. Assez l'été dans ses terres pour y faire de bonnes œuvres, où elle étoit, s'il se peut, encore plus seule qu'à Paris. Un trait d'elle que je ne puis me refuser montrera jusqu'où elle porta la vertu.

Les fouille-au-pot de la cuisine d'Henri IV, avant qu'il eût recueilli la couronne de France, furent heureux comme l'a témoigné la fortune de La Varenne et de sa postérité. Deux autres, qui vinrent de Béarn en cette qualité, s'appeloient Joannes et Beziade. Ce dernier seroit bien étonné de voir d'Avaray, son petit-fils, chevalier de l'ordre, Joannes, c'est-à-dire Jean, nom fort commun aux laquais basques, fut mis jardinier à Chambord, devint par les degrés jardinier en chef, ne travaillant plus, et concierge du château. Il s'enrichit pour son état et pour son temps, acheta des terres, fit porter à son fils le nom de celle de Saumery; et de Joannes il ôta l's, en fit Joanne pour le nom de sa maison. Ce fils se trouva un honnête homme, brave et d'honneur, servit avec distinction, devint capitaine et concierge de Chambord, comme les autres le sont des maisons royales, et se maria à Blois avec une fille de Charron, bourgeois du lieu, qui avoit donné l'autre à Colbert avant tout commencement de fortune de cette sœur de Mme Colbert[1]. Saumery qui est mort très-vieux, que j'ai vu venir faire de courts voyages à Versailles, de Chambord où il s'étoit retiré, qu'on accueilloit par son âge et parce qu'il ne s'étoit jamais méconnu, eut plusieurs enfants, dont l'aîné fort bien fait, audacieux et impudent à l'avenant, quitta le service de bonne heure pour une blessure qui lui estropia légèrement un genou, dont il sut se parer et s'avantager mieux que blessé que j'aie vue de ma vue.

Il étoit retiré à Chambord, dont il avoit la survivance, et avec une fille de Besmaux, gouverneur de la Bastille, qu'il avoit épousée, plus impertinente et plus effrontée encore que lui : il faisoit le gros dos dans la province, décoré d'une charge de maître des eaux et forêts. Il étoit donc cousin germain des enfants de M. Colbert, qui l'y avoit laissé, jusqu'à ce que M. de Beauvilliers l'en tira, lorsque M. le duc d'Anjou, depuis roi d'Espagne, passa des femmes aux hommes, pour le faire sous-gouverneur. Il avoit plusieurs enfants et bon appétit. Sa place lui parut avec raison le comble d'une fortune inespérée, mais bientôt, il n'y trouva que le chemin de la faire.

Ce n'étoit ni un esprit ni un sot, mais un drôle à qui toute voie fut bonne, et qui fureta partout. Il fit des connoissances, disoit le bonjour à l'oreille, parloit entre ses doigts, et montoit cent escaliers par jour. Pour le faire court, il s'initia chez le duc d'Harcourt et chez les plus opposés à

---

1. Ce passage, depuis *Deux autres, qui vinrent de Béarn*, a été supprimé dans les précédentes éditions. Voy., sur Saumery, t. II, p. 331-333, 452, et t. VII, p. 204 et 448.

M. de Beauvilliers, qui avoient apparemment leurs raisons pour l'accueillir. Il en fit l'important de plus en plus, et se fourra tant qu'il put. Je ne sais s'il se douta de quelque chose, mais il évita, même scandaleusement, la campagne de Lille par un voyage à Bourbonne. Il en revint à la cour dans le temps des plus grands cris contre Mgr le duc de Bourgogne, et de tous les mouvements qui ont été racontés. Il vit de quel côté venoit le vent, et n'eut pas honte d'être un des grands prôneurs de M. de Vendôme, et de tomber sur Mgr le duc de Bourgogne, auprès duquel il avoit été mis, et et y étoit. Cette infamie le déshonora, mais elle fut bien récompensée par les patrons qu'elle lui valut. Il est mort bien des années depuis avec plus de quatre-vingt mille livres de rentes de grâces de Louis XIV, sans compter les militaires pour ses enfants. Le même crédit le fit sous-gouverneur du roi d'aujourd'hui, dont son fils aîné eut la singulière survivance et l'exercice.

Celui-là étoit un fort honnête homme, avec de la valeur, du sens et de la modestie, et n'a pas survécu son père longtemps. Il avoit un cadet qui faisoit le beau fils et l'homme à bonne fortune; et c'est celui dont il va être question.

M. et Mme de Beauvilliers avoient toujours reçu Saumery à peu près à l'ordinaire, qui s'y présentoit aussi dégagé que s'il n'avoit eu quoi que ce fût à se reprocher, bien que très-informés de toute sa conduite. Je les avois inutilement attaqués là-dessus, et je ne m'étois pas contraint dans le monde de ce que je pensois de Saumery et de ses procédés. Ses fils s'étoient aussi enrichis. Le cadet longtemps depuis, ce beau fils dont j'ai parlé, avoit acheté des terres, une entre autres qui convenoit à Mme de Beauvilliers pour des mouvances [1] qui l'auroient jetée en beaucoup d'embarras, et

---

1. La mouvance d'un fief était, comme on l'a déjà dit, la dépendance d'un fief inférieur par rapport au fief dominant ou suzerain. Il y a eu de très-longues contestations pour savoir si la Bretagne était un fief mouvant du duché de Normandie.

qu'il lui avoit soufflée. Elle étoit peu considérable, elle ne l'étoit pas même pour Saumery, qu'on appeloit Puyfonds, qui n'avoit pas les mêmes raisons. Elle résolut de la retirer, et lui en fit faire toutes les civilités possibles. Le compagnon trouva plaisant qu'elle imaginât d'exercer son droit sur un homme de son importance; et n'eut pas honte de demander « qui étoit donc cette Mme de Beauvilliers qu'il ne connoissoit point, et qui prétendoit qu'on eût des égards pour elle? » Il tint ferme à contester le droit contre tout ce qui lui parla de la famille.

Dans l'embarras d'un procès, et de procédés de même impudence que les propos, Mme de Beauvilliers trouva, par des raisons de terres et de mouvances, qu'il n'y avoit que d'Antin qui pût lui imposer et lui faire quitter prise; nul moyen en elle d'approcher d'Antin jusqu'à lui faire prendre fait et cause. On a vu souvent combien il avoit toujours été éloigné de M. de Beauvilliers, et M. de Beauvilliers de lui. Je ne l'avois pas été moins; mais vers les fins de la vie du roi, il s'étoit fort jeté à moi, et depuis encore davantage. Mme de Beauvilliers, avec qui je vivois toujours dans la plus étroite union, crut qu'il n'y avoit que moi qui pût faire que d'Antin se prêtât à elle. Elle se garda bien de me parler de cette affaire que j'ignorois, mais elle vint la conter à Mme de Saint-Simon, et prit exprès son temps que j'étois au conseil de régence. Après lui avoir expliqué la chose et les procédés, et ce que j'y pouvois faire, elle lui dit que c'étoit à elle à voir si je pourrois être capable de la servir sans éclater contre Puyfonds; qu'elle se souvînt de la façon dont j'avois mené le père à leur occasion; qu'elle craignoit que je ne tombasse sur le fils, et en discours violents et en choses, avec le crédit que j'avois; que, pour peu que je ne fusse pas maître de moi là-dessus, elle la prioit instamment de ne m'en jamais parler, parce que pour rien elle ne me vouloit faire offenser Dieu et le prochain, et aimoit mieux perdre et ruiner son affaire que d'en être cause. Il fallut donc entrer en négociation avec moi pour le service qu'on en désiroit, sans expliquer rien ni nommer personne que Mme de Beauvilliers, jusqu'à ce qu'on m'eût fait convenir des conditions. Je les passai toutes, dans le désir de lui être utile, et avec grande curiosité de développer de si rares conditions et des précautions si singulières. Je vins à bout très-promptement de l'affaire, mais non si aisément de moi sur ce que j'avois promis, sans que le pied m'y glissât un peu, ni sans grand effort ni mérite de me retenir autant.

Cet ingrat et impudent Puyfonds fut bien heureux, au temps où nous étions, d'avoir eu affaire à une vertu aussi sublime qu'il força Mme de Beauvilliers à se montrer. Ce trait est si fort au-dessus de la nature et de la vertu même plus qu'ordinaires, il caractérise si nettement la duchesse de Beauvilliers que j'aurois cru commettre plus aussi qu'un larcin de le laisser périr dans l'oubli, trait d'autant plus héroïque qu'elle avoit naturellement une grande sensibilité.

Son extrême solitude la rongea lentement, et augmenta beaucoup le poids de sa pénitence : elle n'y étoit pas accoutumée, rien ne put l'engager à l'adoucir. La mort du duc de Rochechouart, son petit-fils, qui donnoit les plus grandes espérances, et qui la consoloit de tout ce que le duc de Mortemart lui donnoit de souffrances par sa conduite et ses procédés avec elle, et la perte de la duchesse de Chevreuse, qui arrivèrent coup sur coup, achevèrent de l'accabler. Elle combla de biens le duc de Saint-Aignan jusque par son testament, qui fut également sage, juste, pieux, et succomba enfin sous les plus dures épreuves d'une longue paralysie qu'elle porta avec une patience et une résignation parfaite, et depuis que la tête commença à s'attaquer, il n'y avoit que les choses de Dieu qui la rappelassent, et dont elle pouvoit être occupée, vivement même, dont j'ai été souvent témoin. Elle et M. de Beauvilliers en étoient si remplis, que ce qui leur échappoit quelquefois avec moi là-dessus, mais toujours courtement, étoit rempli d'une onction et d'un feu admirable. Ele vécut presque vingt ans dans la plus solitaire et la plus pénitente viduité, moins d'un an après Mme de Chevreuse ; et mourut en 1733, à soixante-quinze ans, infiniment riche en aumônes et en toutes sortes de bonnes œuvres.

CHAPITRE XIII.

Ma situation à la cour — Conduite étrange de Desmarets. — Brutalité avec moi, qui lui est fatale. — Maréchal de Villeroy chef du conseil royal des finances. — Son fils archevêque de Lyon. — Continuation de ma situation à la cour. — Macañas ; quel. — Cardinal del Giudice fait fonction à Marly de grand inquisiteur d'Espagne ; choque les deux rois ; est rappelé ; donne part publique du mariage du roi d'Espagne ; part à grand regret ; se morfond longtemps à Bayonne avec défense de passer outre. — Moyens en Espagne contre les entreprises de Rome. — Repentir inutile de la princesse des Ursins du mariage de Parme. — Mariage à Parme de la reine d'Espagne, qui part pour l'Espagne ; sa suite. — Mariage du fils du prince de Rohan avec la fille de la princesse d'Espinoy. — Mariage du comte de Roye avec la fille d'Huguet, conseiller au parlement. — Voyage de Fontainebleau par Petit-Bourg. — Le roi de fort mauvaise humeur. — Électeur de Bavière à Fontainebleau. — Amusements du roi redoublés et inusités chez Mme de Maintenon. — Paix de l'empire et de l'empereur signée à Bade. — Le roi d'Angleterre donne part au roi de son avénement à cette couronne, passe en Angleterre et y fait un entier changement. — Maréchal de Villeroy arrive à Fontainebleau ; est fait ministre. — Ministres ne prêtent point de serment. — Ineptie parfaite du maréchal. — Retour du maréchal de Villars. — Duc de Mortemart apporte au roi la nouvelle de l'assaut général de Barcelone, qui se rend à discrétion avec Mont-Joui et Cardone. — La Catalogne soumise. — Broglio, gendre de Voysin, apporte le détail de la prise de Barcelone. — Vues et conduite domestique du roi de Pologne, qui fait voyager son fils incognito.

— Il arrive à Paris et à la cour; très-bien reçu. — Ce qu'on en trouve. — Ses conducteurs. — Sa conversion secrète. — Électeur de Bavière voit le roi en particulier et retourne à Compiègne.

J'avoue que j'ai peine à m'arracher à des objets qui me furent si chers, et qui me le seront toute ma vie. Il est temps de reprendre une nouvelle idée de ma situation à la cour, bien différente de celle où je m'étois trouvé. La perte du Dauphin et de la Dauphine, la dispersion de ses dames qui ne figuroient plus, la disgrâce de Chamillart, la retraite du chancelier de Pontchartrain, la mort du maréchal de Boufflers, du duc de Chevreuse, enfin celle du duc de Beauvilliers, me laissèrent dans un vide (je ne parle pas du cœur, dont ce n'est pas ici le lieu), que rien ne pouvoit, non pas remplir, mais même diminuer. J'étois dans l'intimité, la confiance la plus étroite de ces ministres et de ces seigneurs si principaux, je l'étois de plusieurs dames très-instruites et très-importantes qui en diverses façons avoient disparu. Ces liaisons, surtout ce qui, malgré les plus sages précautions, ne laissa pas de transpirer de celles du Dauphin tout à la fin de sa vie, et plus encore depuis, m'avoient attiré tous les regards. La jalousie devançoit de loin ma fortune de perspective. On regardoit si peu comme une chimère que je pusse dès lors entrer dans le conseil, à quoi je ne songeai jamais, car, après le roi, personne n'en doutoit du temps du Dauphin et depuis, que la peur qu'on en eut fit que Bloin, vendu à M. du Maine, le lâcha au roi, qui étoit la façon la plus propre à m'écarter. Il le lui dit comme un discours qu'il croyoit ridicule, mais que la cour ne regardoit pas comme tel, et qu'elle craignoit. Toutefois il ne parut pas que cet honnête office fît d'impression.

De tout cet intérieur du roi de toute espèce, je n'avois que Maréchal, qui rompit plus d'une fois des lances pour moi contre les autres qui m'attaquoient devant le roi, et qui avoient de bons garants pour le faire. Dans le ministère je n'eus plus qui que ce fût : Desmarets, sans cause aucune, s'étoit éloigné de moi, et dès que je m'en aperçus je m'en éloignai de même. MM. de Chevreuse et de Beauvilliers le remarquèrent ; ils me pressèrent de le voir et d'excuser un homme accablé d'aussi difficiles affaires, et voyant enfin qu'ils ne me persuadoient pas, ils me forcèrent d'y aller dîner avec eux, chose qui ne leur arrivoit presque jamais. Tout s'y passa à la glace pour moi de la part de Desmarets, dont les deux ducs furent tellement scandalisés qu'ils me dirent qu'ils ne m'en demanderoient plus davantage. C'étoit à Fontainebleau, un an juste avant la mort du duc de Chevreuse. Dans la suite, lorsqu'il falloit parler à Desmarets pour quelque mangerie de financiers dans mes terres, ou pour être payé d'appointements, je prioisis toujours Mme de Saint-Simon d'y aller. Bientôt elle n'en fut pas plus contente que moi. Elle laissoit accumuler plusieurs choses pour lui parler de toutes en même temps ; à la fin elle ne put se résoudre à y retourner. Différents payements d'appointements s'étoient accumulés ; je différois toujours à aller les demander, jusqu'à ce qu'un jour Mme de Saint-Simon m'en pressa tant que j'y fus après le dîner, qui étoit assez l'heure de lui parler.

Elle ne faisoit que finir lorsque j'entrai dans son cabinet, à Versailles, qui étoit grand. Il venoit de se mettre à son bureau. Dès que je parus il vint à moi d'un air ému, me coupa au premier mot la parole, disant qu'il étoit bien malheureux d'être la victime du public, et d'autres plaintes dont le ton s'élevoit. Voyant ainsi la marée monter à vue d'œil, je voulus essayer de reprendre la parole, il m'interrompit à l'instant ; le rouge lui monta, ses yeux s'enflammèrent, ses plaintes aigres, mais vagues et sans rien que je pusse prendre pour moi, redoublèrent d'une voix fort élevée, et tout d'un coup se jetant sur des papiers que je tenois à la main, que je m'étois proposé de lui expliquer en deux mots avant de les lui laisser : « Voyons donc, dit-il, ce que c'est que tout cela, » d'un ton qui, dans mon extrême surprise, me détermina à n'en pas attendre davantage. Il étoit venu à moi jusque fort près de la porte, je l'ouvris, et sans regarder derrière moi, je cours encore.

J'allai conter mon aventure à Mme de Saint-Simon, et à des personnes de nos amis qui avoient dîné avec nous, et que je retrouvai encore, et me promis bien de ne parler plus que par lettres à un animal si ingrat et si bourru, quand j'aurois très-nécessairement affaire à lui. La vérité est que, de ce moment, je me promis bien de ne rien oublier pour le mettre hors d'état d'avoir à brutaliser personne, et j'y parvins, comme on le verra dans la suite.

Dès le lendemain un commis me renvoya les expéditions faites sur les papiers dont je viens de parler et les payements se firent, mais ces payements étoient dus, et cette insolence ne me l'étoit pas, ainsi nous en demeurâmes en ces termes, et quand il falloit passer par lui je lui envoyois un mémoire.

Il étoit si enivré de sa place et de sa faveur inespérée, si en proie à son humeur et aux flatteries des nouveaux amis qui ne vouloient que faire des affaires, qu'il oublia les leçons de sa longue disgrâce et ses vrais et anciens amis désintéressés. M. de Beauvilliers et M. de Chevreuse n'étoient plus alors ; il s'étoit refroidi de même avec eux jusqu'à la cessation du commerce, et brouillé fortement avec Mme de Croissy qui, pendant sa disgrâce, avoit été toute sa ressource, depuis qu'il put demeurer à Paris, par conséquent très-froidement avec Torcy. Tel étoit cet ogre.

Torcy, on a vu que je n'avois jamais eu aucun commerce avec lui, et sur quel pied gauche j'étois resté avec Pontchartrain ; Voysin, chancelier et secrétaire d'État, je n'y avois jamais eu la plus légère connoissance, et il étoit d'ailleurs l'âme damnée de Mme de Maintenon et de M. du Maine.

Ainsi, tous les successeurs de mes plus intimes mis m'étoient fort opposés, ou pour le moins parfaitement indifférents ; encore avois-je lieu de ne pas m'en croire quitte à si bon marché avec pas un, jusqu'au successeur de M. de Beauvilliers, comme on l'a vu épars en plusieurs endroits ; en dernier lieu même nous étions demeurés assez mal ensemble depuis les belles prétentions des maréchaux de France, lors de l'affaire du duc d'Estrées et du comte d'Harcourt, qu'il avoit fort soutenues, et sur lesquelles je m'étois espacé sur lui sans ménagement.

On comprend assez que c'est le maréchal de Villeroy dont j'entends parler ; il venoit d'obtenir l'archevêché de Lyon pour son fils, et commandement dans tout le gouvernement, comme l'archevêque son grand-oncle, malgré ses mœurs et son ignorance, l'un et l'autre parfaitement connus. A peine la place de chef du conseil des finances fut-elle vacante que le roi lui manda, à Lyon où il étoit encore, qu'il la lui donnoit. Outre la façon dont nous étions ensemble, c'étoit encore un homme vendu à Mme de Maintenon, et par conséquent au moins pour lors au duc du Maine. Tallard, Tessé, d'autres courtisans importants, nous avions toujours marché sous différentes enseignes, et quoique Harcourt m'eût souvent rapproché, ce que j'étois au duc de Beauvilliers m'avoit empêché de m'y jamais prêter au delà de la simple et indispensable bienséance.

En un mot je ne tenois plus à personne ; Charost, malgré sa charge, n'étoit rien, et Noailles avec tous ses dehors, et le cancer interne de sa disgrâce couverte, avoit plus besoin de moi pour le futur, que moi de lui pour le présent. J'avois donc sans nul appui le ministère et l'intérieur du roi contre moi, et dans la cour force piques baissées sur moi par la peur et la jalousie qu'on avoit prise, et sur l'idée encore d'un avenir peu éloigné par la régence de M. le duc d'Orléans.

La liaison entre lui et moi étoit de toute notre vie ; on n'ignoroit plus que sa séparation d'avec Mme d'Argenton, son raccommodement avec Mme la duchesse d'Orléans, l'union dans laquelle ils vivoient depuis, le mariage de Mme la duchesse de Berry, ne fût mon ouvrage. La disgrâce du roi si marquée, si approfondie, les dangers de l'affaire d'Espagne, les vacarmes tant renouvelés des poisons, la fuite générale de sa présence qui duroit toujours, les avis, les menaces secrètes qu'on avoit pris soin de me faire revenir, n'avoient pu me séparer de lui, ni d'être le seul homme de la cour qui le vît publiquement, et qui publiquement parût avec lui dans les jardins de Marly, et jusque sous les yeux du roi. L'uniformité de cette conduite ne pouvoit être imputée aux espérances, puisqu'elle avoit été la même du temps de Monseigneur et des princes ses fils, où je n'en pouvois attendre que des disgrâces. Alors même ce peu de ménagement étoit considéré comme une singulière hardiesse dans la situation où ce prince se trouvoit avec le roi et Mme de Maintenon que personne n'ignoroit, et dont le testament du roi devenoit dans son obscurité une preuve manifeste qui portoit tous les pas vers le duc du Maine.

Celui-ci n'avoit pas oublié l'inutilité de tous les siens vers moi, ni mon extrême horreur des rangs qu'il avoit obtenus. Ma conduite avec M. le duc d'Orléans démentoit avec force l'imputation exécrable faite à ce prince si importante au duc du Maine, dont il avoit si habilement su profiter, et que pour l'avenir il entretenoit et ressuscitoit avec tant d'art et de manége, toujours Mme de Maintenon de moitié avec lui.

J'avois conservé une réputation entière de vérité, de probité et d'honneur, que les jaloux, les querelles de rang, les divers orages n'avoient jamais attaquée; Mme de Saint-Simon étoit de toute sa vie sur le plus grand pied de réputation en tout genre; personne n'ignoroit, quoique en gros, que nous avions infiniment perdu au Dauphin et en la Dauphine pour le présent et pour l'avenir, ni l'amertume de notre douleur. Je n'avois jamais passé pour savoir me contraindre, il étoit donc évident que j'aurois rompu avec M. le duc d'Orléans, sans ménagement, et sans égard aucun sur l'avenir, si je l'avois soupçonné le moins du monde : cela même étoit universellement avoué, et je le voyois trop journellement, trop intimement pour, à la fin, n'avoir rien soupçonné pour peu qu'il y eût à le faire. Voilà ce qui m'avoit tant détaché d'avis et de menaces de toutes parts pour m'obliger à changer de conduite avec ce prince, dont l'inutilité retomboit en rage sur moi de la part de Mme de Maintenon et de M. du Maine qui, outre ce principal objet que je remets ici devant les yeux quoique je l'aie touché ailleurs, s'y proposoient encore de priver M. le duc d'Orléans du seul homme qui le vît et avec qui il pût raisonner et consulter.

Les croupiers de ces deux personnes si prodigieusement principales ne leur manquoient pas en ce genre. A eux se joignoient d'ailleurs un groupe toujours nombreux d'envieux et de jaloux, qui étoient bien persuadés que, dès que M. le duc d'Orléans seroit régent, je ferois auprès de lui la première figure en confiance et en crédit, et qui s'en désespéroient d'avance. Cela même étoit encore une des frayeurs de M. du Maine et de Mme de Maintenon.

La réputation d'esprit qu'on m'avoit donnée pour me perdre auprès du roi, lorsqu'il me choisit, en 1706, pour l'ambassade de Rome, et qui réussit si fort au gré des honnêtes gens qui l'imaginèrent, comme on l'a vu alors, étoit demeurée dans la tête de M. du Maine, de Mme de Maintenon, du roi même; le gros du monde, qui y avoit donné, avoit eu plus tôt fait de le croire que d'y aller voir, et c'est ainsi que s'établissent et que durent mille fausses idées qu'on se forme tous les jours. J'avois soutenu beaucoup d'aventures, d'affaires de rang et d'autre nature avec des princes du sang et des plus grands et accrédités de la cour, des orages même, toutes choses que pour la plupart on a vues ici en leurs places. Je ne m'étois effrayé d'aucunes, j'étois toujours bien sorti de toutes. Ce tout, joint ensemble par l'envie et la jalousie, épouvantoit et me livroit aux effets de ces passions cruelles.

Quoiqu'il parût que le roi commençoit à se flétrir, rien au dehors ne menaçoit encore, et je me voyois un long trajet de mer à me conduire seul parmi ces écueils et ces gouffres; je les voyois tous paroître ou s'ouvrir devant moi; je sentois à quel point je pensois à M. du Maine et à Mme de Maintenon, dans l'intimité unique du prince qui leur étoit en butte, et lui et moi sans la moindre défense; combien je leur paroissois dangereux auprès de lui après le roi; enfin, combien d'envieux, de jaloux, d'ennemis tourmentés de ces mêmes pensées par différents regards. Plus de conseil principal et intime, et plus personne en crédit pour m'appuyer et me défendre. Dieu permit que je ne me troublai point; je me résolus à une conduite sage, mais sans rien changer à mes allures, sans rechercher personne, surtout à vivre avec M. le duc d'Orléans entièrement comme j'avois accoutumé en particulier et en public, et à ne donner le plaisir à personne de me voir foiblir et chercher à m'accrocher. Cette courte exposition étoit nécessaire pour ce qui suivra, quoique ce ne soit pas encore le temps de parler de ce qui se passoit entre M. [le duc] et Mme la duchesse d'Orléans et moi. Retournons en attendant dans le monde qu'il y a trop longtemps que nous avons quitté.

Il faut se souvenir que ce fut le dimanche 26 août que le roi remit son testament au premier président et au procureur général à Versailles, qu'ils reçurent le même matin du chancelier l'édit qui l'accompagna, qu'il fut enregistré le mardi suivant 28, et le testament enfermé le même jour dans le lieu de son dépôt; que le lendemain mercredi le roi alla coucher à Petit-Bourg, qu'il arriva le jeudi 30 août à Fontainebleau, et que le lendemain vendredi dernier août, le duc de Beauvilliers mourut à Vaucresson. Revenons maintenant un instant sur nos pas, et voyons de suite le rappel du cardinal del Giudice.

Quelque soumise que l'Espagne paroisse à Rome, les entreprises de cette cour qui cherche sans cesse à augmenter son pouvoir forment souvent de petits orages. Son joug est trouvé trop pesant pour le laisser augmenter encore ; on s'y défend fortement de son accroissement ; et quand Rome s'emporte, la cour de Madrid la range par famine, et la force de se rendre à la raison. C'est ce qui s'exécute aisément en y fermant la nonciature dont le tribunal est extrêmement étendu, et vaut plus de deux cent mille écus à la cour de Rome, tous les officiers payés, et le nonce même qui tire gros. Les mœurs des pays d'inquisition sont si différentes des nôtres, et ce détail mèneroit si loin, que je m'abstiendrai d'entrer dans l'affaire émue par la cour de Rome, qui blessa la cour de Madrid.

Macañas revêtu d'une charge dans le conseil de Castille, et homme fort savant et fort attaché aux droits et à la personne du roi d'Espagne, fut chargé d'écrire contre cette entreprise. Il le fit par un ouvrage si bien prouvé que Rome ne put répondre que par l'abus auquel elle a si souvent recours. L'inquisition d'Espagne fit un décret furieux contre la personne et l'ouvrage de Macañas, et l'envoya en France au cardinal del Giudice, grand inquisiteur d'Espagne, qui l'expédia et le data de Marly le dernier juillet. Le roi fut fort choqué de cet exercice de sa charge dans sa propre maison, hors de son territoire d'Espagne, et dans son royaume, qui ne reconnoît point d'inquisition ni d'inquisiteurs. Néanmoins il n'en voulut rien témoigner au dehors, sinon légèrement par Torcy, qui par ordre du roi se paya aisément des excuses qu'il prodigua, et qui ne coûtent rien aux ministres de Rome, pourvu qu'ils aient fait ce qu'ils ont voulu, et que les excuses n'arrêtent point ce qu'ils ont fait.

En Espagne on fut fort irrité de la conduite d'un grand inquisiteur, qui étoit en même temps dans le conseil d'État, qui se pouvoit si aisément excuser à Rome sur son absence d'Espagne, et se porter si convenablement par ses deux emplois en amiable compositeur du différend qu'en juge aussi partial et aussi sévère. Mme des Ursins fut ravie d'une occasion si naturelle de se délivrer en Espagne du poids incommode du cardinal. Elle avoit eu cette vue pour un temps en l'envoyant si indécemment en France; mais l'autre vue qu'elle avoit eue pour ce voyage n'étoit pas encore remplie, et qui regardoit le mariage du roi d'Espagne; elle se contenta donc d'aigrir le roi d'Espagne contre le cardinal, mais de temporiser jusqu'à ce que sa commission fût accomplie. Il l'acheva en effet le matin même que le roi partit l'après-dînée de Versailles pour aller coucher à Petit-Bourg, et lui donna part publique du mariage du roi d'Espagne, dont jusqu'alors il ne lui avoit donné part qu'en particulier, par respect et confiance de son petit-fils, qui toutefois l'avoit conclu avant de lui en avoir fait dire un mot.

Le roi continua à dissimuler sur l'entreprise du cardinal grand inquisiteur et sur le mariage. Il avoit invité le cardinal de venir à Fontainebleau où il lui avoit donné un beau logement. Mais la princesse des Ursins, qui savoit le jour précis que cette part publique du mariage seroit donnée, s'étoit ajustée là-dessus, de façon que dès le lendemain le cardinal reçut un ordre précis qui le rappeloit en Espagne sur-le-champ. Giudice en fut consterné. Il vint le lundi 3 septembre à Fontainebleau, vit longtemps le roi le lendemain dans son cabinet à l'issue de son lever, prit congé de lui, et s'en retourna à Paris. Il ne se cacha à personne du chagrin de son départ; ni assez de son inquiétude, car il ne se contraignit pas de dire qu'il quittoit un paradis terrestre pour retourner dans un pays où il ne trouveroit que des épines, et pas un homme à qui se fier, et qu'il quitteroit avec plaisir tous les emplois qu'il avoit en Espagne, si le roi son maître lui vouloit faire la grâce de le nommer son ambassadeur en France pour y demeurer toujours. Deux jours après, le roi lui envoya un diamant de dix mille écus, et il partit aussitôt après avec Cellamare son neveu, pour retourner en poste en Espagne.

En arrivant à Bayonne, il trouva un ordre qui lui défendoit d'entrer en Espagne, et qui lui enjoignoit d'en attendre de nouveaux à Bayonne. Il en parut fort abattu. Il envoya son neveu à Madrid et il demeura à Bayonne. Nous l'y laisserons parce qu'il y demeura longtemps. Il y eut le dégoût de recevoir défense de voir la nouvelle reine d'Espagne, qui y entra tandis qu'il se morfondoit à Bayonne. On verra en son temps ce qu'il devint et Macañas.

Je ne sais ce qui étoit revenu à la princesse des Ursins sur les dispositions de la princesse de Parme, mais elle entra dans de tels soupçons de son esprit haut et entreprenant, qu'elle se repentit d'avoir fait ce mariage, et qu'elle eut envie de le rompre. Elle fit donc naître je ne sais quelles difficultés, sur lesquelles elle fit dépêcher un courrier à Rome au cardinal Acquaviva qui y faisoit les affaires du roi d'Espagne, avec ordre de différer son voyage à Parme, où il avoit ordre d'aller faire la demande et d'y voir épouser la princesse par le duc de Parme, frère cadet du feu père de la princesse, qui avoit épousé sa mère peu de temps après avoir succédé au duché. Mme des Ursins avoit changé d'avis trop tard. Le courrier ne trouva plus Acquaviva à Rome : ce cardinal étoit en chemin et près d'arriver à Parme, de sorte qu'il n'y eut pas moyen de reculer.

Il fut reçu avec de grands honneurs et une grande magnificence : il fit la demande, mais il différa les épousailles comme il put, et ce retardement fit beaucoup parler. En attendant, la dépense étoit pesante à Parme ; le mariage, qui se devoit célébrer le 25 août, ne le fut que le 16 septembre, par le cardinal Gozzadini, légat *a latere* pour cette fonction, et pour complimenter la reine d'Espagne au nom du pape. Elle partit incontinent après pour aller s'embarquer à Gênes et aller par mer à Alicante, accompagnée du marquis de Los Balbazès et de la princesse de Piombino, femme de beaucoup d'esprit, et amie particulière de la princesse des Ursins. Albéroni, qu'elle avoit envoyé à Parme dès les commencements de cette affaire du mariage, retourna de la part du duc de Parme à son emploi d'Espagne, à la suite de la nouvelle reine.

Deux mariages moins importants se firent en même temps. La princesse d'Espinoy, intimement liée, comme on l'a vu en plus d'un endroit avec feu Mme de Soubise et ses fils, donna sa fille, qui étoit fort riche, au fils unique du prince de Rohan, qui de son côté devoit l'être infiniment. Il n'y eut point de fiançailles chez le roi, et quelques jours après Mme d'Espinoy présenta sa fille, qui prit le tabouret au souper.

L'autre mariage ne fut pas si égal en biens et en naissance. Le comte de Roucy s'étoit détaché de faire le mariage de Mlle de Monaco pour son fils, malgré Mme de Monaco et M. le Grand. Il le maria à la fille d'Huguet, conseiller au parlement, unique et fort riche, dont le comte de Roye avoit fort grand besoin.

Le roi, qui avoit été de fort mauvaise humeur durant le chemin, jusqu'à se fâcher de bagatelles contre son ordinaire, à casser le cocher qui le menoit, et à tomber sur le premier écuyer qu'il aimoit, à ce que me dit Mme de Saint-Simon, qui alla à Fontainebleau et en revint seule dans son carrosse avec les princesses, n'étoit apparemment pas revenu du tourment qu'il avoit reproché au duc du Maine, et dont il avoit parlé si ouvertement et si amèrement au premier président, et au procureur général, et à la reine d'Angleterre, sur tout ce qu'on lui avoit fait faire si fort contre son gré. Il trouva son appartement à Fontainebleau tout à fait changé. Je ne sais s'il fut plus commode, mais il n'en parut pas plus beau.

L'électeur de Bavière y vint peu de jours après, et s'y établit chez d'Antin avec une table et le plus gros jeu du monde qui commençoit dès le matin. Il ne laissoit pas d'aller jouer chez Mme la Duchesse, et elle quelquefois chez lui. Elle le menoit d'ordinaire dans sa gondole sur le canal lorsque le roi, suivi de toute la cour, s'y promenoit en carrosse. L'électeur fut de toutes les chasses, où il voyoit le roi, d'ailleurs fort rarement dans son cabinet.

Mme de Maintenon chercha fort à amuser le roi chez elle par des dîners, des musiques, quelque jeu dans leur intrinsèque. On avoit pratiqué une tribune sur la salle de la comédie en face du théâtre. On alloit à cette tribune de chez Mme de Maintenon. Le roi, qui depuis longues années n'alloit plus aux spectacles, y parut quelquefois pendant quelques actes avec quelques dames choisies outre celles des dîners. J'y vis une fois Mme d'Espinoy. Il ne laissa pas d'en voir quelques-unes entières de Molière chez Mme de Maintenon jouées par les comédiens, avec des intermèdes de musique.

Le fils du comte du Luc y arriva le matin du mercredi 12 septembre, avec la nouvelle que la paix de l'empereur et de l'empire avec le roi avoit été signée le 7 à Bade, sur le modèle signé et convenu entre l'empereur et le roi à Rastadt.

Prior y donna aussi part au roi dans une audience particulière, de la part du nouveau roi d'Angleterre, de son avénement à cette couronne, de son prochain départ d'Hanovre pour se rendre à Londres, et de son dessein d'entretenir la paix et un bon voisinage. Il fit son entrée fort magnifique à Londres le 1er octobre; ôta au duc d'Ormond, au lord Bolingbroke et à plusieurs seigneurs leurs emplois; changea tout le ministère de la reine Anne, en prit un tout opposé qui poursuivit le dernier sur la paix de l'Angleterre avec la France, et sur des affaires intérieures; rétablit Marlborough dans toutes ses charges et commandements; éleva les whigs aux dépens des torys. Cela ne témoignoit rien de favorable à la France, aussi étoit-il tout à l'empereur.

Le maréchal de Villeroy arriva de Lyon à Fontainebleau, le mardi 18 septembre, heureux de s'être trouvé absent lors du dernier comble des bâtards et du testament, et hors de portée de ces temps si orageux dans l'intime intrinsèque où il étoit admis. Il fut reçu en favori tout nouvellement comblé des plus grandes grâces, déclaré ministre d'État, dont il prit place le lendemain au conseil d'État. Il est plaisant que cet emploi, le plus important de tous, soit l'unique qui ne prête aucun serment, fondé sur ce qu'à chaque conseil d'État l'huissier va le matin même avertir tous ceux qui en sont de s'y rendre, de manière que si l'un d'eux n'est point averti, il n'y va point, et comprend qu'il est remercié. Cela n'arrive pourtant jamais de la sorte ; leur disgrâce se déclare par un ordre de se retirer, ou en un lieu marqué pour exil, ou hors de la cour seulement. Longtemps depuis, Torcy m'a conté que le roi prenoit la parole avant le maréchal de Villeroy dans les commencements, pour lui mieux faire entendre de quoi il s'agissoit, que le maréchal opinoit si pauvrement et disoit ou demandoit des choses si étranges que le roi rougissoit, baissoit les yeux avec embarras, quelquefois interrompoit ses questions pour répondre d'avance, et qu'il ne s'accoutuma jamais, mais comme un gouverneur qui couve son élève, à l'ignorance, aux *sproposito*, à l'ineptie du maréchal, qui par le grand usage de la cour et du commandement des armées dans les derniers temps des affaires et de la confiance du roi, les surprenoit tous par ne savoir jamais ce qu'il disoit, ni même ce qu'il vouloit dire. J'en fus étonné moi-même au dernier point après la mort du roi.

Le maréchal de Villars arriva de Bade le lendemain de l'autre dont il se trouva fort obscurci.

Le duc de Mortemart arriva le jeudi 20 septembre à Fontainebleau, dépêché par le duc de Berwick, qui fit commencer à la pointe du jour du 11 septembre une attaque générale à Barcelone, à laquelle les assiégés ne s'étoient point attendus. Ils défendirent mal leurs brèches, et on demeura maître de trois bastions et de deux courtines. Ils ne se défendirent point dans le bastion de Saint-Pierre qui étoit le quatrième attaqué à la fois. Mais on n'y put demeurer par le grand feu qui sortoit d'un couvent qui le commandoit. Ce fut où on perdit le plus, et en tout l'action a beaucoup coûté de part et d'autre. Ils se retirèrent derrière l'ancienne enceinte qui sépare les deux villes, et le maréchal de Berwick en fut bien aise, pour leur donner lieu de capituler, et à lui d'empêcher le pillage de la ville; Talleyrand et Houdetot brigadiers y furent tués. A la fin les assiégés se rendirent à discrétion la vie sauve, mais sans aucune mention de leurs biens; le Mont-Joui se rendit de même en même temps; et Cardone quelques jours après, comme on en étoit convenu.

Cet assaut général, où Dillon commandoit comme lieutenant général de tranchée, et Cilly lieutenant général avec la nouvelle tranchée qui devoit le relever, fut donné par trente et un bataillons et trente-huit compagnies de grenadiers commandés par le marquis de La Vère, frère du prince de Chimay, et par Guerchy, lieutenants généraux, et Châteaufort avec six cents dragons attaqua en même temps une redoute vers la mer, soutenu par Armendaris, avec trois cents chevaux, qui a été depuis vice-roi du Pérou. Tout fut attaqué en même temps; il se trouva un grand retranchement derrière tout le front de l'attaque où les assiégés chassés des trois bastions et des deux courtines firent plus ferme. Les assiégeants s'étendirent et les emportèrent; ils s'emparèrent aussitôt de beaucoup de maisons et de quelques places, et s'y maintinrent malgré plusieurs recharges des assiégés. Berwick y fut toujours au milieu du plus grand feu, y donnant ses ordres avec le même sang-froid que s'il eût été dans sa chambre. Il fit faire une coupure au rempart pour faire de nouvelles dispositions, et au moyen des maisons se porter en avant. Le feu fut très-violent de toutes parts et dura jusqu'à quatre heures après midi, que les ennemis firent rappeler. Leurs députés sortirent, il y eut plusieurs allées et venues. Enfin le lendemain 12, il se rendirent à discrétion, comme on l'a dit. La cavalerie monta sur la fin de l'action par les brèches dans la ville.

On souffrit assez de plusieurs mines et fougasses qu'ils firent jouer pendant l'attaque ; et on compta environ quinze cents hommes tués ou blessés de chaque côté à cette attaque, avec beaucoup d'officiers. La place avoit tenu soixante et un jours de tranchée ouverte, avec une résolution et une opiniâtreté extrêmes des troupes et des habitants, enragés de l'abandon de l'empereur et de la perte pour toujours de leurs privilèges par leur réduction, et de ceux de leur province dont ils ont été de tout temps si jaloux, et dont ils avoient si étrangement abusé. Les moines de tous ordres, surtout les capucins, et tous les autres de Saint-François, les jésuites même, signalèrent leur rage par les fatigues et les périls où ils s'exposèrent sans cesse, et par leurs vives exhortations soutenues de leur exemple.

Berwick mit un si grand ordre à tout que, dès le lendemain qu'ils se furent rendus, tout parut si tranquille par toute la ville que les boutiques y furent ouvertes à l'ordinaire. Il fit rendre les armes aux bourgeois, changea toute l'ancienne forme du gouvernement, cassa la députation, fit de nouveaux magistrats, établit une nouvelle forme de gouvernement, sous le nom de junte, en attendant les ordres du roi d'Espagne, auquel il dépêcha le prince de Lanti, neveu de la princesse des Ursins. Les miquelets et les volontaires de la campagne vinrent se rendre en foule. La Catalogne fut soumise. Villaroël, dont on a parlé à l'occasion de l'affaire d'Espagne de M. le duc d'Orléans, commandoit à Barcelone. Il fut embarqué avec Basset et une vingtaine d'autres principaux chefs de la rébellion, tous militaires, et conduits au château d'Alicante, pour y demeurer le reste de leurs jours, ou être distribués en d'autres prisons.

Le duc de Berwick demeura un mois à Barcelone pour régler toutes les affaires militaires et civiles de la ville et de la province, et s'en alla ensuite à Madrid. Cette conquête, qui couvrit de gloire sa valeur, sa capacité, sa prudence, fut le sceau de l'affermissement de la couronne d'Espagne sur la tête de Philippe V et de la tranquillité publique, dont l'empereur ne put cacher son extrême déplaisir malgré la paix.

Broglio, gendre de Voysin, arriva le 23 septembre à Fontainebleau avec tout le détail. On sut par lui qu'il n'y avoit eu ni capitulation ni aucuns articles signés, que le duc de Berwick ne l'avoit pas voulu souffrir, et qu'il avoit mis quatorze bataillons françois dans Barcelonne avec quelque cavalerie espagnole. Pour Cardone, Montemar, qui a tant fait parler depuis de lui en Italie, en prit possession pour le roi d'Espagne; il permit à la garnison, à toute laquelle il accorda le pardon, de se retirer à leur choix hors de la domination d'Espagne, ou chez eux ceux qui avoient du bien.

Le roi de Pologne, qui s'étoit fait catholique pour obtenir cette couronne si bien séante à la situation de son électorat, s'y trouvoit assez affermi depuis le désastre du roi de Suède, pour se flatter d'y pouvoir avoir son fils pour successeur. Mais le premier pas à faire pour y parvenir étoit que le prince électoral embrassât aussi la religion catholique, et il s'y trouvoit de grandes difficutés. Comme électeur de Saxe il étoit chef et protecteur né des luthériens d'Allemagne; c'étoit à lui que s'adressoient tous leurs griefs sur leur religion, il étoit chargé de les faire redresser par l'empereur et par l'empire, et de l'exécution de tous les traités faits là-dessus. Cette qualité lui donnoit un grand poids dans l'empire, et il en étoit si bien persuadé, que tout catholique qu'il étoit devenu, il avoit trouvé moyen de se conserver cette dictature. Il n'avoit point d'autres enfants que ce fils à qui il vouloit aussi transmettre cette même autorité dans l'empire. Toute la Saxe étoit rigidement luthérienne, ses autres États l'étoient en partie; deux électeurs catholiques de suite ne pouvoient que causer une grande alarme aux luthériens et les porter du moins à se choisir un autre protecteur.

Il trouvoit de plus un grand obstacle dans la personne de Christine Éverardine son épouse et mère du prince électoral, fille de Christian-Ernest, marquis de Brandebourg-Bareith, princesse altière, courageuse, luthérienne zélée, qui avoit publiquement détesté son changement de religion, l'ambition qui l'y avoit porté, qui n'avoit jamais voulu mettre le pied en Pologne, ni prendre le nom, les marques et le rang de reine. Elle avoit même poussé les choses jusqu'à ne vouloir pas le voir dans les séjours qu'il alloit faire en Saxe, où elle se retiroit dans un château éloigné dès qu'elle apprenoit qu'il partoit de Pologne, et s'y tenoit jusqu'à ce qu'il fût retourné.

Tant d'obstacles ne furent pas capables de le rebuter. Il gagna l'esprit de son fils dans ses séjours en Saxe, il glissa sourdement auprès de lui quelques domestiques sûrs et de sa confiance; et pour le tirer d'auprès de l'électrice en son absence, et d'une cour toute luthérienne, il le fit voyager avec peu d'accompagnement dans un entier incognito sous le nom de comte de Lusace.

Il choisit le palatin de Livonie pour lui confier le prince et son secret, et il étoit difficile de trouver un seigneur qui eût toutes les qualités de celui-là, et aussi capable de conduire aussi dignement et aussi convenablement un jeune prince dans les différentes parties de l'Europe qu'il lui fit voir. Le roi de Pologne y joignit un habile jésuite travesti qui en eut permission de son général et du pape, et qui conduisit la conversion du prince, et ses affaires à lui si heureusement et avec tant de dextérité, qu'il en fut fait cardinal lorsqu'on jugea qu'il étoit temps de rendre la conversion publique. C'est lui qui a figuré si longtemps depuis sous le nom de cardinal de Salerne, et mort à Rome au bout de neuf ou dix ans de son cardinalat.

Le prince électoral avec ce peu de suite vit l'Italie entière, après avoir parcouru une partie de l'Allemagne. Il séjourna longtemps à Rome où il fit secrètement son abjuration. Le pape lui accorda un bref qui lui permit de la tenir cachée, en sorte que jusqu'à ses domestiques y furent trompés. Deux ou trois domestiques affidés gardèrent un secret impénétrable, par le moyen desquels il entendoit la messe, dans sa chambre, du P. Salerne, et y approchoit souvent des sacrements avant qu'on fût levé chez lui. Il vint en France en ce temps-ci, et prit toute une maison garnie sur le quai Malaquais, au coin de la rue des Petits-Augustins.

Il arriva le 26 septembre à Fontainebleau, ayant passé quelques jours à Paris. Il vit Madame en arrivant, qui le présenta au roi sous le nom du comte de Lusace au sortir de son souper. Il parut un grand et gros garçon de dix-huit ans, bien frais, blond, avec de belles couleurs, et faisant fort souvenir de M. le duc de Berry, l'air sage, modeste, attentif à tout, fort poli mais avec mesure et dignité, et qui, sous un incognito qui ne prétendit jamais rien, montroit sentir fort ce qu'il étoit, et sans embarras. Son palatin plut extrêmement à tout le monde par son esprit, sa sagesse, le discernement qu'on lui remarqua, l'air du grand monde, et une aisance mesurée à propos dans sa liberté, et qui ne laissoit jamais apercevoir au dehors qu'il fût le mentor du jeune prince.

Il dîna le vendredi 28 septembre chez l'électeur de Bavière, qui avoit vu le roi dans son cabinet après sa messe, et qui s'en alla le soir à Saint-Cloud et de là à Compiègne. Le lendemain le roi courut le cerf. Il fit donner de ses meilleurs chevaux au prince électoral et au palatin, et d'autres aux principaux de sa suite. Il eut pendant son séjour toutes les attentions pour lui que l'incognito permit, et traita aussi le palatin avec distinction. Les principaux de la cour leur en firent fort bien les honneurs. Le roi le convia souvent aux chasses, et sur ce qu'il versa dans Paris, envoya un gentilhomme ordinaire savoir de ses nouvelles.

CHAPITRE XIV.

Mort et famille de Mme de Bullion; son caractère. — Mort et caractère de Sézanne; sa famille. — Mort et caractère du bailli de La Vieuville et de la comtesse de Vienne. — Le bailli de Mesmes lui succède et ne le remplace pas dans l'ambassade de Malte. — Mort, caractère, famille, testament de la marquise de Saint-Nectaire. — La reine d'Espagne débarque à Monaco et va par terre en Espagne. — Sa dot. — Sa réception incognito. — Béthune, premier gentilhomme de la chambre de M. le duc de Berry en année à sa mort, reporte sa Toison en Espagne, et l'obtient. — Le duc de Saint-Aignan porte un médiocre présent du roi à la reine d'Espagne à son passage. — Chalais grand d'Espagne avec exclusion d'en avoir en France le rang et les honneurs. — Prince de Rohan et prince d'Espinoy ducs et pairs. — Manéges qui les font. — Ruse orgueilleuse du prince de Rohan. — L'autre prend le nom de duc de Melun. — Voyage et retour de Sicile de son nouveau roi. — Maffei; ses emplois; son caractère. — Retour de Fontainebleau par Petit-Bourg; le roi chagrin pendant le voyage. — Embarras sur la constitution. — Amelot envoyé à Rome pour la tenue d'un concile national en France. — P. Tellier me propose d'être commissaire du roi au concile; son ignorance; surprise de mon refus. — Mort singulière de Brûlart, évêque de Soissons; son caractère. — Mort de M. de Saint-Louis retiré à la Trappe. — Avaray ambassadeur en Suisse. — Comte du Luc ambassadeur à Vienne et conseiller d'État d'épée. — L'impératrice couronnée reine de Hongrie à Presbourg. — Électeurs de Cologne et de Bavière voient le roi à Marly. — Saumery fils envoyé du roi près l'électeur de Bavière. — Pompadour et d'Alègre vainement ambassadeurs en Espagne et en Angleterre. — Retour du duc de Berwick avec une épée de diamants donnée par le roi d'Espagne. — Taxe du prix des régiments d'infanterie. — Pension de dix mille livres au prince de Montbazon. — Cent cinquante mille livres d'augmentation de brevets de retenue sur ses charges à Torcy. — Dix mille écus à Amelot pour son voyage. — Procès d'impuissance intenté au marquis de Gesvres par sa femme; accommodé. — M. le duc d'Orléans se trouve assez mal. — Grand témoignage du roi sur moi. — Apophthegme du roi sur M. le duc d'Orléans.

Mme de Bullion mourut à Paris. Elle étoit de ces Rouillé des postes, et point vieille; c'étoit une femme d'esprit, mais dominante dans sa famille; habile, altière, ambitieuse, et qui ne se consoloit point d'être Rouillé et femme de Bullion, enfermé chez lui à la campagne, et qui auroit dû l'être beaucoup plus tôt qu'il le fut. On a parlé ailleurs d'elle. Ses sœurs eurent des maris plus complaisants. Le marquis de Noailles, frère du cardinal, et Bouchu, conseiller d'État, leur donnèrent lieu, après leur mort, d'épouser le duc de Richelieu et le duc de Châtillon. Mme de Bullion seroit morte d'étonnement et de suffocation de joie, si elle avoit vécu jusqu'en 1724, et qu'elle eût vu son fils chevalier de l'ordre.

Sézanne mourut à Rouen en ce même temps. Il étoit frère de père du duc d'Harcourt, et frère de mère de la duchesse d'Harcourt, lieutenant général, et encore fort jeune. C'étoit un grand bellâtre, fort prévenu de son mérite et de sa capacité, qui en prévenoit fort peu les autres, et fort gâté par le brillant état de son frère, qui l'avoit élevé comme son fils. Sa maladie fut une langueur de plusieurs années qui le consuma, où la médecine ne connut rien. Il étoit persuadé, et on le crut aussi, que sa galanterie en Italie avec des maîtresses que le duc de Mantoue entretenoit publiquement et à grand marché, mais dont il étoit fort jaloux, lui avoit fait donner un poison lent. Il ne laissa point d'enfants de son mariage avec la fille unique fort riche de Nesmond, lieutenant général fort distingué des armées navales. Harcourt lui avoit fait donner en Espagne la Toison qui lui étoit destinée. Il l'obtint à sa mort pour son second fils. Ce fils mourut quelque temps après; elle fut donnée au troisième. Il mourut aussi de fort bonne heure. Mais les temps étoient changés, et cette Toison si successive sortit de chez les Harcourt.

Le bailli de La Vieuville, ambassadeur de Malte, mourut aussi de l'opération de la taille, universellement regretté. C'étoit un des hommes que j'aie vus des plus aimables, et un fort honnête homme, noble et magnifique autant qu'il le put dans son emploi, sans faire tort à personne. Il étoit fils de feu M. de La Vieuville, duc à brevet, mort gouverneur de M. le duc d'Orléans, dans ce temps-là duc de Chartres, un mois après avoir été reçu chevalier du Saint-Esprit, en la promotion de 1688. Sa belle-sœur la comtesse de Vienne, qui jouoit fort, et beaucoup à Paris du grand monde, mourut bientôt après chez la duchesse de Nemours à Paris, à qui elle étoit allée rendre une visite. Le bailli de La Vieuville fut mal remplacé; M. du Maine n'avoit garde de manquer cette occasion de s'attacher le premier président de plus en plus par son endroit le plus sensible. Il engagea le roi de s'intéresser pour le bailli de Mesmes son frère, et il fut ambassadeur. C'étoit un homme sans esprit et sans mine, étrangement débauché, grand panier percé, assez obscur, qui fit honte à son emploi en plus d'une sorte, et qui courut risque de le perdre plus d'une fois.

La marquise de Saint-Nectaire mourut à Paris, à soixante et onze ans. Elle avoit de l'esprit et de l'intrigue, avoit été fille d'honneur de la reine, et fort jolie sans avoir jamais fait parler d'elle; elle étoit Longueval et riche par la mort de son frère, tué lieutenant général en Italie, sans avoir été marié. Elle avoit épousé en 1668 le cousin germain du duc de La Ferté fils des deux frères. Il tua à Vienne en Autriche le comte du Roure en duel, dont il demeura manchot. Il eut de grands démêlés avec sa mère qui étoit Hautefort, étrangement remariée à Maupeou, président à mortier au parlement de Metz. Il fut assassiné à l'occasion de ces démêlés à Privas en 1671, n'ayant que vingt-sept ans. Sa mère en fut fort soupçonnée, et son second fils, le chevalier de Saint-Nectaire, d'y avoir eu tant de part, qu'il en fut plus de vingt-cinq ans en prison, et n'en sortit que par un accommodement. Il parut depuis dans le monde avec un air fort hébété. Mme de Saint-Nectaire n'eut qu'une fille, dont la beauté fit tant de bruit, qui mourut avant sa mère, et qui laissa de Florensac, frère du duc d'Uzès, un fils qui n'a pas vécu et une fille qui épousa le beau comte d'Agenois, que la princesse de Conti et le parlement ont fait duc et pair d'Aiguillon. Mme de Saint-Nectaire laissa tout son bien à Cani, par amitié pour Chamillart son père, en cas que les enfants de sa fille n'en laissassent point.

L'envoyé de Parme eut audience du roi, le 11 octobre, à Fontainebleau, sur le mariage de la princesse de Parme. C'étoit un peu tard. Elle eut cent mille pistoles de dot, et pour trois cent mille livres de pierreries. Elle s'étoit embarquée pour Alicante à Sestri di Levante. Une forte tempête la dégoûta de la mer. Elle débarqua à Monaco pour traverser par terre la Provence, le Languedoc et la Guyenne, pour gagner Bayonne et y voir la reine d'Espagne, veuve de Charles II, sœur de sa mère. Desgranges, maître des cérémonies, la fut trouver en Provence avec ordre de la suivre, et de la faire accompagner et servir de tout par les gouverneurs lieutenants généraux, et par les intendants des provinces par où elle devoit passer, quoiqu'elle fût dans le parfait incognito.

Le marquis de Béthune, aujourd'hui duc de Sully, premier gentilhomme de la chambre de M. le duc de Berry en année à sa mort, reporta sa Toison en Espagne. Il étoit gendre de Desmarets, et Mme des Ursins ne manqua pas cette occasion de la lui faire donner. Le roi consola le duc de Saint-Aignan, qui étoit l'autre premier gentilhomme de la chambre, et qui auroit fort voulu aller porter la Toison, dans l'espérance de l'obtenir, en l'envoyant à la reine d'Espagne, à son passage, lui porter ses compliments et un présent de sa part. Il consistoit en son portrait garni de quatre diamants avec quelques bijoux. Il se ressentit du peu de satisfaction du mariage, car il ne valoit guère que cent mille francs.

La princesse des Ursins fit faire en même temps grand de la première classe Chalais, son homme de toute confiance, fils du frère de son premier mari, qu'on a vu en plus d'un endroit ici employé par elle à bien des choses secrètes. Il fallut en demander la permission au roi, qui ne la voulut accorder qu'à condition de ne revenir plus en France, ou de se résoudre à n'y jouir d'aucun rang ni honneurs, non plus que s'il n'étoit pas grand d'Espagne. Cette nouveauté, non encore arrivée depuis l'avénement de Philippe V à la couronne d'Espagne, dut donner à penser à Mme des Ursins. C'étoit un coup de fouet qui portoit directement sur elle. Chalais ne laissa pas d'être grand, et certes il étoit temps pour lui; on verra dans la suite qu'il n'est rien tel que d'obtenir ces grandes grâces.

Le roi, sortant de dîner le samedi 20 octobre, fit entrer le prince de Rohan dans son cabinet. Il lui dit qu'il le faisoit duc et pair, et le prince d'Espinoy aussi, qu'il ne pouvoit refuser cette grâce au mérite de sa mère, à laquelle il commanda au prince de Rohan d'en porter la nouvelle de sa part. La princesse d'Espinoy vint remercier le roi, à son retour de la chasse, qui la combla d'honnêtetés, et lorsque le prince d'Espinoy le remercia, il lui dit qu'il avoit grande obligation à sa mère, et qu'il ne pouvoit trop lui témoigner de reconnoissance, de respect et d'attachement.

Le prince de Rohan désiroit ardemment d'être duc et pair, et l'avoit souvent demandé; jamais aussi je ne vis homme si aise, ni qui le témoignât plus franchement, bien que la franchise ne fût pas sa vertu favorite. Lui et Mme d'Espinoy venoient de marier leurs enfants. Il faut se souvenir de la liaison intime qu'on a vue en son lieu; que l'habile Mme de Soubise, dans la vue de Monseigneur et de l'avenir, forma avec Mme de Lislebonne et ses deux filles, qui, à cause du présent, s'y prêtèrent volontiers; que ce fut pour cela que Mme de Soubise fit le mariage du feu prince d'Espinoy, fils de sa sœur, avec la seconde fille de Mme de Lislebonne; et que la liaison devint telle que Mlle de Lislebonne, abbesse de Remiremont, après la mort de Monseigneur, et sa sœur, Mme d'Espinoy, ne furent qu'un avec le prince et le cardinal de Rohan, ce qui subsista toute leur vie.

Mme de Soubise, avant sa mort, avoit tiré parole du roi de faire le prince de Rohan duc et pair. Tout princes que sa beauté avoit su faire les Rohan, elle avouoit très-librement que cela ne tenoit qu'à un bouton, et qu'il n'y avoit en France de vraie et solide grandeur pour les maisons que le duché-pairie. La maison de Lorraine, à qui la principauté véritable ne peut être disputée, l'avoit pensé ainsi dans sa plus haute puissance. Elle en accumula dix ou douze à la fois dans ses diverses branches. Ce fut par ce degré qu'elle monta depuis à tout ce qu'elle osa entreprendre sur les rangs, et de là aux choses les plus hautes qui furent si près de renverser l'État, et d'ôter la couronne à la postérité de saint Louis et d'Hugues Capet, rangs et distinctions qu'elle a su se conserver dans la chute de la Ligue, et dont la jouissance jusqu'à aujourd'hui fait l'admiration d'étonnement de tout ce qui pense et réfléchit. Ce que Mme de Soubise avoit si sagement comme assuré, le cardinal son fils l'acheva. Devenu avec le P. Tellier une seule et même personne pour la ruine du cardinal de Noailles et pour tous les vastes et pernicieux desseins de cet effroyable jésuite, auquel, comme on l'a vu ailleurs, il s'étoit enfin abandonné totalement, il ne laissa pas échapper une conjoncture pour sa maison aussi favorable pour lui que l'affaire actuelle de la constitution, et voulut en même temps profiter de si puissants appuis pour le prince d'Espinoy, fils de son cousin germain, et dont la sœur venoit d'épouser son neveu. Mme d'Espinoy, comme on l'a vu ailleurs, avoit depuis longtemps avec Mme de Maintenon d'étranges et d'invisibles liaisons, si fortes et si intimes qu'il étoit bien difficile qu'elle ne la servît pas à souhait, tellement que cette complication de choses fit ces deux nouveaux ducs et pairs. On verra bientôt une troisième pairie de la même façon de cette féconde constitution. Joyeuse fut le duché-pairie érigé pour le prince d'Espinoy, qui, préférant le nom de sa maison véritablement fort grande, prit le nom de duc de Melun.

Le prince de Rohan, transporté du solide qu'il avoit si longuement poursuivi, rusa et voulut faire plus que pas un de la maison de Lorraine, de celle de Savoie, ni des autres vrais princes étrangers qui ont été ducs, excepté l'unique comte de Soissons, mari de cette toute-puissante nièce du cardinal Mazarin, pour qui fut inventée la charge de surintendante de la reine. Il fit ériger Frontenay en duché-pairie, dont Soubise, ce fameux rebelle, avoit été fait duc à brevet par Louis XIII. Mais le prince de Rohan lui fit changer son nom, et donner le sien redoublé de Rohan-Rohan, à l'exemple de quelques branches de maisons d'Allemagne, comme Baden-Baden, pour se distinguer des autres de même nom; lui pour se distinguer du duché-pairie de Rohan, qui a passé dans la maison Chabot, mais en effet pour continuer à porter le nom de prince de Rohan sous le spécieux prétexte de la cacophonie continuelle des noms de duc de Rohan et de duc de Rohan-Rohan tous deux existants. Avec cette adresse il conserva son nom de prince de Rohan, et laissa croire aux sots qu'il n'avoit pas daigné porter un titre, après lequel il ne se cachoit pas même d'avoir si ardemment et si longuement soupiré, et d'être comblé de joie d'en être enfin revêtu.

Le duc de Savoie, nouveau roi de Sicile par la paix, alla avec la reine son épouse se faire couronner dans son île, la connoître par lui-même, et y établir son gouvernement. Il passa plusieurs mois à Messine et à Palerme, au milieu d'une nombreuse cour, des plus grands seigneurs et de la première noblesse de Sicile. Il revint à Turin en ce temps-ci, ayant laissé le comte Maffei vice-roi, homme de beaucoup d'esprit et délié, fort dans sa confiance, et chargé souvent par lui d'affaires délicates et secrètes.

Ce fut lui qu'il envoya au Pont-Beauvoisin lors du mariage de Mme la duchesse de Bourgogne, pour voir comment elle seroit reçue en France. Il fut depuis en diverses ambassades importantes, enfin à Paris, où il reçut l'Annonciade, qui est le suprême honneur de la cour de Savoie, en la dernière promotion de cet ordre que fit son maître. Maffei étoit souple, avisé, insinuant, capable des plus grandes affaires et des plus adroites exécutions, comme on le verra en son temps en Sicile. Avec cela gaillard, même fort débauché, et d'excellente compagnie, vivant toujours avec la meilleure partout. Il savoit beaucoup et avoit fort servi à la guerre. Il mourut fort vieux, fort suspect au nouveau roi, et fort abandonné depuis la catastrophe du premier roi, auquel il étoit uniquement attaché.

Le roi revint de Fontainebleau, le mercredi 23 octobre, coucher à Petit-Bourg, et le lendemain à Versailles. Mme de Saint-Simon, qui étoit dans son carrosse, me dit qu'il n'étoit pas de meilleure humeur qu'en allant, et qu'à le voir ainsi de suite sa santé paroissoit diminuer. Ce fut aussi son dernier voyage de Fontainebleau.

Il étoit aussi fort tourmenté de l'affaire de la constitution où le P. Tellier lui avoit fait mettre sa conscience et son autorité. Il y avoit eu force négociations avec le cardinal de Noailles. Le cardinal d'Estrées, qui, par ordre du roi, s'en étoit mêlé d'abord, s'en étoit retiré presque aussitôt, indigné des friponneries continuelles du P. Tellier et de Bissy, dont il ne se tut pas. Le cardinal de Polignac s'y fourra longtemps après. Le succès fut pareil ; il en demeura mal avec le roi, et rompit avec tant d'éclat avec le cardinal de Rohan qu'il ne lui fit aucun compliment sur le duché-pairie de son frère. Tout ce qui étoit savant et de bonne foi suivoit le cardinal de Noailles dans l'épiscopat, les fameuses universités entières, les ordres religieux et réguliers, les chapitres et les curés de Paris, et une infinité de toutes les provinces, enfin les parlements et tous les laïques instruits qui n'étoient pas esclaves des jésuites; jusque dans la cour, il n'y avoit sourdement qu'une voix.

Parmi les acceptants, pas l'ombre d'uniformité : les uns évêques et autres adhéroient en petit nombre à ce qu'avoit fait l'assemblée des quarante, et ceux-là encore avec des diversités chacun; la plupart des acceptants, sans y adhérer, avoient tous entre eux des explications différentes; les quarante même se mirent à varier sur le sens de leur mandement d'acceptation; c'étoit un chaos et une tour de Babel, ainsi que le montra un extrait tiré de la totalité des mandements des évêques qui se contredisoient tous en acceptant, sans qu'aucun s'accordât avec un autre.

On vit donc plus clairement que jamais que, sans les menaces et les promesses, les récompenses et les plus durs châtiments et les plus étendus, l'artifice et la violence ouverte, la constitution auroit été universellement rejetée, et qu'il n'étoit question parmi les acceptants que de trouver le moyen de ne recevoir que des mots, et de rejeter tout le sens.

Le pape de plus, très-mécontent de n'avoir pas trouvé la soumission aveugle et uniforme dont le P. Téllier lui avoit tant répondu, et sans quoi il ne se seroit jamais embarqué dans cette détestable affaire, avoit fait sentir aux quarante évêques en particulier, par un bref public, la colère où il étoit de leur audace d'avoir osé interpréter sa bulle, et de ne l'avoir pas acceptée aveuglément; en sorte que ceux qui avoient le plus fait n'irritèrent pas le pape moins que les autres, parce qu'il veut prononcer des oracles, ne les point expliquer dans la crainte de quelque brèche à la prétendue infaillibilité, et que, voulant être le seul évêque et l'unique juge souverain de la foi, et regardant les autres évêques comme ne tenant leur autorité que de lui seul, non de Jésus-Christ immédiatement, contre le texte formel, clair et répété de l'Évangile, et la foi de tous les siècles, et des papes, qui ne s'en sont écartés que dans les derniers, il réputoit à crime tout ce qui n'étoit pas l'obéissance la plus aveugle et l'acceptation la plus soumise de tout ce qu'il daigne prononcer de plus absurde et de plus inintelligible, et à crime encore plus grand de chercher à l'entendre, à l'expliquer, et à oser même lui en demander l'explication, comme dans tous les siècles elle a été demandée aux papes dans ce qui émanoit d'eux d'obscur, qui l'ont toujours donnée, et ont toujours excité les évêques à la leur demander, à l'exemple même de Jésus-Christ, comme tant d'endroits clairs et exprès de l'Évangile le prouvent si manifestement.

Tant d'embarras firent donc résoudre de faire faire au roi un effort auprès du pape pour obtenir de lui quelque explication, ou de souffrir qu'il se tînt en France un concile national, qu'on peut juger par ce qui vient d'être dit être la bête de Rome. Amelot, ami des jésuites, mais homme d'honneur et de grand talent pour la négociation et les affaires, comme il y a tant paru en ses diverses ambassades, fut donc nommé pour aller à Rome sans caractère que de simple ministre du roi. Il l'entretint deux ou trois fois dans son cabinet, et il partit dans les premiers jours de décembre.

Le roi arrivé donc de Fontainebleau à Versailles, le 25 octobre, nomma Amelot le 29. La Toussaint se trouva le jeudi, et le lendemain il alla à Marly, jusqu'au samedi 1ᵉʳ décembre. Vers les commencements du voyage, le P. Tellier qui toujours me courtisoit, et qui ne se lassoit point de me parler de la constitution, quelque peu content qu'il dût être de ses conversations avec moi là-dessus, me parla fort du concile national, et me fit une proposition, que pour un homme d'autant d'esprit et de connoissance en manéges et en artifices, je n'ai jamais pu comprendre. Après force propos pour me faire goûter ce concile, que j'aurois en effet fort approuvé, s'il eût été possible qu'on l'eût laissé pleinement libre, il me dit qu'il étoit résolu de le tenir à Senlis; qu'il étoit impossible que ce fût dans Paris, par beaucoup de raisons qu'il m'allégua, et toutes tendantes à se rendre bien maître et tyran du concile; qu'il falloit une ville pour que tout le monde pût être logé, et près de Paris pour en tirer les lumières d'une part, c'étoit à dire ses ordres, et la subsistance de l'autre; assez loin de Paris pour ôter la possibilité d'y aller souvent, assez loin de la cour aussi pour ne pas donner lieu de croire qu'elle gênât la liberté, et empêcher aussi les prélats de la fréquenter; puis me regardant d'un air affable mais vif : « Vous êtes, ajouta-t-il, gouverneur de Senlis; il faut que vous soyez le commissaire du roi au concile; personne n'en est plus capable que vous, et rien ne convient mieux. — Moi, mon père, saisi d'effroi, m'écriai-je, commissaire au concile! pour rien dans le monde je ne l'accepterai, ne vous avisez pas d'y penser. »

La surprise du confesseur fut inexprimable, et pour un homme d'autant d'esprit, je le répète encore, la lourdise de sa réponse inexprimable aussi. « Comment, monsieur! me dit-il d'un ton doux qui cherchoit à me ramener, croiriez-vous la commission au-dessous de vous parce que vous êtes duc, et que les empereurs la donnoient à leurs comtes d'Orient ou de leur palais pour les conciles de leur temps? » Je me mis à rire, et lui répondis que je n'avois jamais cru nos ducs aller à la cheville du pied d'un comte d'Orient, même les ducs de Bourgogne. Que je les croyois aussi fort au-dessous de l'autorité et de la puissance de ces comtes du palais des grands empereurs; que j'étois donc fort éloigné de me comparer à eux, et fort aussi de ne pas trouver la commission de commissaire du roi au concile un emploi extrêmement honorable; mais qu'il étoit si au-dessus de ma capacité et si entièrement contradictoire à mon goût, que je le suppliois que la pensée qui lui étoit venue n'allât pas plus loin, parce que je serois au désespoir de déplaire par un refus, que toutefois je ne ferois pas moins.

L'étonnement redoubla dans le bon père, qui ne me répondit rien. Je cherchai à adoucir la rudesse de mon exclamation et de ce qui l'avoit suivie, pour ne pas irriter inutilement un si dangereux homme, que je vis clairement qui avoit follement, après tout ce qu'il avoit si nettement vu dans toutes nos conversations, jeté son coussinet sur moi pour en faire le bourreau du concile, et l'exécuteur de toutes ses volontés portant le nom du roi; il ne me parla plus de moi pour cet emploi, mais d'ailleurs toujours à son accoutumé.

Dans ces conjonctures, il arriva un événement qu'on étouffa avec tout le soin qu'il fut possible, mais que l'artifice et l'autorité ne put empêcher de faire grand bruit malgré toute la crainte de la puissance et de l'autorité. Brûlart, évêque de Soissons, mourut à Paris point vieux, au milieu d'une ferme et constante santé. Il étoit frère de Puysieux, chevalier de l'ordre, dont on a parlé plus d'une fois, et de Sillery, écuyer de feu M. le prince de Conti jusqu'à sa mort. Il fut longtemps évêque d'Avranches, où, pétri d'orgueil et d'ambition, il étoit outré de se voir, comme disoit M. de Noyon, un évêque du second ordre, reculé de tous les moyens de se faire valoir. Huet, si connu par son rare savoir, et qui avoit été sous-précepteur de Monseigneur, étoit évêque de Soissons, et ne faisoit cas que de ses livres. Brûlart lui proposa de troquer d'évêché, et lui montra du retour. Huet y consentit, et l'autre crut avoir déjà fait sa fortune de s'être si fort rapproché de Paris, de Sillery et de l'église de Reims, dont il se flattoit que sa nouvelle qualité de premier suffragant lui faciliteroit la translation. Pour y arriver, il se donna tout entier à la cour et aux jésuites, fit main basse sur les meilleurs livres, sacrifia le repos des communautés de son nouveau diocèse.

La rage le surmonta quand il vit ses espérances frustrées, surtout après avoir eu l'imprudence de s'être vanté tout haut, et publiquement compté sur l'archevêché de Reims. Il fut assez follement vain pour en montrer sa douleur, même à Mailly transféré d'Arles à Reims, et depuis cardinal, et d'en faire des plaintes publiques. Le repentir suivit de près l'impétuosité de sa douleur, et d'un dépit qui avoit été plus fort que lui; il en craignit les suites pour sa fortune; il prodigua les bassesses, et s'attacha de plus en plus aux jésuites, et à tout ce qu'il imagina qui pouvoit plaire à la cour. C'étoit bouillir du lait aux bons pères. Ils l'en méprisèrent davantage, et trouvèrent en lui ce qu'ils aiment le mieux, un valet à tout faire par l'espoir de ce qui n'arrive jamais, et qui jamais n'ose se fâcher, ni cesser d'être entièrement en leur main, de peur de perdre les services passés.

Brûlart avoit beaucoup d'esprit et du savoir, mais l'un et l'autre fort désagréables par un air de hauteur, de mépris des autres, de transcendance, de pédanterie, d'importance, de préférence de soi, de domination, répandu dans son parler et dans toute sa personne, jusque dans son ton et sa démarche, qui frappoit et qui le rendoit de ces hommes qui ont tellement le don de déplaire et d'aliéner, que dès qu'ils ouvrent la bouche on meurt d'envie de leur dire non. Il joignoit à tout cela l'arrogance et ce rogue des La Rochefoucauld, dont étoit sa mère, et la fatuité des fils de ministres, quoique son père ne fût que le fils d'un ministre chassé. Il se piquoit encore de beau monde, de belles-lettres, de beau langage : enfin, il étoit de l'Académie françoise et de celle des inscriptions.

L'affaire de la constitution lui parut propre à lui faire faire une grande fortune. Il s'y livra à tout, et eut la douleur de n'y être pas des premiers. Il avoit été de diverses commissions où sa chaleur et son travail avoit fort plu, lorsqu'il tomba malade. Les réflexions l'y saisirent sur l'aveuglement de la fortune à son égard, d'où naquirent d'autres sur son aveuglement pour elle. De là les regrets, puis les horreurs, les remords qui se tournèrent en hurlements, en protestations à haute voix contre la constitution, et en confession publique de l'avoir soutenue contre sa lumière et sa conscience. Sa tremblante famille ne sut mieux faire que de le cacher, et d'écarter les valets non nécessaires des chambres voisines, d'où on l'entendoit crier ses repentirs, ses confessions sur la constitution, ses protestations. Ce qui l'environnoit espéra le calmer par les discours des prélats avec qui il avoit le plus travaillé dans cette affaire : il s'écria aux séducteurs et n'en voulut voir aucun. On fut réduit à lui faire recevoir les sacrements avec les plus grandes précautions d'entière solitude, excepté quelques valets affidés, dont on ne pouvoit se passer, dans la crainte d'une amende honorable publique contre la constitution, et sur ce qu'il avoit fait pour elle. Ses plaintes, ses reproches contre lui-même, ses cris ne cessèrent point, et il mourut ainsi, toujours en pleine connoissance, dans les angoisses et les éclats du plus vif repentir, et dans les frayeurs les plus terribles des jugements de Dieu.

Quelques soins que sa famille eût pu prendre pour cacher une fin si parlante, et dont les élans avoient duré presque autant que la maladie, trop de médecins ou gens de santé, trop de valets, trop encore de famille et d'amis même au commencement de cette surprise, avoient été témoins de ces choses. Ils en avoient été trop effrayés pour que de l'un à l'autre elles ne devinssent pas bientôt publiques. On nia, on étouffa tant qu'on put, mais en vain. Trop de gens avoient vu et entendu, et n'avoient pu, dans leur premier émoi, se contenir de le raconter. L'autorité fit qu'on n'osa guère en parler tout haut après les premiers jours ; mais le fait n'en demeura pas moins certain, constaté et public. On mit au moins bon ordre que le roi n'en sût rien, et avec cela tout fut gagné. Ce déplorable évêque fut la première victime de la constitution, qui s'en immola bien d'autres, et s'en immole encore tous les jours depuis trente ans.

Détournons nos yeux d'un spectacle si terrible, pour nous consoler par l'heureuse fin d'un prédestiné. M. de Saint-Louis étoit un gentilhomme de bonne noblesse, dont le nom étoit Le Loureux, qui parvint à avoir un régiment de cavalerie. Il servit même de brigadier avec grande distinction, honoré de l'estime, de l'amitié et de la confiance des généraux sous lesquels il servit, particulièrement de M. de Turenne ; et le roi, sous les yeux duquel il servit aussi, lui a toujours marqué de l'estime et de la bonté, et en a souvent parlé en ces termes, même plusieurs fois depuis sa retraite. Il étoit des pays d'entre le Perche et le comté d'Évreux ; il y alloit quelquefois les hivers, et cette situation lui fit connoître M. de la Trappe, à qui, sans l'avoir jamais vu et sur la seule réputation de la réforme qu'il entreprenoit, [il alla] offrir ses services dans un temps où il n'étoit pas en sûreté à la Trappe de la part des anciens religieux, qui jusqu'alors y avoient étrangement vécu, et qui ne se cachoient pas de vouloir s'en défaire.

Cette action toucha M. de la Trappe ; tout ce que Saint-Louis remarqua en lui le charma. Il ne fit plus de voyage chez lui qu'il n'allât voir M. de la Trappe. Il avoit eu un œil crevé du bout d'une houssine en châtiant son cheval. La fluxion gagna l'autre œil, qu'il fut en danger de perdre, lorsque le roi conclut cette trêve de vingt ans, que la guerre de 1688 rompit. Ces circonstances rassemblées déterminèrent Saint-Louis à se retirer du service. Il vendit son régiment au fils aîné de Villacerf, pour lequel on le fit Royal-Anjou, et qui fut tué à la tête. Saint-Louis eut une assez forte pension du roi, qui témoigna le regretter. Les réflexions lui vinrent dans son loisir. Dieu le toucha ; il résista. A la fin, la grâce plus forte le conduisit à la Trappe.

M. de la Trappe le mit dans le logis qu'il venoit de bâtir au dehors de l'enceinte de son monastère, pour y loger les abbés commendataires, dans un lieu d'où ils ne pussent troubler la régularité. Saint-Louis, vif et bouillant, qui aimoit la société, qui, sans avoir jamais abusé de la table, en aimoit le plaisir, qui n'avoit ni lettres, ni latin, ni lecture, se trouva bien étonné dans les commencements d'une si grande solitude. Il essuya de cruelles tentations contre lesquelles il eut besoin de tout son courage, et de ce don admirable de conduite que possédoit éminemment celui qui avoit bien voulu se charger de la sienne, quoique si occupé de celle de sa maison et des ouvrages qu'il s'étoit vu dans la nécessité d'entreprendre pour en défendre la régularité. Il disoit toujours à Saint-Louis de se faire une règle de vie et de pratiques si douces qu'il voudroit, pourvu qu'il y fût fidèle. Il se la fit, et y fut fidèle jusqu'à la mort, mais la règle qu'il se fit auroit paru bien dure à tout autre. Il y persévéra trente et un ans dans toutes sortes de bonnes œuvres, et y mourut saintement vers ces temps-ci, à quatre-vingt-cinq ans, parfaitement sain de corps et d'esprit, jusqu'à cette maladie qui l'emporta sans lui brouiller la tête.

Tout ce qui alloit d'honnêtes gens et de gens distingués à la Trappe se faisoient un plaisir de l'y voir ; plusieurs même lièrent amitié avec lui. Je n'ai point connu d'homme avoir le cœur plus droit, être plus simple ni plus vrai, avoir un plus grand sens et plus juste en tout, avec fort peu d'esprit, que réparoit l'usage qu'il avoit eu du monde, et qu'il n'avoit point perdu, et beaucoup de politesse. J'étois le seul de tout le pays qu'il vînt voir quelquefois à la Ferté, et il alloit rarement chez lui et y demeuroit fort peu. Il fut singulièrement aimé, estimé, regretté à la Trappe, où il étoit d'un grand exemple, et de tous ceux qui le connoissoient. Il avoit été marié autrefois et n'avoit point eu d'enfants.

Le roi nomma d'Avaray, lieutenant général, pour relever dans l'ambassade de Suisse le comte du Luc, à qui il donna celle de Vienne, et une place vacante de conseiller d'État d'épée.

L'empereur faisoit en même temps couronner reine de Hongrie, avec beaucoup de magnificence, à Presbourg, l'impératrice sa femme, et tâchoit d'y obtenir des états qu'ils voulussent déclarer les filles capables de succéder à leur couronne. Cela étoit bien loin de l'élection même pour les mâles, dont ils avoient eu une si longue possession, et qu'ils prétendoient encore; mais la maison d'Autriche s'étoit si puissamment établie en autorité, qu'il n'y eut rien à quoi elle ne crût pouvoir atteindre.

L'électeur de Cologne, arrivé depuis quelques jours à Paris, en magnifique équipage, y avoit été retenu par la goutte. Il vint le 11 novembre à Marly, sur les trois heures, fut un quart d'heure seul avec le roi dans son cabinet, et retourna à Paris. L'électeur de Bavière, arrivé aussi de Compiègne en sa petite maison de Saint-Cloud, vint le 15 courre le cerf avec le roi à Marly, qui le mena dans ses jardins après la chasse. L'électeur soupa chez d'Antin, joua dans le salon avant et après, et s'en retourna à Saint-Cloud. Le fils aîné de Saumery fut nommé pour suivre l'électeur lorsqu'il partiroit pour ses États, en qualité d'envoyé du roi près de lui.

Pompadour et d'Alègre furent aussi nommés : le premier à l'ambassade d'Espagne, où le roi étoit bien assuré qu'il n'iroit point ; et d'Alègre à celle d'Angleterre, où il n'alla point non plus, mais par d'autres raisons. Tous deux acceptèrent avec joie. Pompadour surtout parut transporté. De sa vie il n'avoit été de rien ; on a vu en son lieu qu'après une longue vie fort obscure, lui et sa femme avoient vendu leur fille à Dangeau, pour s'accrocher à la cour. Par eux et par la protection qu'ils en avoient tirée de Mme de Maintenon, plus de mine que d'effet, ils s'étoient jetés à corps perdu à la princesse des Ursins. C'étoit la leurrer d'un ambassadeur tout à elle, et par ce choix la persuader que ses fautes sur sa souveraineté et sur le mariage du roi d'Espagne étoient effacées, et que le roi vouloit plus que jamais qu'elle gouvernât absolument en Espagne. Pompadour et sa femme, les Dangeau même, y voyoient les cieux ouverts, les ordres et les dignités pleuvoir sur Pompadour, dont la grandesse sûre passeroit à sa fille et à Courcillon, et Pompadour de plus avec la confiance de la cour et celle de Mme des Ursins devenir un personnage. Ce pot au lait de la bonne femme les ravissoit; déjà Pompadour faisoit l'important et Dangeau en étoit tout bouffi. Malheureusement cette fortune n'eut que la perspective; aussi le choix ne fut-il que pour la spéculation.

Le duc de Berwick arriva, et fut reçu du roi comme il le méritoit, qui lui donna le surlendemain une longue audience à Marly dans son cabinet. Il demeuroit toujours à Saint-Germain, et, comme on l'a remarqué ailleurs, n'avoit jamais de logement à Marly; mais il avoit la liberté d'y venir faire sa cour sans la demander, et tous les voyages que le roi y faisoit il y venoit tous les matins. Il n'avoit passé que huit jours à Madrid. Le roi d'Espagne l'y avoit régalé d'une épée de diamants qui lui venoit de Monseigneur.

Le roi taxa les régiments d'infanterie qui étoient montés à un prix excessif. Cette vénalité de l'unique porte par laquelle on puisse arriver aux grades supérieurs est une grande plaie dans le militaire, et arrête bien des gens qui seroient d'excellents sujets. C'est une gangrène qui ronge depuis longtemps tous les ordres et toutes les parties de l'État, sous laquelle il est difficile qu'il ne succombe, et qui n'est heureusement point ou fort peu connue dans tous les autres pays de l'Europe.

Les Rohan, trop florissants et trop alertes pour ne pas tirer parti de tout, firent si bien que leur prince de Montbazon, qui perdoit quarante mille livres par cette taxe sur le régiment de Picardie quand il deviendroit maréchal de camp et qu'il le vendroit, eut une pension de dix mille livres. Torcy eut en même temps cinquante mille écus de brevet de retenue d'augmentation sur ses deux charges, de manière que cela lui fit six cent cinquante mille livres sur celle de secrétaire d'État, et deux cent mille livres sur celle de chancelier de l'ordre. Amelot eut dix mille écus pour son voyage.

Le marquis et la marquise de Gesvres divertissoient le public par leurs dissensions depuis quatre ans ; elle n'avoit ni père, ni mère, ni belle-mère. Le duc de Tresmes logeoit chez lui sa sœur la comtesse de Revel, il lui avoit confié sa belle-fille ; elle se trouva tenue de si court qu'elle s'en ennuya, et qu'elle résolut d'attaquer son mari d'impuissance afin de faire casser son mariage. Elle n'en étoit venue là qu'après bien des scènes domestiques. Sa grand'mère et ses parents l'appuyèrent ; les Caumartin frères de sa mère s'en brouillèrent ouvertement avec les Gesvres, dont ils étoient intimes de tout temps, et qui avoient fait le mariage. La cause, portée à l'officialité[1], y assembla tout Paris aux audiences ; les factums ne furent pas ménagés, et volèrent partout. On juge aisément de toutes les sottises qui abondèrent dans les plaidoyers, dans les écritures, et dans les propos qui s'en tinrent, qui à reprises furent la conversation de la cour et de la ville. Ils furent visités juridiquement l'un et l'autre plusieurs fois, avec la honte et les dérisions qui sont les suites inséparables de pareilles aventures. Les Gesvres en mouroient de douleur. Enfin la marquise de Gesvres, qui avoit beaucoup d'esprit, se lassa de cet infâme vacarme, et donna un désistement en bonne forme de ce vilain procès au cardinal de Noailles, moyennant un accommodement aussi bien assuré de n'avoir plus de dépendance, de loger avec son mari dans une maison particulière, eux deux seuls, qu'elle ne pourroit être à la campagne qu'avec

1. L'officialité était le tribunal de l'évêque. L'official, ou juge d'église, avait juridiction sur tous les ecclésiastiques du diocèse, et dans certains cas sur les laïques, par exemple pour les procès relatifs aux mariages, hérésie, simonie, etc. L'official ne pouvait prononcer que des peines canoniques. Quand il s'agissait de peines corporelles, il devait en référer au juge séculier. Il y avait près de chaque official un promoteur qui remplissait les fonctions du ministère public.

lui, qu'on lui entretiendroit chevaux, carrosses, femmes de chambre et laquais pour sortir et aller où il lui plairoit, et huit mille livres par an bien payées à elle pour ses habits et ses menus plaisirs. De part et d'autre ils furent fort aises, avec un peu de sens ils l'auroient été plus tôt et n'auroient point donné la farce au monde.

Le mercredi 28 novembre j'avois été une heure dans l'après-dînée avec le duc d'Orléans, qui se portoit fort bien à son ordinaire; Mme la duchesse d'Orléans, qui avoit eu quelques légers accès de fièvre, étoit à Versailles; j'allai de là trouver le roi qui étoit dans ses jardins. Après avoir été quelque temps à sa promenade, le froid m'en chassa vers la fin du jour, et je vins me chauffer dans le petit salon qui séparoit son appartement de celui de Mme de Maintenon, en attendant que le roi vînt chez lui changer d'habit et passer chez elle. Au bout d'un demi-quart d'heure que je fus là tout seul, j'entendis crier M. Fagon, M. Maréchal, et d'autres noms de cette sorte, qu'on supposoit dans le cabinet du roi, attendant qu'il rentrât. A l'instant les cris redoublèrent, des garçons bleus coururent en même temps à travers ce salon. Je leur demandai ce que c'étoit. Ils me dirent que M. le duc d'Orléans se trouvoit extrêmement mal. J'y courus aussitôt. Je le trouvai traîné plutôt qu'appuyé sur deux de ses gens, tout déboutonné, sans cravate, qui le promenoient le long de son appartement, toutes les fenêtres ouvertes. Il étoit plus rouge encore qu'à l'ordinaire, mais rien de tourné dans le visage, les yeux un peu fixes et étonnés, la parole libre sans changement. Il me dit d'abord que cela lui avoit pris tout à coup par un étourdissement; qu'il croyoit que ce ne seroit rien. Peu après Fagon vint, Maréchal, etc., qui le laissèrent encore promener, lui firent prendre quelques essences, et lui conseillèrent après de se mettre au lit, mais d'éviter d'y dormir. Ils vouloient le saigner, mais il y répugna; ils s'y rendirent pour quelques heures. Je restai seul auprès de lui. Il me dit que, dans l'incertitude de ce que ce pouvoit être, et ayant la tête libre, et ne sentant d'engagement nulle part, il vouloit se tâter, s'écouter, et se sentir avant de se déterminer à la saignée, parce qu'il y a des poisons où elle est mortelle sans retour.

Dès que le roi fut rentré chez lui, il envoya Maréchal savoir de ses nouvelles, et lui dire que, comme il savoit par Fagon que ce ne seroit rien, et qu'il avoit peine à monter, il ne viendroit point le voir. J'y demeurai toujours jusqu'à plus de minuit presque toujours seul. Il y vint très-peu de monde, la plupart ensemble par pelotons qui ne firent qu'entrer et sortir. Mme la duchesse de Berry et Madame étoient allées à Versailles voir Mme la duchesse d'Orléans, à qui j'écrivis deux fois dans la soirée. La saignée se fit tard. Maréchal y vint quatre ou cinq fois jusqu'au coucher du roi, qui me conta deux jours après qu'à chaque fois le roi lui demandoit qui il avoit trouvé avec M. le duc d'Orléans, qu'il me nommoit toujours, et qu'une des dernières que cela arriva, le roi, qui n'avoit rien répondu aux précédentes, lui dit : « Il est fort des amis de mon neveu, M. de Saint-Simon ; je voudrois bien qu'il n'en eût jamais eu d'autres, car il est fort honnête homme, et ne lui donne que de bons conseils. Je ne suis point en peine de ceux-là, je voudrois qu'il n'en suivît pas d'autres. »

Ce récit ne laissa pas de me soulager. J'avouerai sans orgueil, mais avec droiture, que je ne pouvois pas être en peine de ma réputation ; mais M. le duc d'Orléans étoit si cruellement persécuté auprès du roi par ce qu'il avoit de plus intime ; on m'avoit tant fait pleuvoir d'avis et de menaces sur mon commerce étroit avec lui, que, sans craindre sur ma réputation du côté du roi non plus que d'aucun autre, j'avois tout lieu de juger que cette liaison si intime lui déplaisoit et lui étoit fort désagréable, et je me sentis fort à mon aise de ne pouvoir douter que cela n'étoit pas. Cette réponse du roi à Maréchal me mit au net avec une nouvelle et très-claire évidence d'où me venoit tant d'avis redoublés sans cesse, et tant de menaces sur ma façon d'être avec M. le duc d'Orléans, et les raisons pressantes qu'on avoit de m'écarter de lui, que j'ai expliquées plus d'une fois.

Je cherchai d'où le roi avoit pu prendre un sentiment si flatteur, j'ose dire si vrai, en même temps si opposé à ce qu'on ne cessoit de chercher à me persuader. Il étoit plus que manifeste que je ne le devois pas à Mme de Maintenon, à M. du Maine, à l'intérieur de leur dépendance, à aucun des ministres. Peut-être à Maréchal; mais il me l'auroit dit dans le temps et à quelle occasion, et cela ne parut pas à la réponse que le roi lui fit sans qu'il l'eût attirée; peut-être à M. de Beauvilliers; ce qui m'a paru de plus vraisemblable, c'est en gros de n'avoir jamais été soupçonné d'aucune des choses si graves qui avoient été si fort jetées sur M. le duc d'Orléans, non pas même la plus légère idée parmi tant d'ennemis et d'envieux si peu ménagés de ma part; et ma séparation entière et constante dans tous les temps de tout ce qui étoit non-seulement maîtresses, débauches, soupers, mais de tous les amis de plaisir et de Paris de M. le duc d'Orléans; en particulier de ce que le roi à la fin avoit su que c'étoit moi qui avois séparé M. le duc d'Orléans de Mme d'Argenton, qui l'avois raccommodé avec Mme la duchesse d'Orléans, qui entretenois leur union et en étois le lien continuel; et peut-être Mme la duchesse d'Orléans elle-même, qui se trouvoit très-heureuse que je fusse continuellement avec M. le duc d'Orléans, avoit eu occasion de dire quelque chose au roi là-dessus. Elle ne me l'a toutefois jamais dit ni laissé entendre.

Maréchal m'ajouta que, ayant pris occasion ce même soir au petit coucher, lorsque les courtisans qui ont ces entrées furent sortis, de reparler encore de M. le duc d'Orléans de chez qui il descendoit de nouveau, pour faire parler le roi sur ce prince, qui lui avoit paru fort sec à tous les comptes qu'il lui en avoit rendus toute cette demi-journée, il se mit à le louer sur son esprit, sur ses diverses sciences, sur les arts qu'il possédoit, et à dire plaisamment que, s'il étoit un homme à avoir besoin de gagner sa vie, il auroit cinq ou six moyens différents de la gagner grassement. Le roi le laissa causer un peu, puis, après avoir souri de cette idée par laquelle Maréchal avoit comme terminé son discours, il reprit un air sérieux, regarda Maréchal : « Savez-vous, lui dit-il, ce qu'est mon neveu? il a tout ce que vous venez de dire : c'est un fanfaron de crimes. » A ce récit de Maréchal je fus dans le dernier étonnement d'un si grand coup de pinceau; c'étoit peindre en effet M. le duc d'Orléans d'un seul trait, et dans la ressemblance la plus juste et la plus parfaite. Il faut que j'avoue que je n'aurois jamais cru le roi un si grand maître. M. le duc d'Orléans se trouva si bien qu'il fut le lendemain au lever du roi, et de là à Versailles où il demeura. Il n'y avoit plus que deux ou trois jours de Marly. Il fit quelques légers remèdes et il n'y parut plus.

CHAPITRE XV.

Le roi de Suède arrivé de Turquie à Stralsund. — Croissy ambassadeur vers lui. — Entrevue des deux reines d'Espagne. — Maison de la régnante. — Duc de Saint-Aignan l'y joint et l'accompagne à Madrid. — Mort d'Alex. Sobieski à Rome. — Van Holl, riche financier; ce que devient son fils. — Mort de la comtesse de Brionne. — Mort de Jarnac; son caractère. — Mort, extraction, famille, fortune, caractère du cardinal d'Estrées. — Bon mot de l'abbé de La Victoire. — Distractions. — Cardinal d'Estrées se démettant de l'évêché de Laon, cardinal depuis dix ans, obtient le premier un brevet de continuation du rang et des honneurs de duc et pair. — Trait de l'évêque-comte de Noyon au festin de la réception au parlement de l'évêque-duc de Laon chez le cardinal d'Estrées. — Trait du cardinal d'Estrées pour se délivrer de ses gens d'affaires. — Bons mots du cardinal d'Estrées. — Projet constant et suivi des jésuites d'établir l'inquisition en France. — Mariage du fils de Goesbriant avec la fille du marquis de Châtillon. — Prince électoral de Saxe au lever du roi. — Bergheyck prend congé pour sa retraite. — Électeur de Bavière voit le roi en particulier. — Albergotti de retour d'Italie. — Divers envoyés nommés. — Bissy abbé de Saint-Germain des Prés. — Rohan et Melun reçus ducs et pairs, Melun avec dispense et condition. — Folies de Sceaux. — Inquiétude du duc du Maine; mot plaisant qui lui échappe là-dessus. — Noir dessein du duc du Maine. — Digression nécessaire en raccourci sur la dignité de pair de France, et sur le parlement de Paris et autres parlements.

Le roi de Suède arriva enfin, lui troisième, le 22 novembre, à Stralsund. Je m'abstiendrai d'en dire davantage sur un prince qui a fait tant et un si singulier bruit dans le monde, et sur lequel tant de plumes ont travaillé. Croissy, frère de Torcy, fut aussitôt nommé ambassadeur vers lui, et partit bientôt après.

La reine d'Espagne, en arrivant à Pau, trouva à quelque distance la reine d'Espagne douairière, sa tante, qui venoit à sa rencontre. Elle étoit arrivée de Bayonne exprès pour la voir. A l'approche de leurs carrosses, elles mirent toutes deux pied à terre en même temps, et après les salutations elles montèrent toutes deux seules dans une belle calèche que la reine douairière avoit amenée à vide, et dont elle fit un présent à la reine sa nièce. Elles soupèrent seules ensemble. La reine douairière la conduisit jusqu'à Saint-Jean Pied-de-Port (car en ce pays-là comme en Espagne les passages des montagnes, à leur entrée, s'appellent des ports). Elles s'y séparèrent, la reine douairière lui fit beaucoup de présents, entre autres d'une garniture de diamants. Le duc de Saint-Aignan joignit la reine d'Espagne à Pau, et l'accompagna, par ordre du roi, jusqu'à Madrid. Elle envoya Grillo, noble génois, qu'elle fit depuis faire grand d'Espagne, remercier le roi de l'envoi du duc de Saint-Aignan, et du présent qu'il lui avoit apporté. Le roi d'Espagne avoit nommé sa maison : le marquis de Santa-Cruz majordomemajor, il l'a été jusqu'à sa mort, je l'ai fort connu en Espagne, et j'aurai occasion d'en parler; le marquis de Castanaga grand écuyer; la princesse des Ursins camarera-mayor, qui choisit toute cette maison; la duchesse d'Havré, les princesses de Masseran, Santo-Buono, Robecque et Lanti, dames du palais, dont la première et la dernière étoient fille et belle-fille de la feue duchesse de Lanti, sœur de la princesse des Ursins. On en ajouta d'autres dans la suite.

Alex. Sobieski, chevalier du Saint-Esprit, second fils du roi Jean Sobieski, roi de Pologne, mourut à Rome, sans avoir été marié. Il avoit mené une vie assez obscure et assez errante, par des prétentions d'aucune desquelles il n'avoit pu jouir nulle part. Le pape crut apparemment l'en dédommager par de magnifiques obsèques qu'il voulut voir passer sous les fenêtres de son palais.

Van Holl, riche financier, trésorier général de la marine, puis grand audiencier[1], qui donnoit grand jeu et grande chère à Paris, et à sa belle maison d'Issy, à beaucoup de gens de la cour, et que le prince et le cardinal de Rohan voyoient et aimoient fort, [ainsi que] le maréchal de Villeroy et quantité d'autres, dérangea si fort ses affaires, qu'il fit une entière banqueroute qu'il jugea à propos de ne pas voir. On dit qu'on l'avoit trouvé mort dans son lit à Issy, et on se hâta d'enterrer ou lui ou une bûche. On prétendit qu'il avoit fait sa main pour aller vivre inconnu quelque part. Il étoit Hollandois. Son fils, protégé par les Rohan et par quelques autres, n'osa se montrer d'abord; peu à peu il parut, fut maître des requêtes, et a passé par diverses intendances. Il n'est pas sans esprit ni sans talents. De Van Holl il s'est fait M. de Vanolles, le *de* est plus noble et le nom plus françois.

La comtesse de Brionne, riche héritière de la maison

---

1. Officier de la grande chancellerie. Voy. sur les grands audienciers le règlement fait par Louis XIV pour la tenue du sceau, t. X, p. 451.

d'Épinay en Bretagne, mourut en ce même temps, une des plus malheureuses femmes qui aient vécu, sans l'avoir mérité. Elle laissa une fille morte plusieurs années depuis sans avoir été mariée, et le prince de Lambesc.

Jarnac mourut en même temps, à Paris, de la petite vérole. Il s'étoit distingué à la guerre et avoit beaucoup d'esprit et orné, qui lui avoit fait beaucoup d'amis. Il ne laissa point d'enfants de l'héritière de Jarnac-Chabot qu'il avoit épousée. De lui, il n'avoit rien; c'étoit un dernier cadet de Montendre La Rochefoucauld. Il savoit et vouloit faire, et avec une figure de paysan malgré sa naissance il eût été loin. Ce fut dommage, il fut fort regretté.

Le cardinal d'Estrées mourut à Paris, dans son abbaye de Saint-Germain des Prés, à quatre-vingt-sept ans presque accomplis, ayant toujours joui d'une santé parfaite de corps et d'esprit, jusqu'à cette maladie qui fut fort courte, et qui lui laissa sa tête entière jusqu'à la fin. Il est juste et curieux de s'arrêter un peu sur un personnage toute sa vie considérable, et qui à sa mort étoit cardinal, évêque d'Albano, abbé de Longpont, du Mont-Saint-Éloi, de Saint-Nicolas aux Bois, de la Staffarde en Piémont, où Catinat gagna une célèbre bataille avant d'être maréchal de France, de Saint-Claude en Franche-Comté, dont l'abbé d'Estrées son neveu étoit coadjuteur, et dont on a fait un évêché depuis quelques années[1], d'Anchin en Flandre, et de Saint-Germain des Prés dans Paris. Il étoit aussi commandeur de l'ordre, de la promotion de 1688.

Le mérite aidé des hasards de la fortune, l'un et l'autre aux quatre dernières générations, ont fait, de gentilshommes obscurs et assez nouveaux du pays de Boulonois, une race infiniment et très-singulièrement illustrée, dont il ne reste plus que Mlle de Tourbes, sœur du dernier maréchal d'Estrées. Le cardinal leur oncle ne s'en faisoit point

---

1. L'évêché de Saint-Claude fut érigé le 22 janvier 1742.

accroire là-dessus, et disoit fort naturellement qu'il connoissoit ses pères, jusqu'à un qui avoit été page de la reine Anne, duchesse de Bretagne, mais que par delà il n'en savoit rien, et qu'il ne falloit pas chercher. Or ce page, qui ne fit pas grande fortune, et qui épousa une La Cauchie, étoit le grand-père du sien, dont le père étoit fils d'un bâtard de Vendôme-Bourbon, et sa femme étoit Babou, fille de La Bourdaisière et d'une Robertet, gens de beaucoup de faveur. Cette Babou avoit six sœurs. Elles étoient belles, mariées, intrigantes; on les appeloit de leur temps les Sept péchés mortels. Voilà ce qui commença à apparenter et à mettre dans le monde le grand-père du cardinal d'Estrées. La Babou sa grand'mère étoit aussi déterminée qu'intrigante. Il est remarquable qu'elle fut tuée à Issoire, où elle s'étoit jetée et qu'elle défendoit, le dernier de l'année 1593, contre les ligueurs.

Elle laissa deux fils et six filles, dont trois figurèrent. Le fils aîné fut tué, un an après sa mère, au siège de Laon, l'autre est le premier maréchal d'Estrées, père du cardinal. Des filles, l'aînée fut seconde femme du maréchal de Balagny, bâtard du célèbre évêque de Valence, frère du maréchal de Montluc. Le maréchal de Balagny s'étoit fait, par les armes et par adresse, souverain de Cambrai. Il n'y put résister longtemps aux Espagnols, sur qui il avoit usurpé le pays et la place. Sa première femme, sœur du fameux Bussy d'Amboise, et qui n'avoit pas moins de courage que lui, mourut de rage et de dépit, peu de moments après être sortie de Cambrai, en 1595. Balagny mourut en 1603, et sa seconde femme deux ans après. Gabrielle d'Estrées fut la seconde, dont la beauté fit la fortune de son père, et dont l'histoire est trop connue pour s'y arrêter. Elle étoit sœur du père du cardinal, mais morte près de trente ans avant sa naissance. La troisième, qui figura, épousa le premier duc de Villars, à la fortune duquel elle contribua beaucoup. Pour revenir à leur père, Gabrielle, dès lors pleinement et publiquement maîtresse d'Henri IV, le fit gouverneur de Paris et de l'Ile-de-France après d'O, et grand maître de l'artillerie après M. de Saint-Luc. Il en avoit déjà fait les fonctions fort longtemps auparavant pendant une longue maladie de La Bourdaisière, son beau-père, qui l'étoit. M. d'Estrées avoit été chambellan du duc d'Alençon, gouverneur de ses apanages en partie, fort bien avec lui; et ce prince, qui par mépris pour Henri III son frère porta toujours l'ordre de Saint-Michel, sans avoir jamais voulu de celui du Saint-Esprit, l'avoit fait donner à d'Estrées, en la première promotion de 1579; il se démit de l'artillerie en 1599, qui fut donnée à M. de Rosny, depuis premier duc de Sully, lors en pleine faveur, lequel obtint pour vin du marché de faire passer le gouvernement de l'Ile-de-France du père au fils, qui est demeuré chez MM. d'Estrées, jusqu'à la quatrième et dernière génération. L'artillerie alors n'étoit qu'une charge. Elle ne devint office de la couronne qu'entre les mains de M. de Sully, qui le fit ériger en 1601. C'est le dernier de tous, n'y en ayant point eu d'érigé depuis.

La mère du cardinal d'Estrées étoit nièce de ce premier et célèbre duc de Sully, fille du comte de Béthune son frère, si connu par sa capacité et par ses grandes ambassades à Rome et ailleurs, et par ce grand nombre de manuscrits qu'il ramassa, que son fils augmenta, et qu'il donna au roi. Ainsi elle étoit sœur de ce second comte de Béthune, chevalier d'honneur de la reine, qui fut connu aussi par ses ambassades, et du comte de Charost, qui fut capitaine des gardes du corps, puis duc à brevet, grand-père du duc de Charost, gouverneur de la personne du roi. Ces choses ont maintenant vieilli; il est bon d'en rafraîchir la mémoire, mais sans s'y étendre davantage.

Le père du cardinal d'Estrées fut un personnage toute sa vie par ses grands emplois, son mérite, sa capacité, et l'autorité qu'il conserva toute sa vie. Il fut maréchal de France en 1626, et il est unique que lui, son fils et son petit-fils ont été non-seulement maréchaux de France, et le dernier du vivant de son père, mais tous trois doyens des maréchaux de France, et longtemps. Le premier maréchal avoit quatre-vingt-douze ans, lorsqu'en 1663 il fut fait duc et pair dans cette cruelle fournée des quatorze[1], et qu'il en prêta le serment. Il en avoit quatre-vingt-dix-huit en 1670 lorsqu'il mourut. Il eut trois fils de ce premier mariage : le duc d'Estrées mort en janvier 1687 à Rome, où il étoit ambassadeur depuis quatorze ou quinze ans; le second maréchal d'Estrées; et le cardinal d'Estrées. Ce second duc d'Estrées fut père du troisième, mort avant cinquante ans, de la pierre, à Paris en 1698, et de l'évêque-duc de Laon, mort en 1694. Le troisième duc d'Estrées fut père du dernier, mort sans postérité en juillet 1723, à quarante ans passés; et le second maréchal d'Estrées fut père du troisième, qu'il vit grand d'Espagne et maréchal de France, et qui recueillit la dignité de duc et pair; et de l'abbé d'Estrées, commandeur de l'ordre, mort nommé archevêque de Cambrai, dont il attendoit les bulles, et qui avoit eu plusieurs ambassades, ainsi que ses deux oncles et son grand-père. On voit par ce court abrégé cinq ducs et pairs laïques, deux ducs-pairs ecclésiastiques, un cardinal, un grand d'Espagne, trois doyens des maréchaux de France, deux commandeurs et cinq chevaliers du Saint-Esprit, trois ambassadeurs, un ministre d'État et deux vice-amiraux, outre les gouverneurs des provinces; et voilà comme les beautés élèvent des familles qui savent en profiter! Mme de Soubise et la belle Gabrielle en sont des exemples pour la postérité. Venons maintenant au cardinal d'Estrées.

Né en 1627, il avoit vécu quarante ans avec son père, et sut profiter de ses leçons et de sa considération. La liaison la plus intime fut toute sa vie constante entre ses neveux, et petits-neveux de Vendôme, et lui dont il fut le conseil toute

---

[1] Voy. t. Ier, p. 449.

sa vie, et le cardinal y participa dès sa jeunesse. C'étoit l'homme du monde le mieux et le plus noblement fait de corps et d'âme, d'esprit et de visage, qu'on voyoit avoir été beau en jeunesse, et qui étoit vénérable en vieillesse, l'air prévenant mais majestueux, de grande taille, des cheveux presque blancs, une physionomie qui montroit beaucoup d'esprit, et qui tenoit parole, un esprit supérieur et un bel esprit, une érudition rare, vaste, profonde, exacte, nette, précise, beaucoup de vraie et de sage théologie, attachement constant aux libertés de l'Église gallicane et aux maximes du royaume, une éloquence naturelle, beaucoup de grâce et de facilité à s'énoncer, nulle envie d'en abuser, ni de montrer de l'esprit et du savoir, extrêmement noble, désintéressé, magnifique, libéral, beaucoup d'honneur et de probité, grande sagacité, grande pénétration, bon et juste discernement, souvent trop de feu en traitant les affaires. Il avoit été galant dans sa jeunesse, et il l'étoit demeuré sans blesser aucunes bienséances. Parmi un courant d'affaires, la plupart de sa vie continuelles, réglé en tout, aumônier, et très-homme de bien. C'étoit l'homme du monde de la meilleure compagnie, la plus instructive, la plus agréable, et dont la mémoire toujours présente n'avoit jamais rien oublié ni confondu de tout ce qu'il avoit su, vu et lu; toujours gai, égal, et sans la moindre humeur, mais souvent singulièrement distrait; qui aimoit à faire essentiellement plaisir, à servir, à obliger, qui s'y présentoit aisément, et qui ne s'en prévaloit jamais; il savoit haïr aussi et le faire sentir; mais il savoit encore mieux aimer. C'étoit un homme très-généreux; il étoit aussi fort courtisan et fort attentif aux ministres et à la faveur, mais avec dignité, un désinvolte qui lui étoit naturel, et incapable de rien de ce qu'il ne croyoit pas devoir faire. Jamais les jésuites ne purent l'entamer sur rien, ni le roi sur eux, ni sur ce qu'on lui faisoit passer pour jansénisme, ni en dernier lieu, comme on l'a vu sur la constitution, ni l'empêcher d'agir, et même de parler sur toutes ces matières avec la plus grande liberté, sans que sa considération en ait baissé auprès du roi.

Tant de grandes et d'aimables qualités le firent généralement aimer et respecter; sa science, son esprit, sa fermeté, sa liberté, le perçant de ses expressions quand il lui plaisoit, une plaisanterie fine et quelquefois poignante, un tour charmant, le faisoient craindre et ménager, et cela jusqu'à sa mort, par ceux qui étoient devenus la terreur de tout le monde; avec beaucoup de politesse mais distinguée, il savoit se sentir, il étoit quelquefois haut, quelquefois colère. Ce n'étoit pas un homme qu'il fît bon tâtonner sur rien. Ce tout ensemble faisoit un homme extrêmement aimable et sûr, et lui donna toujours un grand nombre d'amis.

Il fut évêque-duc de Laon à vingt-cinq ans, sacré à vingt-sept, et brilla fort cinq ans après en l'assemblée du clergé de 1660. Il eut la principale part à finir l'affaire fameuse des quatre évêques par ce qu'on a nommé la paix de Clément IX. Entré par son père dans l'intimité de la maison de Vendôme, il traita et conclut en 1665 le mariage de Mlle de Nemours avec le duc de Savoie, et en 1666 celui de sa sœur cadette avec Alphonse, roi de Portugal. L'une a été mère du premier roi de Sardaigne, si connue sous le nom de Madame Royale qu'elle usurpa au mariage de son fils; l'autre, illustre par sa courageuse résolution, où le cardinal d'Estrées eut grande part, de changer de mari, et de demeurer reine régnante. Toutes deux étoient filles du pénultième duc de Nemours, tué en duel par le duc de Beaufort son beau-frère, et de la fille de César duc de Vendôme, bâtard d'Henri IV et de la belle Gabrielle, sœur du père du cardinal d'Estrées. Il en eut la nomination de Portugal avec l'agrément du roi, et les malins l'accusèrent d'avoir fait dans la vue du chapeau le mariage de son neveu avec la fille du célèbre Lyonne, ministre et secrétaire d'État des affaires étrangères, sur quoi il courut d'assez plaisantes chansons dont il se divertit le premier.

Ce chapeau traîna et l'inquiétoit. L'abbé de La Victoire, qui avoit beaucoup d'esprit et qui étoit fort du grand monde, étoit fort de ses amis, et la mode alors étoit de faire force visites. Un soir qu'il arriva fort tard pour souper dans une maison où il étoit attendu avec bonne compagnie, on lui demanda avec impatience d'où il venoit, et qui pouvoit l'avoir tant retardé : « Hélas ! répondit l'abbé d'un ton pitoyable, d'où je viens ? j'ai tout aujourd'hui accompagné le corps du pauvre M. de Laon. — Comment M. de Laon ! s'écria tout le monde, M. de Laon est mort ! il se portoit bien hier, cela est pitoyable ; dites-nous donc : qu'est-il arrivé ? — Il est arrivé, reprit l'abbé toujours sur le même ton, qu'il m'est venu prendre pour faire des visites, que son corps a toujours été avec moi, et son esprit à Rome, que je ne fais que le quitter et fort ennuyé. » A ce récit la douleur se changea en risée.

On a vu en son lieu ce grand dîner pour le prince de Toscane à Fontainebleau, qui fut le seul qu'il oublia de prier, pour qui seul la fête étoit faite. Il avoit de ces distractions dans le commerce, qui n'étoient que plaisantes parce qu'elles ne portoient jamais sur les affaires, ni sur rien de sérieux.

Il fut cardinal de Clément X en 1671 mais *in petto*, déclaré enfin l'année suivante ; protecteur des affaires de Portugal, et se trouva en 1676 au conclave où Innocent XI fut élu ; six mois après il fut à Munich pour le mariage de Monseigneur. Il se démit en 1681 en faveur de son neveu, fils du duc d'Estrées, de son évêché ; et tout cardinal qu'il étoit depuis dix ans, il demanda et obtint un brevet de conservation du rang et honneurs de duc et pair. C'en est le premier exemple, et si je l'ai fixé à la même grâce accordée à d'Aubigny transféré de Noyon à Rouen, c'est que je n'ai pas compté celle-ci faite à un cardinal, et qui n'a jamais eu d'autre évêché qu'un des six attachés aux six premiers cardinaux, qu'il opta pour son titre quand il en eut l'ancienneté.

Ce fut au festin qu'il donna le jour de la réception de son neveu au parlement, où étoient M. le Prince, M. le Duc, depuis connu le dernier sous le nom de M. le Prince, et M. le prince de Conti l'aîné, avec beaucoup de pairs, que lorsqu'on vint se mettre à table, M. de Noyon avisa la sottise des valets de la maison, dont le cardinal fut après bien en colère contre eux, qui avoient mis trois cadenas pour les trois princes du sang. Il alla les ôter tous trois l'un après l'autre, puis les regardant tous trois et se mettant à rire : « Messieurs, leur dit-il, c'est qu'il est plus court d'en ôter trois que d'en faire apporter une vingtaine. » Ils en rirent aussi comme ils purent parce que le droit très-reconnu y est, et qu'il n'y avoit pas moyen de s'en fâcher. J'en ai ouï faire le conte à plusieurs des convives, et à M. de Noyon même, qui ne le faisoit jamais sans un nouveau plaisir.

Le cardinal d'Estrées retourna à Rome pour l'affaire de la régale et pour divers points des libertés de l'Église gallicane qu'il sut très-bien soutenir. On disoit pourtant qu'on les entendoit crier et se quereller des pièces voisines, lui et don Livio Odescalchi, et qu'ils traitoient les affaires à coups de poing. Il fut à Rome plusieurs années chargé des affaires de France, conjointement avec le duc son frère, qui y demeura quatorze ans ambassadeur, logeant et mangeant ensemble dans la plus grande union. Le duc y mourut en 1687, et le cardinal demeura seul avec tout le poids à porter. Il eut après à soutenir tout celui de l'étrange ambassade du marquis de Lavardin, et toutes les fureurs de ce même pape, peu habile, très-entêté et tout dévoué aux ennemis de la France, dont il se démêla avec grande capacité et dignité, conservant une grande considération personnelle dans une cour où on se piquoit alors de manquer au roi en tout. Il vit enfin mourir cet inepte pape à qui l'empereur Léopold dut tant, et l'Angleterre, et le prince d'Orange sa révolution et sa couronne, dont il n'a pas tenu aux Romains de faire un saint. Après l'élection d'Alexandre VIII,

Ottobon, que la France fit, et qui se moqua d'elle, le cardinal d'Estrées revint à la cour après 1689. Il n'y fut pas deux ans qu'il retourna au conclave où Innocent XII, Pignatelli, fut élu en 1691. Il demeura deux ans à Rome, chargé des affaires conjointement avec le cardinal de Janson, à terminer les affaires du clergé. Il revint après en France jusqu'en 1700, qu'il retourna au conclave de Clément XI, Albane, d'où il alla à Venise et à Madrid. On a vu en son temps ce qu'il fit en ces deux villes, et son dernier retour en France en 1703.

Devenu abbé de Saint-Germain des Prés, il vécut avec ses religieux comme un père, et tous les soirs il avoit deux, trois ou quatre moines savants qui venoient l'entretenir de leurs ouvrages jusqu'à son coucher, qui avouoient qu'ils apprenoient beaucoup de lui.

Il ne pouvoit ouïr parler de ses affaires domestiques. Pressé et tourmenté par son intendant et son maître d'hôtel de voir enfin ses comptes qu'il n'avoit point vus depuis un très-grand nombre d'années, il leur donna un jour. Ils exigèrent qu'il fermeroit sa porte pour n'être pas interrompus; il y consentit avec peine, puis se ravisa, et leur dit que, pour le cardinal Bonzi au moins, qui étoit à Paris, son ami et son confrère, il ne pouvoit s'empêcher de le voir, mais que ce seroit merveille si ce seul homme, qu'il ne pouvoit refuser venoit précisément ce jour-là. Tout de suite il envoya un domestique affidé au cardinal Bonzi le prier avec instance de venir chez lui un tel jour entre trois et quatre heures, qu'il le conjuroit de n'y pas manquer, et qu'il lui en diroit la raison; mais, sur toutes choses, qu'il parût venir de lui-même. Il fit monter son suisse dès le matin du jour donné, à qui il défendit de laisser entrer qui que ce fût de toute l'après-dînée, excepté le seul cardinal Bonzi, qui sûrement ne viendroit pas; mais, s'il s'en avisoit, de ne le pas renvoyer. Ses gens, ravis d'avoir à le tenir toute la journée sur ses affaires sans y être interrompus, arrivent sur les trois heures; le cardinal laisse sa famille et le peu de gens qui ce jour-là avoient dîné chez lui, et passe dans un cabinet où ses gens d'affaires étalèrent leurs papiers. Il leur disoit mille choses ineptes sur la dépense où il n'entendoit rien, et regardoit sans cesse vers la fenêtre, sans en faire semblant, soupirant en secret après une prompte délivrance. Un peu avant quatre heures, arrive un carrosse dans la cour; ses gens d'affaires se fâchent contre le suisse, et crient qu'il n'y aura donc pas moyen de travailler. Le cardinal ravi s'excuse sur les ordres qu'il a donnés. « Vous verrez, ajouta-t-il, que ce sera ce cardinal Bonzi, le seul homme que j'aie excepté et qui tout juste s'avise de venir aujourd'hui. » Tout aussitôt on le lui annonce; lui à hausser les épaules, mais à faire ôter les papiers et la table, et les gens d'affaires à s'en aller en pestant. Dès qu'il fut seul avec Bonzi, il lui conta pourquoi il lui avoit demandé cette visite, et à en bien rire tous deux. Oncques depuis ses gens d'affaires ne l'y rattrapèrent, et de sa vie n'en voulut ouïr parler.

Il falloit bien qu'ils fussent honnêtes gens et entendus. Sa table étoit tous les jours magnifique, et remplie à Paris et à la cour de la meilleure compagnie. Ses équipages l'étoient aussi, il avoit un nombreux domestique, beaucoup de gentilshommes, d'aumôniers, de secrétaires. Il donnoit beaucoup aux pauvres, à pleines mains à son frère le maréchal et à ses enfants qui lors n'étoient pas à leur aise; et il mourut sans devoir un seul écu à qui que ce fût.

Sa mort, à laquelle il se préparoit depuis longtemps, fut ferme, mais édifiante et fort chrétienne; la maladie fut courte, et il n'en avoit jamais eu, la tête entière jusqu'à la fin. Il fut universellement regretté, tendrement de sa famille, de ses amis dont il avoit beaucoup, des pauvres, de son domestique, et de ses religieux qui sentirent tout ce qu'ils perdoient en lui, et qui trouvèrent bientôt après qu'ils avoient changé un père pour un loup et pour un tyran. L'abbé d'Estrées devint abbé de Saint-Claude dont il étoit coadjuteur.

Avec toute sa franchise sur sa naissance, les mésalliances lui déplaisoient. La maréchale d'Estrées sa belle-sœur, fille de Morin le juif, qui avoit tant d'esprit et de monde, en remboursoit souvent des plaisanteries, qui, sans rien de grossier, la démontoient au moment le plus inattendu. Il disoit de l'abbé d'Estrées qu'il étoit sorti de Portugal sans y être entré : c'est qu'il y avoit été ambassadeur et n'avoit point fait d'entrée. Il se divertissoit volontiers à le désoler.

Il se moquoit du vieux duc de Charost, son cousin germain, qui, depuis qu'il fut pair, se plaisoit à aller juger au parlement, et y menoit le duc d'Estrées. « Mon cousin, disoit le cardinal à Charost, cela sent son Lescalopier. » On a vu ailleurs ce qui fit Lescalopier président à mortier, et le mariage de sa fille héritière avec le père de Charost.

Sur Mme des Ursins, le cardinal étoit excellent : il ne finissoit point sur elle, il y étoit toujours nouveau et avec une liberté qui ne se refusoit rien.

Un mot de lui au roi dure encore. Il étoit à son dîner, toujours fort distingué du roi dès qu'il paroissoit devant lui; le roi, lui adressant la parole, se plaignit de l'incommodité de n'avoir plus de dents. « Des dents, sire, reprit le cardinal, eh! qui est-ce qui en a? » Le rare de cette réponse est qu'à son âge il les avoit encore blanches et fort belles, et que sa bouche fort grande, mais agréable, étoit faite de façon qu'il les montroit beaucoup en parlant; aussi le roi se prit-il à rire de la réponse, et toute l'assistance et lui-même qui ne s'en embarrassa point du tout. On ne tariroit point sur lui; je finirai ce qui le regarde par quelque chose de plus sérieux.

On a vu légèrement en son lieu, je dis légèrement parce que ce n'est pas mon dessein de m'arrêter sur cette vaste matière, que l'affaire de la constitution se traita un moment chez lui. Les chefs du parti de la bulle ne purent parer ce renvoi que le roi donna à son estime pour la capacité du cardinal d'Estrées, et à son désir de la paix. Ils s'aperçurent bientôt qu'il savoit trop de théologie pour eux, et trop exactement, et trop aussi d'affaires du monde. Celui qui dans son premier âge avoit si bien su finir l'affaire des quatre évêques n'étoit pas dans son dernier l'homme qu'il leur falloit, avec l'expérience et l'autorité qu'il avoit acquise. Ils prirent donc le parti de rompre des conférences auxquelles le cardinal d'Estrées n'avoit garde de prendre goût, parce qu'il y voyoit trop clairement la droiture et la vérité d'une part, la fascination, le parti, les artifices, la violence de l'autre.

Ce fut dans le court espace de temps de ces conférences que le P. Lallemant, un des principaux boute-feu des jésuites, alloit écumer le plus souvent qu'il pouvoit ce qui se passoit à l'abbatial de Saint-Germain des Prés. S'y trouvant un jour avec le maréchal d'Estrées qui y logeoit avec son oncle, et parlant tous deux de la matière qui étoit sur le tapis pendant que le cardinal travailloit dans son cabinet, le P. Lallemant se mit à vanter l'inquisition, et la nécessité de l'établir en France. Le maréchal le laissa dire quelque temps, puis le feu lui montant au visage, lui répondit vertement sur cette exécrable proposition, et finit par lui dire que, sans le respect de la maison où ils étoient, il le feroit jeter par les fenêtres.

Ce projet, qui est depuis longtemps le projet favori des jésuites et de leurs principaux abandonnés, comme celui dont l'accomplissement mettroit le dernier comble à leur puissance deçà et delà les monts, est celui auquel ils n'ont cessé de loin d'aplanir toutes les voies, et à l'avancement duquel ils n'ont cessé de travailler depuis l'espérance et les moyens que leur en fournissent l'anéantissement de la paix de Clément IX, et leur chef-d'œuvre, l'affaire de la constitution, qui ont établi une inquisition effective par la conduite que depuis sa naissance on y tient de plus en plus tous les jours, qui est un prélude et un bon préparatif pour y accoutumer le monde.

Leur P. Contencin, revenu en Europe pour leurs affaires de la Chine où il en a été un des plus grands ouvriers, et y retournant en 1729, ne put s'empêcher de dire, en s'embarquant au Port-Louis, que dans peu on verroit l'inquisition reçue et établie en France, ou tous les jésuites chassés Ce mot fit grand bruit et retentit bien fortement jusqu'à Paris.

En 1732, le P. du Halde, qui a donné les artificieuses relations de leurs missions diverses, sous le titre de *Lettres édifiantes et curieuses*, et depuis une histoire et des cartes de la Chine, très-bien faites, mais où il n'y a pas moins d'art, me vint voir comme il y venoit quelquefois depuis que je l'avois connu secrétaire du P. Tellier. J'en avois été content pour une affaire qui regardoit la Trappe du temps du roi, et à sa mort je lui procurai une bonne pension qui l'établit pour toujours à leur maison professe de Paris, avec commodité et distinction. Il tourna fort son langage, et à la fin me tint le même propos que quinze ans auparavant le P. Lallemant avoit tenu au maréchal d'Estrées, et avec un miel jésuitique me voulut prouver que rien n'étoit meilleur ni plus nécessaire que d'établir l'inquisition en France. Il est vrai que je le relevai si brutalement que de sa vie il n'a osé m'en reparler. C'est ainsi que ces bons pères vont sondant et semant sans se rebuter jamais, jusqu'à ce que, la force à la main, ils y parviennent par l'aveuglement du gouvernement à quelque prix que ce soit et par toutes sortes de voies. Il y auroit, du reste, de quoi s'étendre sur une matière si curieuse et si étrangement intéressante ; il doit suffire ici de l'avoir effleurée assez pour en constater le dessein, le projet, et le travail constant et assidu pour arriver à cette abominable fin.

Goesbriant, qui passoit pour fort riche, appuyé du crédit de Desmarets son beau-père, maria son fils à une des filles du marquis de Châtillon, éblouis, l'un de l'alliance, l'autre des biens, et de se défaire pour rien d'une de ses filles, dont il avoit quantité, et point de fils.

Le prince électoral de Saxe vit le roi à son lever, qui lui fit beaucoup d'honnêtetés. Bergheyck prit ensuite congé du roi, qui lui donna force louanges, jusqu'à lui dire qu'il plaignoit le roi son petit-fils de ne l'avoir plus à la tête de ses finances. Il se retira en Flandre, l'été dans une terre, l'hiver à Valenciennes, et conserva des amis et beaucoup de réputation et de considération.

L'électeur de Bavière tira des faisans dans le petit parc de Versailles, vit après le roi seul dans son cabinet, joua chez Mme la Duchesse, soupa chez d'Antin et retourna à Saint-Cloud. Il n'y avoit que le roi qui tirât dans ce petit parc, et fort rarement feu Monseigneur pendant sa vie.

Albergotti revint de Florence et de quelques autres petites cours d'Italie, où on crut qu'il avoit été chargé de quelque commission du roi. Il nomma en même temps Rottembourg pour être son envoyé près du roi de Prusse, et divers autres pour Ratisbonne et les cours d'Allemagne.

Bissy, évêque de Meaux, nommé par le roi au cardinalat, eut l'abbaye de Saint-Germain des Prés, et le gratis entier comme si déjà il avoit été cardinal. Ce morceau avoit toujours été pour des cardinaux ou des princes. Cette fortune d'un si mince sujet étoit bien due à la constitution.

Les deux ducs et pairs qu'elle venoit de faire furent reçus au parlement le mardi 18 décembre. On a vu ailleurs que c'est le roi qui a fixé le premier leur âge à vingt-cinq ans pour y entrer, et ce qui a causé cette nouveauté. Le duc de Melun qui ne les avoit pas, et qui craignit qu'on en fît d'autres qui les auroient, et de tomber avec eux dans le cas de M. de La Rochefoucauld avec moi, obtint la permission d'être reçu avant cet âge, et d'opiner cette fois, mais à condition de n'aller plus au parlement qu'il n'eût vingt-cinq ans. Il fut donc reçu avec le prince de Rohan, qui donna moins un grand repas qu'une fête dans sa superbe maison. Ainsi finit cette année, dont je n'ai pas cru devoir interrompre le cours par le commencement d'une affaire qui continua dans l'année où nous allons entrer, et qui eut d'étranges suites.

Sceaux étoit plus que jamais le théâtre des folies de la duchesse du Maine ; de la honte, de l'embarras, de la ruine de son mari, par l'immensité de ses dépenses, et le spectacle de la cour et de la ville qui y abondoit et s'en moquoit. Elle y jouoit elle-même *Athalie* avec des comédiens et des comédiennes, et d'autres pièces, plusieurs fois la semaine. Nuits blanches[1] en loterie, jeux, fêtes, illuminations, feux d'artifices, en un mot fêtes et fantaisies de toutes les sortes et de tous les jours. Elle nageoit dans la joie de sa nouvelle grandeur, elle en redoubloit ses folies, et le duc du Maine, qui trembloit toujours devant elle, et qui craignoit de plus que la moindre contradiction achevât entièrement de lui tourner la tête, souffroit tout cela, jusqu'à en faire piteusement les honneurs, autant que cela se pouvoit accorder avec son assiduité auprès du roi dans ses particuliers, sans s'en trop détourner.

Quelque grande que fût sa joie, à quelque grandeur et la moins imaginable qu'il fût arrivé, il n'en étoit pas plus tranquille. Semblable à ces tyrans qui ont usurpé par leurs crimes le souverain pouvoir, et qui craignent comme autant d'ennemis conjurés pour leur perte tous leurs concitoyens qu'ils ont asservis, il se considéroit assis sous cette épée que Denys, tyran de Syracuse, fit suspendre par un cheveu au-dessus de sa table, sur la tête d'un homme qu'il y fit asseoir parce qu'il le croyoit heureux, auquel il voulut faire sentir par là ce qui se passoit sans cesse en lui-même. M. du Maine, qui exprimoit si volontiers les choses les plus sérieuses en plaisanteries, disoit franchement à ses familiers qu'il étoit comme un pou entre deux ongles (des princes du sang et des pairs), dont il ne pouvoit manquer d'être écrasé, s'il n'y prenoit bien garde. Cette réflexion troubloit l'excès de

---

1. Voy., sur les *nuits blanches* de Sceaux, t. V, p. 2, note.

son contentement, et celui des grandeurs et de la puissance où tant de machines l'avoient élevé. Il craignoit les princes du sang dès qu'ils seroient en âge de sentir l'infamie et le danger de la plaie qu'il avoit porté dans le plus auguste de leur naissance, et le plus distinctif de tous les autres hommes; il craignoit le parlement qui, jusqu'à ses yeux, n'avoit pu dissimuler l'indignation du violement qu'il avoit fait de toutes les lois les plus saintes et les plus inviolables, sans se pouvoir rassurer par le dévouement sans mesure du premier président, trop décrié par son ignorance, trop déshonoré par sa vie et ses mœurs, pour oser espérer de tenir sa compagnie par lui. Enfin il craignoit jusqu'aux ducs, tant la tyrannie et l'injustice sont timides.

Sa frayeur lui fit donc concevoir le dessein de brouiller si bien ses ennemis, de les armer si ardemment les uns contre les autres, qu'ils le perdissent de vue, et qu'il leur échappât dans le cours de leur longue et violente lutte, qui leur ôteroit tout moyen de réunion contre lui, qui étoit la chose qui lui sembloit la plus redoutable. Pour entendre comment il parvint à ce grand but, il faut expliquer certaines choses entre les pairs et le parlement. On se contentera du nécessaire, ce lieu n'étant pas celui de traiter cette matière à fond, mais ce nécessaire ne peut être aussi court qu'on le désireroit ici.

Il faut d'abord voir ce qu'est la dignité de pair de France, si elle n'est pas la même aujourd'hui qu'elle a été dans ces puissants souverains, ou presque tels, dont les duchés et les comtés-pairies ont été en divers temps réunis à la couronne, et ce qu'est le parlement de Paris et les autres parlements du royaume. C'est une connoissance nécessairement préalable aux choses qu'il est temps de raconter.

CHAPITRE XVI.

Origine et nature de la monarchie françoise, et de ses trois états. — Son gouvernement. — Champs de mars, puis de mai. — Pairs de France sous divers noms, les mêmes en tout pour la dignité et les fonctions nécessaires, depuis la fondation de la monarchie. — Pairs de fief; leurs fonctions. — Hauts barons; leur origine, leur usage, leur différence essentielle des pairs de France. — Changement du service par l'abolition de celui de fief et l'établissement de la milice stipendiée. — Origine des anoblissements. — Capitulaires de nos rois. — Légistes; quels; leur usage; leurs progrès. — Conseillers; origine de ce nom. — Parlements; origine de ce nom. — Progrès du parlement. — Multiplication des magistrats et de cours ou tribunaux de justice. — Siéges hauts et bas de grand'chambre des parlements. — Parité, quant à la dignité de pair de France et ce qui en dépend, de ceux d'aujourd'hui avec ceux de tous les temps. — Noms donnés aux pairs par nos rois de tous les âges. — Pairie est apanage, témoin Uzès. — Réversibilité à la couronne. — Apanage; ce que c'est. — Ducs vérifiés; Bar. — Ducs non vérifiés. — Officiers de la couronne. — Ducs non vérifiés en compétence continuelle avec les officiers de la couronne.

On ne peut douter que les premiers successeurs de Pharamond n'aient moins été des rois que des capitaines qui, à la tête d'un peuple belliqueux qui ne pouvoit plus se contenir dans ses bornes, se répandit à main armée et fit des conquêtes. Clovis donna le premier plus de consistance à ce nouvel état, plus de majesté à sa dignité, et par le christianisme qu'il embrassa, plus d'ordre et de police à ses sujets, dont il fut peut-être le premier roi; et plus de règle et de commerce avec ses voisins. La nouvelle monarchie conquise fut toute militaire, jamais despotique. Les chefs principaux qui avoient aidé à la former étoient appelés à toutes les délibérations de guerre, de paix, de lois à faire, à soutenir, à toutes celles qui regardoient le dedans et le dehors.

Les conquêtes s'étant multipliées, les Francs qui les firent donnèrent leur nom de France à la Gaule qu'ils avoient soumise, et ils reçurent de leurs rois des partages des terres conquises, à proportion de leurs services, et de leur poids, et de leurs emplois. Ces portions leur tinrent lieu de paye. Ils les eurent d'abord à vie, et, vers le déclin de la première race, presque tous en propriété[1]. Alors, ceux qui avoient les portions les plus étendues en divisèrent des parties entre des Francs moindres qu'eux, sous les mêmes conditions qu'ils tenoient eux-mêmes leurs portions du roi, c'est-à-dire de fidélité envers et contre tous, d'entretenir des troupes à leurs dépens, de les mener à celui qui leur avoit donné leurs terres pour servir à la guerre sous lui, comme lui-même étoit obligé envers le roi à la même fidélité et au même service de guerre, toutes les fois que le roi le mandoit. C'est ce qui forma la *seigneurie* et le *vasselage*. Ceux qui avoient leurs portions des rois s'appelèrent bientôt *feudi*[2], et *fideles*, de la fidélité dont ils avoient contracté et voué l'obligation en recevant ces portions qui furent appelées *fiefs*[3]; et l'action de les recevoir en promettant fidélité et service militaire au roi, *hommage*[4]. Ces premiers seigneurs furent donc les grands *feudataires* qui eurent d'autres feudataires sous eux, comme il vient d'être dit, qui tenoient des fiefs d'eux sous la même obligation à leur égard de fidélité et de service militaire. C'est d'où est venue la noblesse connue longtemps avant ce nom sous le générique de *miles*, homme

---

1. On appelait *bénéfices* les terres qui furent données aux guerriers francs après la conquête. Voy., sur la nature de ces terres, les *Essais sur l'Histoire de France*, par M. Guizot.
2. Saint-Simon a écrit ainsi ce mot au lieu de *leudi* qui se trouve plus bas. Le mot *leudes* vient de l'allemand *leuten* (accompagner) et désignait les compagnons ou fidèles des rois barbares.
3. Voy. notes à la fin du volume.
4. Voy. t. II, p. 449, note sur l'hommage.

de guerre, ou *noble*, synonymes, lorsque le nom de noble commença à être en usage, à la différence des peuples conquis, qui de leur entière servitude furent appelés *serfs*.

Cette noblesse, pour parler un langage entendu, ne put suffire à la culture de ses terres. Elle en donna des portions aux serfs, chacun dans sa dépendance, non à condition de service militaire, comme les fiefs, mais à *cens* et à *rente*, et à diverses conditions, d'où sont venus les divers droits des terres. Ainsi ce peuple serf, qui n'avoit rien, commença à devenir propriétaire en partie, tandis qu'en partie il continua à ne posséder quoi que ce soit, et de ces deux sortes de serfs dont les uns devinrent propriétaires et les autres ne le furent pas, est composé le peuple ou ce qui a été appelé depuis le *tiers état*, et comme ajourd'hui se pouvoit distinguer dès lors en bourgeoisie et en simple peuple. Ces baillettes[1], qui furent données d'abord aux meilleurs habitants des villes, s'étendirent aux meilleurs de la campagne. Elles furent bientôt connues sous le nom de *roture*, à la différence des fiefs; et leurs possesseurs sous le nom de *roturiers*[2], à la différence des seigneurs de fief, terme qui n'avoit et n'eut très-longtemps que sa signification naturelle, et que l'orgueil a fait depuis prendre en mauvaise part.

L'Église fit aussi ses conquêtes pacifiques ; par la libéralité des rois et des grands seigneurs les évêques et les abbés les devinrent eux-mêmes. Ils eurent des portions de terre fort étendues, ils en donnèrent en fief comme avoient fait les grands seigneurs, et de là sont venus les grands bénéfices que nous voyons encore aujourd'hui, et alors la fidélité et le service militaire qu'ils devoient aux rois et qui leur étoit aussi dû à eux-mêmes par leurs vassaux, leur grand état temporel les fit considérer comme les autres grands sei-

---

1. Terres sans importance données à bail.
2. Le mot *roturier* vient du latin barbare *ruptarius* (qui rumpit terram); il s'appliquait primitivement aux paysans qui étaient condamnés aux travaux corporels ou corvée.

gneurs. Parvenus à ce point, l'ignorance de ceux-ci se fit une religion de leur laisser la primauté par l'union de leur sacerdoce avec leurs grands fiefs, en sorte que la noblesse, qui étoit le corps unique de l'État, en laissa former un second qui devint le premier; et tous deux en formèrent un autre par leurs baillettes, qui rendirent force serfs propriétaires, lesquels, avec les autres serfs qui ne l'étoient pas, et qui tous étoient le peuple conquis, devinrent par la suite le troisième corps de l'État sous le nom déjà dit de tiers état.

Cet empire tout militaire se gouverna tout militairement aussi par ce qu'on appela les *champs de mars* puis de *mai*. Tous les ans en mars, et ensuite non plus en mars mais en mai, le roi convoquoit une assemblée. Il en marquoit le jour et le lieu. Chaque prélat et chaque grand seigneur s'y rendoit avec ses vassaux et ses troupes. Là, deux espèces de chambres[1] en plein champ étoient disposées, l'une pour les prélats, l'autre pour les grands seigneurs, c'est-à-dire les *comtes*, dès lors connus sous ce nom ; tout proche, dans l'espace découvert, étoit la foule militaire, c'est-à-dire les troupes et les vassaux qui les commandoient. Le roi, assis sur un tribunal élevé, attendoit la réponse des deux chambres à ce qu'il avoit envoyé leur proposer. Lorsque tout étoit d'accord, le roi déclaroit tout haut les résolutions qui étoient prises, soit civiles, soit militaires; et la foule militaire éclatoit aussitôt en cris redoublés de *vivat*, pour marquer son obéissance. Dans cette foule, nul ecclésiastique, nul roturier, nul peuple; tout étoit gens de guerre ou noblesse, ce qui étoit synonyme, comme on l'a remarqué. Cette foule ne délibéroit rien, n'étoit pas même consultée; elle se tenoit représentée par leurs seigneurs, et applaudissoit pour tout partage à leurs résolutions unies à celles du roi qui les déclaroit. C'étoit de là qu'on partoit pour la guerre, quand on avoit à la faire. Il y auroit bien de quoi s'étendre sur ce

. Voy. notes à la fin du volume.

court abrégé; mais c'est un récit le plus succinct pour la nécessité, et non un traité qu'il s'agit de faire.

Cette forme de gouvernement dura constamment sous la première race de nos rois, et cette assemblée se nommoit *placita*, de *placet*, c'est-à-dire de ce qu'il lui avoit plu de résoudre et de décider.

Pépin, chef de la seconde race, porté sur le trône par les grands vassaux, à force de crédit, de puissance, d'autorité qu'il avoit su s'acquérir, continua la même forme de gouvernement; mais en mai au lieu de mars, qui fut trouvé trop peu avancé dans le printemps pour tenir les *placita*. Charlemagne son fils les continua de même autant que ses voyages le lui permirent, mais jamais sans ses grands vassaux il n'entreprit aucune chose considérable de guerre, de paix, de partage de ses enfants, d'administration publique, tandis qu'en Espagne et en Italie il agissoit seul. L'usage ancien fut suivi par sa postérité. Sous elle les grands vassaux s'accrurent de puissance et d'autorité, tellement qu'ils ne le furent guère que de nom sous les derniers rois de cette race, dont la mollesse, la foiblesse et l'incapacité y donnèrent lieu.

Peu à peu les différends de fiefs n'allèrent plus jusqu'aux rois. Les feudataires jugeoient les contestations que leurs vassaux n'avoient pu terminer entre eux par le jugement de leurs pareils; et pour les causes les plus considérables, elles se jugeoient par les grands feudataires assemblés avec le roi. La multiplication de ces différends vint de celle des inféodations dans leurs conditions différentes, dans le désordre des guerres qui fit contracter des dettes, et qui obligea à mettre dans le commerce les fiefs qui n'y avoient jamais été, qui de là les fit passer par divers degrés de successions souvent disputées, enfin aux femmes, sans plus d'égard sur ce point à la fameuse loi salique, qui les excluoit de toute terre salique[1] : loi qui n'ayant pour objet que cette terre, c'est-à-

---

1. On doit entendre probablement par *terre salique* la terre de conquête et

dire celle qui avoit été donnée pour tenir lieu de paye, qui étoit la distinction du Franc conquérant d'avec le Gaulois conquis, des fiefs et d'avec les rotures, de la noblesse d'avec le peuple, demeura uniquement restreinte au fief des fiefs, qui est la couronne.

La seconde race sur le point de périr par l'imbécillité des derniers rois, Hugues Capet, duc de France, comte de Paris, proche parent de l'empereur, et dont le grand-père avoit déjà contesté la couronne, fut porté sur le trône par le consentement de tous les grands vassaux du royaume, qui les confirma dans tout ce qu'ils en tenoient, et l'augmenta ainsi que leur autorité; c'est là l'époque où les ducs et les comtes, chefs des armées et gouverneurs de province à vie, inféodés après en de grands domaines, de suzerains devinrent souverains, non-seulement de ces domaines, mais des provinces dont ils n'étoient auparavant que les gouverneurs. Je dis souverains, parce qu'encore qu'ils fussent vassaux de la couronne, pour ces mêmes domaines et ces mêmes provinces, leur puissance étoit devenue si étendue et si grande qu'elle approchoit fort de la souveraineté.

Le nom de *pair* de France, inconnu sous la première race, longtemps sous la seconde, peut-être même au commencement de la troisième, manqua seulement aux plus grands de ces premiers grands feudataires ou grands vassaux de la couronne, puisque, comme l'avouent les meilleurs auteurs, ils faisoient les mêmes fonctions que ceux qui parurent sous le nom de pairs de France, firent tout de suite et précisément le même, et tout en la même manière, et sans érections pour les six premiers laïques et ecclésiastiques qui l'ont porté. Ce qui suffit à prouver que, sans nom ou avec d'autres noms, l'essence est la même sans changement ni interruption, et que ce qui a été connu alors par le nom et

---

surtout l'espace qui entourait le manoir principal. Voy. les notes de M. Pardessus sur la loi salique.

titre de pair de France, s'est trouvé assis à côté du trône dès l'origine de la monarchie, et sous le nom de pairs de France et de pairie de France, en même temps que la race heureusement régnante a été portée dessus.

Ce nom de pair s'introduisit insensiblement de ce que chacun étoit jugé par ses pairs, c'est-à-dire par ses égaux. Ainsi chaque grand fief avoit ses pairs de fief, dont on voit les restes jusqu'à nos jours par les pairs du Cambrésis et d'autres grands ou moindres fiefs, et le nom de pairs de France demeura aux plus grands de ces grands feudataires qui tenoient leurs grands fiefs du roi; et qui avec lui jugeoient les causes majeures de tous les grands fiefs, directement ou par appel, et lui aidoient dans l'administration de l'État, militaire ou intérieure, et pour faire les lois, les changer et régler, et faire les grandes sanctions de l'État dans ces *placita conventa* ou assemblées de tous les ans. Bientôt toutes les mouvances majeures des seigneurs ressortirent au roi ou à ces pairs, dont l'étendue de domaine avoit envahi les autres principaux vassaux.

Nos rois, outre ceux de leur couronne qui n'étoient presque plus que ces premiers grands pairs de France, en avoient aussi de particuliers comme *duc* de France et *comte* de Paris, que Hugues Capet étoit avant de parvenir à la couronne, et qu'il leur avoit transmis. Ils voyoient les anciens grands seigneurs s'éteindre, et les pairs de France s'accroître de leurs grands fiefs. Ils pensèrent à leur donner des adjoints aux *placita* dont ils ne pussent se plaindre, et ils y admirent de ces grands vassaux du duché de France qui relevoient aussi immédiatement d'eux, non comme rois, mais comme ducs de France, afin que les pairs n'y fussent pas seuls, faute de grands vassaux immédiats[1]. Ceux-ci furent appelés d'abord *hauts barons* du duché de France, puis *hauts barons* de France. Ils y appelèrent aussi quelques

---

1. Vassaux qui relevaient directement du roi.

évêques, dont la diminution des grands fiefs avoit diminué ces assemblées; et par l'usage que prirent nos rois d'y appeler de ces hauts barons, ils y balancèrent la trop grande autorité du petit nombre de ces trop puissants pairs de France. La différence fut, et qui a subsisté jusqu'à nous dans toutes les différentes sortes d'assemblées qui ont succédé aux *placita conventa*, fut que tous les pairs y assistoient de droit, en faisoient l'essence, qu'il ne s'y faisoit rien sans leur intervention à tous ou en partie, et qu'il leur falloit une exoine, c'est-à-dire une légitime excuse et grave, pour se dispenser de s'y trouver, au lieu que la présence des hauts barons n'y étoit pas nécessaire, qu'ils n'y pouvoient assister que lorsque nommément ils y étoient mandés par le roi, que jamais ni tous ni la plus grande partie n'y étoient mandés, ni presque jamais les mêmes plusieurs fois de suite; ainsi ces hauts barons appelés à ces assemblées, au choix et à la volonté des rois, n'y étoient que des adjoints admis personnellement à chaque fois, et non nécessaires; tandis que les pairs l'étoient tellement que tout se faisoit avec eux, rien sans eux.

On voit par cette chaîne non interrompue depuis la naissance de la monarchie, cette même puissance législative et constitutive pour les grandes sanctions de l'État, concourir nécessairement, et par une nécessité résidante dans le même genre de personne, sous quelque nom que ç'ait été, *de grands vassaux*, *grands feudataires*, *leudi*, *fideles*, mais toujours relevant immédiatement de la couronne, enfin de pairs, laquelle étoit en eux seuls privativement à tous autres seigneurs, quelque grands qu'ils fussent, sous les trois races de nos rois.

Les querelles, les contestations de fief pour successions, pour dettes, pour partages, pour saisie faute d'hommage, de service, ou pour crimes, se multipliant de plus en plus, ainsi que les affaires d'administration civile, rendirent les grandes assemblées plus fréquentes et hors du temps accoutumé du mois de mai. Comme les délibérations n'étoient pas militaires, et qu'on n'en partoit plus pour la guerre, la foule militaire ne s'y trouvoit plus. Le roi, les pairs et ceux des hauts barons et quelques évêques que le roi y appeloit, formoient ces assemblées, d'où peu à peu il arriva que, le prétexte du désordre qui résultoit du service de fief multiplié par les fiefs devenus sans nombre sous les grands et les arrière-fiefs, l'abus de ce service des vassaux des grands fiefs, contre les rois même quand les grands vassaux leur faisoient la guerre, fit que les rois, accrus d'autorité et de puissance, parvinrent à abolir ce service de fiefs, tant pour les suzerains de toute espèce que pour eux-mêmes, changèrent sous divers prétextes la forme de la milice, et la réduisirent pour l'essentiel à l'état de levées, de solde, de distribution par compagnies, à peu près dans l'état où elle se trouve aujourd'hui. Ainsi les rois mirent en leur main des moyens de puissance et de récompenses qui énervèrent tout à fait la puissance et la force de tous les grands vassaux et de tous les suzerains, qui ne furent plus suivis des leurs à la guerre ; ainsi cette foule militaire des champs de mai disparut, et bientôt n'exista plus ensemble. D'autres que ces anciens Francs d'origine furent admis dans la milice ; de là les nobles factices qui accrurent encore le pouvoir des rois.

Les assemblées purement civiles n'étoient pas inconnues du temps même des *placita conventa* ou champs de mai, comme le témoignent les capitulaires de Charlemagne et de ses enfants. C'étoient des assemblées convoquées par ces princes dans leurs palais, mais qui n'étoient composées que de ces mêmes grands feudataires et des prélats consultés aux champs de mai, où il se faisoit des règlements qui regardoient l'Église, la religion et les affaires générales, mais civiles, ce qui n'empêchoit pas la tenue ordinaire des champs de mai.

Mais lorsque ces champs de mai ou *placita conventa* eurent disparu par le changement de la forme de la milice dont on vient de parler, et que les assemblées devinrent telles qu'on vient de l'expliquer un moment avant de parler des capitulaires, l'excès des procès qui se multiplièrent de plus en plus, et par même cause les ordonnances diverses et les différentes coutumes des différentes provinces, devinrent tellement à charge aux pairs et à ceux des hauts barons qui étoient appelés à ces assemblées, que saint Louis, qui aimoit la justice, fit venir des légistes pour débrouiller ces procès et les simplifier, et faciliter aux pairs et aux hauts barons le jugement par la lumière qu'ils leur communiquoient.

Ces légistes étoient des roturiers qui s'étoient appliqués à l'étude des lois, des ordonnances, des différents usages des pays, ce qui fut depuis appelé *coutumes*, qui conseilloient les feudataires particuliers dans le jugement qu'ils avoient à rendre avec leur suzerain, d'où peu à peu sont dérivées les justices seigneuriales ou hautes justices des seigneurs, en images très-imparfaites de celles qu'ils rendoient avant que petit à petit les rois les eussent changées par leur autorité, après le changement dans la forme de la milice et après la réunion de plusieurs grands fiefs à leur couronne.

Ces légistes étoient assis sur le marchepied du banc sur lequel les pairs et les hauts barons se plaçoient, pour leur donner la facilité de consulter ces légistes sans quitter leurs places et sur-le-champ. Mais cette consultation étoit purement volontaire, ils n'étoient point obligés de la suivre, et ces légistes, bien loin d'opiner, n'avoient autre fonction que d'éclaircir les pairs et les hauts barons à chaque fois et sur chaque point qu'ils s'avançoient à eux, sans se lever pour l'être, après quoi ou sans quoi ils opinoient comme il leur sembloit, en suivant ou au contraire de ce qu'ils avoient appris des légistes sur ce qu'ils les avoient consultés. De là leur est venu le nom de *conseillers*, de ce qu'ils conseilloient les pairs et les hauts barons quand ils vouloient leur demander éclaircissement, non de juges qu'ils n'étoient pas ;

et ce nom de conseiller leur est demeuré en titre, de passager qu'il étoit par leur fonction.

Peu à peu les pairs, occupés de guerre et d'autres grandes affaires, se dispensèrent souvent de se trouver à ces assemblées, où il ne s'agissoit que d'affaires contentieuses qui ne regardoient point les affaires majeures. Les rois aussi s'en affranchissoient. Les hauts barons y étoient appelés en petit nombre, quelques-uns d'eux alléguoient aussi des excuses, tellement que, pour vider ce nombre toujours croissant de procès que la diversité des coutumes des lieux et des ordonnances multiplioit sans cesse, les rois donnèrent voix délibérative aux légistes, et peu à peu ceux-ci, accoutumés à cet honneur, surent se le conserver en présence des pairs mêmes. Mais il n'est encore personne qui ait imaginé que, dès lors ni longtemps depuis, ces légistes aient ni obtenu, ni prétendu voix délibérative pour les affaires majeures, ni pour les grandes sanctions de l'État. Outre qu'il n'y en a point d'exemple, il n'y a qu'à les comparer aux pairs et aux hauts barons de ces temps-là. On verra dans la suite l'identité des pairs d'aujourd'hui avec ceux-là pour la dignité, l'essence, les fonctions, comme on a commencé à le faire voir. Suivons les légistes.

La même nécessité de vider cette abondance toujours croissante de procès donna lieu à des assemblées plus fréquentes. Nos rois les indiquoient à certaines fêtes de l'année, dans leurs palais, tantôt aux unes, tantôt aux autres, et ces assemblées prirent le nom de *parlements*, de parler ensemble ; de là vinrent les parlements de Noël, de la Pentecôte, de la Saint-Martin, etc. Les pairs s'y trouvoient quand il leur plaisoit pour y juger sans être mandés ; les hauts barons qui y étoient personnellement appelés par le roi en petit nombre ; et ceux d'entre les légistes qu'il plaisoit au roi. Jamais ni haut baron ni légiste qui ne fût pas nommé et appelé par le roi, jamais les mêmes en deux assemblées de suite autant qu'il se pouvoit.

Ces parlements subsistèrent dans cette forme jusqu'à Charles VI. Sous ce malheureux règne, les factions d'Orléans et de Bourgogne les composoient à leur gré, suivant qu'elles avoient le dessus pendant les intervalles que le roi n'étoit pas en état de les nommer. Le désordre qui en résulta fit que, dans les bons intervalles de ce prince, il fut jugé à propos de laisser à vie ces commissions qui n'étoient que pour chaque assemblée. Ainsi ces commissions se tournèrent peu à peu en offices ; et les assemblées venant à durer longtemps, il fallut opter entre l'épée et l'écritoire, et les nobles qui étoient choisis pour en être avec les légistes, n'en ayant plus le loisir par les guerres qui les occupoient, quittèrent presque tous cette fonction, en sorte qu'il n'en demeura qu'un très-petit nombre, qui ont fait les familles les plus distinguées du parlement de Paris, dont il ne reste plus. Tout ce récit est plutôt étranglé que suffisamment exposé, mais la vérité historique et prouvée s'y trouve religieusement conservée. Le mémoire sur les renonciations dont il a été parlé plus haut, quoique fort abrégé aussi, et qui se trouvera parmi les Pièces, explique d'une façon plus complète et plus satisfaisante ce qui vient d'être exposé jusqu'ici et qui le sera dans la suite.

Il reste un monument bien remarquable de l'état des légistes séants aux pieds des pairs et des hauts barons sur le marchepied de leurs bancs, depuis même que les parlements sont devenus ce qu'on les voit aujourd'hui. Ils n'avoient qu'une chambre pour leur assemblée, qu'on appelle *la grand'chambre* depuis qu'il y en a eu d'enquêtes, requêtes, tournelle, etc., qui sont nées de cette unique chambre. On y voit encore les hauts siéges qui étoient le banc des pairs et des hauts barons, et des bas siéges qui étoient le marchepied de ce banc sur lequel les légistes s'asseyoient ; d'un marchepied ils en ont enfin fait un banc tel qu'on le voit aujourd'hui, et de ce banc après ils sont montés aux hauts siéges. Voilà le commencement des usurpations que l'art d'un côté, l'incurie et la foiblesse de l'autre, ont multipliées à l'infini. Mais, nonobstant celle-là, la magistrature devenue ce qu'on la voit n'a osé prétendre encore monter aux hauts siéges aux lits de justice[1]. Le chancelier même, bien que second officier de la couronne, le seul qui ait conservé le rang et les distinctions communes autrefois à tous, et chef de la justice mais légiste et magistrat, y est assis dans la chaire sans dossier aux bas siéges, tandis que non-seulement les pairs, mais que tous les autres officiers de la couronne, sont assis aux hauts siéges des deux côtés du roi.

Enfin l'assemblée du parlement dont les membres légistes étoient devenus à vie, comme on vient de l'expliquer, devint de toute l'année, et sédentaire à Paris, par la multiplicité toujours croissante des procès et l'introduction des procédures. Les pairs, qui y conservèrent leur droit et leur séance, y jugeoient quand bon leur sembloit, comme ils font encore aujourd'hui; et de là ce premier parlement et plus ancien de tous, a pris le nom de *cour des pairs*, qui est devenue le modèle des autres parlements que la nécessité des jugements de procès multipliés à l'infini a obligé les rois d'établir successivement dans les différentes parties du royaume, avec un ressort propre à chacun, pour le soulagement des sujets.

Un lieu destiné à cette assemblée, où les pairs se trouvoient quand il leur plaisoit, lieu dans la capitale et dans le palais de nos rois, devint le lieu propre et naturel pour les affaires majeures et les grandes sanctions du royaume, et c'est de là encore qu'il a usurpé le nom de cour des pairs. Je dis usurpé parce qu'il ne lui est pas propre, et que, partout où il a plu à nos rois d'assembler les pairs pour y juger des affaires majeures, ou faire les sanctions les plus importantes, son cabinet, une maison de campagne, un parlement autre que celui de Paris, tous ces lieux différents ont

---

1. Voy., sur les lits de justice, notes à la fin du volume.

été pour ce jour-là la cour des pairs ; et de cela beaucoup d'exemples depuis que le parlement de Paris s'en est attribué le nom.

Tels étoient les légistes, tels sont devenus les parlements, dont l'autorité s'est continuellement accrue par les désordres des temps qui ont amené la vénalité des offices et les ont après rendus héréditaires par l'établissement de la *paulette*[1], à la fin ont multiplié à l'infini les cours et leurs offices.

Il faut revenir maintenant à l'examen de la parité des anciens pairs, quant à la dignité, aux fonctions nécessaires, au pouvoir législatif et constitutif, avec les pairs modernes jusqu'à ceux d'aujourd'hui, et pour cela se défaire des préventions d'écorce qu'on trouve si aisément et si volontiers dans leur disparité si grande de naissance, de puissance et d'établissements, mais qui ne conclut quoi que ce soit à l'égard de la dignité en elle-même, et de tout ce qui appartient à la dignité de pair.

Pour s'en bien convaincre on n'a qu'à parcourir l'histoire, et en exceptant les temps de confusion et d'oppression de l'État, tels que les événements où il pensa succomber sous les bouchers, l'université, etc., du temps de Charles VI, plus haut pendant la prison du roi Jean, en dernier lieu sous les efforts de la Ligue, et voir s'il s'est jamais fait rien de grand dans l'État, sanctions, jugements de causes majeures, etc., sans la convocation et la nécessaire présence et jugement des pairs, depuis l'origine de la monarchie jusqu'aux renonciations respectives de Philippe V et des ducs de Berry et d'Orléans aux couronnes de France et d'Espagne sous le plus absolu de tous les rois de France, le plus jaloux de son autorité, et qui s'est le plus continuellement montré, en grandes et en petites choses, le plus contraire à la dignité de duc et pair, et le plus soigneusement appliqué à la dé-

---

[1]. Cet impôt tira son dom du financier Paulet, qui en fut le premier fermier. La paulette datait de 1604 ; les magistrats, pour devenir propriétaires de leurs charges, payaient chaque année le soixantième du prix.

pouiller. Les preuves de ce très-court exposé sont éparses dans toutes les histoires de tous les temps, et on y renvoie avec assurance ici, où ce n'est pas le lieu d'en faire des volumes en les y ramassant. Le sacre seul, et la juste et sage déclaration d'Henri III en faveur des princes du sang qui les rend tous pairs nés à titre de leur naissance, fourniroient une foule de démonstrations.

Les pairs ecclésiastiques en sont une vivante à laquelle il n'est pas possible encore de se dérober. On a vu comme les grands bénéfices se sont établis, et comment les prélats, devenus grands seigneurs par la libéralité des rois et de leurs grands feudataires, sont devenus grands seigneurs, et quelques-uns grands feudataires eux-mêmes. L'Église, à l'ombre de l'ignorance et de la stupidité des laïques, s'accrut lors au point de se revêtir de toute la puissance temporelle par l'abus et la frayeur de la spirituelle. On ne peut attribuer à d'autres temps l'origine inconnue de la pairie attachée en titre de duché aux siéges de Reims, Laon et Langres; et de comté à ceux de Beauvais, Châlons et Noyon. Voilà donc six pairies ecclésiastiques sans érection, comme les duchés de Bourgogne, Normandie et Guyenne, et les comtés de Toulouse, de Flandre et Champagne; toutes douze en mêmes droits et fonctions quant à la dignité, et, nonobstant la distance, sans mesure de naissance et de puissance entre les six laïques et les six ecclésiastiques, en même rang, distinctions, égalité. Ces six prélats n'étoient pas différents de leurs successeurs jusqu'à nous, et s'ils cédoient le pas aux six laïques, c'étoit à raison d'ancienneté, puisque tout étoit entre eux parfaitement et entièrement égal. Excepté Reims et Beauvais, et encore qu'était-ce en comparaison des pairs laïques de Bourgogne, etc., il n'y a guère, à la dignité près, de plus petits siéges que les quatre autres, et on peut avancer : aucun qui ne vaille Laon et Noyon. Néanmoins, quand les seigneurs eurent rappris à lire et repris leurs sens, et leurs vassaux à leur exemple, ils revendiquèrent les usurpations de l'Église, et quoiqu'elle conservât le plus qu'elle put des conquêtes qu'elle avoit faites sur la grossièreté des laïques, elle demeura comme dépouillée, en comparaison de ce qu'elle s'étoit vue en puissance et en autorité. Il n'y eut que ces six sièges qui, en perdant les abus ecclésiastiques, se conservèrent dans l'intégrité de leur rang, de leurs fonctions, du pouvoir législatif et consultatif, à la tête des plus grands, des plus puissants et des plus relevés seigneurs du royaume, uniquement par le droit de leur pairie.

Il n'y a pas même eu quelquefois jusqu'à des cérémonies tout à fait ecclésiastiques où leur pairie leur a donné la préférence, comme il arriva à la procession générale de tous les corps faite à Paris en actions de grâces de la délivrance de François Ier. L'archevêque de Lyon y étoit avec sa croix devant lui, comme reconnu par Sens dont Paris étoit lors suffragant. L'évêque de Noyon prétendit le précéder. La préséance lui fut adjugée par arrêt du parlement comme étant pair de France. Il en jouit, et l'archevêque de Lyon céda et assista à la procession.

Dans ces anciens temps où ces anciennes pairies laïques sans érection subsistoient encore, au moins les plus puissantes, et possédées par les plus grands princes, tels que les ducs de Bourgogne, les rois d'Angleterre, etc., ces six pairies ecclésiastiques n'étoient pas plus considérables en terres et en revenus qu'aujourd'hui ; et les évêques de ces siéges, dont on a la suite, ne l'étoient pas plus en naissance ni en établissements que le sont ceux d'aujourd'hui, et s'il y a eu quelques cardinaux et quelques autres du sang royal ou de maisons souveraines à Reims et à Laon, cela n'a été que rarement, et bien plus rare ou jamais dans les autres siéges ; et toutefois on voit ces six évêques en tout et partout égaux en rang, en puissance, et autorité législative et constitutive dans l'État, et ces autres pairs si grands par eux-mêmes, et si puissants par leurs États, en usant avec eux et comme eux, sans la moindre différence, de l'autorité du pouvoir, du rang des séances, assistances et jugements des causes majeures et usage du même pouvoir législatif et constitutif pour les grandes sanctions du royaume, avec eux et comme eux sans aucune ombre de différence, pareils en tout ce qui étoit de la dignité et de l'exercice de la pairie et aussi en rang, quoiqu'en tout d'ailleurs si entièrement disproportionnés d'eux. C'est une suite et une chaîne que les histoires présentent dans tous les temps les plus reculés jusqu'à nous, et qui montre en même temps quels étoient ces évêques, quant à leur personne, par la suite qu'elles en offrent; tandis que, quant à ce qui ne regarde que l'épiscopat, ils n'avoient pas plus d'avantages que tous les autres évêques de France, où, dans ces siècles et longtemps depuis, l'autorité des métropolitains étoit pleinement exercée sur leurs suffragants. Par quoi il demeure évident que la naissance et la puissance par la grandeur de l'extraction et de la dignité personnelle, par le nombre et l'étendue des États et des possessions, l'autorité, le degré, la juridiction ecclésiastique, sont accessoires, totalement indifférents à la dignité, rang, autorité, puissance, fonctions de pair de France, laquelle a de tout temps précédé les plus grands personnages du royaume en extraction, étendue de fiefs et d'États laïques, et les métropolitains les plus distingués, comme il s'est continuellement vu dans ces évêques. Conséquemment comme il sera encore éclairci plus bas, que les pairs nouveaux et qui ont une érection à l'instar de ces premiers qui n'en ont point que l'on connoisse, et qui ont été érigés pour les remplacer, et de là pour en augmenter le nombre, et qui ont tous joui très-constamment, quant à cette dignité, de tout ce qui vient d'être dit de ces premiers, ont été pairs comme eux en toute égalité quant à tout ce qui appartient à pairie, et de main en main jusqu'à nous, dont la naissance et les biens ne sont pas inférieurs à ces six pairs ecclésiastiques dans tous les temps.

La brièveté sous laquelle gémit nécessairement une matière si abondante, forcément traitée en digression, me fera supprimer une infinité de passages existants par lesquels on voit ce que nos rois pensoient et disoient de la dignité et des fonctions de pairs, tant dans les érections des pairies qu'ils faisoient, qu'ailleurs, pour n'alléguer qu'un passage de Philippe le Bel du temps duquel ces anciens pairs de Bourgogne, etc., étoient dans tout leur lustre personnel de grandeur, d'extraction et de puissance terrienne, si différent de l'état personnel des évêques-pairs d'alors et d'aujourd'hui. C'est d'une lettre de Philippe le Bel, de 1306, au pape, qui existe encore en original aujourd'hui, par laquelle il le prie de remettre à leur prochaine entrevue le choix d'un sujet pour remplir le siége de Laon vacant. *In Laudunensi Ecclesia*, lui dit-il, *quam licet in facultatibus tenuem, intra ceteras nostri regni utpote paritate seu paragii regni ejusdem dotatam excellentia, nobilissimam reputamus, ejusque honorem, nostrum et regni nostri proprium arbitramur.... Personam præfici cupientes, quæ honoris regii et regni zelatrix existat, et per quam præfata Ecclesia debitis proficiat incrementis urgente causa rationabili, Sanct. Ap. attentis precibus, supplicamus.... per quam etiam sicut nobis et status nostri regni expedire conspicimus regimen ipsius paritatis seu paragii, quod est honoris regii pars non modica, poterit in melius augmentari*, etc. Les paroles de cette lettre, soit dans leur tissu, soit séparément considérées, sont si expresses qu'elles n'ont besoin d'aucun commentaire pour les faire entendre ni valoir. Ce texte est si remarquable que l'exprimer ce seroit l'affoiblir. Il n'y a pas un mot qui ne porte, et qui ne montre ce qui est dit ci-dessus avec la plus lumineuse clarté. Le voici en françois. On y voit du même coup d'œil la petitesse et plus que la médiocrité du siége de Laon, si on en excepte la pairie, en même temps l'excellence de cette dignité qui rend cette Église la plus noble et la plus excellente de toutes, dont l'honneur est réputé l'honneur même du roi et du royaume, desquels il est partie principale, et dont l'augmentation du temporel est regardée comme importante au roi et à l'État, qui, à cet effet, supplie instamment le pape, etc., et qui juge le choix d'un évêque pour cette Église d'une conséquence si importante pour lui et pour son royaume, et nomme cet évêché-pairie, par deux fois apanage [1].

Quoi de plus exprès pour prouver l'extrême disparité de puissance terrienne et de dignité personnelle d'une part; et de l'autre la plus entière identité, quant à la dignité de la pairie et à tout ce qu'elle renferme, entre celle de Laon et ces grandes, anciennes et ces premières ; entre un sujet encore inconnu et ces anciens et premiers pairs de France; conséquemment la futilité de se frapper de disparité quant à tout ce qui est de la pairie, fondée sur tout ce qui lui est entièrement étranger, comme l'extraction, la puissance terrienne, la souveraineté ; et, pour s'en mieux convaincre encore, s'il est possible, il faut ajouter qu'en ces temps reculés, c'est-à-dire les 19 et 26 février 1410, le procureur général du roi fit proposer, en la cause de l'archevêque et archidiacre de Reims, suivant l'ancienne comparaison de saint Louis, que les « pairs furent créés pour soutenir la couronne, comme les électeurs pour soutenir l'empire, par quoi on ne doit souffrir qu'un pair soit excommunié, parce que l'on a à converser avec lui pour les conseils du roi, qui le devroit nourrir s'il n'avoit de quoi vivre, si est-ce la différence grande entre lesdits pairs et les électeurs de l'empire qui font l'empereur, et lesdits pairs ne font le roi, lequel vient de lignée et plus proche degré. »

Il seroit difficile de déclarer le pouvoir législatif et constitutif des pairs avec plus de clarté et d'énergie que le fait

---

[1] Il n'est pas question d'*apanage* dans la lettre de Philippe le Bel, mais de *parage* (*paragium*). Le mot *parage* indiquait l'égalité entre les nobles ; de là l'expression de *paritas* employée comme synonyme de *paragium* dans cette même lettre.

ce passage. La comparaison est empruntée de saint Louis par le procureur général en jugement, qui, de peur de l'affoiblir, a soin de prévenir l'exception si naturelle de l'élection des empereurs par les électeurs que les pairs ne font point de nos rois, qui viennent à la couronne par un droit héréditaire attaché à l'aîné de leur auguste race. Il s'agissoit de l'excommunication, qui, dans ces temps-là, faisoit trembler les souverains et les plus grands d'entre les sujets, et qui ébranloit la fermeté des trônes. Un excommunié, de quelque rang qu'il fût, étoit interdit de tout, jusqu'au conseil et au service. Quiconque lui parloit encouroit par cela seul la même excommunication. Les rois de France, fils aînés de l'Église et fondateurs de la grandeur temporelle des papes et de leur siége, se prétendoient exempts d'encourir l'excommunication. Les conseillers qui se choisissoient dans leurs affaires, c'est-à-dire leurs ministres, ne prétendoient pas participer à cette exemption. Le procureur général, conservateur né des droits de la couronne, n'en fait pas la moindre mention. Mais les conseillers nécessaires, ceux qui par leur pairie, exerçoient de droit le pouvoir législatif et constitutif pour les grandes sanctions du royaume avec le roi, eux du concours desquels ces sanctions ne pouvoient se passer pour avoir force de loi, ni les causes majeures des grands fiefs, ou de la personne des grands et immédiats feudataires, pour être validement jugées et d'une manière définitive, parties essentielles et intégrantes de la couronne, du commerce desquels ils n'étoit pas possible de se passer pour tout ce qui concernoit l'État, ceux-là seuls ne pouvoient être excommuniés, ni eux-mêmes, ni pour avoir traité avec un excommunié.

Voilà la différence essentielle des ministres des rois à leur choix et volonté, d'avec les ministres nés par fiefs et dignité de pairie, ministres indispensables du royaume, comparés par saint Louis aux électeurs de l'empire, non au droit d'élection des empereurs dans un royaume héréditaire, mais au droit égal, pareil et semblable des électeurs dans l'empire et des pairs de France en France, où l'empereur ni le roi ne pouvoient faire loi, sanction, décision de cause majeure sans leur intervention et leur avis, qui donnoient seuls force de loi ou d'arrêt souverain à la sanction ou à la décision de la cause majeure.

Et sur qui le procureur général s'explique-t-il de la sorte? Sur l'exemption de droit de l'excommunication si étendue, si reconnue, si redoutable alors par les plus grands, sur une exemption nécessaire et d'un droit inhérent à la couronne; c'est sur un pair de France comme pair de France, quoique pair de France à titre de son siége, c'est-à-dire à un titre qui, sans le respect de la pairie qui y est unie, seroit, comme évêque, plus en la main du pape et plus soumis à ses censures que nul autre, sur un pair de naissance incertaine, puisque c'est un évêque, si loin de l'extraction héréditaire de ces grands princes et souverains revêtus de pairie, sur un pair qui n'a de commun avec eux que la dignité de pair, et qui, en proportion de l'étendue des fiefs et de la puissance territoriale, ne seroit à peine que l'aumônier et le domestique de ces grands et puissants pairs, et toutefois par cette dignité commune avec eux, le même qu'eux, égal en tout à eux, pareil à eux en droits, en rang, en pouvoir législatif et constitutif, en assistance nécessaire aux grandes fonctions de l'État, et par cela même aussi inviolable qu'eux, et aussi affranchi, par le même et commun droit, de pouvoir être excommunié, même son archidiacre agissant pour lui et par ses ordres.

Le procureur général achève de démontrer combien la grandeur de la dignité de pair si parfaitement semblable, égale, pareille en tout à celle de ces grands et puissants pairs laïques, est indépendante de cette grandeur et de cette puissance purement personnelle, lorsqu'il ajoute que « si un pair de France n'avoit pas de quoi vivre, le roi seroit obligé de le nourrir. » On s'espaceroit en vain à prouver qu'il est jour lorsqu'on voit luire le soleil, on s'efforceroit de même en vain, après des démonstrations si transcendantes, à vouloir prouver que les pairs les plus pauvres, les plus dénués d'États et de puissance territoriale, les plus éloignés de l'extraction illustre de ces grands et puissants pairs, même souverains, sont leur compairs en tout ce qui est de la dignité, rang, honneurs, grandeurs, facultés, puissance, autorité, fonctions de leur commune dignité de pairs de France, conséquemment qu'en cela même les pairs d'aujourd'hui sont en tout et partout pairs, tels que ces anciens pairs, d'ailleurs si supérieurs sans comparaison à eux, puisque l'archevêque de Reims, l'évêque de Laon et les quatre autres tels dans les anciens temps qu'on les voit aujourd'hui, ont été sans difficulté égaux en dignité, rang, fonctions, autorité, puissance législative et constitutive, en un mot, pareils en tout et parfaitement compairs des ducs de Bourgogne, de Normandie, etc., et compairs aussi des pairs érigés depuis dans tous les temps jusqu'à nous, et les uns et les autres sans aucune diminution de ce qui appartient à la dignité de pair de France, quoique si dissemblables en naissance et puissance, et en attributs extérieurs étrangers à la pairie, à ces anciens pairs, si grands, si puissants, et quelques-uns rois et souverains.

Les noms si magnifiques lesquels les rois dans leurs diverses érections de pairies, et dans nombre d'autres actes, et les magistrats dont la charge est de parler pour eux et en leur nom, donnent dans tous les siècles aux pairs de France, sont une autre preuve de tout ce qui a été avancé de la grandeur et des fonctions du rang et de l'être des pairs de France, comme tels et indépendamment de toute autre grandeur étrangère à cette dignité en ceux même qui l'ont possédée. Tout y marque le premier rang dans l'État, et ce pouvoir inhérent et nécessaire en eux seuls, de faire avec le roi les grandes sanctions du royaume et de juger les causes majeures. On les voit sans cesse nommés « tuteurs des rois et de la couronne; grands juges du royaume et de la loi salique; soutiens de l'État; portion de la royauté; pierres précieuses et précieux fleurons de la couronne; continuation, extension de la puissance royale; colonnes de l'État; administrateurs, modérateurs de l'État; protecteurs et gardes de la couronne (expression de l'avocat général Le Maître en un lit de justice de 1487); le plus grand don et le plus grand effort de la puissance des rois » (comme l'a encore dit et reconnu Louis XIV en propres termes); on ne finiroit point sur ces dénominations dont l'énergie épuise toute explication, et qui est la plus expresse sur la grandeur du rang, sur l'exercice du pouvoir législatif et constitutif, et sur l'identité de pairies et de pairs de tous les siècles et de tous les temps, puisque ces expressions n'en exceptent aucuns, et qu'elles ne sont que pour les pairs, comme tels, par la dignité de leur pairie, sans qu'il soit question en eux d'aucune autre sorte de grandeur, et ce seroit tomber en redites, moins supportables en une digression qu'ailleurs, que s'étendre en preuves sur une chose si claire et si manifeste.

On se contentera de remarquer que les temps de ces expressions étoient encore exacts et purs sur ce qu'on vouloit faire entendre. Il n'y avoit que la vérité qui portât nos rois et leurs organes à un langage si magnifique; toute exagération, au moins en actes publics et portant le nom du roi, étoit encore heureusement inconnue; rien que de vrai, d'exact, de légitime, n'y étoit donné à personne, et personne n'avoit encore osé y prétendre au delà; rien n'y étoit donc inséré par flatterie, par faveur, par foiblesse, rien pour fleur, pour éloquence, pour l'oreille, tout pour réalité effective, existante, tout à la lettre pour vérité, exactitude, usage; et ce n'est que bien des années depuis que la corruption a commencé à se glisser dans les actes, les prétentions à y primer, la foiblesse à y mollir, et finalement ce n'est guère que de nos jours que ceux qui obtiennent des patentes y font insérer tout ce qui leur plaît de plus faux et de plus abusif à leur avantage, encore personnel et non de la dignité ou de l'office qui leur est accordé par la patente. Ainsi les érections ne se sont expliquées qu'avec justesse, et les magistrats parlant au nom du roi et sous leur autorité, devenus responsables en leur propre nom aux rois et aux tribunaux de leurs expressions et de leurs qualifications, se seroient bien gardés de s'éloigner de la justesse, de la vérité, de la précision la plus exacte, que les tribunaux ne leur auroient pas passé, et dont les rois leur auroient fait rendre un compte rigoureux, s'agissant surtout de termes et d'expressions si intéressant leur personne et leur couronne, si ces termes et ces expressions n'avoient pas contenu l'ingénuité et la vérité la plus consacrée, la plus existante et la plus scrupuleuse.

Il est fâcheux d'allonger tant une digression; il le seroit encore plus, sinon de ne pas tout dire, puisque cela est bien éloigné d'être possible ici, mais de ne pas montrer au moins et indiquer, pour ainsi dire, ce qu'il est essentiel de ne laisser pas ignorer.

Tout apanage n'est pas pairie, mais toute pairie est tellement apanage, qu'on voit que pairie et apanage [1] sont comme synonymes dans la lettre citée de Philippe le Bel sur l'évêché de Laon, où cela est et se trouve par deux fois. Or nulle différence d'étendue, ni de puissance de fief entre la pairie de Laon et toutes les pairies d'aujourd'hui, ni de grandeur personnelle de l'évêque de ce siége à des pairs d'aujourd'hui.

Cette vérité d'apanage n'a jamais été contestée. Louis XI, si jaloux de sa couronne et de tout ce qui y appartenoit, déclare nettement en 1464, en l'érection d'Angoulême : *Que de toute ancienneté les pairs tiennent leurs pairies en apanages;* et pour couper court là-dessus d'une manière invincible, il ne faut que jeter les yeux sur l'érection d'Uzès.

---

1. Voy. plus haut, p. 291, note.

Uzès est une terre ordinaire, son seigneur est seigneur ordinaire; ce n'est ni l'Anjou ni un fils de France, etc. C'est une pairie et un pair de France qui, par son fief ou son personnel n'a rien que d'autres pairs existants et postérieurs à lui n'aient pas, et on ne peut s'attacher à son égard à cette écorce étrangère à la pairie, dont l'éclat éblouit dans ces anciens pairs si grands en naissance et en puissance, et qui sert à tromper ceux qui, ne faisant de ce total qu'une seule chose, voudroient mettre de la différence jusque dans la dignité de pairs et ses attributs, entre ces pairs si grands par eux-mêmes et leurs compairs d'aujourd'hui. L'érection d'Uzès manifeste bien expressément l'égalité parfaite, en dignité de pairie et tout ce qu'elle emporte, dans les pairs d'aujourd'hui, avec ces anciens pairs d'ailleurs si dissemblables à eux par des grandeurs et une puissance étrangère à leur dignité de pair de France, et qui leur étoit purement personnelle. Uzès par son érection est donné en apanage au duc d'Uzès, à quoi elle ajoute ces termes : « Qu'avenant, à faute de mâle, réversion de cette pairie à la couronne, ledit duché-pairie pourra tenir lieu d'une partie d'apanage pour les derniers enfants de France, et être convenable à leur grandeur et dignité. »

Je ne sais quelle expression pourroit être employée pour être plus positive que celle-ci. Uzès érigé en duché-pairie est donc par cela seul devenu apanage, et apanage convenable aux derniers enfants de France, convenable, dis-je, à leur grandeur et dignité, si, à faute de mâle, Uzès retourne à la couronne. Ainsi rien d'oublié ni pour la qualité et l'essence d'apanage, ni pour la dignité d'un apanage, puisqu'il est déclaré convenable à la grandeur et à la dignité des fils de France. Il n'y a pas d'apparence qu'on puisse objecter qu'il est dit dans l'érection, *pour partie d'apanage*, puisqu'il ne peut être partie d'apanage qu'il ne soit apanage par essence, et d'essence à être convenable à la grandeur et à la dignité des fils de France. Mais pourquoi partie d'apanage?

c'est que le duché d'Uzès qui a toute la dignité convenable à la grandeur d'un fils de France, n'a ni l'étendue ni le revenu qui puisse suffire à former tout son apanage, comme en plus grand le duché de Chartres, etc., sont, non l'apanage, mais une partie de l'apanage qui fut formé à Monsieur frère de Louis XIV, et ainsi de ceux de tous les fils de France. Et il faut dire des apanages de ces princes ce qui a été démontré des anciens pairs, dont la grandeur personnelle a été étrangère à leur dignité de pair de France, et à tout ce que cette dignité emporte. Aussi un apanage de fils de France est apanage, mais il a des extensions étrangères à l'apanage, comme des revenus, des présentations d'offices et de bénéfices, des droits et des dispositions de commissions qui ne viennent pas de l'apanage, qui ne sont pas apanage, mais qui sont personnellement attribués à ces princes pour la grandeur de leur naissance et pour l'entretien de leur cour : toutes choses personnelles à ces princes, et tout à fait étrangères à la nature et qualité propre de l'apanage.

Enfin il résulte bien nettement que les pairies de France ont toujours été données aux pairs et possédées par eux dans tous les siècles jusqu'à aujourd'hui, en apanage, et comme les propres apanages des fils de France, et cette chaîne, plus d'une fois citée, se perpétue ainsi de siècle en siècle jusqu'à nos jours pour la dignité, le rang, l'essence, les fonctions de pairs de France de tous les âges comme tels, indépendamment de la disparité de personne, de puissance et d'extraction; sur quoi encore les ducs d'Uzès fourniroient des preuves les plus transcendantes en rang, droits, etc., si on avoit loisir de s'y arrêter ici.

Mais pour ne rien retenir qui puisse laisser la plus petite couleur aux cavillations les plus destituées même d'apparence, il faut dire que les érections postérieures à celle d'Uzès portent pour la plupart une dérogation à la réversion à la couronne de la terre érigée à faute d'hoirs, et cette clause y est conçue avec tant d'indécence qu'elle porte que :

sans cette dérogation l'impétrant n'auroit voulu accepter l'érection. Toute exception de loi la confirme. La maxime n'est pas douteuse; or il ne peut y avoir une exception de loi plus précise que celle-ci, puisqu'elle est non-seulement claire, précise, formelle, mais puisqu'elle va jusqu'à en exprimer une cause et une raison même très-indécente.

Il est donc vrai que la loi y est nettement confirmée par cette expression même, et que toutes les pairies dans l'érection desquelles elle se trouve ne sont dissemblables en rien à toutes celles où elle ne se trouve pas; conséquemment que toutes sont entièrement pareilles, semblables, égales, et les mêmes par leur nature, et que ce [que] Philippe le Bel et Louis XI, pour se contenter ici des citations qu'on y a vues, ont dit du pair et de la pairie de Laon, est dit et se trouve parfaitement et pleinement véritable de tous les pairs et de toutes les pairies d'aujourd'hui; d'où il résulte d'une manière invincible que tout ce qui a été dit, tenu et vu des premiers et plus anciens pairs sous quelque nom qu'ils aient été connus d'abord, des premiers et plus anciens pairs dont on n'a point d'érection, des premiers et plus anciens pairs érigés après eux, et de leurs pairies, se peut et se doit dire des pairs de tous les temps et de leurs pairies jusqu'à aujourd'hui, quant à la dignité de pair et de pairie de France, et tout ce qu'elle emporte de rangs, droits, pouvoir législatif et constitutif, sans exception, sans distinction, sans différence, sans partage, en un mot dans tous les temps compairs en tout, indépendamment de la grandeur personnelle d'extraction et de puissance étrangère à la dignité, commune entre eux tous, de la pairie de France, dont l'identité en eux tous se suit d'âge en âge, sans la plus légère interruption de tout ce qui y appartient.

Qu'il y ait des apanages ou plutôt des parties d'apanages qui ne soient pas pairie de France, car il y a eu peu d'apanages entiers donnés à des fils de France qui n'eussent point de pairie, qu'il y ait des terres réversibles à la couronne inféodées sous cette condition qui ne soient point pairies ni apanages, ce sont choses entièrement étrangères à ce que l'on traite ici, et qui n'y portent pas la moindre influence. On ne s'est proposé que de montrer que les pairies d'aujourd'hui, non quant à l'étendue de fief et à sa puissance, que les pairs d'aujourd'hui, non quant à la grandeur de l'extraction et des possessions, mais quant à la dignité de pair et à l'essence de la pairie et à tout ce qui y appartient, sont égaux, pareils et compairs en tout et partout, sans différence, exception ni dissemblance aucune, aux pairs de tous les temps, et leurs pairies aux leurs ; que ces pairies nouvellement érigées le sont sur le modèle de toutes les précédentes ; qu'elles sont par nature apanage, et réversibles à la couronne, dont l'essence, au dire de nos rois sur celle d'Uzès, est assez majestueuse pour être convenable à devenir apanage des fils de France, convenable, dis-je, à leur grandeur et dignité ; qu'exception de loi la confirme ; que Laon pour les temps les plus reculés, Uzès pour les nôtres, n'ont rien d'extérieur, même d'étranger à la pairie et aux pairs d'aujourd'hui, et que conformes en tout, quant à la dignité de pair, à ceux de tous les temps, tous ceux d'aujourd'hui ont avec eux et ceux de tous les âges une pareille, semblable et entière conformité.

Or qu'est-ce qu'un apanage ? Le voici en deux mots. Dans les plus anciens temps, le royaume de France se partageoit en autant d'États souverains et indépendants que nos rois laissoient de fils, souvent même de leur vivant. Le désordre et l'affoiblissement qui résulta de ces partages en corrigèrent, et le fils aîné du roi succéda à la totalité du royaume. Alors nos rois se trouvèrent à l'égard de leurs puînés dans la même nécessité que les particuliers de pourvoir à leur subsistance, et des enfants qui naîtroient d'eux. Nul patrimoine sur quoi la prendre, puisque celui des rois est réuni à la couronne s'ils en ont lorsqu'ils y viennent, et s'il leur arrive des héritages depuis qu'ils y sont parvenus, ces héritages y sont pareillement et de droit réunis. Il faut donc que les fils de la couronne soient nourris et pourvus par la couronne, c'est-à-dire des biens de la couronne ; et comme les biens de la couronne sont par cela même inaliénables, la portion des biens qui leur est donnée ne leur est que prêtée, c'est-à-dire qu'ils n'en peuvent disposer, mais en jouir eux et leurs descendants de mâles en mâles, pour, à faute enfin de mâle, retourner à la couronne, et c'est ce qui est connu sous le nom d'apanage.

De là il est aisé de conclure de quelle dignité est un bien donné en apanage, puisqu'il brille d'un rayon de la couronne même, qui se répand sur son possesseur ; et quel nouveau jour donne à ce qui a été dit jusqu'ici de la dignité de pair et de la pairie de France, des noms donnés aux pairs, etc., ce qu'on a cité de nos rois qui déclarent en divers temps que pairie et apanage sont synonymes, et que de tous les temps les pairies sont apanages, et récemment encore du duché d'Uzès. Enfin, il faut ajouter à cette réflexion naturelle ce que nos rois jusqu'à Louis XIV inclusivement ont dit des pairs et des pairies, et leur aveu que c'est le plus grand effort de leur puissance et ce qu'ils peuvent faire et donner de plus grand. Cela est dit par eux indépendamment de la qualité d'apanage inhérente, comme on l'a vu, par nature à la pairie. Joignant ensemble l'idée qui naît de la réunion de ces deux choses en la même, quelle splendeur et quelle majesté! Aussi nos rois n'ont-ils pu faire plus pour leurs fils puînés et pour leurs frères jusqu'à aujourd'hui, ni pour les princes de leur sang, quoique si singulièrement grands par le majestueux effet qu'ils reçoivent de la loi salique, que de les faire et déclarer tous pairs de France par le droit de leur naissance auguste, sans avoir même de pairie, et précédant tous autres pairs. C'est ce que fit Henri III, avec d'autant plus de justice qu'il étoit très-indécent que des princes que leur naissance appeloit à la couronne, le cas en arrivant, fussent précédés par les aînés des branches cadettes à la leur, qui ne pouvoient succéder qu'après eux, et par des pairs qui pouvoient devenir leurs sujets sans avoir eux-mêmes aucun droit de succession à la couronne.

Si, au lieu d'une digression forcée, et par là même si nécessairement abrégée qu'elle en est comme mutilée, c'étoit ici un traité, l'occasion deviendroit toute naturelle de parler des ducs non pairs vérifiés au parlement, et apprendre à bien des gens qui se persuadent qu'ils sont de l'invention du feu roi, que cette dignité est connue, dès 1354 au moins, distinctement, par l'érection du duché de Bar en faveur de Robert, duc de Bar, dont la maison est connue dès l'an 1044 par Louis, comte de Montbéliard, de Mouson et de Ferrette, qui eut le comté de Bar par son mariage avec Sophie, deuxième fille de Frédéric II, duc de la haute Lorraine, et de Mathilde de Souabe dont la postérité prit le nom de Bar, et dont le dixième descendant, Robert, épousa en 1364 Marie, fille de notre roi Jean et de Bonne de Luxembourg.

Il en eut Henri, Philippe, Édouard, Louis, Charles et Jean, et quatre filles, dont Yolande fut l'aînée. Henri fut père de Robert qui mourut sans enfants, comme tous ses oncles, et fut comme le dernier de cette maison. Louis fut évêque-duc de Langres, évêque-comte de Châlons, et évêque de Verdun, et cardinal : il survécut tous ses frères et son neveu. Yolande, l'aînée de ses sœurs, épousa Jean d'Aragon, fils de Pierre IV, roi d'Aragon, et d'Éléonore de Portugal. Jean devint roi de Portugal, et Yolande, sa femme, mourut à Barcelone en 1431. Elle laissa, entre autres enfants, Yolande d'Aragon, qui, de son mariage avec Louis II, duc d'Anjou, roi de Naples et de Sicile, eut le bon roi René, duc d'Anjou, roi de Naples et de Sicile, auquel Louis, cardinal de Bar, son grand-oncle maternel, duc de Bar et le dernier mâle de sa maison, fit don du duché de Bar. Yolande d'Anjou, fille du roi René, et duchesse de Lorraine par sa mère Isabelle, fille aînée et héritière de Charles Ier, duc de

Lorraine, et de Marguerite de Bavière, porta les duchés de Lorraine et de Bar en mariage, en 1444, à Ferry de Lorraine, comte de Vaudemont, son cousin, duquel mariage sont sortis tous les ducs de Lorraine.

Ces ducs, quoique souverains et de maison si distinguée, tinrent tellement à honneur la dignité de ducs de Bar, quoique comme tels vassaux de la couronne de France, qu'ils en prirent les marques qu'ils n'ont quittées que longtemps depuis, et on voit encore sur les portes de Nancy leurs armes ornées du manteau ducal, que j'y ai vues et remarquées moi-même.

Valentinois fut érigé de même sans pairie et vérifié en 1498, pour le fameux César Borgia, si connu par ses crimes et par le feu que, pour son agrandissement, le pape Alexandre VI, dont il étoit bâtard, alluma tant de fois par toute l'Europe; Longueville en 1505, et d'autres en faveur de princes de la maison de Savoie comme Nemours, et de princes du sang comme Estouteville. On ne s'arrêtera pas à en citer davantage, mais on remarquera qu'il y en a toujours eu depuis en existence, et que Longueville, par exemple, etc., ne se sont éteints que depuis l'érection pareille de La Feuillade et autres par Louis XIV.

Ainsi on voit deux choses : l'antiquité de ces sortes de duchés non-pairies vérifiés, et la grandeur de ceux en faveur de qui ils ont été érigés, parmi lesquels, outre Bar, on compte des princes des maisons de Lorraine et de Savoie, des bâtards de France et la maison de Longueville, de très-grands seigneurs françois et étrangers, et plus que tout cela un prince du sang. Aussi, quant à la dignité des fiefs et de l'apanage, ces duchés sont égalés aux pairies, mais sans office, qui est de plus en la pairie qui donne aux pairs ces grandes fonctions qu'on a touchées, et leur a acquis ces grands noms que les rois leur ont donnés : comme l'état de la dignité de duc vérifié est étrangère à la cause de cette digression, on ne la grossira pas des raisons qui montrent que les ducs vérifiés, et que l'usage nomme héréditaires, sont ce qu'étoient les hauts barons.

Mais pour ne laisser aucune des trois sortes de ducs connus en France sans quelque explication, puisqu'elle se présente si naturellement ici, j'ajouterai un mot des ducs non vérifiés, que l'usage appelle mal à propos à brevet, puisqu'ils n'ont point de brevet, mais des lettres comme les autres qui ne sont point vérifiées, et qui, par conséquent, n'opèrent rien de réel ni de successif, mais de simples honneurs de cour, sans rang et sans existence dans le royaume. C'est à ceux-là seulement que les officiers de la couronne disputent à raison de leurs offices réels et existants dans l'État, contre de simples honneurs de similitude, sans fief ni office, sans caractère, rang, ni existence dans le royaume. C'est encore de ceux-là que le cardinal Mazarin disoit insolemment qu'il en feroit tant qu'il seroit honteux de l'être et de ne l'être pas, et néanmoins se le fit lui-même.

On est tombé dans la même erreur sur leur origine, qu'à l'égard des ducs vérifiés, on les a crus de l'invention de la minorité de Louis XIV. A la vérité, pour ceux-ci il seroit peut-être difficile de les trouver plus haut que François Ier; aussi ne sont-ils rien dans l'État, mais Roannez fut duché de la sorte sous ce règne. On vit ensuite de même Dunois pour la maison de Longueville, Albret en faveur d'Henri, roi de Navarre; Brienne pour Charles de Luxembourg, beau-frère du duc d'Épernon, et quantité d'autres pour de fort grands seigneurs françois et étrangers; et de ces ducs non vérifiés il y en a toujours eu jusqu'à présent, et le duc de Chevreuse, grand chambellan, dernier fils du duc de Guise tué à Blois, a été longues années duc de cette dernière sorte avant d'être fait duc et pair.

Les officiers de la couronne n'ont aucune part à la cause de cette digression, et ce seroit en abuser que d'en parler ici. Quelque grands que soient leurs offices, des deux premiers surtout, ils n'ont ni l'universalité ni la majesté de l'office de pair de France, et les preuves n'en sont pas difficiles. Leur office de plus n'est qu'à vie, et de fief comme office de la couronne ils n'en ont point, quoiqu'on trouve des foi et hommage quelquefois rendus à nos rois pour ces offices, mais sans nulle mention de fief.

Ainsi les pairs ont le plus grand fief et le plus grand office qu'un roi de France puisse donner, et dont un vassal, même fils de France, encore plus un sujet, puisse être revêtu. Un duc vérifié a le fief sans l'office, ce qui met une grande distinction du pair à lui, et de lui à l'officier de la couronne qui n'a qu'un office et à vie, et sans fief, mais office très-inférieur en tout à celui de pair de France, tellement même que les ducs non vérifiés qui n'ont ni fief ni office, rien de réel dans l'État, qui n'ont que des honneurs extérieurs et l'image des autres ducs dont ils ne sont qu'une vaine et fictive écorce, ne cèdent point à raison de cette image sans réalité qui est en eux, ne cèdent point, dis-je, aux officiers de la couronne, qui n'ont pas comme eux cet extérieur de ressemblance aux autres ducs, quoique vaine. Aussi ne veulent-ils point céder à ces ducs non vérifiés à raison de leurs offices et de ce qu'ils sont réellement dans l'État, tellement que la compétence est entre eux continuelle, et qu'aux cérémonies de cour, car ces ducs non vérifiés n'ont point de places aux autres, ils marchent mêlés ensemble, comme le roi le prescrit, ce qui toujours, en tous les temps, a été réglé de même.

Après avoir montré aussi brièvement qu'il a été possible quelle est la dignité de duc et pair dans tous les âges de la monarchie jusqu'à ceux qui en sont revêtus aujourd'hui, il faut essayer de faire voir aussi ce que c'est que le parlement de Paris et les autres formés sur son modèle, et tâcher de le faire avec la même évidence et la même brièveté, et c'est l'autre partie de la digression indispensable pour faire entendre ce qu'il s'agira ensuite de rapporter.

CHAPITRE XVII.

Parlement de Paris et les autres sur son modèle. — Leur origine; leur nature; d'où nommés parlements. — Récapitulation abrégée. — Ancien gouvernement. — Légistes. — Conseillers; d'où ce nom. — Légistes devenus juges. — Origine et monument des hauts et bas siéges. — Parlement; par quels degrés prend la forme présente. — Pairs seuls des nobles conservent voix et séance au parlement toutes fois qu'ils veulent en user. — Préséance des pairs en tous parlements; y entrent seuls de nobles avant le roi lorsqu'il y vient, et pourquoi. — Le chancelier seul des officiers de la couronne aux bas siéges aux lits de justice, et n'y parle au roi qu'à genoux; seul d'entre eux non traité par le roi de cousin, et seul de la robe parle et y opine assis et couvert. — Pourquoi toutes ces choses. — Origine de la présidence et de sa prétention de représenter le roi. — Séance des présidents en tout temps à gauche de celle des pairs. — Origine de l'enregistrement des édits, etc., aux parlements; d'y juger les causes majeures, etc., et du titre de cour des pairs affecté par celui de Paris. — Nécessité de la mention de la présence des pairs aux arrêts des causes majeures et aux enregistrements des sanctions. — Origine de la prétention des parlements d'ajouter par les enregistrements un pouvoir nécessaire. — Origine des remontrances, bonnes d'abord; tournées après en abus. — Entreprises de la cour de Rome réprimées par le parlement; ne lui donnent aucun droit de se mêler d'autres affaires d'État, ni de gouvernement. — Parlement uniquement compétent que du contentieux entre particuliers; l'avoue solennellement sur la régence de Mme de Beaujeu. — Cour des pairs en tout lieu où le roi les assemble. — Enregistrements des traités de paix faits au parlement uniquement pour raison purement judiciaire. — Régence de Marie de Médicis est la première qui se soit faite au parlement, et pourquoi. — Époque de sa prétention de se mêler des affaires d'État, et de cette chimère de tuteurs des rois, qui les ont continuellement réprimés à tous ces égards. — Précautions de Louis XIII à sa mort aussi admirables qu'inutiles, et pourquoi. — Régence d'Anne d'Autriche; pourquoi passée au parlement. — Avantages dangereux que la compagnie en usurpe, que Louis XIV réprime durement depuis. — Ré-

gence de M. le duc d'Orléans au parlement se traitera en son temps.
— Duc de Guise, qui fait tout pour envahir la couronne, est le premier seigneur qui se fait marguillier, et, pour plaire au parlement, laisse ajouter à son serment de pair le terme de conseiller de cour souveraine. — Dessein du parlement dès lors à l'égard des pairs. — Le terme de conseiller de cour souveraine ôté enfin pour toujours du serment des pairs. — Nécessité d'exposer un ennuyeux détail. — Ordre et formes de l'entrée et de la sortie de séance aux bas siéges. — Présidents usurpent nettement la préséance sur les princes du sang et les pairs à la sortie de la séance des bas siéges. — Ordre et formes d'entrer et de sortir de la séance des hauts siéges. — Séance, aux lits de justice, des pairs en haut qui opinent assis et couverts, et les officiers de la couronne aussi; des présidents et autres magistrats en bas, qui opinent découverts et à genoux, et du chancelier en bas, qui ne parle au roi qu'à genoux, parce qu'il est légiste, mais opine et prononce assis et couvert, parce qu'il est officier de la couronne. — Présidents usurpent d'opiner entre la reine régente et le roi; sont remis à opiner après le dernier officier de la couronne en 1664; ce qui a toujours subsisté depuis. — Changement par entreprise et surprise de la réception des pairs, des hauts siéges où elle se faisoit, aux bas siéges où elle est demeurée depuis 1643. — Contraste de l'état originel des légistes dans les parlements avec leurs usurpations postérieures. — Efforts et dépit des présidents en 1664 et depuis. — Novion, premier président, ôté de place pour ses friponneries, jaloux de l'élévation des Gesvres.

Pour prendre une idée juste de l'essence et de la nature de cette compagnie, il faut se souvenir de ce qui a été dit des légistes, de la façon de rendre les jugements, et des trois corps qui forment la nation; que chacun étoit jugé par ses égaux; que les grands vassaux jugeoient les leurs, chacun dans son fief avec les principaux feudataires qui en relevoient; et que les grands et immédiats feudataires de la couronne, connus dès la fondation de la monarchie et sous divers noms, enfin pairs de France, jugeoient les grandes causes et les affaires majeures avec le roi, et avec lui exerçoient le pouvoir législatif et constitutif pour les grandes sanctions de l'État; ce que c'étoit que les hauts barons et les grands prélats, et qu'ils y étoient quelquefois, puis toujours appelés mais personnellement tantôt les uns, tantôt les autres, par le roi, en sorte qu'ils ne tiroient leur droit que de ce que le roi les mandoit, ainsi que depuis les officiers de la couronne dont on avoit besoin pour ce qui regardoit leurs offices, au lieu que les pairs y venoient tous de droit, et que rien ne se pouvoit faire sans eux; que les procès se multipliant sans cesse depuis que les fiefs eurent, contre leur originelle nature, passé aux femmes, furent devenus susceptibles de partages, de successions, d'hypothèques, et que les coutumes diverses sur toutes ces choses se furent introduites par usages dans les différentes provinces, que les ordonnances se furent accumulées, ce qui causa la multiplication des parlements aux différentes fêtes, qui duroient huit, dix, quinze jours pour vider ces procès; que saint Louis, qui aimoit la justice, considérant le peu de lumière que ces juges si nobles et si occupés de la guerre pouvoient apporter au jugement de tant de questions embarrassées, et de coutumes locales différentes, mit à leurs pieds des légistes pour être à portée d'en être consultés en se baissant à eux, sans toutefois qu'ils fussent obligés de le faire, ni, le faisant, de se conformer à leur avis ignoré de toute la séance, et qu'ils ne disoient qu'à l'oreille du seigneur aux pieds duquel ils se trouvoient assis quand il vouloit les consulter, et que c'est de là que ces légistes ont été dits conseillers; que le peuple, esclave par sa nature, peu à peu affranchi, puis devenu en partie propriétaire par la bonté des seigneurs dont ils étoient serfs, forma la bourgeoisie et le peuple, et ceux qui eurent des fonds appelés rotures, parce qu'ils ne pouvoient posséder de fiefs, furent de là appelés roturiers; que de ce peuple affranchi, ceux que leur esprit et leur industrie éleva au-dessus de l'agriculture et des arts mécaniques, s'appliquèrent aux coutumes locales, à savoir les ordonnances et le droit romain, qui demeura en usage en plusieurs provinces après la conquête des Gaules, et y a été depuis toujours pratiqué. Ces gens-là se multiplièrent avec les procès, s'en firent une étude, devinrent le conseil de ceux qui en avoient, et des familles pour leurs affaires. De leur application aux lois, dont ils se firent un métier, ils furent appelés *légistes*, et saint Louis en appela aux parlements pour s'asseoir sur le marchepied des bancs des juges qui étoient tels qu'on l'a expliqué, pour y être à portée de leur donner à l'oreille les éclaircissements sur ce qu'il s'agitoit devant eux, et former leur jugement et leur avis, quand ces seigneurs croyoient en avoir besoin, et se baissoient à eux pour le leur demander. [Il faut se souvenir] que de là les procès se multipliant de plus en plus, et par conséquent ces assemblées pour les juger qui de *parler ensemble* avoient comme les grandes assemblées pour les causes majeures et pour les grandes sanctions de l'État, et par même raison de parler ensemble, avoient pris le nom de *parlement*, les seigneurs, tant pairs qui y étoient de droit, que ceux que le roi y appeloit nommément, s'excusèrent souvent par l'embarras des guerres ou de leurs affaires; alors la nécessité de vider les procès fit donner voix délibérative en leur absence en nombre suffisant à ces mêmes légistes, qui, profitant de l'absence de vrais juges auxquels la nécessité les faisoit suppléer, usèrent des temps, et obtinrent voix délibérative avec eux, mais néanmoins toujours séants à leurs pieds sur le marchepied de leurs bancs.

Voilà comme de simples souffleurs, et consultés à pure volonté, et sans parole qu'à l'oreille des juges seigneurs, ces légistes devinrent juges eux-mêmes avec eux. De là, comme on l'a dit, cette humble séance leur devenant fâcheuse, ils usurpèrent de mettre un dossier entre les pieds des seigneurs et leur dos, puis d'élever un peu ce marchepied du banc des seigneurs qui leur servoit de siége, et d'en former doucement un banc. Telle est l'origine des hauts siéges et des bas siéges de la grand'chambre, et après elle des grand'chambres des autres parlements formés dans les provinces sur ce premier modèle, qui tous n'eurent d'abord qu'une seule chambre chacun, qui depuis la multiplication des procès et des juges, ont multiplié les chambres, d'où la première, auparavant unique, a été nommée en toutes [les cours] la *grand'chambre*, pour la distinguer des autres.

Il faut encore se souvenir que ces parlements, dont les juges légistes changeoient à chaque parlement de Pâques, la Toussaint, etc., et les seigneurs aussi qui n'étoient point pairs, et que le roi y mandoit nommément, seigneurs et légistes, durèrent jusqu'aux troubles des factions d'Orléans et de Bourgogne sous Charles VI. Ses fréquentes et longues rechutes, qui ne lui permettoient pas de choisir les membres de ces parlements, en livroient la nomination à celle des deux factions qui lors avoit le dessus. Les désordres qui en naquirent firent changer l'usage jusqu'alors observé; et pour ne retomber plus à chaque parlement dans le même inconvénient, il fut réglé que les mêmes membres le demeureroient à vie, et qu'il n'y en seroit mis de nouveaux que par mort de ceux qui s'y trouvoient, et que c'est l'époque qui a rendu les légistes juges uniques de fait, parce que, ne s'agissant plus de donner une quinzaine ou trois semaines en passant à juger des procès, les seigneurs et les nobles que les rois y avoient jusque-là nommément appelés à chaque tenue, tantôt les uns, tantôt les autres, ne purent quitter l'exercice des armes, ni leurs affaires domestiques, pour passer leur vie à juger en toutes ces diverses tenues de parlement, se retirèrent presque tous, et laissèrent les légistes remplir leurs places qui n'avoient rien mieux à faire. Parmi eux l'Église y conserva des clercs, d'où sont venus les *conseillers-clercs*, pour y veiller à ses intérêts, mais de même étoffe que ces légistes, parce que les évêques et les grands prélats, occupés de leur résidence, souvent de grandes affaires, et même de la guerre, ne purent donner leur temps à ces fréquentes assemblées, et comme la noblesse les abandonnèrent.

Ainsi les légistes devenus juges, et par le fait seuls juges, juges à vie, s'accréditèrent. Les malheurs de l'État et les pressants besoins d'argent engagèrent nos rois à en tirer d'eux, pour d'une fonction à vie en faire des offices, et finalement des offices héréditaires et vénaux. Voilà donc ces juges devenus des magistrats en titre, et ces magistrats, par les mêmes besoins de finances, ont été accrus et augmentés jusqu'à la foule qu'on en voit aujourd'hui, qui peuplent Paris, les provinces sous différents noms, en divers tribunaux supérieurs et subalternes. Enfin le parlement, rendu sédentaire à Paris, agrandit ses membres légistes, et jugeant non plus par convocations diverses dans l'année, mais tout le long de l'année, acquit une dernière stabilité qui en fit une compagnie de magistrats, modèle sur lequel la commodité des plaideurs éloignés, et le nombre des procès accru à l'infini, fit former les autres parlements les uns après les autres; et de là, comme on l'a dit, par le besoin de finances, vint l'idée et l'exécution de tant de créations de tribunaux partout, supérieurs et inférieurs de tant de sortes, et de cette foule d'offices vénaux et héréditaires de la robe.

Les légistes devenus par tous ces divers degrés les seuls qui formèrent le parlement, devenu perpétuel et sédentaire à Paris, et eux officiers en titre vénal et héréditaire, délivrés des nobles qui avoient quitté l'écritoire passagère dès qu'elle devint continuelle, et des ecclésiastiques considérables qui comme les nobles n'y étoient plus appelés par les rois comme avant Charles VI, n'eurent plus que les pairs avec eux, qui de droit et sans y être appelés par les rois, à la différence des hauts barons, des officiers de la couronne, des prélats et des nobles en quelque nombre, et nommément à chaque parlement, et jamais les mêmes, y entroient et y jugeoient toutes les fois qu'il leur plaisoit de s'y trouver. C'est de là qu'ils y ont conservé leur entrée et leur voix délibérative toutes les fois qu'ils y veulent prendre séance, tant au parlement de Paris que dans tous les parlements du royaume, où ils précèdent sans difficulté le gouverneur de la province, et l'évêque diocésain, s'ils s'y trouvent avec eux.

De là encore cette différence d'entrer en séance au parlement avant l'arrivée du roi, lorsqu'il y vient; tandis que les officiers de la couronne, et tous autres qu'il plaît au roi de mander pour son accompagnement, ne peuvent entrer en séance qu'à sa suite et après lui, encore que les officiers de la couronne y seoient aux hauts siéges, avec voix délibérative, privativement aux gouverneurs et lieutenants généraux des provinces, et aux chevaliers de l'ordre mandés par le roi, qui seoient en bas, et n'ont point de voix, et c'est un reste de ce qui a été dit de ces anciennes assemblées où les pairs seuls assistoient de droit, longtemps seuls, puis ceux des hauts barons que les rois y mandoient, etc. Et ce qu'il ne faut pas oublier, c'est qu'encore que les officiers de la couronne aient leur séance aux hauts siéges, le seul chancelier a la sienne en bas, comme il a été dit plus haut, parce qu'encore qu'il soit le second officier de la couronne, et si considérable en tout, et là même en son triomphe de chef de la justice et de présider sous le roi, il n'est que légiste et maintenant magistrat, et comme tel ne peut avoir séance aux hauts siéges. La même raison le prive du traitement de *cousin* que nos rois donnent non-seulement aux ducs-pairs et vérifiés, mais aussi aux ducs non vérifiés, et à tous les autres officiers de la couronne.

Le parlement ainsi devenu sédentaire et perpétuel toute l'année, les légistes, devenus à vie, puis en titre, et héréditaires, furent non-seulement juges et magistrats, mais les seuls qui composèrent le parlement, à l'exclusion de tous autres nobles que les pairs, et comme c'étoit une cour de justice, destinée aux jugements des procès devenus sans nombre, les pairs ne s'y trouvèrent guère que pour des cas extraordinaires; ainsi ces magistrats, seuls maîtres du lieu, montèrent aux hauts siéges, dont l'usage se soutint insensiblement même en la présence des pairs.

La forme des procédures se multiplia avec les procès, et la chicane, qui la rendit d'abord nécessaire, se nourrit dans la suite de ses diversités, dont l'une et l'autre se multiplia à l'infini, d'où naquit un langage particulier dans les requêtes et dans les arrêts, qui rendit le prononcé de ces derniers difficile souvent aux magistrats moins experts, et à tous autres impossibles. De là le président de l'assemblée continua d'en faire la fonction en présence des pairs, puis en titre, comme les légistes de simples consulteurs étoient devenus magistrats.

De cette présidence en titre et de ce que la justice se rend au nom du roi, vint l'idée de le représenter à celui qui exerçoit cet office, puis la prétention qui, à la longue, s'est consolidée, parce que personne n'a pris garde à ce qui en pouvoit résulter dans des personnes qui savoient user au point qu'on le voit déjà de l'art de s'accroître et de s'élever.

Dans la suite les autres présidents que le besoin de finance fit créer, et qui, du bonnet particulier qu'ils portoient et qu'ils ont accru jusqu'à ne pouvoir plus le mettre sur leur tête et se contenter de le tenir à la main, ont été connus sous le nom de *présidents à mortier*, ont prétendu ne faire avec le *premier président* qu'un seul et même président, ou un seul et même corps de présidence, et conséquemment à lui, être tous ensemble les représentants du roi, et avec le même succès.

Néanmoins avec toute cette représentation prétendue ils n'ont de banc distingué des conseillers qu'en bas, où il n'y a qu'eux qui seoient; car en haut les conseillers seoient de suite après eux sur leur même banc; et tant en haut qu'en bas, ils n'occupent que le côté gauche, et les pairs le côté droit. Lorsqu'il n'y a point de pairs séants, les conseillers l'occupent entier, outre ceux qui sont sur le banc des présidents, qui se sont bien gardés de changer de côté, pour éviter de le céder aux pairs lorsqu'il en vient au parlement. Ces côtés droit et gauche seront encore expliqués plus bas.

Voilà donc les magistrats présidents en titre, et qui exercent la présidence en présence même du Dauphin, du régent quand il y en a, et qui ne la cèdent qu'au chancelier de France, ou au garde des sceaux, quand il y en a un, et que le chancelier ne s'y trouve pas. Ce progrès suivit de fort près l'expulsion des prélats et des nobles.

L'ancienne forme d'être jugé chacun par ses pairs de fief, etc., étant ainsi changée par l'établissement successif des parlements convoqués par le roi en divers temps de l'année, puis peu à peu devenus tels par degrés, de la manière qui vient d'être expliquée, les édits, ordonnances et déclarations des rois ne purent plus être promulgués par les grands feudataires, qui ne tenoient plus de cour de fief. Il falloit toutefois qu'elles fussent connues pour être observées. Elles ne le pouvoient donc plus être que par le moyen des assemblées de ces parlements en différents temps de l'année, convoqués par les rois; et par leur changement en parlement fixe, sédentaire, continuel, par ce tribunal; et dans la suite par les autres parlements, chacun pour leur ressort, qui furent érigés à l'instar de celui de Paris dans les différentes provinces, pour le soulagement des plaideurs et l'expédition des procès.

De là vint l'usage de juger les causes majeures et de promulguer les grandes sanctions au parlement de Paris, d'abord unique, puis devenu le premier, séant dans la capitale, et le plus à portée des rois et des grands du royaume. Les légistes qui le composoient, devenus juges et magistrats, et, comme on l'a vu, juges même en présence des pairs et du roi même, le demeurèrent dans ces grandes occasions; et de là ce parlement, privativement aux autres du royaume, prit peu à peu le nom et le titre de *cour des pairs*.

Il est vrai qu'ils n'ont jamais prétendu être compétents des causes majeures, ni de connoître des grandes sanctions seuls et sans l'intervention des pairs, en qui seuls par nature en réside le droit, mais par concomitance avec eux, et y participant par le bénéfice de leur présence; et c'est ce qui en ces grandes occasions a fait charger les arrêts et les enregistrements de ces paroles consacrées qui leur donnent toute leur force et leur valeur, *la cour suffisamment garnie de pairs*, paroles qui ont assez souvent passé dans les arrêts et les enregistrements communs lorsqu'il s'y trouvoit des pairs.

De cet envoi des édits, ordonnances, déclarations des rois, lettres patentes, etc., au parlement pour qu'elles fussent connues et observées, et que le parlement y conformât ses jugements dans les affaires qui y auroient trait, les troubles de l'État donnèrent lieu au parlement de s'enhardir, et de prétendre qu'ils étoient un milieu entre le roi et son peuple, qu'ils étoient les protecteurs, les gardiens et les conservateurs de ce peuple, et que, lorsqu'il se trouvoit foulé par des édits, c'étoit au parlement à en faire au roi des remontrances.

L'usage qui s'en étoit introduit sur des matières de règlement purement légales, où le parlement éclaircissoit et redressoit souvent par ses représentations ce qui n'étoit pas assez clair, ou assez conforme au droit commun ou public dans ces édits, etc., lui donna lieu aux remontrances sur les édits bursaux, à former la prétention que je viens de dire, à la confirmer, par l'usage où les rois avoient eux-mêmes peu à peu mis le parlement de faire de son autorité, contre les entreprises de la cour de Rome, et quelquefois même contre les entreprises de quelques évêques du royaume, ce que la politique du temps ne leur permettoit pas de faire par eux-mêmes, d'où le parlement s'arrogea l'autorité populaire, à laquelle celle de la police le conduisit comme par la main. L'abus des favoris, la mauvaise administration des finances, la foiblesse des règnes et des conjonctures, lui donnèrent beau jeu d'en profiter, et de s'acquérir les peuples, pour le soulagement desquels il sembloit combattre en établissant son autorité.

De là ils vinrent à prétendre que les édits, etc., ne leur étoient pas simplement envoyés pour être rendus notoires, pour que chacun les connût et les observât, et pour que le parlement même y conformât ses jugements. Ils osèrent prétendre un pouvoir concurrent, et prépondérant à celui du roi dans l'effet des édits, ordonnances, déclarations, lettres patentes, etc., qui leur étoient portées à *enregistrer*, d'où ils changèrent ce terme dans l'usage de parler en celui de *vérifier*, et celui d'*enregistrement* en *vérification*, parce que le parlement ne feignit plus de prétendre que ce n'étoit que par l'autorité de leur enregistrement que ces lois pouvoient avoir lieu, sans quoi elles demeuroient inutiles, caduques et sans exécution, tellement que c'étoient eux qui par leur enregistrement les rendoient vraies lois, et, les rendant telles, les rendoient vraies et effectives, par conséquent les vérifioient et en rendoient l'exécution nécessaire, et en mettoient l'inobservation sous les peines de droit, qui sans cela ne seroit sujette à aucune peine, et la désobéissance permise et soutenue comme à chose non intervenue ni arrivée. Les édits bursaux furent d'un grand usage au parlement pour établir cette autorité. En les refusant, ils s'acquirent les peuples, qui trouvèrent une protection contre les impôts; ils s'assurèrent les envieux des favoris et des ministres, ils se dévouèrent les ambitieux qui voulurent brouiller l'État et faire compter avec eux.

Quoique les rois se soient toujours écriés contre ce prétendu concours de puissance, les temps fâcheux la leur ont fait essuyer presque continuellement dans le fait, et tout est plein dans les histoires de cette lutte où les rois ne demeuroient vainqueurs que par adresse, par manége, et souvent en gagnant les plus accrédités du parlement par des grâces pécuniaires.

Cette nouvelle puissance, si hardiment usurpée, quoique sans être consentie, mit les rois en brassière avec l'appui de tout ce qui craignoit l'abus des favoris et des ministres, et accoutuma les plus grands de l'État à y recourir quand ils se croyoient lésés, dans les cas les plus majeurs, et qui n'avoient aucun trait, je ne dis pas seulement à la compétence du parlement, mais à ses usurpations.

Jamais il n'avoit osé lever les yeux jusqu'à s'arroger rien sur les régences. Le duc d'Orléans, depuis roi sous le nom de Louis XII, piqué d'en être exclu quoique le plus prochain mâle du sang royal, et d'en voir une femme revêtue par la volonté de Louis XI mourant et le consentement de ceux à qui il appartenoit de le donner, en faveur de la dame de Beaujeu, sa fille, sœur fort aînée de Charles VIII, mineur, adressa ses plaintes au parlement. Il lui répondit, par la bouche du premier président de La Vacquerie, ces célèbres paroles si connues et si exactement transcrites dans toutes les histoires : « que le parlement étoit une cour de justice établie seulement pour administrer la justice au nom du roi à ses sujets, non pour se mêler des affaires d'État et des grandes sanctions du royaume, si ce n'étoit par très-exprès commandement du roi, » par quoi le duc d'Orléans ne put pas seulement se faire écouter, et de là prit les armes avec le triste succès pour lui que chacun sait[1].

Ce témoignage si authentique du premier président de La Vacquerie en plein parlement, et magistrat illustre par le poids de ses mœurs et de sa doctrine, est une vérité dont l'évidence et la notoriété de droit et de fait a paru trop pesante à ses successeurs, et à ceux qui dans les suites ont succédé aux autres offices du parlement.

Les anciennes usurpations convioient à de nouvelles, aussi le parlement trouva-t-il bien mauvais de n'avoir nulle part aux régences de Catherine de Médicis, et cria-t-il aussi haut que vainement de ce qu'elle fit au parlement de Rouen, avec les pairs et les officiers de la couronne, la déclaration de la

---

1. Louis d'Orléans fut vaincu et fait prisonnier à la journée de Saint-Aubin du Cormier, en 1468.

majorité de Charles IX, et avec cette nouveauté que ce prince ne faisoit qu'entrer en sa treizième année, qui fut dès lors pour toujours à l'avenir réputée révolue dès qu'elle seroit commencée dans les rois mineurs, ce qui étoit en effet moins une interprétation du règlement de Charles V, approuvé et fait avec lui par tous les grands de l'État, qui fixe la majorité à quatorze ans pour les rois, qu'un changement et une nouvelle loi entée sur l'ancienne.

Le parlement de Paris députa. Il lui fut répondu que la cour des pairs n'avoit point de lieu, qu'elle étoit partout où il plaisoit au roi d'assembler les pairs, et comme il est vrai. Le parlement de Paris demeura sans action comme sans réponse, et n'a osé renouveler depuis sa prétention, lorsqu'il a plu au roi de juger des pairs, etc., dans leur cabinet avec les pairs, en quelque part que ç'ait été, avec ceux qu'ils y ont voulu appeler avec eux. Cela est arrivé plusieurs fois.

Le jugement du duc de La Valette rendu dans le cabinet de Louis XIII, à Saint-Germain en Laye, après la levée du siége de Fontarabie, en est un des derniers exemples. Le premier président y fut appelé avec quelque peu de membres du parlement; et comme la séance étoit autour de la table du conseil, les pairs en occupèrent les premières places aux deux côtés, les officiers de la couronne ensuite, et le premier président après eux, sans aucune difficulté.

La régence de Marie de Médicis est le premier exemple que le parlement puisse alléguer d'être entré dans les matières d'État et de gouvernement, si on excepte celles des différends avec Rome, où la politique des rois a toujours voulu mettre le parlement entre eux et cette cour, et lui faire faire ce qu'ils ne vouloient pas paroître faire eux-mêmes. L'enregistrement des traités de paix n'est rien, puisque le parlement ne fut jamais consulté pour les négocier et les conclure. C'est, *ut notum sit*, comme des édits, déclarations, ordonnances, lettres patentes, et pour qu'il règle leurs jugements dessus entre particuliers, si quelqu'un se plaint de contraventions et de pillage contre d'autres particuliers. Le refus que François I*er* lui fit faire d'enregistrer le traité de Madrid ne fut qu'un acte d'obéissance conforme au cri général de la nation, et son enregistrement, quand il l'auroit fait, n'en eût pas servi davantage à Charles-Quint. C'est donc à l'époque de la mort funeste d'Henri IV qu'il faut fixer la première connoissance que le parlement a prise des affaires d'État et du gouvernement.

Cet exécrable événement, du détail duquel toutes les histoires et les Mémoires de ces temps-là soulageront ceux-ci, remplit toute la cour d'horreur, et d'effroi toute la ville. Le prince de Condé étoit hors du royaume et premier prince du sang ; Monsieur[1], plus jeune que le roi mineur, et nul autre fils de France ; les autres princes du sang, et il n'y en avoit que deux, le prince de Conti et le comte de Soissons, à craindre pour la reine par plus d'une circonstance ; peu de grands à Paris, tellement que le duc d'Épernon, comptant de jouer un grand rôle si la reine lui avoit l'obligation de toute son autorité, ne pensa qu'à la lui procurer de la manière la plus publique et la plus solennelle, et à lui assurer le plus de gens qu'il pourroit, en les associant en un acte que leur intérêt les engageroit après à soutenir, sans songer dans cet instant subit aux conséquences.

Il se servit donc sur-le-champ de l'autorité de son office de colonel général de l'infanterie, fit assembler le parlement quoiqu'il fût fête, investit le palais en dehors, et la grand'-chambre, en remplissant la grande salle de milice, tout cela sur-le-champ, et, comme on dit, en un tourne-main, et y fit aller aussitôt tout ce peu qu'il y avoit de pairs et d'officiers de la couronne avec la reine, laquelle fut à l'instant, du consentement de tous, déclarée régente et revêtue seule du pouvoir souverain.

De là le parlement voulut profiter des troubles qui sur-

---

1. Il s'agit ici de Gaston, duc d'Orléans, frère de Louis XIII.

vinrent pour se mêler du gouvernement, et c'est l'époque de leur chimère de se dire les tuteurs des rois. Leurs tentatives ne réussirent à leur fournir aucun acte sur lequel ils puissent rien fonder à cet égard, mais à faire voir qu'il n'a pas tenu à eux, et qu'ils ont augmenté ces troubles.

Louis XIII, en quantité d'occasions, leur a bien su dire : « qu'ils ne sont qu'une simple cour de justice pour juger les procès des particuliers, et leur rendre la justice en son nom, sans droit aucun par delà leur juridiction contentieuse; » et cela en plein parlement, y séant, et d'autres fois à leurs députés; et pendant son règne a bien su les contenir dans ces bornes.

Sa mort également héroïque, chrétienne et sainte, qui pour la France combla trop tôt sa vaillance, ses exploits, sa justice, et le prodige de tant de vertus dans un prince si expressément mal élevé, et né sur le trône, donna un second titre de fait au parlement pour les régences. Ce prince, qui n'avoit pas lieu de compter sur le bon gouvernement de la reine son épouse, encore moins sur une sage administration de Monsieur, son frère, voulut les balancer l'un par l'autre; et tous les deux par l'autorité qu'il voulut donner à M. le Prince, et au conseil de régence qu'il nomma.

Se défiant avec raison de la puissance et de l'effet de la volonté des plus grands, des plus sages et des plus justes rois, tel qu'il étoit, après leur mort, il essaya d'y suppléer en persuadant l'équité et la prudence de ses dispositions. Il assembla donc dans sa chambre son rang, les pairs, les officiers de la couronne, les grands officiers de sa maison, ses ministres, et les principaux d'entre les conseillers d'État et des membres du parlement, et en leur présence fit faire la lecture de son testament par un des secrétaires d'État. Tous le louèrent, l'approuvèrent, l'admirèrent; mais la forme de le passer en sanction y manqua, comme elle avoit manqué à celui de Charles V qui l'avoit ajoutée au règlement de l'âge de la majorité des rois. Aussi celui-là, si répugnant à la première inspection des choses, si contraire à l'intérêt des régents et des plus puissants de l'État, est-il demeuré loi constante jusqu'à cette heure, et les deux testaments si sages, si prévoyants, si justes, l'un du même Charles V, l'autre de Louis XIII, n'ont eu aucune exécution.

La reine, dont l'ambition fut excitée par ceux dont l'intérêt étoit qu'elle fût pleinement maîtresse pour être eux-mêmes les maîtres sous son nom, [se laissa persuader] d'imiter Marie de Médicis d'autant plus aisément que le parlement étoit informé des dispositions du roi pour la régence, puisqu'il en avoit donné lecture à ses principaux membres; que s'agissant de dépouiller Monsieur, M. le Prince, et ceux qui étoient nommés au conseil de régence, pour se revêtir seule de leur autorité, elle ne le pouvoit espérer qu'en flattant le parlement, dont les membres étoient bien plus indépendants de tout intérêt avec ces princes et ces ministres que les grands de l'État, et par un accablement de nombre en voix de gens qui espéreroient plus de grâces d'elle que du concours du conseil, et dont aucun n'étoit en posture de les arracher comme les grands du royaume par leur réputation, leurs alliances et leurs emplois. Ce fut ce qui la détermina d'aller faire déclarer sa régence au parlement, où en effet elle fut revêtue seule de toute l'autorité royale par la pusillanimité des deux princes, à l'exemple desquels ceux du conseil de régence n'osèrent se refuser.

Le parlement, dans la suite et dans les troubles de cette régence, sut bien profiter de son avantage aux dépens de l'État et de l'autorité royale, que Louis XIV eut grand'peine à reprendre, et à remettre le parlement dans ses bornes, qu'il y a bien su contenir après tant qu'il a vécu, jusqu'à être allé une fois en habit gris tenir son lit de justice avec une houssine à la main, dont il menaça le parlement, en lui parlant en termes répondant à ce geste[1].

1. Voy. notes à la fin du volume.

La régence de M. le duc d'Orléans est un troisième exemple consécutif en faveur du parlement pour les régences, dont je me réserve à parler en son temps.

Les temps fâcheux sont toujours ceux des innovations et des entreprises. Les commencements de la Ligue, qui en produisirent quantité en tout genre, ne furent pas moins avantageux à celles du parlement. Le duc de Guise, qui n'aspiroit à rien moins qu'à mettre la couronne sur sa tête, et de là dans sa maison, s'étoit proposé de gagner tous les cœurs. Il étoit, comme par droit successif de ses pères, l'idole des troupes et du parti catholique, de la cour de Rome, qui ne songeoit qu'à profiter du temps pour étendre son autorité en France et anéantir les libertés de l'Église gallicane, monument de toute antiquité qui la blesse si douloureusement. Il étoit plus que sûr de la maison d'Autriche, qui, jusqu'à sa fin, n'a jamais manqué à la sienne, jusqu'à se la substituer en tout ce qu'elle put; mais qui ne vouloit que la subversion de la France pour profiter de ses débris. Il avoit séduit les ministres par les charges de l'ordre, et le cabinet par les bienfaits et par la crainte; il disposoit des écoles de théologie et des prédicateurs, presque de tous les prélats; il étoit adoré des peuples, et pour les gagner davantage et se dévouer de plus en plus les curés, il est le premier homme, je ne dis pas de son état, mais je dis de la noblesse la moins distinguée, qui ait été marguillier de sa paroisse et qui en ait fait la planche, qui à la françoise a été suivie depuis par les seigneurs les plus distingués. Il n'oublia pas à chercher à gagner le parlement. Ses pères et lui-même s'étoient élevés à la pairie, ils en avoient accumulé dans leur maison. Leur puissance leur fit après franchir toutes les bornes, et cette dignité dont lui-même dans ses premiers commencements s'étoit si fort prévalu, à l'exemple de ses pères et de ses oncles, il ne se soucia pas de la prostituer pour cheminer vers son grand dessein.

Le serment des pairs à leur réception au parlement est

« d'assister le roi en ses hautes et importantes affaires, de tenir les délibérations de la cour secrètes, et de se comporter en tout comme un bon, vertueux, magnanime duc et pair de France doit faire. » Ce sont les termes consacrés mot pour mot qui ont été en usage depuis l'introduction de la prestation de serment par les pairs, la première fois que chacun d'eux vient prendre séance au parlement. Il est le même pour les pairs ecclésiastiques; on n'y change que le nom de comte au lieu de celui de duc pour les laïques et les ecclésiastiques qui sont comtes-pairs. Dès lors le parlement en regardoit la dignité avec jalousie, et dans l'impossibilité de se défaire d'eux comme des autres prélats et des autres nobles, il cherchoit à les dégoûter et à les écorner, sans toutefois avoir osé le tenter.

L'occasion de la réception de M. de Guise se présenta, qui la saisit pour laisser ajouter à ces mots du serment : « comme un bon, vertueux et magnanime duc et pair, » ceux-ci : « et comme un bon conseiller de cour souveraine doit faire. » Quelque monstrueux que fût l'accolement de la dignité de pair de France avec la qualité de conseiller de cour souveraine, et qu'il parût à tout le monde, l'indignation publique fut étouffée sous le poids du duc de Guise, et son exemple passa longtemps en loi.

Longtemps après il se trouva des pairs plus difficiles, qui refusèrent cette étrange innovation, et les années coulèrent ainsi parmi plus de soumis que de rénitents[1]; à la fin les pairs n'en voulurent plus entendre parler. Le parlement sentit que la chose étoit insoutenable, de quelque côté qu'on la prît; les mots ajoutés furent peu à peu supprimés; mais ce ne fut qu'au commencement que le dernier Harlay fut premier président qu'il fut décidé, sans que le roi y intervînt autrement que de le trouver juste, que jamais plus il n'en seroit parlé.

1. Expression latine (*renitentes*) qui signifie *luttant contre;* les précédents éditeurs l'ont remplacée par le mot *résistants*.

Cette tentative, qui a duré si longtemps, met en évidence l'esprit des magistrats de réduire peu à peu les pairs au parlement au niveau des conseillers, et on va voir jusqu'où l'audace en a été depuis poussée et la ténébreuse industrie dont ils ne se sont jamais lassés, ainsi que la négligence et l'incurie incroyable des pairs.

Les princes du sang, si justement pairs nés depuis Henri III et précédant tous autres, ne s'en étoient pas encore distingués comme ils n'ont cessé de faire depuis par tout ce qu'il leur a plu d'entreprendre. Il étoit donc difficile au parlement d'essayer de tenir les pairs dans les séances, sans que cela portât aussi sur les princes du sang. Ils l'avoient pu en ajoutant au serment des pairs la qualité de conseillers de cour souveraine, parce que les princes du sang n'y en prêtent point; mais il n'en étoit pas ainsi des autres entreprises qui se couvoient.

Ce détail pourra être ennuyeux, mais il est indispensable pour ce qui doit suivre du complot de M. du Maine, qu'on n'entendroit pas sans cela, et il servira par un simple exposé de faits à découvrir l'esprit du tiers état, je n'ose dire la sottise de la noblesse, ni la foiblesse du sang royal, et la conduite des magistrats toujours tendante au même but dans une si longue suite d'années. On donnera à la suite de ce récit un plan de la grand'chambre avec des chiffres qui renverront aux explications, lesquelles, avec l'inspection du plan, rendront clair ce qui le seroit difficilement par le simple discours.

Il y a deux manières différentes en général d'entrer et de sortir de séance, l'une pour les bas siéges, l'autre pour les hauts. En bas, les magistrats entrent par l'ouverture que laisse le barreau entre le siége de l'interprète et le bureau du greffier. Cette ouverture est vis-à-vis du coin du roi, en biais. En débouchant cette ouverture, les présidents traversent le parquet pour gagner leurs bancs; les conseillers, au contraire, longent le long des bancs de chaque côté, passent entre les bancs et les petits bureaux répandus audevant des bancs, et chacun va ainsi gagner sa place.

Les princes du sang et les pairs n'entrent point que les magistrats ne soient en place. Ils entrent et gagnent leurs places, les princes du sang en traversant le parquet comme les présidents. On a vu ailleurs que cela n'étoit pas, et l'époque de ce changement. Les pairs font le même chemin que les conseillers.

Cette distinction des présidents dont ils veulent tirer une préférence est en effet nulle, mais en est une pour les princes du sang par la position des bancs. Les présidents seoient seuls sur celui qui est en face de l'entrée, inutile par conséquent de décrire, pour y aller, les deux côtés d'un carré, puisqu'ils remplissent celui auquel ils vont tout droit chucun vis-à-vis de sa place. Les princes du sang, qui, comme les pairs et les conseillers, ne remplissent qu'un banc de côté, trouvent leurs places en le longeant, et traverseroient vainement le parquet, excepté pour les premières places du banc des pairs qui joint en équerre la place du premier président, tellement que c'étoit une affectation contre eux que de leur faire faire l'équerre le long des bancs pour aller en leurs places, dont M. le Prince le héros les a affranchis, et à l'égard de passer entre les bancs et les petits bureaux, qui en petit nombre, sont devant les bancs pour la commodité des rapporteurs et de leurs papiers, c'est peut-être une affectation nouvelle pour mieux distinguer le traversement du parquet des présidents, mais je ne l'assurerai pas, parce que j'en ignore l'origine.

Pour sortir de séance, la chose a beaucoup varié. Anciennement, les pairs sortoient les premiers à la tête de la magistrature. Depuis, les présidents firent si bien qu'ils marchèrent de front avec les pairs, qui de la sorte avoient la droite sur eux. Depuis que le serment fut changé à la réception du duc de Guise, il parut aux présidents que leur dignité étoit blessée de marcher de front avec des gens qui souffroient la qualité de conseillers de cour souveraine. Ils ne laissèrent pas d'être embarrassés des princes du sang qu'ils ne pouvoient séparer des pairs.

A la fin ils prirent courage : ils osèrent proposer aux princes du sang de marcher à la sortie après le dernier des présidents, et ces princes y consentirent, par quoi les pairs ne purent s'en dispenser. On s'en tiendra au simple récit, et on laissera les réflexions aux lecteurs. On verra dans la suite que ce joug à la fin a été secoué, et les deux diverses façons de sortir qui ont été depuis en usage pour les pairs, et une autre à part pour les princes du sang.

Aux hauts siéges, les princes du sang jusqu'à aujourd'hui et les pairs sont à la cheminée, proche de la lanterne, tandis que les magistrats sont à la buvette, où les princes du sang et les pairs ont droit d'aller, mais où ils ne vont jamais pour n'entrer ni sortir avec les magistrats, sinon quelqu'un qui leur veut dire un mot, et qui y va lorsqu'ils y sont, et en sort avant qu'ils se mettent en état d'en sortir eux-mêmes. Depuis qu'on a raccommodé la grand'chambre, et qu'on en a déplacé la cheminée d'auprès de la lanterne, pour l'adosser à la grande salle du palais, les princes du sang et les pairs continuent de se tenir près de la même lanterne pendant la buvette. Ils ont soin d'être avertis quand on en sort.

Le premier d'entre eux, suivi un à un de tous les autres en rang d'ancienneté, débouche la lanterne en même temps que le premier président débouche celle de la buvette. Le premier des princes du sang ou, s'il n'y en a point, le premier des autres pairs mesure sa marche sur celle du premier président, qui est suivi des autres présidents et des conseillers, en telle sorte que, longeant les deux bancs, ils marchent à même hauteur, et arrivent en même temps à leur place près du coin du roi. On met un banc sans dossier couvert d'un tapis fleurdelisé le long du banc du côté des pairs, au bas de leur marchepied, entre ce marchepied et le débord du dossier des bas siéges. Là se mettent les pairs qui, par leur ancienneté, n'auroient pas place sur le banc de derrière, et les conseillers ensuite, outre ceux qui sont sur le banc des présidents, et ceux-là font le tour des bas siéges hors le barreau, et entrent par la lanterne de la cheminée après les pairs.

Pour sortir, tout se lève à la fois; et debout et découverts comme en entrant, les pairs et les présidents se saluent, le premier président et le premier des princes du sang, ou, en leur absence, le premier des autres pairs se replie sur son banc, car il y a espace, le second de chaque côté de même après que le premier a passé le long de lui, ainsi du troisième et de tous les autres, et sortent ainsi en même rang et par même chemin qu'ils sont entrés. Les pairs passent par la grande porte qui donne immédiatement dans la grande salle, et les présidents suivis des conseillers par la petite porte qui donne dans le parquet des huissiers et de là dans la grande salle.

Ce parquet des huissiers est une manière de petite antichambre entre la grande salle et la grand'chambre où les plaideurs attendent quand on plaide à huis clos; et où la croix de l'archevêque de Paris et les gardes du gouverneur de Paris s'arrêtent lorsque l'archevêque et le gouverneur vont prendre séance au parlement. Je reviendrai après aux huissiers d'accompagnement.

Les présidents étoient bien contents de précéder ainsi paisiblement, en sortant de la séance des bas siéges, les pairs et les princes du sang même, et toute la robe partageoit cette gloire avec satisfaction; mais plus ils s'y accoutumèrent, plus ils trouvèrent d'amertume dans le changement que la présence du roi apportoit à leur grandeur. Les bas siéges [sont] alors la séance de toute magistrature, et les présidents à mortier y sont aux pieds des pairs ecclésiastiques. Ils ne se flattoient pas de pouvoir monter en haut, et ils s'en consoloient en voyant le chancelier leur chef en bas comme eux. Mais d'opiner découverts et à genoux leur étoit un grand crève-cœur, tandis qu'ils voyoient les pairs et même les officiers de la couronne opiner assis et couverts. Ils trouvoient bien en cela quelque similitude avec le chancelier, qui prend l'avis du roi découvert, et à genoux à ses pieds, et ne lui parle point dans une autre posture de toute la séance, tout second officier de la couronne qu'il est, parce qu'il est légiste par état et magistrat, mais quoique assis au même niveau des autres magistrats dans la place que le greffier occupe aux grandes audiences, il y parle et opine assis et couvert, et y prononce de même. Les présidents négocièrent et obtinrent que, dès qu'ils seroient à genoux en commençant de parler, le chancelier leur commanderoit de la part du roi de se lever, mais qu'en se levant ils mettroient un genou sur leur banc, qu'ils opineroient ou parleroient toujours découverts en cette posture, et qu'ils se mettroient à genou à terre en finissant de parler. C'est ce qui s'observe encore aujourd'hui.

Je remarque exprès cette humiliante façon du tiers état de parler devant le roi, et de sa séance en bas, à la différence du baronnage, par le contraste inimaginable que les présidents osèrent entreprendre. Ils prétendirent opiner devant les pairs et devant les princes du sang, ils l'emportèrent. Encouragés par cet inespérable succès, ils voulurent opiner avant les fils de France, et ils y réussirent. Enfin ils se prévalurent si bien de la cassation du testament de Louis XIII que la reine souhaitoit si passionnément, et qui se laissa persuader de s'adresser au parlement, qu'elle consentit, toute reine et régente qu'elle étoit, que les présidents opinassent devant elle, et immédiatement tous après le roi.

Cette énormité dura jusqu'en 1664 ; les pairs demandèrent enfin justice, ce qui forma un procès où le parlement en corps se rendit partie, avec toute la robe en croupe. Les pièces en sont entre les mains de tout le monde, ainsi que l'arrêt contradictoire et très-solennel par lequel le roi les réduisit au rang d'opiner où ils devoient être, après le dernier de tout ce qui est aux hauts siéges, ce qui s'est toujours exécuté depuis jusqu'à aujourd'hui ; ainsi je ne m'y étendrai pas, et laisserai encore une fois le lecteur à ses réflexions.

L'ordre des temps étant préférable dans un récit historique à la suite naturelle du discours, j'interromprai ici celle de l'arrêt de 1664, à laquelle je reviendrai après pour parler du changement entier arrivé aux réceptions des pairs au parlement.

Les pairs ont toujours été reçus au parlement jusqu'à la mort de Louis XIII, à la grande audience à huis ouvert, la séance par conséquent aux hauts siéges ; un avocat présentant les lettres par un discours, un avocat général parlant après et concluant. Le pair, après le serment fait comme il se fait aujourd'hui, montoit à sa place. On plaidoit une cause de nature à être jugée en cette audience même, pour que le nouveau pair opinât, et l'audience finie on se retiroit.

M. de Monaco, lassé de la domination des Espagnols, fit un traité avec Louis XIII pour se donner à la France, qui fut secrètement ménagé par le dernier duc d'Angoulême, gouverneur de Provence, qui s'y trouvoit alors. On a assez parlé de ces seigneurs de Monaco, à l'occasion du mariage du dernier Monaco-Grimaldi avec la fille de M. le Grand, pour n'en pas interrompre ici le fil du discours. Par un des articles du traité, il fut stipulé que M. de Monaco seroit fait duc et pair. Il l'exécuta avec beaucoup d'adresse et de courage, mit la garnison espagnole hors de Monaco, y en reçut une françoise, et le roi de son côté l'exécuta aussi de sa part. Ces choses se passèrent en 1642. Dans cette année l'érection nouvelle du duché de Valentinois avec la pairie fut faite et enregistrée au parlement, et M. de Monaco a été le dernier duc et pair de Louis XIII, et le dernier chevalier du Saint-Esprit aussi, dont il reçut le collier des mains de ce monarque, au camp devant Perpignan, qui fut son dernier exploit. M. de Monaco retourna de là à Monaco, où il demeura jusqu'après la mort de Louis XIII, quelque temps après laquelle, mais la même année, il vint à Paris, et il y profita de ce voyage pour se faire recevoir au parlement.

C'étoit un temps de foiblesse, d'effervescence et de cantonnement; c'en étoit un de triomphe pour cette compagnie, à qui pour la seconde fois on venoit d'avoir recours pour la régence, et de plus pour casser le testament du roi, et donner toute puissance à la reine. Le parlement comptoit sur sa reconnoissance et plus encore sur sa crainte, et par conséquent sur ses ménagements et ceux de ses ministres, à l'entrée d'une minorité, dans le cours d'une forte guerre où le besoin d'argent rendroit le concours du parlement nécessaire pour l'enregistrement des édits, dans le pouvoir qu'on venoit de lui reconnoître dans tout ce qui venoit de se passer, et où les grands de l'État, attentifs à leurs intérêts particuliers, étoient presque tous aux frontières ou dans leurs gouvernements; un temps enfin où chacun cherchoit à s'appuyer, et où tout contribuoit à rendre le parlement considérable, hardi et entreprenant.

Cette compagnie n'avoit jamais cessé de travailler à chercher à approcher les pairs du niveau des conseillers, depuis que le duc de Guise, tué à Blois, avoit souffert, et les autres pairs après lui, le changement au serment des pairs, qui a été expliqué, encore plus depuis que les présidents à mortier étoient parvenus à se faire suivre, en sortant de séance, par les princes du sang et les autres pairs, quoiqu'il soit vrai que l'occasion ne s'en présentât guère, parce qu'il étoit fort rare qu'il s'en trouvât aux petites audiences en bas, ou aux procès par écrit qui s'y jugent, toutes les grandes causes et jusqu'alors toutes les réceptions des pairs étant faites et plaidées aux hauts siéges, où chacun entroit et sortoit par son côté, comme il a été expliqué.

Un temps si favorable aux entreprises du parlement le devint encore davantage par la personne qui se présenta à faire le serment de pair de France, et à en prendre la séance. M. de Monaco étoit un étranger qui avoit passé toute sa vie chez lui parmi des Espagnols et des Italiens, qui n'avoit jamais habité en France, qui en ignoroit tout, et qui n'y avoit ni parents, ni amis, ni connoissances. M. d'Angoulême, avec son traité et le voisinage, lui en auroit pu donner davantage, [mais il] n'étoit point pair et n'en savoit pas plus que lui sur les séances du parlement. Cette compagnie n'en fit donc pas à deux fois; elle le reçut aux siéges bas avant la petite audience du matin, avec un rapporteur qui rapporta ses lettres, ce qui est la forme de recevoir les conseillers. C'étoit une innovation bien hardie et bien étrange, et toutefois l'inapplication, l'ignorance, l'incurie étoit déjà telle que je ne sais si on s'en aperçut. Du moins M. de Monaco n'étoit pas pour s'en douter, et si d'autres purent le remarquer, la foiblesse et l'abandon fut tel aussi qu'on ne le releva pas.

Telle est la moderne époque de ce changement total de la réception des pairs au parlement. Les troubles et l'autorité de cette compagnie qui s'accroît toujours parmi les désordres, et la même foiblesse des pairs, continuèrent sans bruit cette façon nouvelle des réceptions, qui finalement s'est depuis soutenue jusqu'à aujourd'hui.

Les conquêtes que les parlements avoient faites devoient leur sembler assez belles pour s'en contenter. Ils avoient fait l'étrange innovation au serment des pairs qui a été expliquée, par laquelle ceux-ci s'avouoient conseillers de cour souveraine; ils les avoient réduits pour leur réception à la parité avec les conseillers; ils précédoient les princes du sang, par conséquent les pairs à la sortie de la séance des bas siéges, et l'occasion rare, jusqu'alors, en devenoit plus fréquente et plus solennelle depuis que les réceptions des pairs s'y faisoient. Enfin ils opinoient entre le roi et la reine régente, par conséquent avant elle, avant les fils de France, les princes du sang et les pairs. C'étoit avoir fait un beau chemin pour des légistes souffleurs du baronnage et assis sur son marchepied pour en être à portée quand il plaisoit à quelqu'un de ces seigneurs de les consulter à l'oreille, sans toutefois y être astreints, ni de suivre l'avis qu'ils leur disoient aussi à l'oreille.

On a vu que, quant à la dignité et aux fonctions de la pairie, ceux d'aujourd'hui sont en tout les mêmes que dans tous les temps, et les légistes eux-mêmes devenus tels qu'on les voit aujourd'hui ne se peuvent dissimuler ni à personne leur état de légiste, et jusque dans leur triomphe, leur séance aux pieds des pairs, et à ceux des officiers de la couronne, nonobstant tout l'art et le temps qui a fait un banc de ce marchepied et que comme tels ils n'opinent et ne parlent que découverts et à genoux, ainsi que le tiers état dont ils sont membres par leurs offices, quelque nobles que quelques-uns d'eux se voulussent prétendre, et en quelque monstrueux rang qu'ils fussent parvenus à opiner, jusqu'à y précéder la reine, mère de leur roi et régente du royaume. Quel prodige pour des sujets d'entre le peuple, qui n'auroit pu entrer dans l'esprit des premiers du royaume d'oser le prétendre, et quel monstre de grandeur sur piédestal d'argile !

Les troubles domestiques et les embarras de la guerre au dehors en maintinrent l'énormité. Mais après la paix des Pyrénées, les idées revinrent, et la possibilité de remédier aux principaux désordres. Celui-ci qui parut le plus suprême de tous, comme on l'a vu, fut abrogé en 1664, et le premier président avec tous les autres, remis en son premier rang d'opinion après le dernier de tout ce qui seoit aux hauts siéges.

C'étoit tomber de bien haut après avoir opiné avant une reine régente de n'opiner plus qu'après le dernier officier de la couronne, dont le premier, c'est-à-dire le connétable quand il y en a un, ne seoit et n'opine qu'après le dernier pair de France, ou s'il l'est lui-même, en son rang d'ancienneté parmi eux. Le procès avoit été contradictoirement instruit, et les mémoires auxquels le duc de Luynes contribua beaucoup par sa capacité, sont entre les mains de tout le monde ainsi que ceux des présidents. Ils avoient eu l'adresse d'engager le parlement en corps à se rendre partie avec eux; ils avoient épuisé l'art et le crédit pour allonger l'instruction et retarder le jugement du roi.

Plus l'affaire avoit fait de bruit, plus la rage de succomber fut grande, et la passion de s'en venger. Mais ils n'ont osé rien tenter sur le rang d'opiner qui est demeuré jusqu'à aujourd'hui dans la règle où l'arrêt de 1664 l'a décidé. Ils se sont contentés à cet égard de rendre les pièces et les mémoires imprimés en 1664 où on voit les signatures des ducs de Guise et d'Elbœuf en leur rang d'ancienneté : le premier après les pairs ecclésiastiques, l'autre après le duc d'Uzès. Leur sensibilité a même été si passionnée là-dessus, qu'ils se sont portés jusqu'aux menaces et jusqu'aux violences pour en empêcher la réimpression, et ensuite la distribution et le débit, lorsqu'on fit faire une édition pendant la régence, et qui fut faite et débitée publiquement malgré leurs emportements si peu convenables à l'état de légistes et à la gravité de magistrats.

Leur dépit les tint longtemps à chercher des dédommagements qu'ils n'osèrent hasarder les premières années qui suivirent celle de 1664. Lamoignon, premier président, mourut en 1677; Novion lui succéda, qui fut chassé de cette belle place en 1689, pour ses friponneries et ses falsifications d'arrêts qu'il changeoit en les signant. Les rapporteurs s'en aperçurent longtemps avant que d'oser s'en plaindre; à la fin, les principaux de la grand'chambre lui en parlèrent, et l'obligèrent à souffrir un témoin d'entre les conseillers à le voir signer. Il avoit encore une façon plus hardie pour les arrêts d'audience; il les prononçoit à son gré. Chaque côté de la séance dont il avoit été prendre les avis admira longtemps comment tout l'autre côté avoit pu être d'un avis différent de celui qui avoit été le plus nombreux du sien, et cela dura longtemps de la sorte. Comme cela arrivoit de plus en plus souvent, leur surprise fit qu'ils se la communiquèrent. Elle augmenta beaucoup quand ils s'apprirent mutuellement qu'elle leur étoit commune depuis longtemps, et que ces arrêts qui l'avoient causée n'étoient l'avis d'aucun des deux côtés. Ils résolurent de lui en parler la première fois qu'ils s'en apercevroient. L'aventure ne tarda pas, et le hasard fit que la cause regardoit un marguilliage; quelques-uns des plus accrédités de la grand'-chambre lui parlèrent comme ils en étoient convenus entre eux, et tout modestement le poussèrent; se trouvant à bout, il se mit à rire et leur répondit qu'il seroit bien malheureux, étant premier président, s'il ne pouvoit pas faire un marguillier quand il en avoit envie. Ces gentillesses furent enfin portées au roi avec les couleurs qu'elles méritoient, et il étoit chassé honteusement et avec éclat sans le duc de Gesvres, premier gentilhomme de la chambre, et de tout temps fort bien et fort libre avec le roi, qui en obtint qu'il donneroit sa démission comme un homme qui veut se retirer, et il se chargea de l'apporter au roi. La chose se passa de la sorte, et Harlay, lors procureur général, fut premier président, et La Briffe, simple maître des requêtes, procureur général.

CHAPITRE XVIII.

Les deux Novion, Harlay et Mesmes premiers présidents; quels. — Affaire du bonnet. — Les princes du sang et les pairs cessent de suivre les présidents à la sortie de la séance des bas siéges. — Nouvelle forme pour les princes du sang et deux autres successives pour les pairs. — Huissiers d'accompagnement. — Nouveautés à cet égard et usurpations des présidents. — Orgueil des présidents à l'égard des princes du sang. — Nouvelle usurpation d'huissier très-indécente. — Princes du sang et pairs exclus de la tournelle par la ruse et l'innovation des présidents. — Conseiller usurpe de couper la séance des pairs, sans toutefois marcher ni opiner parmi eux. — Nouvelle usurpation manquée. — Pairs ont partout à la grand'chambre la droite très-nettement sur les présidents. — Distinction et préférence du barreau de la cheminée sur l'autre. — — Usurpation aussi singulière qu'indécente du débourrage et surbourrage des places près le coin du roi. — Nouvelle usurpation aux bas sièges d'un couvercle sur le banc des présidents. — Saluts. — Origine de la séance du grand chambellan sur les marches du trône au lit de justice. — Nouveauté, en 1715, du passage des princes du sang par le petit degré du roi pour monter à sa suite aux hauts sièges, au lit de justice. — Siége unique du chancelier, et du garde des sceaux en son absence, aux *Te Deum* et au lit de justice ; en ce dernier comment couvert. — Pairs ecclésiastiques rétablis en leur préséance sur les cardinaux au parlement, le roi présent ou absent, par la décision de Louis XIV, qui n'a point été enfreinte. — Vaine tentative et honteuse du cardinal Dubois. — Nouveauté, indifférente et consentie pour commodité, de la séance des officiers de la couronne au-dessous des pairs ecclésiastiques, au lieu d'au-dessous des pairs laïques, au premier lit de justice de Louis XV, qui subsiste depuis. — Choix donné des deux côtés au duc de Coislin, évêque de Metz ; pourquoi il préfère le droit.

Ce préalable étoit nécessaire avant d'aller plus loin, tant pour les dates que pour faire voir à quels premiers présidents les pairs eurent affaire. Il seroit en effet bien difficile d'en trouver trois de suite en aucun tribunal aussi profondément corrompus que Novion, Harlay et Mesmes, et de genres de corruptions plus divers par leur caractère personnel, sans qu'on pût dire néanmoins lequel des trois a été le plus corrompu, quoique corrompus au dernier excès tous les trois, et chacun différemment aussi, avec tous les talents et les qualités qui pouvoient rendre leur corruption plus dangereuse. Novion laissa un petit-fils que M. le Duc fit premier président presque aussitôt qu'il fut premier ministre. Il n'y put durer longtemps et quitta. C'étoit un dangereux maniaque, qui a laissé maints monuments de folie et de l'égarement de son esprit.

Ce fut tant de honte pour les ducs, et un honneur si énorme pour les Potier, d'en voir un fait duc et pair parmi les quatorze de 1663, qu'il y avoit lieu de croire que Novion comblé de l'un chercheroit par sa conduite à adoucir l'autre. Ce bourgeois ne pensa pas ainsi. Quoique fort bien avec le duc de Gesvres, il étoit piqué de voir un cadet de sa famille au rang des grands seigneurs et d'être demeuré dans celui de son être, et quoique vivant en amitié avec les Gesvres, et se mettant à tout pour eux, lui et son petit-fils, car son fils est mort jeune et obscur, se sont toujours plu en des respects amers et ironiques pour les Gesvres, et à se dire des bourgeois pour leur faire dépit. Telle fut leur bizarrerie, ou plutôt leur ver rongeur, et la cause intime de leur procédé avec les pairs, dont le petit-fils n'a pu que montrer la même humeur en des occasions momentanées.

Novion, succédant à Lamoignon sans avoir pu remplir sa place, ne songea donc qu'à seconder le dépit du parlement en suivant le sien particulier. Il fut peu en cette place sans faire des tracasseries qui ne parurent pas d'abord, qui après se firent sentir, et qui par leur opiniâtre durée sont devenues des usurpations de la dernière indécence. Comme elles ne furent introduites que peu à peu en tâtonnant, que les pairs ne s'en aperçurent que tard, et que plus tard encore ils s'en plaignirent, je ne puis fixer de date à chacune de ces apparentes ténuités, et je les remets à la fin de cette digression, pour venir au point capital qui l'a forcément engagée.

Ces tracasseries, que je remets à la fin, furent suivies de quelque chose de bien plus sérieux, et qui commença à s'introduire par un air de distraction et par de la variété. Aux audiences, le premier président se lève pour aller prendre les opinions d'un côté, puis de l'autre, par pelotons qui s'assemblent debout autour de lui; il est découvert du moment qu'il se lève jusqu'à ce qu'il soit retourné à sa place, et assis, pour prononcer couvert. Aux procès de rapport, qu'on appelle autrement par écrit, où on est à huis clos (ou, comme au rapport de ce qui regarde la réception d'un pair, on est censé y être), le premier président, sans bouger de sa place, prend l'avis de toute la séance ayant le bonnet sur sa tête; tous opinent découverts à mesure que le premier président appelle le nom de chacun. Venant aux pairs, il se découvroit en nommant le premier d'eux à opiner, de suite les princes du sang opinoient sans être nommés, puis les présidents sans l'être non plus; se couvroit après, puis prononçoit.

Il faut dire en passant que cette différence de ne point appeler les princes du sang ni les présidents par leur nom ne peut venir que de la proximité du premier président d'eux, en sorte qu'il n'a besoin que de les regarder l'un après l'autre pour leur faire entendre à qui c'est d'opiner; au lieu que son éloignement des autres places l'oblige à nommer le nom de chacun, que ses regards éloignés, et nécessairement peu distincts entre quatre ou cinq voisins assis près les uns des autres, seroient confusément reçus et ne leur laisseroient pas démêler l'ordre de l'opinion. Cet usage, qui ne peut avoir d'autre origine, est devenu une distinction des princes du sang et des présidents à mortier, qui, en cela comme en d'autres qu'on remarquera à mesure, se sont égalés à eux.

Novion commença par mettre négligemment son bonnet sur le bureau, tantôt au commencement, tantôt au milieu, quelquefois vers la fin de l'appel des noms des conseillers, et il évita toujours de l'ôter au moment qu'il nommoit le premier à opiner des pairs. De là il poussa plus loin l'affectation de son inadvertance, il demeura couvert en nommant les premiers des pairs à opiner, puis se découvroit comme ayant oublié de le faire, et achevoit d'appeler le nom des autres. Les pairs furent quelque temps assez simples pour n'y pas prendre garde. Leurs réceptions étoient rares. Après s'en être aperçus cela s'oublioit jusqu'à la première qui produisoit la même surprise, et toujours avec la même incurie. Ce prélude auroit néanmoins dû les réveiller, d'autant plus qu'ils ne pouvoient penser que les présidents, ni la compagnie même, fussent revenus du dépit de l'arrêt de 1664 sur la préopinion, et qu'ils avoient eu depuis une autre occasion de pique dont j'expliquerai le fait après celui-ci.

A la fin, l'évêque-comte de Châlons, si connu longtemps depuis sous le nom de cardinal de Noailles, archevêque de Paris, fut reçu au parlement en 1681, et ce fut à sa réception que Novion, levant le masque, demeura couvert en appelant tous les noms des pairs, et ne se découvrit que lorsqu'il en fut aux princes du sang. Le duc d'Uzès perdit patience, enfonça son chapeau et opina couvert avec un air de menace. Les ducs éclatèrent et se plaignirent au roi.

Le roi a, tant qu'il a pu, abaissé et diminué le rang des ducs en tout ce qui lui a été possible; il n'étoit pas fâché des querelles de cette nature, et il aimoit à les faire durer en ne les jugeant point, pour tenir les parties en division, et plus dans sa dépendance. Il prit prétexte que le duc d'Uzès s'étoit fait justice lui-même, et aux pairs avec lui, et ne voulut point s'en mêler. Il ne devoit pas être difficile de le mettre au pied du mur en tout respect : en le suppliant de décider, et il n'étoit pas possible qu'il le fît en faveur d'une indécence si poussée, et en même temps si nouvelle: ou, s'il persistoit à ne s'en point mêler, lui demander conséquemment la neutralité de part et d'autre, et n'opiner plus aux procès par écrit que couverts.

J'aurois peine à comprendre qu'on en fût demeuré là, et que les pairs eussent retourné opiner découverts, le premier président restant couvert depuis cette époque, si je n'avois vu de mes yeux de quoi rendre tout croyable des pairs avec le parlement, pour ne parler que de ce dont il s'agit ici, et du parlement avec eux en tout genre d'entreprise.

Je me contenterai de cette triste remarque et de dire que cette affaire, dont la contestation dure encore au même état, et si connue sous le nom de l'affaire du bonnet, est celle dont M. du Maine s'est servi avec tant de noire profondeur et de fortune, qui donne lieu à cette digression. Avant de la finir, il faut achever de voir les autres gentillesses des présidents du parlement, qui ne purent être contents d'avoir égalé les pairs avec les conseillers par le changement de la réception des pairs aux hauts siéges, et par la plus qu'indécence de leur nouvelle manière d'opinion aux procès par écrit.

Il faut revenir maintenant à expliquer ce nouveau dépit causé aux présidents par les pairs, dont je viens de parler, et que j'ai remis ici par les queues qu'il a laissées et qui durent encore. Du temps du premier président Lamoignon, les princes du sang se lassèrent enfin de sortir de séance aux bas siéges à la suite des présidents, et Lamoignon avoit trop de sens et d'esprit pour ne pas sentir que cette indécence, pour en parler sobrement, ne pourroit se soutenir que tant qu'il plairoit aux princes du sang de la laisser durer. Il comprit en même temps que les pairs, qui ne pouvoient se plaindre de ce qui leur étoit commun avec les princes du sang, ne s'accommoderoient pas d'une marche qui n'auroit plus ce bouclier, tellement que sans querelle et sans bruit M. le Prince, dont ce premier président étoit ami, convint avec lui d'une autre façon de sortir de séance aux bas siéges, tant pour les princes du sang que pour les pairs, où les premiers prirent un avantage fort marqué sur les seconds, qui ne témoignèrent seulement pas le sentir. Voici donc ce qui fut réglé pour les princes du sang entre M. le Prince et le premier président, et qui s'est toujours pratiqué depuis.

La petite audience finie en bas, le premier président ôte son bonnet, demeure assis, et regarde les princes du sang ; aussitôt ils se découvrent, se lèvent, et en même temps les pairs et les présidents en font autant. Les princes du sang se tournent à droite et à gauche en s'inclinant, traversent le parquet et s'en vont. Avant qu'ils soient sortis du parquet, les présidents ont soin de se rasseoir ; les pairs en même temps se rassoient. Les uns et les autres demeurent quelques moments de la sorte, puis toute la séance se lève en même temps ; les présidents s'inclinent aux pairs, les pairs à eux sans remuer et découverts ; puis le premier des pairs et le premier président se mettent en marche en traversant le parquet. Le premier pair en coulant par-devant les pairs debout devant leurs places, qui tous le suivent à mesure un à un, tandis que les présidents, suivis des conseillers, débouchent le parquet, les conseillers se retirant le long de leurs bancs, et en sortent ainsi un à un par l'ouverture qui est entre la chaire de l'interprète et le bureau du greffier. En débouchant, ils se couvrent et sortent de la grand'chambre par le parquet des huissiers. Les pairs débouchent la séance ou le parquet par l'ouverture qui est au barreau joignant la lanterne de la cheminée, s'arrêtent quelques pas au delà, l'un après l'autre, pour marcher deux à deux, se couvrent et sortent de la grand'chambre par la grande porte qui donne dans la grande salle. C'est ce qui s'observe encore aujourd'hui pour les princes du sang, et que j'ai vu observer longtemps pour les pairs depuis aux réceptions au parlement.

Cette ouverture du barreau, tout proche la lanterne de la cheminée, a une porte de la hauteur du barreau, c'est-à-dire à hauteur d'appui quand on est debout, et les avocats qui plaident derrière l'ouvrent et entrent dans l'ouverture pour conclure. Fort peu avant que le premier président Harlay se retirât, cette porte se trouva si bien fermée aux pairs sortant de la séance qu'ils ne la purent ouvrir, en sorte qu'ils montèrent par les marches tout joignantes des siéges hauts, et passèrent par la lanterne ; je m'y suis trouvé deux fois. Cette affectation fit craindre la clôture de la porte de la lanterne même, ce qui auroit rendu toute autre sortie impossible que celle des présidents et des conseillers; tellement que, depuis cela, les pairs demeurent assis lorsque la séance se lève après que les princes du sang sont partis, demeurent découverts comme les présidents et les conseillers, et les voient tous sortir du parquet jusqu'au dernier, sans se lever de leurs places.

Les présidents en passant s'inclinent à eux, et eux aux présidents, mais sans aucune contenance de se soulever; puis quand toute la robe, jusqu'au dernier, est hors du parquet, les pairs se lèvent et en sortent il n'importe plus par où. Je l'ai toujours vu faire par la lanterne de la cheminée, car la porte du barreau est demeurée alors fermée. On sort ainsi tumultuairement de la lanterne, et on se met après deux à deux en ordre d'ancienneté. Un huissier du parlement les attend au débouché de la séance, et, son bonnet à la main, marche devant eux, et leur fait faire place jusque par delà la grande salle, à certaine distance de la galerie, où il prend congé d'eux. C'est aussi en cet endroit que les pairs se découvrent et se séparent pour aller trouver chacun son carrosse. Les présidents trouvent deux huissiers au sortir du parquet, qui marchent devant eux, et leur font faire place jusque près de la Sainte-Chapelle, frappant de leurs baguettes, en traversant la grande salle, sur les boutiques. Quand il n'y auroit qu'un pair en séance, et sans autre occasion que de ce qu'il l'auroit prise, il seroit également conduit par un huissier, et jusqu'aussi loin. Lorsqu'un pair arrive au parlement pour y être reçu, il trouve un huissier à la descente de son carrosse qui le conduit à la grand'chambre, marchant devant lui découvert et faisant faire place. Cela étoit en usage, indépendamment de réception, à l'égard de tous les pairs. Ce devoir a disparu sous prétexte du grand nombre, depuis les quatorze érections de 1663, et que les huissiers n'y pourroient suffire. Les princes du sang en trouvent toujours deux à la descente de leur carrosse, et qui les y reconduisent chaque fois qu'ils vont au parlement. Les présidents, qui y sont les maîtres et qui ont ces huissiers dans leur main, s'en font précéder seuls et sans être à la tête de la grand'chambre, allant par le palais.

Je ne sais d'où cela a commencé. Pour le frappement de baguettes, je n'y vois d'origine que la foule, et d'avertir plus fortement de faire place, chose qui a depuis tourné en distinction par des gens si attentifs à y tourner les moindres choses, et d'en faire naître de toutes espèces, comme on le va voir. Ils furent fort peinés du peu de succès de la clôture de la porte du barreau joignant la lanterne de la cheminée, et se plaignirent que les pairs demeurassent en séance lorsque les magistrats en sortent, et que c'étoit pour voir passer les présidents sans se lever pour eux. Je reviendrai après à cet article, mais ils ne purent les en empêcher par eux-mêmes. Ils n'osèrent aussi en faire une plainte au roi, parce qu'ils sentoient la réponse de la porte fermée si nouvellement ; ainsi les choses en sont demeurées là jusqu'à aujourd'hui.

Les princes du sang trouvèrent leur distinction dans cette façon de sortir seuls de la séance des bas siéges ; et les présidents, pour n'en être pas précédés, ont toujours eu grand soin de se rasseoir après les avoir salués, pour montrer, par cette pause après cette sortie, que la cour est toujours en séance, et que les princes du sang se sont retirés avant qu'elle fût levée. Le premier président Harlay donna de son chef une distinction nouvelle aux princes du sang, quelque temps après qu'il fut en place, pour leur sortie des hauts siéges, où ils entrent encore aujourd'hui, et sortoient alors, à la tête des pairs : ce fut de leur ouvrir le petit degré du roi, qui, de son coin, descend à la place du greffier aux grandes audiences, qui est celle que le chancelier occupe aux lits justice. Depuis cette invention d'Harlay, lorsque la séance se lève aux hauts siéges, les princes du sang, au lieu de se reployer comme ils faisoient sur les pairs, et comme les pairs font encore, pour sortir le long de leur banc par la lanterne de la cheminée, les princes du sang, dis-je, s'avancent vers le coin du roi, après avoir salué les pairs à leur droite, saluent les présidents vers ce coin, et descendent le petit degré du roi, au bas duquel ils trouvent leurs deux huissiers pour marcher devant eux.

De cette sortie séparée, Harlay a fait naître une indécence que je m'abstiens de qualifier : c'est qu'à l'instant que le dernier des princes du sang en séance a enfilé le degré qui n'est que de cinq marches, comme ceux des deux lanternes, et par lequel personne ne doit passer, un huissier escalade aux hauts siéges en montant sur les siéges bas, et en enjambant le dossier vis-à-vis les plus anciens pairs, passe tout de suite devant le premier président qui l'attend pour marcher devant lui, et qui, resté debout avec toute la séance depuis la sortie des princes du sang, ne se met en marche, rebroussant le long de son banc, comme il a été dit ailleurs, que lorsqu'il a cet huissier devant lui. Avant cette sortie des princes du sang par ce petit degré du roi, cet huissier attendoit avec un autre huissier le premier président au débouché de la lanterne de la buvette, où le second huissier l'attend encore, par où le premier président sort de la séance haute, suivi des présidents et des conseillers qui sont sur ce banc. Les conseillers qui sont du côté des pairs attendent que le dernier pair ait débouché la lanterne de la cheminée pour aller joindre leurs confrères parmi la grand'chambre, sans huissier. On est honteux de décrire ces misères et ces petites inventions de distinctions et d'orgueil ; mais on décrit par là le caractère qui les fait imaginer et exécuter. On en va expliquer d'autres incessamment, et encore plus ridicules.

Depuis que les princes du sang, et les pairs après eux, ont cessé de suivre les présidents à la sortie de la séance des bas siéges, le premier président cessa de faire venir la tournelle à la grand'chambre aux affaires des ecclésiastiques et des nobles qui sont criminelles et qui exigent l'assemblée des deux chambres, laquelle y venoit auparavant. La morgue de la dignité de la grand'chambre a cédé à la malice d'exclure les pairs de cette séance de la tournelle, parce que, n'y ayant point deux chemins séparés pour aller de l'une à l'autre, comme pour sortir simplement de séance, il n'y peut rester que les pairs seuls qui ne veulent pas suivre les présidents. En cela les princes du sang sont enveloppés dans la même privation, et par même cause, de laquelle il résulte que les princes du sang ni les pairs ne vont plus à la tournelle, par la même cessation d'usage qui les a privés du conseil des parties, où ils avoient droit de séance et d'opinion.

Le premier président de Novion, non content du bonnet, voulut pousser plus loin ses entreprises et y donner aux conseillers une part particulière, et ameuter mieux par là le parlement sur le bonnet. Il imagina de faire demeurer un conseiller sur le banc des pairs, en sorte que, lorsque leur nombre en occupe plus d'un, la dernière place de chaque banc qu'ils remplissent, soit aux bas siéges, soit aux hauts, est remplie par un conseiller, qui se trouve ainsi coupant la séance des pairs et placé au milieu d'eux. Cette entreprise eut le même succès de tant d'autres, et dure jusqu'à aujourd'hui. Il est vrai que le premier président, jusqu'à cette heure aussi, a eu la modestie de ne pas demander l'avis à ces conseillers qui coupent les pairs dans le rang de la séance parmi eux. Il le passe et revient à lui en son rang, comme s'il y étoit en séance parmi les conseillers. Ils appellent cela garder le banc. Contre qui et pour qui, c'est ce qu'ils ne sauroient expliquer; mais aux usurpations de fait on voit qu'ils y sont maîtres.

Je leur en vis tenter une autre en 1700, où il y eut plusieurs réceptions de pairs au parlement coup sur coup. Je vis un conseiller demeurer à la tête du troisième banc aux bas siéges, les princes du sang et autres pairs en remplissant plus de deux. Je le fis remarquer à mes voisins, qui le trouvèrent aussi mauvais que nouveau, mais qui se contentèrent d'en gronder tout bas. Cette mollesse, qui a tourné toutes ces usurpations en prétentions soutenues, me détermina sur-le-champ à en faire un signe très-marqué au premier président Harlay (quoique, depuis l'affaire de M. de Luxembourg, je fusse demeuré hors de toute mesure avec lui), résolu de faire un éclat sur-le-champ, e. de sortir de séance avec les pairs, s'il eût soutenu la gageure; mais il n'osa, et dans l'instant fit signe des yeux et de la main à ce conseiller de s'ôter de là, et à moi un d'excuse. Le conseiller obéit aussitôt; mais, si on l'y avoit laissé cette première fois, comme on le laissa à la dernière place lorsqu'il l'usurpa la première fois, la chose en seroit demeurée comme l'autre. Ils n'ont pas hasardé celle-ci depuis.

Venons maintenant à deux entreprises qui en tout genre se peuvent dire n'avoir point de nom, et qu'il est aussi nécessaire que honteux de décrire, pour voir jusqu'à quel excès d'orgueil et de vétilles les choses sont poussées par les présidents. Le récit en est aussi curieux qu'il est en soi dégoûtant.

La grand'chambre est vaste et fait un carré plus long que large, et la séance qui la coupe par le dossier des bancs de séance en équerre, comme on le verra mieux sur le plan, fait un autre carré. De ce carré particulier, et conséquemment de la totalité de la grand'chambre, la droite et la gauche se règlent et se prennent de celles de la place que le roi prend quand il y vient, qui est dans l'angle du fond, ce qui s'appelle le coin du roi. Le banc des pairs, tant en haut qu'en bas, la lanterne de la cheminée, la cheminée qui est hors le barreau et dans la grand'chambre près de cette lanterne qui en a pris son nom, sont à la droite du coin du roi; et le banc des présidents, tant en haut qu'en bas, est à sa gauche, ainsi que la lanterne de la buvette.

Outre que par le fait et la simple inspection cela est ainsi, il y en a deux autres preuves : l'une que le roi séant, la reine régente, s'il y en a une, les fils de France, les princes du sang et les autres pairs sont de suite, et sans distinction que la préséance, assis sur ce banc à droite, et les pairs ecclésiastiques de l'autre qui est à gauche; or les pairs ecclésiastiques ni les cardinaux, lorsqu'ils y venoient, ne l'auroient pas emporté sur la reine régente et sur les fils de France; ni même en cette séance en haut les pairs ecclésiastiques sur les séculiers, parce que ces deux bancs sont affectés et demeurés suivant l'ancienneté de la séance, et alors les six anciens pairs laïques précédoient comme plus anciens les six ecclésiastiques. Il n'y a donc nulle difficulté pour reconnoître ce banc des pairs pour être à la droite du roi, et le plus honorable.

Alors, comme on l'a dit, toute la magistrature est aux bas siéges, et les présidents ont mieux aimé en ces occasions demeurer sur leur banc ordinaire, qui est aussi à gauche quand la séance est à l'ordinaire en bas, parce que le banc à droite y est aussi pour les pairs, que de changer de place pour se mettre sur ce banc en bas à droite, que nul magistrat ne pourroit leur disputer, et où les pairs, le roi présent, ne peuvent venir parce qu'ils ne peuvent être alors qu'aux hauts siéges; les présidents, dis-je, aiment mieux demeurer en leur place accoutumée en bas que de montrer qu'ils ne se peuvent mettre sur celui de droite que lorsque les pairs ne seoient point en bas, mais ce choix des présidents ne change pas la droite et la gauche.

Une autre preuve encore, c'est qu'entre les avocats contraires de parties inégales, celui de la première en dignité, demandeur ou défendeur, prend de droit le barreau de la cheminée. Cela est sans difficulté pour les princes du sang, les pairs, les ducs vérifiés, les officiers de la couronne. C'est ce qui s'appelle le choix du barreau. Et quand il y a dispute de rang reconnu au parlement, car celui de prince étranger y est constamment ignoré, par exemple entre deux pairs en contestation pour leur ancienneté, c'est un préalable nécessaire de juger cette préférence, et c'est un préjugé favorable à la prétention d'ancienneté de l'un sur l'autre que cette préférence de barreau adjugée à l'un des deux. C'est à ce même barreau encore que les avocats généraux plaident, et que le procureur général parle, et jamais à celui de la buvette qui est de même joignant la lanterne de la buvette. Or il n'y a que ces deux barreaux. Par toutes ces choses il est donc clair qu'en haut et en bas les pairs seoient à droite et les présidents à gauche. Cette gauche déplaît infiniment aux présidents, et voici ce qu'ils ont imaginé pour la masquer tant en haut qu'en bas.

En haut le banc des pairs à droite et celui des présidents à gauche joignent l'un et l'autre le coin du roi tout contre également. Ce coin est juste dans l'angle de la muraille, et y est adossé tout contre, comme y sont aussi adossés les deux bancs à droite et à gauche. Quand le roi n'y est point, et c'est le temps dont on parle, ce coin est nu, tapissé comme les bancs, sans autre marchepied que celui des deux bancs, qui est de même hauteur et largeur le long des deux et devant le coin où ils se joignent. Le coin est élevé de deux pieds plus que le siége des bancs; il est plus profond, d'un peu de saillie devant et derrière à cause de l'encoignure, mais sans déborder la largeur du siége des bancs, et à s'y asseoir sur sa nudité il n'est guère plus large qu'il ne faut; rien derrière que la tapisserie qui suit les deux pans de muraille, et quoi que ce soit au-dessus. Ainsi le premier des princes du sang ou des pairs du côté droit et le premier président du côté gauche touchent également du coude ce coin du roi.

Cette égalité déplut au premier président de Novion. Il fit débourrer le banc des pairs à huit pieds de long près le coin du roi, de manière que qui s'y assoiroit seroit si bas que, outre l'incommodité de la simple planche sous le mince tapis fleurdelisé comme le reste du banc, le haut de sa tête n'atteindroit pas l'épaule, à taille égale, de celui qui seroit sur le bout du même banc qui n'a pas été débourré ; d'où il arrive que, tandis que le premier président touche du coude le coin du roi, le premier des princes du sang en est à huit ou dix pieds. M. le duc de Berry et M. le duc d'Orléans l'éprouvèrent eux-mêmes avec grand scandale à la séance des renonciations, mais ils se contentèrent d'en parler sans ménagement, et eurent la mollesse d'en demeurer là. Cette même distance, les princes du sang, qui viennent toujours aux réceptions des pairs et qui toujours demeurent après à la grande audience, l'éprouvent toutes les fois qu'ils s'y trouvent.

On croiroit peut-être que le premier président de Novion s'en tint là ; mais le moyen d'avoir la grand'chambre et des tapisseries à sa disposition, et de n'en pas profiter de toutes les façons ! Le banc des pairs et celui des présidents tout semblables, et de même hauteur à s'asseoir, et de même largeur déplut à Novion. Il voulut un petit trône, et pour cela fit rembourrer d'un pied et demi par-dessus le rembourrage ordinaire des bancs les six premières places les plus proches du coin du roi. Avec cette invention, les présidents à mortier se trouvent avoir un pied et demi d'élévation de séance au-dessus des princes du sang et des pairs. Ce fut encore une autre indignation de M. le duc de Berry et de M. le duc d'Orléans qui essuyèrent cette élévation au-dessus d'eux, élévation que les princes du sang essuient avec l'intervalle toutes les fois qu'ils se trouvent en séance aux grandes audiences. Il faut ajouter que les conseillers qui sont tout de suite sur le banc des présidents ne se mettent point sur l'élévation présidentale. C'est un trône nouvellement imaginé qui ne convient qu'aux inventeurs, tellement que, s'il n'y a qu'un président ou deux à la grande audience, le premier des conseillers qui est sur le banc est à six ou sept places de distance de lui, qui demeurent vides, et si ce conseiller n'est pas bien grand, il a la commodité de s'appuyer sur cette élévation, comme on fait sur le bras d'un haut fauteuil. Telle est la nouvelle industrie pour relever la majesté de la présidence, paisiblement soufferte de grands et de petits, de princes du sang et de conseillers. Il est vrai qu'il est besoin que la stature des présidents réponde un peu à l'exhaussement de leur siége, et que j'en ai vu quelquefois gambiller de petits qui avoient peine à se tenir, et qui donnoient un peu à rire à la compagnie.

En bas c'est autre chose ; les inventions veulent de la variété. Il y a un peu d'air de campement dans celle-ci, qui se donne sous prétexte du vent, mais qui ne laisse pas d'être dans toutes les saisons. Elle fait souvenir de ces anciens tribunaux militaires qu'on tendoit en pleine campagne, où les empereurs recevoient les tributs des nations vaincues, et d'où les chefs des armées haranguoient leurs troupes ou leur partageoient les dépouilles. Il y a des tringles et des machines, qui se tendent si subtilement sur le banc des présidents qu'en un clin d'œil il se trouve sous un dais fleurdelisé, qui a un dossier et deux pentes pour les côtés, qui le déborde un peu par devant, et qui est un peu sur eux en berceau. Le banc n'a point été rehaussé de rembourrage comme celui d'en haut. Cela viendra peut-être avec le temps, et alors ce banc deviendra un véritable trône un peu allongé, comme lorsqu'ils étoient plusieurs associés à l'empire.

Quoique ce dais ne disparoisse pas devant les princes du sang, à plus forte raison devant les pairs, ils n'osèrent pourtant le produire devant M. le duc de Berry et M. le duc d'Orléans à la séance en bas des renonciations ; mais j'ai vu une fois, toutes les chambres assemblées, je ne me souviens plus pourquoi (et alors, comme la place manque en bas où est la séance, les chambres se placent aux hauts siéges), moi étant en place avec les princes du sang et les autres pairs, que ce dais étoit tendu, un murmure aux hauts siéges derrière à qui ce dais ôtoit la vue de la séance, un message ou deux venir à l'oreille du premier président Harlay, et aussitôt le dais se détendre et disparoître en un instant.

Ce seroit abuser que d'en dire davantage. Il faut laisser ces choses aux réflexions des lecteurs, qui seront sans doute plus fortes et plus justes que ce qui s'en pourroit faire ici avec décence. Mais il faut encore dire un mot de l'indécence des saluts.

Il est réciproque entre les fils de France, les princes du sang et les pairs. Les fils de France et les princes du sang se découvrent et se lèvent en pied aussitôt qu'un pair paroît à l'angle d'entrée de la séance en bas, ou débouchant en haut la lanterne de la cheminée, comme il en arrive toujours quelqu'un depuis qu'on est en séance. Les fils de France et les princes du sang leur rendent la révérence qu'ils en reçoivent en allant à leur place, attendant qu'il y soit arrivé, et ne se rassoient et couvrent qu'en même temps que lui. Il seroit superflu d'ajouter que les pairs en usent de même pour les fils de France et pour les princes du sang. Les fils de France demeurent assis, se découvrent et s'inclinent un peu sans se soulever, pour un président qui arrive en séance; les princes du sang en usent pour eux comme pour les pairs; et les présidents réciproquement. Ils se découvrent et se lèvent pour un fils de France, et ne se rassoient et ne se couvrent qu'en même temps que lui. M. le duc d'Orléans en usa comme les fils de France toutes les fois qu'il a été au parlement, et les présidents de même pour lui, quant au salut, que pour les fils de France.

Le salut est aussi réciproque entre les pairs et les présidents. Dès qu'un pair paraît à l'entrée de la séance en haut ou en bas, comme il vient d'être expliqué, tous les présidents se découvrent, et quand il arrive à sa place, s'inclinent à lui, mais sans se lever ni même se soulever, et ne se couvrent que lorsqu'il s'est incliné à eux, qu'il s'assoit et qu'il se couvre. Les pairs en usent précisément de même pour les présidents.

Cela fait un effet un peu étrange de voir en séance les fils de France, les princes du sang et les pairs debout pour un pair qui entre, et toute la robe qui ne fait que se découvrir sans bouger. C'en est un second de voir aussi les princes du sang debout tout seuls pour un président qui entre, tout le reste de la séance découvert, mais assis sans bouger. Enfin c'en est un troisième de voir les fils de France, les princes du sang, les pairs et les présidents debout pour un prince du sang qui entre, et les conseillers demeurer assis, découverts, car ils ne se lèvent pour qui que ce soit excepté les fils de France, pas même pour la tournelle qui, aux réceptions des pairs, vient à la grand'chambre, ayant ses présidents à sa tête, pour lesquels les princes du sang et les présidents de la grand'chambre se lèvent seuls, et de même à la sortie de la tournelle après la réception. Il semble que ce soit un reste de ces légistes assis sur le marchepied du banc des pairs, des barons, des prélats, etc., et qui ne se levoient peut-être pas de si bas qu'ils étoient assis pour des nobles qui survenoient, comme si subalternes et si disproportionnés qu'il ne s'agissoit pas d'en être salué.

Les présidents ni les conseillers ne remuent en rien pour un conseiller qui entre ou qui sort, aux hauts siéges et aux bas; c'est même observation pour les saluts. Il faut seulement ajouter que le chancelier, qui entre en séance avant le roi, et les pairs aussi, se lève, lui, pour un pair qui entre, et les pairs réciproquement pour lui. Il n'y peut avoir de remarques à faire sur les autres officiers de la couronne, parce que ceux que le roi a mandés entrent en séance derrière lui, et qu'il n'est point alors d'occasion de salut.

Venons maintenant à l'explication du plan de la grand'-chambre, qui est à la page suivante, en remarquant qu'elle a été fort rajustée en 1720, mais sans aucun autre changement que celui de la cheminée, ôtée d'où elle est marquée sur ce plan et portée près de la grand'porte, qui entre sans milieu de la grand'chambre dans la grande salle du palais, par où les princes du sang et les pairs sortent de séance, comme il a été dit.

EXPLICATION

DU PLAN CI A CÔTÉ DE LA GRAND'CHAMBRE DU PARLEMENT DE PARIS.

A. Hauts siéges adossés aux murailles.
1. Élévation dans l'angle. C'est la place du roi quand il vient au parlement, que personne ne remplit jamais en son absence. Il est couvert de la même tapisserie fleurdelisée qui couvre les murailles, qui est pareille à l'étoffe qui couvre aussi tous les bancs et petits bureaux de la séance. Cette place du roi s'appelle, de sa situation, le coin du roi. Il est orné d'autres tapis et de carreaux, couvert d'un dais, et accommodé d'un marchepied de plusieurs marches, lorsqu'il y vient.
2. Espace pour les marches du marchepied du roi lorsqu'il vient au parlement. Elles sont couvertes du tapis du marchepied. Sur ces marches où on met des carreaux, c'est la séance du grand chambellan, qui y est comme couché. En son absence le premier gentilhomme de la chambre en année la prend. C'est une ancienne nouveauté en faveur de Louis, duc de Longueville, qui n'étoit point pair, et qui, dans le grand état où ceux de Longueville s'étoient élevés, se trouvoit peiné de seoir en son rang d'officier de la couronne. Il obtint cette distinction, mais attachée à son office, par le crédit du premier duc de Guise, dont il avoit épousé la fille. Leur fils unique ne vécut pas. Léonor, duc de Longueville après Louis, son cousin germain, fut celui qui mit le comble à leur grandeur par tout ce qu'il obtint de Charles IX. Ce Léonor est le grand-père du duc de Longueville, père du comte de Saint-Paul, tué au passage du Rhin, et du dernier des Longueville, mort prêtre, fou et enfermé dans l'abbaye de Saint-Georges, près de Rouen, en 1696. Ce même Léonor étoit père de la marquise de Belle-Ile-Retz, et de la comtesse de Thorigny-Matignon. Le sieur de Rothelin étoit son frère bâtard, dont tous les Rothelin sont sortis.
3. Degré de cinq marches, par lequel le roi monte et descend de séance. Quelquefois les fils de France aussi avec lui, toujours en son absence. On a vu, ci-devant, comment le premier président Harlay a ouvert ce degré aux princes du sang. Depuis cette nouveauté Louis XIV n'a point été au parlement, et dans la minorité de Louis XV M. le duc d'Orléans, régent, les y a laissés passer avec le roi. On a vu qu'ils entroient et sortoient de séance auparavant à la tête et par le même chemin des pairs. Ce degré est couvert de la queue du tapis du marchepied du roi. C'est la séance,

PLAN DE LA GRAND'CHAMBRE DU PARLEMENT DE PARIS.

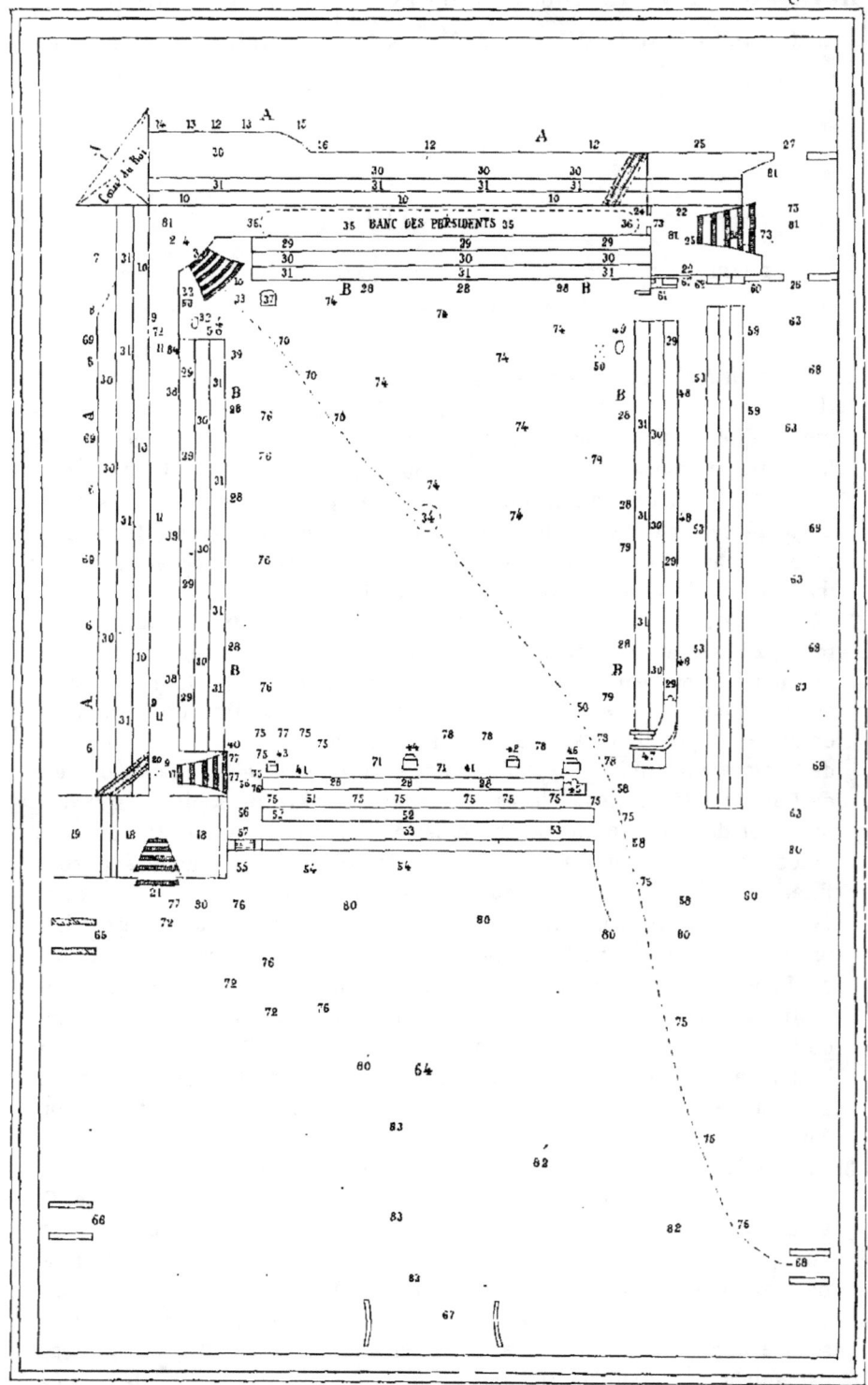

mais sans carreaux, du prévôt de Paris, qui y est aussi couché avec son bâton de velours blanc à la main; mais il demeure découvert, n'a point de voix, et se range pour faire place au chancelier ou au garde des sceaux, qui monte par ce degré pour aller parler au roi, et le redescend pour revenir à sa place.

4. Séance du chancelier, ou, en son absence, du garde des sceaux. C'est la place du greffier aux grandes audiences, qui est au bas des marches du petit degré du roi. Le greffier, en l'absence du roi, est là sur un tabouret, son petit bureau devant lui dans l'angle, et tourné en angle. Le roi présent, le chancelier est tourné de même avec le même petit bureau devant lui. Au lieu du tabouret du greffier, il a un siège à bras, sans aucun dossier, couvert de la même queue du tapis du marchepied du roi, mais de façon qu'elle vient à fleur de terre devant son siége, et qu'il n'a point les pieds dessus. Cette espèce de siége unique pour lui, et dont le garde des sceaux use en son absence, et qui sert aussi aux *Te Deum*, est moins une distinction qu'un secours donné à la vieillesse si ordinaire à ces officiers-là de la couronne, qui ne pourroient demeurer longtemps assis sans quelque appui.

5. Petit bureau du greffier devant le chancelier, qui n'est couvert alors que comme à l'ordinaire. Quoique le chancelier et son petit bureau soient en bas comme tous les magistrats, on l'a marqué ici de suite, à cause de ses allées vers le roi, et du tapis du marchepied du roi, qui couvre son siége.

6. Séance de la reine régente ou du régent s'il y en a, du sang royal et des pairs. Le roi présent ou absent, ils sont assis de suite sans intervalle ni autre distinction en rang d'aînesse et d'ancienneté. Après eux les officiers de la couronne au rang de leurs offices entre eux, excepté le chancelier et le grand chambellan dont on a marqué la séance. Les officiers de la couronne qui sont pairs siégent en leur rang d'ancienneté parmi les pairs. Si le grand chambellan est pair, il demeure en la séance de son office et opine seul après tout le côté droit, et avant tout le côté gauche. Le roi n'étant pas présent, les pairs ecclésiastiques siégent sur ce même banc, après eux tous les pairs, ensuite les conseillers d'honneur, puis quatre maîtres des requêtes et non plus, après eux le doyen du parlement et les conseillers, et parmi, les conseillers honoraires. Mais il n'y a jamais place pour ces magistrats.

7. Espace de trois ou quatre places joignant le coin du roi entièrement débourré, et bien plus bas que les bancs de séance qui sont à droite et à gauche d'égale hauteur, largeur et profondeur, avec un marchepied tout du long des deux côtés, d'égale hauteur et largeur. Ces bancs d'égale façon, couverts de la même étoffe bleue fleurdelisée jusqu'à terre sans traîner et les dossiers de même. Sur ce débourré, dont on a parlé ci-devant, personne n'y seoit. C'est du côté droit, ce qui reste vide par respect du roi quand il est au parlement, et fait l'espace qu'occupent, en s'élargissant également des deux côtés, les marches du marchepied du roi, où le débourré paroît alors en espace comme de l'autre côté qui est en l'ab-

sence du roi ce plus haut rembourré des présidents dont on a parlé plus haut.

8. Lieu de séance du premier de ce banc, soit du sang royal, soit pair s'il n'y a point de princes du sang, le roi présent ou absent, soit magistrat si le roi n'y est point (car en sa présence nul magistrat n'est aux hauts siéges), s'il n'y a ni prince du sang ni autre pair. Ce même lieu fut celui de la séance de M. le duc de Berry à la séance des renonciations aux hauts siéges, sans distinction aucune de tout le reste du banc.

9. Espace entre le marchepied des hauts siéges et le haut du dossier des bas siéges, où on pousse tout du long un banc sans dossier, mais couvert et fleurdelisé comme les autres, lorsque le banc adossé à la muraille ne suffit pas pour les pairs.

10. Marchepied d'une marche régnant le long des hauts siéges des deux côtés, partout égal en hauteur et largeur sans différence en nul endroit.

11. Espace égal partout en largeur entre les hauts siéges et les bas siéges des deux côtés, à la hauteur presque du dossier des bas siéges.

12. Banc des pairs ecclésiastiques, le roi présent. Les cardinaux s'y mettoient aussi. Ils n'y sont pas venus depuis la décision de la préséance sur eux des pairs ecclésiastiques que M. de Clermont-Tonnerre, évêque-comte de Noyon, fit prononcer par Louis XIV, allant tenir un lit de justice où les cardinaux de Bouillon et Bonzi prétendoient se trouver, comme il a été dit ailleurs. Le cardinal Dubois, premier ministre tout-puissant, entreprit de se trouver à un lit de justice de Louis XV et en fit grand bruit et menaces. M. de Tavannes, évêque-comte de Châlons, depuis archevêque de Rouen, qui se trouva seul à Paris des pairs ecclésiastiques, lui fit dire qu'il y iroit résolûment, et que s'il se mettoit en fait de se placer au-dessus de lui, ou d'y demeurer s'il arrivoit avant lui, il le jetteroit des hauts siéges en bas quoi qu'il en pût arriver, et qu'il y seroit assisté et soutenu des pairs laïques avec qui la résolution étoit prise. Elle l'étoit en effet et avoit passé par moi, et auroit été exécutée si le cardinal Dubois s'y fût commis. M. de Châlons arriva de bonne heure en séance. Le cardinal Dubois n'y parut point. Le roi absent, c'est où siégent aux grandes audiences les présidents et les conseillers clercs.

13. Élévation moderne de surrembourrage fort haute au-dessus des bancs de séance. Elle joint le coin du roi et a cinq ou six places et en auroit bien huit sans l'ampleur des habits des présidents qui seoient dessus. Le même espace étoit de ce côté gauche comme il est encore du côté droit avant cette invention et innovation et y est encore le roi présent.

14. Lieu où sied le premier président ou le président qui préside en sa place. Je leur ai vu mettre familièrement leur mortier, et leur bonnet quelquefois sur le coin du roi.

15. Endroit où le surrembourrage finit, et tout à coup tombe au niveau du rembourrage des bancs de séance sous la même tapisserie fleurdelisée qui couvre tous les bancs.

16. Lieu de séance du premier conseiller clerc, lors même qu'il n'y a qu'un président en place; alors le reste de l'élévation demeure vide parce qu'il

n'y a que les présidents qui s'y mettent, et cela arrive très-ordinairement. Lorsque tous y sont, ce qui est fort rare, comme à la séance aux hauts siéges des renonciations, les cinq premiers présidents s'assirent sur cette élévation, les autres au bas de l'élévation à la place des conseillers clercs, lesquels se mirent de suite auprès d'eux et sans intervalle.

17. Degré de cinq marches qui communique les hauts et les bas siéges au bout du banc des pairs près la lanterne de la cheminée.
18. Lanterne de la cheminée.
19. Banc adossé au mur dans la lanterne de la cheminée.
20. Échelle par où on monte dans la tribune de la lanterne de la cheminée.
21. Degré de cinq marches dans la porte qui donne de la lanterne de la cheminée dans la grand'chambre, par lequel les pairs entrent et sortent de séance aux hauts siéges, au bas duquel en sortant ils trouvent un huissier pour leur faire faire place et les conduire comme on l'a dit. Le sang royal, à la tête des pairs, entre encore par là en séance aux hauts siéges, mais n'en sort plus par là, comme on l'a dit. Les conseillers laïques y entrent aussi par là, mais ils en sortent par ailleurs.
22. Lanterne de la buvette.
23. Banc adossé au mur dans la lanterne de la buvette.
24. Degré par où on monte dans la lanterne de la buvette.
25. Degré de cinq marches de la lanterne de la buvette par lequel les pairs ecclésiastiques, le roi présent seulement, et, en son absence, les présidents et les conseillers clercs entrent et sortent de séance aux hauts siéges, au bas duquel deux huissiers, avant l'innovation de l'escalade dont on a parlé, et maintenant un huissier, attendent les présidents pour marcher devant eux, leur faire faire place avec leurs baguettes frappantes sur les bois qu'ils trouvent, et les conduire comme on l'a dit.
26. Porte de la lanterne de la buvette qui donne dans la grand'chambre dans laquelle est le degré susdit. Mais cette partie de la grand'chambre où cette porte donne est une allée entre la clôture du parquet des bas siéges et la muraille, qui conduit sans séparation dans la partie pleine de la grand'chambre, au lieu que la porte de la lanterne de la cheminée, qui est le chemin des pairs, donne immédiatement dans la pleine grand'chambre. Les conseillers laïques, qui, en l'absence du roi, peuvent avoir place du côté des pairs, attendent en place qu'ils soient tous entrés jusqu'au dernier dans la lanterne de la cheminée, puis longent le banc, passent devant le coin du roi, et longeant l'autre banc atteignent les magistrats par la lanterne de la buvette.
27. Porte de la lanterne de la buvette qui mène à la buvette.

Avant de quitter les hauts siéges, il faut remarquer que le nombre des pairs étant augmenté, les officiers de la couronne qui ne sont pas pairs, et il n'y a plus guère que des maréchaux de France, mais aussi bien plus nombreux qu'ils n'étoient, proposèrent aux pairs de se mettre à gauche aux lits de justice, au-dessous des pairs ecclésiastiques dont le banc, par leur petit nombre, est toujours très-peu rempli. Être au-dessous des pairs laïques comme ils étoient, ou au-dessous des pairs ecclésiastiques comme ils le demandoient, parut égal aux pairs, qui y consentirent, et M. le duc d'Orléans le trouva bon. Cela s'exécuta ainsi au premier lit de justice de Louis XV, et s'est toujours continué depuis. Le duc de Coislin, évêque de Metz, eut le choix des deux côtés; il préféra le droit comme n'étant point pair par son siége, mais par soi, et y a toujours siégé en son rang d'ancienneté dans l'habit des pairs ecclésiastiques.

B. Bas siéges.

28. Ils sont sans marchepied, à la différence des hauts siéges, qui est un monument que ces bas siéges le sont, comme on l'a dit, devenus, de marchepied qu'ils étoient des hauts, pour seoir les légistes aux pieds des nobles seuls juges, à portée d'en être consultés tout bas quand il leur plaisoit. Ces bas siéges, depuis qu'ils le sont devenus, ont un dossier, parce qu'ils ne sont pas comme les hauts siéges appuyés à la muraille. Ils ont aussi un bras à chaque bout du banc, parce que, comme les hauts siéges, ils ne joignent pas le coin du roi d'un côté, et les lanternes de l'autre. Excepté ce qui a été marqué de débourré et surrembourré près du coin du roi aux hauts siéges, de l'invention des présidents, tous les bancs de la grand'chambre sont égaux en hauteur et largeur, sans nulle différence des uns aux autres. Ceux de séance sont couverts, comme les murailles et les petits bureaux, d'étoffe bleue fleurdelisée sans nombre, en jaune. Ces petits bureaux sont portatifs, et sont, comme un prie-Dieu, sans marchepied à appuyer à l'étroit une personne. Il y en a cinq ou six épars devant les bancs aux bas siéges, pour la commodité des rapporteurs. Les bancs hors de séance et leurs dossiers sont nus de bois, et pour asseoir les gens du roi, les parties, les plaideurs et les avocats qui veulent entendre plaider.
29. Dossier des bas siéges égal à tous.
30. Siéges, ou endroits où on s'assied sur tous les bancs.
31. Hauteur des bancs.
32. Chaires et bureaux du greffier et de son commis, rangés lorsqu'on est aux bas siéges.
33. Rideau à hauteur d'appui qui, lorsqu'on est aux bas siéges, enferme et cache le degré du coin du roi, et les chaires et bureaux du greffier et de son commis qui seoient là, le roi absent, lorsqu'on est aux hauts siéges. Quand on y doit monter, on ôte ce rideau pendant la buvette, et on y place les chaires et bureaux du greffier et de son commis.
34. Parquet.
35. Banc des présidents. Ils l'occupent seuls lorsque la séance est aux bas siéges, n'y eût-il qu'un président, et si par un cas très-rare il ne se trouvoit aucun président, le conseiller le plus ancien qui présideroit demeureroit à sa place, et laisseroit le banc des présidents vide. On voit très-clairement que c'est une usurpation des présidents sur les conseillers, puisque les conseillers clercs sont aux hauts siéges, sur le même banc avec les présidents, parce que c'est aux hauts siéges le côté des clercs, qui n'ont aucune distinction sur les conseillers laïques. Aux lits de justice ce banc est encore celui des présidents; en absence du roi aux

grandes audiences, lorsque la séance est aux hauts siéges, ce même banc est celui des gens du roi où nul autre ne se met.

36. Surdossier moderne et avancé sur le banc des présidents, en manière de dais postiche, comme en berceau sur leur tête, avec une pente de chaque côté du banc. L'étoffe en est fleurdelisée, pareille à la couverture des bancs et des murailles. Il ne se tend pas encore en été; on n'ose le donner encore en distinction; elle s'introduit en attendant, sous prétexte du vent et du froid, comme si ce banc seul y étoit exposé. On a vu ce qui ci-devant a été dit de cette machine, qui avec des tringles se tend et s'ôte en peu de moments. On l'ôte toujours pendant la buvette, lorsqu'on doit monter après aux hauts siéges pour la grande audience. On ne l'a osé hasarder en présence du roi.

37. Petit bureau derrière lequel sied le premier président, ou le président qui préside en sa place. Si le chancelier vient au parlement sans que le roi y doive venir, il prend cette place, préside, fait toutes les fonctions du premier président en sa présence, l'efface totalement; de même aux hauts siéges où il le déplace. En haut et en bas, le roi absent, le premier président est assis à la gauche du chancelier, et le joignant. Si le chancelier arrive au parlement, le roi y venant, il déplace de même le premier président et l'efface, et ne se met en sa place au bas du petit degré du roi, qu'après que le roi est arrivé et placé au coin orné en trône qu'il occupe. Le chancelier en bas et en haut, le roi absent, entre et sort de séance par le même chemin du premier président. Si le chancelier est absent et privé des sceaux, le garde des sceaux fait au parlement tout ce qu'y fait le chancelier et en a la séance.

38. Banc du sang royal des pairs ecclésiastiques et laïques, et des conseillers clercs.

39. Bureau derrière lequel sied le premier du sang royal, ou le plus ancien pair, et quand il n'y a ni princes du sang ni autres pairs, le premier des magistrats non président à mortier. Ce même lieu fut celui de la séance de M. le duc de Berry aux renonciations, où la séance fut d'abord en bas, puis en haut. Ni en bas ni en haut il n'y eut ni distance ni distinction aucune de sa place à celle du dernier pair. Ce même lieu est encore où se met le premier huissier aux grandes audiences ordinaires, le roi absent, mais hors de séance.

40. Dernière place au bout de ce banc, où par l'usurpation moderne demeure séant le plus ancien des conseillers clercs, lors même que ce banc ne suffit pas aux pairs.

41. Second banc souvent rempli de pairs à leurs réceptions et autres solennités.

42. Dernière place de ce banc derrière le bureau, où par l'usurpation moderne demeure séant le deuxième conseiller clerc, lors même que ce deuxième banc ne suffit pas au nombre des pairs.

43. Bureau. Il faut remarquer que tous ces bureaux, tels qu'on les a décrits ci-devant, sont tous égaux entre eux et sans aucune différence. Le premier président n'en a mis aucune au sien jusqu'à cette heure.

44. Bureau du milieu, devant lequel on ne passe point pour entrer ni sortir de séance. On passe donc entre le banc et ce bureau, autrement ce seroit traverser le parquet. On a ci-devant expliqué ce que c'est que traverser le parquet, et qui sont ceux qui le traversent.
45. Chaire nue du greffier au bout du second banc susdit où il sied lorsque la séance est aux bas siéges.
46. Bureau dudit greffier.
47. Chaire nue de l'interprète, elle tient au bout du troisième banc. Entre elle et celle du greffier est le passage pour entrer et sortir de séance. Toutes deux sont à bras. Le siége et le dossier sont un peu plus élevés que ceux des bancs auxquels elles tiennent, et ces dossiers un peu arrondis au milieu du haut. Les pays étrangers ont assez souvent consulté autrefois le parlement sur leurs questions, et y faisoient quelquefois juger leurs causes. Comme leurs langues étoient inconnues au parlement, on plaça cette chaire pour celui qui interprétoit les pièces et les écritures produites en langues étrangères. Depuis, cette chaire est demeurée comme en monument de son usage passé, que le parlement ne veut pas laisser oublier. Cette chaire, non plus que celle du greffier, n'est point réputée de la séance.
48. Troisième banc sur lequel se mettent les pairs lorsque les deux premiers ne suffisent pas à leur nombre. Alors les plus anciens de ceux qui y passent se mettent les plus proches de la chaire de l'interprète qui est vide, et les moins anciens les plus près du banc des présidents. A mesure que les pairs remplissent ces bancs, les conseillers en sortent et vont se mettre aux hauts siéges.
49. Bureau au bout de ce troisième banc tout près du banc des présidents. La séance du doyen du parlement est derrière ce bureau. Depuis l'usurpation moderne, lui ou un autre conseiller laïque y demeure séant, lors même que ce troisième banc ne suffit pas au nombre des pairs, ce que j'ai vu arriver plus d'une fois par la présence de tout le sang royal, légitime et illégitime du feu roi, et du grand nombre de pairs ecclésiastiques et séculiers. Tout ancien pair que je suis, je me trouvai sur ce banc à la séance de l'ouverture du testament de Louis XIV. Il faut remarquer que les pairs y siéent entre eux à rebours de ce que font les conseillers, dont les plus anciens se mettent les plus proches du doyen et ainsi de suite, en sorte que le moins ancien conseiller du banc se trouve joignant la chaire de l'interprète.
50. Espace dans le parquet devant ce troisième banc, où se met un banc sans dossier, mais couvert et fleurdelisé comme tous les autres, pour y seoir ce qui reste de pairs, lorsque l'on présume que les trois bancs ne suffiront pas à leur nombre. Sur ce banc ajouté aucun conseiller n'y seoit, encore qu'il y eût peu de pairs dessus, ou qu'il demeurât entièrement vide, comme je l'ai vu arriver quelquefois. Il faut remarquer que les pairs qui passent sur ce troisième banc ne s'y placent pas comme sur celui qui est derrière; les plus anciens s'y mettent les plus près du banc des présidents et ainsi de suite.

51. Lieu où, debout et sans chapeau ni épée, les pairs qui n'ont pas encore pris séance prêtent le serment de pair de France prononcé par le premier président de sa place assis et couvert, tous les princes du sang, autres pairs et magistrats assis et couverts en séance. Ce serment, quoique ancien, a été introduit. Les pairs entroient pour la première fois en séance sans information et sans serment, comme font encore les princes du sang. Le premier huissier, qui se tient près du pair qui prête serment, lui rend son chapeau et son épée sitôt que l'arrêt de réception est prononcé, qui n'est autre que dès qu'il a levé la main, et que le premier président lui a dit : *Ainsi le jurez et le promettez*, il ajoute : *Monsieur, montez à votre place ;* et à l'instant il remet son épée à son côté ; il entre en séance, et se va seoir en son rang. Ce prononcé : *Montez à votre place*, est l'ancien, qui n'a pas été changé depuis que les réceptions ont été changées des hauts siéges où on monte, aux bas où il n'y a pas une seule marche à monter.
52. Banc des gens du roi lorsque la séance est aux bas siéges, ou que le roi est présent.
53. Bancs des parties et des spectateurs en absence du roi. Ceux-ci le précèdent, et d'autres redoublés derrière servent aussi de séance aux *enquêtes et requêtes*, aux assemblées de toutes les chambres et aux lits de justice, à ceux dont le roi se fait accompagner, comme gouverneurs ou lieutenants généraux de province, baillis d'épée, chevaliers du Saint-Esprit, mais qui n'ont point de voix et qui demeurent découverts.
54. Premier barreau de choix ou de supériorité, où plaident les avocats généraux lorsque la séance est aux bas siéges et où les avocats, qui ont ce barreau par la supériorité de leurs parties, plaident aussi, soit que la séance soit aux hauts siéges ou aux bas siéges.
55. Lieu où plaide l'avocat.
56. Passage dans lequel l'avocat s'avance pour conclure à l'entrée du parquet, et qui sert aux pairs à sortir de séance aux bas siéges lorsqu'ils la lèvent avec la cour.
57. Porte de ce passage à hauteur d'appui debout, où il y a un pas pour l'arrêter. C'est cette porte que les pairs ont trouvée fermée comme on l'a dit, et qui les fait demeurer en séance sans se lever quand la cour se lève et sort, comme il a été expliqué.
58. Passage sans porte par lequel la cour entre et sort de séance aux bas siéges, et par lequel les princes du sang et les pairs y entrent aussi, la cour séante à mesure qu'ils arrivent. Les princes du sang en sortent aussi par là avant que la cour lève la séance, comme on l'a dit, et vont à la cheminée de la grand'chambre pour l'ordinaire attendre la grande audience où les pairs viennent aussi après.
59. Second barreau, et il n'y a que ces deux.
60. Lieu où plaide l'avocat, soit que la séance soit aux bas siéges ou aux hauts.
61. Passage dans lequel l'avocat s'avance pour conclure à l'entrée du parquet, qui n'a point d'autre usage.
62. Porte de ce passage à hauteur d'appui debout, qui a un pas pour l'arrêter.

63. Espace long et étroit entre le second barreau et la muraille, qui conduit de la buvette et de la lanterne de la buvette dans le grand espace de la grand'chambre derrière le premier barreau. C'est par cet espace que la cour va de la séance des bas siéges à la buvette et qu'elle sort de séance aux hauts siéges.
64. Vaste espace de la grand'chambre entre la muraille mitoyenne de la grande salle et le premier barreau, et la muraille mitoyenne à la quatrième chambre des enquêtes et le parquet des huissiers.
65. Cheminée de la grand'chambre qui, comme on l'a dit, a été supprimée et portée contre le mur mitoyen de la grand'chambre et de la grande salle, lorsqu'on répara la grand'chambre en 1721.
66. Porte de la grand'chambre qui donne dans la quatrième chambre des enquêtes.
67. Porte de la grand'chambre à deux battants qui s'ouvrent pour les pairs, qui donne immédiatement dans la grande salle, plus grande de beaucoup que les autres.
68. Porte de la grand'chambre qui donne dans le parquet des huissiers, par où tout le monde entre d'ordinaire dans la grand'chambre, et par où la cour ensemble en sort. Les pairs ensemble sortent par la grande porte dans la grande salle immédiatement, même seuls quand il ne s'y en trouve qu'un.
69. Fenêtres de la grand'chambre.
70. Chemin du sang royal, pour sortir de séance des hauts siéges, depuis que le premier président Harlay lui a ouvert le petit degré du roi; quelquefois aussi, lorsque le roi y vient, pour entrer en séance en même temps que lui. Lors des renonciations, M. le duc de Berry et M. le duc d'Orléans après la séance aux bas siéges, et pendant la buvette, montèrent aux hauts siéges avec les princes du sang et tous les pairs, mais sans ordre, et y demeurèrent en séance et en rang, tous jusqu'à l'arrivée de la cour sortant de la buvette. On a vu ailleurs que ces princes ne se soulevèrent seulement pas, et qu'ils ne rendirent aux présidents le salut que par une inclination légère, étant restés découverts en les attendant. Les princes du sang en usèrent cette fois-là de même, et les pairs aussi comme ils font toujours. M. le duc de Berry et M. le duc d'Orléans se trouvèrent fort scandalisés de la longueur de la buvette et du long changement d'habit des présidents, dont ils auroient pu abréger leur toilette au moins ce jour-là.
71. Chemin du sang royal pour entrer et sortir de séance aux bas siéges.
72. Chemin des pairs pour entrer et sortir de séance aux hauts siéges. Il est le même des conseillers clercs, le roi absent, pour entrer, non pour sortir.
73. Chemin des présidents pour entrer et sortir de séance aux bas siéges, et aussi des conseillers clercs.
74. Chemin des présidents pour entrer et sortir de séance aux bas siéges.
75. Chemin ordinaire des pairs pour entrer en séance aux bas siéges, pour ceux qui sont sur le premier banc et sur la première moitié du second.

76. Chemin quelquefois usité par quelques pairs pour entrer en séance aux bas sièges, pour ceux qui sont sur le premier banc et la première moitié du second. C'est le même par lequel les pairs sortent de séance quand ils se lèvent avec la cour.
77. Chemin rarement usité par quelques pairs pour entrer en séance aux bas sièges, pour ceux qui sont sur le premier banc et la première moitié du second.
78. Chemin des pairs pour entrer en séance aux bas sièges, pour ceux qui sont sur la seconde moitié du deuxième banc.
79. Chemin des pairs pour entrer en séance aux bas sièges, pour ceux qui sont sur le troisième banc et sur le banc ajouté.
80. Chemin des conseillers laïques pour sortir de séance aux hauts sièges.
81 et 82. Chemin ordinaire des pairs d'entrer en la grand'chambre, et d'en sortir ensemble précédés d'un huissier. C'est aussi celui du sang royal, mais presque toujours les pairs arrivent un à un chacun à son gré jusque dans la grand'chambre par le parquet des huissiers, et les princes du sang aussi.
83. Chemin par lequel les pairs sortent ensemble de la grand'chambre quelquefois, toujours précédés par un huissier.
84. Endroit par où le premier huissier, par une invention et usurpation moderne, escalade par-dessus le banc des sièges bas, et son dossier depuis quelque temps pour grimper aux hauts sièges lorsque la séance s'en lève, pour se mettre au-devant du premier président, ou du président qui préside en sa place, lorsqu'il se lève, et marcher devant lui.

Il faut avertir que, lorsqu'on est au haut des sièges, le roi absent, tout le monde indifféremment s'assied sur les bancs de séance aux bas sièges plaideurs, auditeurs, en un mot qui veut et peut, excepté sur celui des présidents qui, comme on l'a dit, est alors pour les gens du roi. Le reste de la foule s'assied en bas à terre, pêle-mêle dans le parquet, et qui peut sur les petits bureaux, qu'ils couchent. Cela se fait à grand bruit et impétuosité dès que la grande audience en haut ouvre.

Il faut, une fois pour toutes, remarquer que, lorsqu'on parle ici des présidents, il ne s'agit que des présidents à mortier, qui sont seuls présidents du parlement. Les présidents des chambres des enquêtes et des requêtes ne sont que des conseillers avec commission pour présider en telle chambre, si bien qu'en l'assemblée de toutes les chambres dans la grand'chambre, ou partout ailleurs où le parlement est assemblé en entier ou par députés de tout le corps, ils ne précèdent point les conseillers de la grand'chambre, et en tout et partout ne sont réputés que conseillers.

Malgré cela, il y a une dispute dont les ministres se sont utilement servis, et qu'on a grand soin d'entretenir sous main; c'est quand il arrive, et cela n'est pas rare, que, dans une assemblée de toutes les chambres, le gros du parlement est opposé à ce que la cour veut faire passer, et que le premier président n'a pu venir à bout d'y amener la compagnie, il prend plutôt le parti de se retirer que de hasarder d'être tondu. Très-ordinairement il est suivi de tous les présidents à mortier, gens qui, ayant à perdre et à gagner, veulent plaire, qui désirent leur survivance pour leurs enfants et d'autres grâces. Alors qui présidera? Le doyen du parlement, en son absence le plus ancien conseiller de la grand'chambre, de ceux qui demeurent en séance, prétend que c'est à lui, le plus ancien président des enquêtes le lui dispute; le premier des présidents de la première chambre des enquêtes allègue la primauté de sa chambre et de sa présidence dans cette chambre. Dans ce conflit où aucun n'a jusqu'à présent voulu céder, personne ne préside, et, faute de président, la séance est forcée de se rompre et de lever. Ils sentent bien tout ce qu'ils perdent à cette dispute, mais l'orgueil l'emporte sur la raison et sur l'intérêt général de la compagnie.

CHAPITRE XIX.

Courte récapitulation. — État premier des légistes. — Second état des légistes. — Troisième état des légistes. — Quatrième état des légistes. — Cinquième état des légistes. — Sixième état des légistes. — Septième état des légistes devenus magistrats. — Parlements et

COURTE RÉCAPITULATION.

autres tribunaux. — Légistes devenus magistrats ne changent point de nature. — Origine du nom de *cour des pairs* arrogé à soi par le parlement de Paris. — Origine des enregistrements. — Incroyables abus. — Fausse mais utile équivoque du nom de parlement; sa protection; son démêlement. — Anciens parlements de France. — Parlements d'Angleterre. — Moderne chimère du parlement de se prétendre le premier corps de l'État, réfutée. — Époque du tiers état. — Parlement uniquement cour de justice pour la rendre aux particuliers, incompétent des choses majeures et des publiques. — Parlement ne parle au roi, et dans son plus grand lustre, que découvert et à genoux comme tiers état. — Inhérence de la partie de légiste jusque dans le chancelier. — Jamais magistrat du parlement ni d'ailleurs, député aux états généraux, ne l'a été que pour le tiers état, quand même il seroit d'extraction noble. — Exemples d'assemblées où la justice a fait un corps à part, jamais en égalité avec l'Église ni la noblesse, et jamais aux états généraux jusqu'aux derniers inclus de 1614. — Absurdité de la représentation ou de l'abrégé des états généraux dans le parlement. — Court parallèle du conseil avec le parlement. — Conclusion de toute la longue digression.

Il se trouvera encore en leur ordre d'autres usurpations du parlement aussi peu fondées, et plus fortes encore, s'il est possible, que celles qui viennent d'être expliquées, qui demandent une récapitulation en très-peu de mots, depuis le premier état des légistes, jusqu'à celui où on les voit arrivés.

Le peuple conquis, longtemps serf et dans la dernière servitude, ne fut affranchi que longtemps après la conquête, et par parties. De ce qui fut affranchi les uns demeurèrent colons dans la campagne et laboureurs, soit pour eux-mêmes dans les rotures qu'ils avoient obtenues à certaines conditions, ou pour autrui, comme fermiers; les autres continuèrent à s'adonner à la profession mécanique, c'est-à-dire aux différents métiers nécessaires à la vie dans les villes, et cela de gens de même espèce de peuple affranchi. Des uns et des autres il s'en fit une autre portion de gens plus aisés par leur travail, qui se mirent à quelque négoce, et dont les seigneurs se servirent pour la direction commune de leurs villes, d'où sont venus les échevins et autres sous divers noms. De ceux-là il y en eut qui s'appliquèrent à l'étude des lois, des coutumes, des ordonnances qui multiplièrent avec le partage des fiefs, leurs hypothèques, etc., et les procès qui en naquirent, et ceux-là devinrent le conseil des particuliers, dans leurs affaires domestiques ; ils furent connus sous le nom de légistes, qui gagnèrent leur vie à ce métier, comme ils font encore aujourd'hui, qui étoient parties de ce peuple serf mais affranchi, et qui, au lieu du labourage et des métiers, choisirent celui de l'étude des procès. Tel est le premier état des légistes.

Ces légistes furent placés par saint Louis sur le marchepied des nobles et des ecclésiastiques, qui [étoient] nommément choisis par les rois pour rendre la justice entre particuliers, dans les différentes tenues d'assemblées pour cela, qui de parler ensemble s'appelèrent parlements, quoique totalement différentes des assemblées majeures aussi appelées parlements, qui avoient succédé aux champs de mars, puis de mai, où le roi jugeoit les causes majeures de pairs et des grands vassaux, et faisoit avec eux les grandes sanctions du royaume. Saint Louis, scrupuleux sur l'équité, crut devoir soulager celle de ces nobles et de ces ecclésiastiques, juges tantôt les uns tantôt les autres dans ces parlements de la Pentecôte, de la Toussaint, etc., qui duroient peu de jours, en les mettant à portée de s'éclaircir tout bas de leurs doutes dans les jugements qu'ils avoient à rendre sur-le-champ, en consultant tout bas ces légistes assis à leurs pieds, qui ne leur disoient leur avis qu'à l'oreille, et lors seulement qu'il leur étoit demandé, avis d'ailleurs qui n'obligeoit en rien celui qui avoit consulté de le suivre, s'il ne lui sembloit bon de le faire. Tel est le second état des légistes, qui dura fort longtemps.

La multiplication des affaires et de leurs formes, dont est née la chicane, lèpre devenue si ruineuse et si universelle, multiplia et allongea les tenues des parlements, en dégoûta les nobles et les ecclésiastiques nommés pour chaque tenue, qui s'excusèrent la plupart, occupés de guerres, d'affaires domestiques, de fonctions ecclésiastiques ; plus encore les pairs qui, de droit et sans être nommés, étoient de tous ces parlements toutes fois qu'il leur plaisoit d'y assister, à la différence de tous autres, même des hauts barons, qui n'y pouvoient entrer sans y être expressément et nommément mandés. Cette espèce de désertion et la nécessité de vider les procès acquit aux légistes la faculté de les juger avec ce peu de nobles et d'ecclésiastiques qui se trouvoient à ces parlements du nombre de ceux qui y étoient mandés et qui envoyoient leurs excuses, mais demeurant toutefois assis sur le même marchepied, et c'est le troisième état des légistes.

Bientôt après, ce peu d'ecclésiastiques et de nobles d'entre les mandés pour composer ces parlements achevèrent de s'en dégoûter. Alors les légistes, devenus d'abord juges avec eux, le demeurèrent sans eux par la même nécessité de vider les causes. C'est le quatrième état des légistes ; mais toujours sur le marchepied, parce qu'il pouvoit venir de ces nobles et de ces ecclésiastiques mandés, dont souvent il s'en trouvoit à quelques séances.

La maladie de Charles VI et le choc continuel des factions d'Orléans et de Bourgogne fit prendre le parti de ne changer plus les membres de ces parlements qui demeurèrent à vie. Ce fut l'époque de la manumission des légistes. Les nobles et les ecclésiastiques choisis pour ces parlements, voyant qu'il falloit désormais assister à tous, ne purent s'y résoudre, trop occupés de leurs guerres, de leurs fonctions, de leurs affaires. Presque tous s'en retirèrent, de sorte que les légistes demeurèrent seuls membres des parlements et seuls juges des procès. C'est leur cinquième état, qui n'a fait que croître depuis à pas de géant.

Le parlement, devenu fixe à Paris et sédentaire toute l'année par la multiplication sans nombre des procès, éleva de plus en plus les légistes ; ce qui fut leur sixième état.

Les malheurs de l'État et la nécessité d'argent tourna en offices vénaux, puis héréditaires, leurs commissions devenues à vie, et forma le septième état des légistes, qui alors, juges à titre d'office vénal et héréditaire, devinrent magistrats, firent une compagnie réglée et permanente, tels qu'ils sont demeurés depuis. De là sortit la formation successive des autres parlements du royaume et de tant d'autres sortes de tribunaux partout. C'est le septième état des légistes, qui forme leur consistance jusqu'à aujourd'hui.

Ces gradations néanmoins ne changèrent pas la nature originelle et purement populaire des légistes devenus magistrats, comme on le démontrera bientôt, et ne l'a pas changée jusqu'à présent, quelques efforts que dans la suite ils aient pu faire pour sortir de cette essentielle bassesse, dont l'idée ne leur est venue que longtemps depuis.

Devenu cour de justice, pour juger les causes des particuliers, le parlement de Paris prit occasion de s'arroger le titre de cour des pairs, de ce qu'étant la plus ordinaire à la portée des rois et de leur accompagnement, les pairs y prenoient bien plus ordinairement séance, et que, pour les choses que les rois vouloient rendre notoires par quelque solennité publique, ils alloient avec les pairs les déclarer en parlement. Cette même raison de rendre notoire ce qui émanoit du roi, comme édits, ordonnances, déclarations, érections de pairies, lettres patentes, etc., les engagea de les envoyer registrer au parlement, *ut nota fierent*, et afin que les tribunaux y conformassent leurs jugements. C'est ce qui fit envoyer les mêmes actes aux autres parlements, et aux divers autres tribunaux qui pourroient avoir à rendre des jugements en conformité.

A quelque distance déjà prodigieuse que ces divers degrés aient porté les légistes de leur source et de leur état primitif, mais sans avoir lors, ni jamais depuis, pu changer leur nature originelle, qui d'eux-mêmes, dans l'élévation où on les voit ici, auroit osé imaginer de se parangonner [1] aux pairs, de précéder les pairs nés successibles de droit à la couronne, d'opiner devant une reine régente en lit de justice, malgré la différence immense du lieu et de la posture d'opiner, de parler aux pairs en public comme on ne parle même plus aux valets d'autrui, de n'oublier rien pour les égaler en tout aux légistes et pour oser se former un trône, l'un fort élevé, l'autre sous une sorte de pavillon royal, et de là voir en places communes les pairs, les princes du sang et les fils de France, et que les entreprises se souffrent depuis tant d'années, et s'augmentent encore au gré de l'orgueil et de l'industrie? Enfin, qui de ces légistes si parvenus au point où on les voit arriver à cette cause, eût pu croire qu'il fût tombé dans l'esprit de leurs successeurs de s'ériger en tuteurs des rois mineurs, en modérateurs des rois majeurs, dont l'autorité a besoin de la leur jusqu'à demeurer inutile et sans effet sans son concours, et prétendre faire d'une simple cour de justice le premier corps de l'État, ayant tout pouvoir par soi sur tous les grands actes concernant le royaume? On a déjà vu la plupart de ces usurpations monstrueuses, dont on a tellement abrégé tout ce qui pouvoit l'être sans en affoiblir la lumière que la récapitulation en seroit presque aussi longue que l'a été le récit, si on ne se contentoit de ce peu de lignes. Venons, en attendant des détails qui seront fournis par la régence de M. le duc d'Orléans, à cette prétention si moderne d'être le premier corps de l'État, et qui est telle qu'il n'est point de nom qu'on puisse lui donner.

Le nom de parlement a été d'un grand usage pour éblouir. Les ignorants qui font plus que jamais le très-grand nombre dans tous les États; la magistrature et ses suppôts, qui composent un peuple entier, dont l'intérêt n'a cessé de donner cours aux idées les plus absurdes; les gens foibles et

---

1. De s'égaler.

bas qui ne veulent pas choquer des gens qui peuvent avoir leurs biens entre leurs mains, quelquefois même leur vie, et qui s'en servent avec la dernière hardiesse et liberté pour leurs vengeances; tout ce qu'il y a de gens de condition magistrale, ou qui en ont le but en sortant des bas emplois de finance et de plume qui maintenant inonde tous les parlements; toute la bourgeoisie qui ne peut avoir que le même but pour leurs familles; les marchands, ceux qui se sont enrichis dans les métiers mécaniques pour relever leurs enfants; tout cela fait un groupe qui ne s'éloigne guère de l'universalité. Ajoutons à ce poids l'idée flatteuse qui en entraîne tant d'autres, que le parlement est le rempart contre les entreprises des ministres bursaux sur les biens des sujets, et il se trouvera que presque tout ce qui est en France applaudira à toutes les plus folles chimères de grandeur en faveur du parlement, par crainte, par besoin, par basse politique, par intérêt ou par ignorance. Cette compagnie a bien connu de si favorables dispositions, et bien su s'en prévaloir; son nom de parlement, le même pour le son que celui de ces anciens parlements de France où se faisoient les grandes sanctions de l'État, le même encore que celui des parlements d'Angleterre, leur a été d'un merveilleux usage pour se mettre dans l'idée publique à l'unisson de ces assemblées, avec qui le parlement n'a rien de commun que le nom.

On a vu quelle est la totale différence de la nature des anciens parlements de France et de ceux d'aujourd'hui, et quelle est la distance et la disproportion des matières, des membres, du pouvoir de ces anciennes assemblées, d'avec celles et ceux d'un tribunal qui n'est uniquement qu'une cour de justice pour juger les causes entre particuliers, et dont les membres légistes devenus juges et magistrats, comme on l'a vu, sans avoir changé de nature, n'ont plus que des offices vénaux à qui en veut, héréditaires, et qui font une portion de leur patrimoine, tant par le sort principal [1], que par les gages, les taxations de vacations, d'épices [2], et toutes les ordures d'un produit auquel tous, depuis le premier président jusqu'au dernier du parlement, tendent journellement la main et y reçoivent le salaire de chaque heure de travail ou de prétendu tel.

De tels membres sont plus distants, s'il se peut, des pairs et des hauts barons qui composoient seuls les anciens parlements, que le morceau de pré ou de terre, que l'hypothèque sur tel bien et les chicanes mercenaires qui font la matière des jugements des parlements d'aujourd'hui, des jugements des causes majeures des grands feudataires, et les grandes sanctions du royaume, qui étoient la matière de la décision de ces anciens parlements. Que si l'on compare à ceux d'aujourd'hui ces parlements tenus en divers temps de l'année, il n'y a qu'à comparer les nobles et les ecclésiastiques nommés par le roi pour les composer, avec les légistes assis sur le marchepied de leurs bancs pour les conseillers quand ils vouloient s'éclaircir tout bas de quelque chose; et quant aux matières, si elles se rapprochent un peu plus, il ne se trouvera pas que ces parlements tenus en divers temps de l'année aient imaginé de pouvoir juger les causes majeures, ni de délibérer sur rien de public.

Si on cherche plus de similitude avec les parlements d'Angleterre, ceux dont il s'agit ici n'y trouveront pas mieux. Le parlement d'Angleterre est l'assemblée de la nation, ou, suivant nos idées, la tenue des états généraux, avec cette différence des nôtres, que ceux-là ont le pouvoir tellement en propre pour faire ou changer les lois et pour tout ce qui est droit et imposition, que le pouvoir des rois d'Angleterre est de droit et de fait nul en ces deux genres sans le leur, et qu'il ne s'y peut rien faire que par l'autorité du parlement. Elle est telle, qu'encore que le droit de

---

1. C'est-à-dire le prix de l'office.
2. Voy., sur les épices, les notes à la fin du volume.

déclarer la guerre et de faire la paix y soit une des prérogatives royales, on voit néanmoins que les rois veulent avoir l'avis et le consentement de leurs parlements sur ces matières, et qu'ils n'entreprennent rien de considérable au dehors ni au dedans sans le consulter. Ce qui fait voir que subsides, levées de troupes, fortifications, armements et mille autres choses publiques sont sous la main du parlement autant ou plus que des rois.

En seroit-ce là que nos parlements d'aujourd'hui en voudroient venir, après avoir terrassé les grands du royaume, précédé les princes du sang, opiné devant la reine régente, montré leurs présidents au sang royal, eux sur une sorte de trône, et ces princes sur les bancs communs, cassé les arrêts du conseil, et s'être faits les tuteurs des rois mineurs, les modérateurs des rois majeurs, et les soutiens des droits des peuples contre les édits, du bon ordre contre les lettres patentes, enfin, comme ils se plaisent d'être nommés, le sénat auguste qui tient la balance entre le roi et ses sujets? Dans de tels desseins, que d'éloignement du parlement d'Angleterre où rien ne peut passer sans le concours des deux chambres, où la basse a plus de gentilshommes et de cadets de seigneurs que d'autres députés, où la haute n'est composée que de pairs, et qui, privativement à la chambre basse, juge tout ce qui se porte de causes contentieuses devant le parlement, comme la basse, privativement à la haute, se mêle des subsides, des impositions, des comptes et de tout ce qui est commerce et finance, avec cette différence, toutefois, qu'elle a besoin pour l'exécution de toutes ces choses du consentement de la chambre haute, et que la chambre haute fait exécuter tous les jugements qu'elle rend, sans aucun concours de la chambre basse. Où trouver là une ombre, je ne dis pas de similitude, mais de ressemblance la plus légère avec nos parlements?

Malgré une disparité si parfaite, si entière, si complète de la nature et des membres de nos parlements d'aujourd'hui, d'avec la nature et les membres de nos anciens parlements, et d'avec ceux d'Angleterre, jusqu'à présent, et des matières de chicane et de questions de droit ou de fait à juger entre des particuliers par des magistrats légistes d'origine jusqu'à nos jours, et qui reçoivent eux-mêmes des plaideurs un écu par heure de salaire à la sortie de chaque vacation, et les matières publiques et d'État, comme les jugements des grands fiefs et des grands feudataires, et les grandes sanctions du royaume réservées au roi, à tout ce qu'il y a de plus grand et de plus auguste dans l'État avec lui, et quant à l'Angleterre, ce qui vient d'en être expliqué et qui repousse nos parlements à l'état des shérifs et des jurés, s'ils veulent toujours une similitude angloise, le parlement flatté de ce nom s'est plu à jouer sur le mot et à tromper le monde par des équivoques que le monde a reçues par les raisons d'ignorance, d'intérêt et de foiblesse qui en ont été d'abord expliquées.

Ces fausses lueurs qui s'évanouissent si précipitamment au plus léger rayon de lumière, appuyées du bruit que la cour a souvent fait faire au parlement contre celle de Rome, par les raisons qui en ont été dites, et des dernières régences déclarées au parlement pour les conjonctures et les causes qui en ont été expliquées, ont enhardi le parlement aux prétentions, et apprivoisé lui-même par les succès inespérables avec les plus inconcevables absurdités, *accinxit se*[1] pour y accoutumer le monde. C'est ce qui m'a obligé de faire céder la honte à la nécessité de réfuter sérieusement cette prétention si moderne et si absurde du parlement d'être le premier corps de l'État, par un écrit qui se trouvera dans les Pièces; je dis la honte, parce qu'une telle proposition ne peut en elle-même que mériter le silence et le mépris. La pièce que je cite me dispensera de m'étendre ici autant qu'il auroit fallu le faire sans ce renvoi, pour montrer jusqu'où se

---

1. Il se prépara, et en quelque sorte *s'arma pour*.

porte un orgueil heureux, organisé, toujours subsistant et consultant, qui de degré en degré, tous plus étonnants les uns que les autres, arrive enfin à un comble dont le prodigieux ôte la parole et la lumière et se présente comme probable à force d'accablement[1].

Tout l'État n'est composé que de trois ordres, ainsi qu'on l'a montré au commencement de cette longue mais nécessaire digression. Nul François qui ne soit membre de l'un de ces trois ordres, par conséquent nul François qui puisse être autre chose qu'ecclésiastique, noble ou du tiers état. Chaque ordre a ses subdivisions; celui qui est devenu le premier est composé du corps des pasteurs du premier et du second ordre, des chapitres du clergé séculier, et du régulier qui se divise encore en ordres et en communautés différentes. Il en est de même de l'ordre de la noblesse et de celui du tiers état. Avec cette démonstration, comment se peut-il entendre qu'une cour de justice qui, par son essence, n'est ni du premier ni du second ordre, et qui n'est établie que pour juger les causes des particuliers, puisse être le premier corps de l'État? Voilà une exclusion dont l'évidence frappe.

On ne peut comprendre comment un corps du tiers état se met au-dessus de ces trois ordres, si on a jamais su que la partie ne peut être plus grande que son tout, et que le tiers état dont le parlement fait partie, non-seulement ne précède pas les deux autres ordres, et que de cela même il est connu sous le nom de tiers état, mais qu'il ne leur est pas égal et leur est inférieur en quantité de choses très-marquées. Ce raisonnement seul devroit suffire, mais la chicane maîtresse des cavillations, et féconde en refuites, veut être forcée dans ses retranchements.

Je n'en vois ici que deux, l'un que le parlement ne soit pas du tiers ordre; l'autre qu'il soit autre qu'une simple cour de justice. Ce seroit revenir sur ses pas par une en-

---

1. Passage omis par les précédents éditeurs depuis *C'est ce qui m'a obligé*.

nuyeuse répétition, que s'étendre ici sur la nature du parlement qui a été ci-dessus montrée simple cour de justice, non compétente d'autre chose que de juger les procès entre particuliers. On l'a fait voir par son origine, ses degrés, son aveu même en plein parlement, par la bouche de son premier président La Vacquerie, par l'usage constant et reconnu jusqu'aux prétentions modernes, toujours durement réprimées par nos rois, et aux troubles et aux désordres, protecteurs et appuis de ces mêmes prétentions tombées d'effet avec les troubles et les désordres, quoique demeurées dans le cœur et dans la tête des nouveaux prétendants. On renverra donc sur cet article à ce qui en a été dit plus haut.

Celui que le parlement est du tiers état pourroit être renvoyé de même aux preuves si claires et si certaines qui s'en trouvent dans cette digression, si les efforts que les parlements ont essayé de faire à cet égard en divers temps modernes n'obligeoient à quelque nouvel éclaircissement.

Saint Louis, comme on l'a vu, est le premier qui pour éclaircir[1] les prélats et les nobles qui, dans les divers parlements convoqués aux principales fêtes de l'année pour juger les procès des particuliers avec les pairs, qui, de droit et sans y être appelés, s'y trouvoient quand il leur plaisoit, mit des légistes à leurs pieds, assis sur le marchepied de leurs bancs. On a vu quels étoient ces légistes et quelles étoient alors leurs fonctions sans voix. Il n'y avoit alors que deux corps ou ordres dans le royaume, et le peuple partagé en serfs, en affranchis, et ces affranchis en colons de la campagne, en bourgeois des villes, en gens de loi et de métiers, étoient encore éloignés de faire le troisième corps ou ordre du royaume; ce ne fut que sous Philippe le Bel, petit-fils de saint Louis, qui, après force conquêtes en Flandre et en avoir pris le comte prisonnier, les reperdit toutes à la bataille de Courtrai, en 1302, et eut besoin d'argent qu'il

---

1. Le manuscrit porte ce mot au lieu d'*éclairer* qu'on y a substitué.

chercha dans la bourse de ce peuple affranchi et enrichi, et qui dès lors commença à pointer.

Les malheurs du règne de Philippe de Valois, qui, en vertu de la loi salique, succéda aux trois rois fils de Philippe le Bel, morts sans postérité masculine, et les guerres des Anglois, dont le roi, gendre de Philippe le Bel, prétendit à la couronne, et mû par l'infidélité de Robert d'Artois, après avoir acquiescé au jugement des pairs, rendu en faveur de la loi salique, mirent Philippe de Valois dans la nécessité de faire du peuple un troisième corps ou ordre du royaume pour les secours pécuniaires qu'il y trouva : et ce n'est que depuis ces temps infortunés que ce qui n'est ni ecclésiastique ni noble a été reconnu sous le nom de tiers état, et associé aux deux autres ordres.

Ce nouvel ordre se trouva, comme les deux premiers, composé de divers corps, et en plus grand nombre encore que les deux autres. Les corps de justice, les légistes qui les composoient, et qui ne les composoient pas comme les consultants et les suppôts de ces corps, tous alors subalternes à ces parlements convoqués en divers temps de l'année pour juger les causes des particuliers, les corps de ville, les divers corps des marchands, des bourgeois des métiers, les colons de la campagne, et leurs subdivisions infinies par bailliages et par provinces, composoient ce tiers état que rien n'a changé depuis.

Les légistes, devenus par degrés et par la désertion des ecclésiastiques et des nobles seuls juges, comme on l'a vu, et magistrats, ne composent au parlement qu'une cour de justice pour juger, comme ces précédents parlements généraux des divers temps de l'année, seulement les causes des particuliers, non les causes majeures, si ce n'est par la présence des pairs et la volonté du roi, ni les grandes sanctions de l'État, ainsi qu'on l'a vu du premier président de La Vacquerie le dire nettement en plein parlement au duc d'Orléans, depuis roi Louis XII, sur sa prétention à la régence, contre Mme de Beaujeu, qui, sans nul concours du parlement, en étoit et en demeura en possession. Tel est le droit constant. Voici l'usage :

On a vu celui qui a toujours subsisté jusqu'à aujourd'hui que le premier président et tous les magistrats du parlement ne parlent qu'à genoux et découverts dans le parlement même, lorsque le roi y est présent, et que si depuis un temps ils parlent debout, mais toujours découverts, ils commencent tous à genoux, ne se lèvent qu'au commandement du roi, par la bouche du chancelier, et concluent leurs discours à genoux, pour marquer que cette bonté du roi de les faire parler debout ne déroge en rien à l'essence du tiers état, dont ils sont, de parler à genoux en présence du roi et découverts, à la différence des deux premiers ordres, qui parlent assis et couverts.

On a vu aussi que le chancelier, second officier de la couronne et chef de la justice, n'a pu, malgré cet éclat, déposer sa nature originelle de légiste. Il est aux bas siéges, il ne parle au roi qu'à genoux : voilà le légiste. Quand il parle de sa place il est assis et couvert : voilà l'officier de la couronne. Il est le seul de ce caractère qui n'ait pas du roi le traitement de cousin, et voilà le légiste; tandis que tous les autres, et les maréchaux de France venus du plus bas lieu, comme on a vu plusieurs, devenus nobles par leurs fonctions militaires, de roturiers et du tiers état qu'ils étoient nés, ont comme leurs autres confrères le traitement de cousin et néanmoins cèdent au chancelier, qui a un rang fort distingué comme officier de la couronne. Il est donc évident que rien ne peut dénaturer le légiste ni le tirer du tiers état, puisque, si quelque chose le pouvoit, ce seroit sans doute le second office de la couronne, chef suprême de la justice, et le supérieur né de tous magistrats. On voit néanmoins en lui toute la distinction de son office et toute sa nature de légiste parfaitement distinguées, et ce qui lui reste de légiste ne l'être en rien du tiers état.

Enfin, et ceci tranche tout, c'est que depuis que les non-ecclésiastiques et non-nobles ont fait un troisième ordre dans l'État, connu sous le nom de tiers état dans l'assemblée des états généraux du royaume formant et représentant toute la nation; jamais nul magistrat n'y a été député que du tiers ordre. Il y a eu des premiers présidents du parlement de Paris et nombre d'autres magistrats de ce parlement et des autres parlements du royaume; il y en a eu quantité de tous les autres tribunaux supérieurs, sans qu'il ait jamais été question qu'ils pussent être d'ailleurs que du tiers état, où constamment tous ont été députés. La raison en est évidente, puisque n'étant ni ecclésiastiques ni nobles, mais étant François, il faut nécessairement qu'ils soient d'un des trois ordres qui seuls composent la nation, et que, n'étant pas des deux premiers, il faut donc de nécessité qu'ils se trouvent du troisième; et c'est ce qui s'est vu jusqu'aux derniers états généraux qui aient été assemblés en 1614.

Mais il y a davantage, c'est qu'un noble et dont l'extraction n'est point douteuse, mais qui se trouve revêtu d'une charge de judicature quelle qu'elle soit au parlement ou ailleurs, est par cela même réputé du tiers état, et ne peut être député aux états généraux qu'au tiers état, tant cette qualité de légiste y est par nature inhérente et n'en peut être arrachée par quelque raison que ce soit, et c'est ce qui s'est vu en plusieurs députés des parlements aux états généaaux. Après ces preuves, comment pouvoir révoquer en doute que le parlement ne soit, par sa nature et par l'usage jamais interrompu, et comme tous autres magistrats, membre nécessaire et par essence du tiers état?

Il est vrai, car il ne faut aucune réticence, qu'il y a un exemple ou deux où la justice a fait un corps à part dans les assemblées générales, mais point jamais aux états généraux, et si peu, que ces assemblées où elle a fait corps à part n'ont jamais été ni passées ni comptées ni réputées être états généraux : secondement, c'est antérieurement et postérieurement à ces assemblées, qui ne furent point états généraux, et n'ont jamais passé pour tels, les officiers de justice, et ceux du parlement de Paris et des autres parlements ont été députés du tiers état sans aucune réclamation. C'est donc une exception singulière faite à l'occasion de la perte de la bataille de Saint-Quentin, où il s'agissoit d'efforts extraordinaires, que la justice fut mise à part, parce qu'elle avoit fourni sa quote-part avant l'assemblée générale qui ne fut convoquée que pour cela, et avec laquelle on n'eût pu la mêler sans l'exposer à payer deux fois. Cette assemblée ne fut point d'états généraux, et si[1] encore la justice dans ce qu'elle fut avec elle, céda sans difficulté à la noblesse : ainsi rien qui fasse contre ce qui vient d'être expliqué.

Si le parlement prétendoit participer et représenter même les états généraux comme en contenant les trois ordres en abrégé, la réponse seroit facile. Il n'y a qu'à désosser cette composition, et on trouvera qu'elle ne sera pas plus heureuse à imposer que l'équivoque du nom de parlement. L'avantage des propositions fausses est le captieux et l'implicite qu'elles présentent à la paresse ou à l'ignorance qui ne les développent pas. L'artifice sait faire valoir le spécieux. Mais, si on prend quelque soin d'approfondir, on voit bientôt le piége à découvert, et on n'est plus qu'étonné de la hardiesse qui débite une absurdité avec l'autorité d'une chose de notoriété publique.

On dira donc, si on veut, que les pairs ecclésiastiques et les conseillers clercs, les pairs laïques et les conseillers d'honneur, et les magistrats du parlement y représentent les trois ordres du royaume. Il est vrai qu'ils sont de ces trois ordres, mais il ne s'ensuit pas ce qu'on en prétend.

Les pairs, quelques efforts que le parlement puisse faire, ne sont point du corps du parlement : autre chose est d'y avoir séance et voix délibérative, autre chose est d'être de

---

1. Pourtant.

cette compagnie. Les pairs ont la même voix et séance dans tous les parlements : dira-t-on qu'ils sont de tous les parlements? le dira-t-on du chancelier qui préside à tous quand il lui plaît? le dira-t-on des maîtres des requêtes qui y entrent à ce titre? On a vu quel est celui qui a conservé aux seuls pairs cette séance et voix, lorsque tous les autres nobles et ecclésiastiques en ont été exclus. Cela a-t-il quelque trait à une qualité particulière de membre du parlement? Jamais un grand fief de la couronne ayant par nature la majesté d'apanage, et du plus grand office de l'État et du plus ancien, ne ressembla à l'office vénal de judicature qui s'acquiert et se vend par un légiste. Ainsi voilà les deux premiers ordres que les pairs ne sauroient représenter dans le parlement. On ne sera pas plus heureux à y montrer le premier ordre dans les conseillers clercs. Les prélats des parlements assemblés en divers temps de l'année pour juger les causes des particuliers n'en étoient point par office, encore moins vénal, beaucoup moins comme docteurs ès lois et légistes, puisque les légistes y étoient assis à leurs pieds sans voix, et pour les conseiller à l'oreille quand il plaisoit à ces prélats de leur demander quelque éclaircissement. Il en étoit de même des nobles, et les uns et les autres y étoient nommés et mandés par le roi comme tels, tantôt les uns, tantôt les autres. Rien de plus dissemblable aux conseillers clercs qui, comme légistes et non autrement, mais aussi comme clercs pour protéger l'Église quand les prélats se furent retirés de ces trop fréquentes et trop longues tenues, ont eu des offices vénaux de conseillers affectés aux clercs : ce sont donc des clercs, mais légistes, et qui sans être légistes ne pourroient pas être conseillers. Ces légistes clers ne peuvent donc représenter le premier ordre de l'État au parlement pour leur argent, et pour leurs examens et leurs degrés en lois.

La noblesse y est aussi peu représentée par les conseillers d'honneur. Jusqu'au tiers du règne de Louis XIV, ces places se donnoient à des gens de qualité, même à des maréchaux de France. Mais ces messieurs entroient au parlement comme autrefois les ecclésiastiques et les nobles dans ces parlements tenus en divers temps de l'année, sans degrés, sans examen, sans quoi que ce soit qui sentît le légiste, comme font encore les pairs. C'étoit un honneur pour le parlement, et une distinction pour ces seigneurs, qui, comme les pairs après eux, mais personnellement et dans un seul parlement, avoient voix et séance, sans pouvoir être dits être du parlement, puisqu'ils n'avoient point d'office que la nomination du roi. Mais cet argument, tout faux qu'il est, est maintenant tombé, puisqu'il y a tant d'années qu'aucun noble n'a obtenu de ces places de conseillers d'honneur, qui sont devenues la récompense de magistrats recommandables par leur mérite, leur ancienneté ou leur faveur, tellement qu'elles ne sont plus remplies que par des légistes. On voit donc l'absurdité de cette représentation des trois ordres du royaume dans le parlement, et d'en faire membres, comme les légistes qui, à titre de degrés aux lois et d'argent y sont pourvus d'office, les pairs, les gouverneurs de province, les évêques diocésains, qui entrent les premiers dans tous les parlements du royaume, et les autres dans celui de leur province ou de leur ville épiscopale, comme le chancelier de France qui préside à tous, enfin comme les maîtres des requêtes pour ne rien oublier, qui tous les jours y peuvent aller juger quatre à la fois.

A la suite de ce raisonnement qui paroît clair et sensible, on doit être surpris de la pensée d'une simple cour de justice, qui, toute majestueuse qu'elle soit devenue, n'est toutefois que cela, de prétendre devenir le premier corps de l'État. Si [elle] l'étoit, et dans son plus grand lustre, qui est lorsque le roi, accompagné de tout ce qu'il y a de plus grand dans l'État, l'honore de sa présence, ce corps entier qui ne parle que découvert et à genoux aux pieds des pairs et des officiers de la couronne qui parlent assis et couverts, comment tous les autres corps du royaume pourroient-ils paroître devant le roi? Il n'y a plus que le prosternement et le visage contre terre qui pût être leur posture, avec ce silence profond des Orientaux d'aujourd'hui. En vérité, le premier corps de l'État, en même temps partie intégrante, essentielle, membre de tous les temps jusqu'à aujourd'hui du tiers état, sont deux extrémités par trop incompatibles.

Que le parlement se dise le premier de tous les corps qui tous ensemble composent le tiers état, aucun de ceux des deux premiers ordres ne prendra, je crois, le soin de le contester; ce sera alors à cette compagnie à voir comment le grand conseil[1], qui lui dispute la préséance, trouvera cette proposition et le conseil privé[2] qui casse ses arrêts, dont les conseillers, qui sont connus sous le nom de conseillers d'État, le disputent partout aux présidents à mortier, et leur doyen au premier président, et dont les maîtres des requêtes qui n'y sont jamais assis, viennent quand il leur plaît, à titre unique de maîtres des requêtes, s'asseoir et juger à la grand'chambre, et y précéder le doyen du parlement.

Enfin, un premier corps de l'État, n'être de nature et d'effet que des gens du tiers état revêtus d'office de pure judicature pour leur argent et comme légistes, pour juger uniquement les causes des particuliers, et sans compétence par eux-mêmes pour les grandes sanctions de l'État et le jugement des causes majeures, c'est un paradoxe que tout l'art et le pouvoir ne sauroit persuader.

Après une digression si étendue mais si nécessaire pour l'intelligence de l'affaire qu'on va raconter et pour beaucoup d'autres suites qui se retrouveront dans le cours des années de la régence, il est temps de revenir à ce qui y a donné lieu. On se souviendra donc ici de ce qui a été expliqué

1. Voy., sur le grand conseil, t. III, p. 98, note.
2. Le conseil privé est le même que le conseil des parties dont il a été question, t. Ier, p. 446.

avant la digression, de la situation suprême du duc du
Maine auprès du roi, de sa frayeur de ce qu'il pouvoit
perdre par sa mort, qu'il voyoit peu éloignée, de son projet
de s'en mettre à couvert par mettre aux mains d'une manière irréconciliable les ducs et le parlement, qu'il craignoit
également l'un et l'autre; et plus anciennement ce qu'on a
vu de son caractère, de celui de la duchesse du Maine, de
leurs profonds artifices, de leur ambition, du comble aussi
effrayant que prodigieux où les menées de M. du Maine
l'avoient porté, et de tout ce qu'il avoit à perdre. Voyons
maintenant la trame qu'il sut ourdir.

CHAPITRE XX.

M. du Maine, devenu prince du sang, me dit un mot du bonnet, que je
laisse tomber. — M. du Maine, sans qu'on pût s'y attendre, s'offre sur
l'affaire du bonnet, dont il n'étoit pas question, et, à force d'art et
d'avances, jette les ducs dans le danger du refus ou de l'acceptation. — Il répond du roi, du premier président et du parlement. —
On accepte, et pourquoi, mais malgré soi, les offres du duc du
Maine. — M. du Maine répond des princes du sang et de Mme la
Princesse. — Merveilles du premier président aux ducs de Noailles
et d'Aumont. — Le roi parle le premier à d'Antin du bonnet. —
Échappatoire préparée. — M. du Maine exige un court mémoire au
roi. — Précautions extrêmes sur ce mémoire. — M. le duc d'Orléans me donne sa parole positive, et Mme la Duchesse aux ducs
de La Rochefoucauld, Villeroy et d'Antin, d'être en tout favorables
aux ducs sur le bonnet, et la tiennent exactement et parfaitement.
— Précédentes avances sur le bonnet à moi et à d'autres ducs froidement reçues, et de plus en plus redoublées par le duc du Maine
jusqu'à l'engagement forcé de l'affaire. — Premier président à
Marly, tout changé, y reçoit la recommandation de M. le duc d'Orléans et le mémoire du roi, qui lui parle favorablement. — Éclat
du premier président sur le mémoire, contre parole et vérité, de

propos délibéré. — Il fait longtemps le malade. — Premier président visité des ducs de Noailles et d'Antin, leur propose, en équivalent du bonnet, de suivre les présidents entrant et sortant de séance. — Divers points singulièrement discutés, sans que les deux ducs eussent compté de parler de quoi que ce fût au premier président, lesquels rejettent cette suite et tout équivalent du bonnet. — Inquiétude des présidents. — Personnage de Maisons; son extraction. — Ruse de Novion qui dévoue Maisons aux présidents. — Dîner engagé chez d'Antin, à Paris, avec le premier président; convives. — Le roi y envoie les seigneurs de son service; s'en passe pour la première fois de sa vie; est servi par Souvré, maître de la garde-robe, et cela se répète trois fois; les deux dernières sans repas, simples conférences. — Tout sans succès. — Premier président manque malhonnêtement au dîner. — Maisons s'y trouve, sa conduite; se relie plus que jamais au duc et à la duchesse du Maine, dont il étoit mécontent.

Il y avoit grand nombre d'années que MM. du parlement jouissoient paisiblement de leurs usurpations et de leurs entreprises sur les pairs, dont la foiblesse et l'incurie les laissoit en pleine tranquillité, sans que rien les eût réveillés à cet égard. Lorsque je fis mon compliment à M. du Maine sur son nouvel être de prince du sang, comme on l'a vu en son lieu, il me dit un mot du bonnet dans les protestations qu'il me fit sur les ducs, et personnelles. Je pris cela pour un enthousiasme d'un homme comblé au delà de toutes mesures, qui cherchoit à rabattre l'indignation des plus intéressés, et qui veut ramener à lui par des offres vagues et fausses. Je glissai donc fort légèrement, et j'étouffai une réponse vague dans l'entassement des compliments, en quoi je fus favorisé de l'heure, qui étoit pendant le souper du roi, comme on l'a vu. J'ai différé exprès à mettre ici cette circonstance pour la rapprocher de l'affaire du bonnet. Je ne sais si, comme je le crus alors, ce propos me fut jeté dans l'esprit que je viens de marquer, ou si dès lors il avoit conçu la noirceur profonde qu'on va expliquer, lorsqu'il seroit parvenu à se faire prince du sang, et que, suivant cette idée, il m'en voulût jeter quelque propos dès qu'il le fut, pour sonder comment cela prendroit. Si ce fut son projet, il ne fut apparemment pas content de l'effet de son amorce, puisqu'il différa longtemps après à la pousser, et que ce fut à d'autres qu'à moi qu'il la présenta, sans m'en plus parler que dans les suites, dont aussi je ne lui donnois pas occasion, car jamais on ne le rencontroit que dans les cabinets du roi, rarement chez Mme la duchesse d'Orléans où il alloit à des heures rompues, et je n'allois jamais chez lui que pour des compliments publics dont je ne pouvois me dispenser, excepté cette affaire sur Blaye avec le maréchal de Montrevel, dont j'ai parlé en son temps. Il faut encore se rafraîchir la mémoire du caractère du premier président de Mesmes, et de son abandon de tout temps à M. du Maine, qui lui avoit valu une place, dont il étoit entièrement éloigné sans l'intérêt que M. du Maine trouva pressant pour soi de vaincre tous les obstacles pour l'y mettre. Enfin on doit être averti que cette affaire du bonnet qui commença en novembre de cette année, ne rompit qu'en mars de la suivante. Comme elle est de nature à n'en pouvoir interrompre le récit, je l'ai mise la dernière de cette année ; et comme elle entre assez avant dans la suivante, je ne la commencerai qu'après avoir achevé ce récit.

Un matin que le roi, à l'issue de son lever, donnoit dans son cabinet l'ordre pour sa journée, comme il le donnoit tous les jours à ceux qui étoient en fonction auprès de lui, en présence des courtisans qui avoient l'entrée de son cabinet en ces heures-là, M. du Maine s'approcha de d'Antin, et sans préliminaire lui parla de l'indécence du bonnet. Il en dit autant deux jours après au duc d'Aumont, puis au duc d'Harcourt, s'offrit à eux avec force compliments, et n'oublia rien pour les exciter là-dessus. Chacun d'eux répondit vaguement et froidement. Aucun d'eux ne se présenta pour être promoteur d'un embarquement, où le temps présent ne permettoit pas de s'engager avec prudence : ils furent surpris de ces propos, mais ils les laissèrent tomber. Ce n'étoit pas pour cela que M. du Maine les avoit tenus. Voyant leur peu de succès, et que ses offres de services n'étoient reçues que par des compliments généraux, il prit à part quelques jours après, toujours au même lieu et à la même heure, le duc de Noailles et d'Antin. Il leur dit qu'il ne comprenoit pas la froideur qu'il trouvoit en ceux à qui il avoit déjà parlé, sur une affaire qui les avoit si animés dans d'autres temps et avec tant de raison; qu'il avoit toujours été choqué d'une indécence si extraordinaire; qu'il n'avoit dit mot tant qu'elle lui avoit servi de distinction; mais qu'à présent qu'il en avoit d'autres, cela lui paroissoit insupportable; qu'il étoit ami de quelques ducs, serviteur en général de tous; qu'il honoroit leur dignité, la première du royaume; qu'il désiroit leur amitié et de la mériter en les servant sur un point aussi intéressant. Enfin il ajouta que son désir étoit si sincère qu'il avoit déjà pressenti le roi; que ses dispositions étoient favorables; qu'il avoit aussi parlé au premier président, qui, dit-il, gouvernoit le parlement; qu'il se faisoit fort du premier président, et du parlement par lui; et qu'il leur pouvoit répondre que le roi ne feroit aucune difficulté, dès que le parlement consentiroit. Il revint après à la froideur qu'il avoit remarquée avec tant de surprise; enfin il les pria de se voir quelques-uns ensemble, de se communiquer la conversation qu'il avoit avec eux, et de lui dire après ce qu'ils désireroient de lui.

Les premiers propos avoient fort surpris ceux à qui il les avoit tenus, mais ce compliment redoublé et si marqué les étonna bien davantage. Il leur parut trop pressant, et la chose trop suivie, pour pouvoir se dispenser de se voir entre eux; et le jour même le duc d'Harcourt boiteux, infirme et qui marchoit difficilement, envoya prier quelques-uns des principaux qui se trouvoient à Versailles de venir chez lui un peu avant midi. Nous y trouvâmes les ducs de La Rochefoucauld, de Villeroy, de Noailles, d'Aumont, Charost et moi. Harcourt exposa ce qui vient d'être raconté, mais en plus grand détail, et la nécessité de prendre un parti pour répondre à M. du Maine. M. de Noailles, en l'absence de d'Antin qui n'avoit pu venir, et qui, dès le cabinet du roi, avoit conté au duc d'Harcourt ce qui venoit de se passer entre M. du Maine, d'Antin et lui, en reprit des circonstances. Il fut après question de raisonner. Personne ne prit à l'hameçon, excepté Noailles et Aumont, et fort légèrement encore. Tous connoissoient la duplicité de celui qui le jetoit, ennemi des rangs de l'État, de son ordre, de ses règles, pour qui toutes avoient été violées et renversées, dont l'intérêt étoit de maintenir toute confusion, qui regardoit les ducs, avec l'éloignement naturel à l'usurpateur de ce qui est le plus cher aux hommes, et qui n'étoit pas tout à coup tombé amoureux d'eux. Tous jugèrent que M. du Maine vouloit engager cette affaire pour commettre les ducs avec le parlement, se garantir, à la mort du roi qu'on voyoit diminuer, d'une union qui pouvoit lui être funeste, et abaisser les ducs de plus en plus par le mauvais succès de leur entreprise. On ne put imaginer que cette vue dans cette proposition de M. du Maine, que rien n'avoit amenée, et qu'il poussoit avec tant de suite et d'empressement ; et dans la vérité il n'y en pouvoit avoir d'autre, comme on l'éprouva enfin bien clairement. On convint donc aisément du motif de ces offres si obligeantes et si pressantes, auxquelles on devoit s'attendre si peu ; mais la conduite à tenir avec lui n'étoit pas si facile à résoudre.

De ce moment nous vîmes deux précipices ouverts : le danger des suites, plus que très-apparentes, qu'on vient de toucher en deux mots, de donner dans le panneau qui nous étoit tendu, et la cruauté d'y donner sciemment ; et le danger de refuser les empressements du duc du Maine. C'étoit lui déclarer tacitement, mais clairement, qu'on pénétroit son dessein, ou qu'on ne vouloit lui rien devoir, parce qu'on étoit résolu à l'attaquer ; et l'un et l'autre exposoit à toutes sortes d'inconvénients et de périls en général et en particulier, dans le degré d'empire où M. du Maine, un avec Mme de Maintenon, étoit parvenu sur l'esprit du roi. On débattit l'un avec l'autre. Il parut que le péril de donner lieu à M. du Maine de faire passer les ducs pour ses ennemis auprès du roi étoit encore plus grand que l'autre, qu'accepter ses offres n'étoit point un parti de choix mais de nécessité, dans l'état où la chose se trouvoit portée; qu'il ne restoit qu'à s'y conduire avec toute la prudence qu'on y pourroit employer; que, puisqu'on ne pouvoit s'en défendre, il falloit voir sagement, puisque forcément, quel parti on en pourroit tirer. La réponse fut donc faite dans cet esprit à M. du Maine le lendemain matin, au même lieu où il avoit fait sa proposition, et l'avoit si fort serrée. Il parut ravi et pressé de se mettre en besogne, avec les compliments les plus flatteurs et les protestations les plus fortes. Il répondit des princes du sang, dont l'âge et la situation, dit-il, ne leur permettroient pas de balancer la volonté du roi. On lui objecta Mme la Princesse et Mme la Duchesse. Sur la première il se mit à rire, à hausser les épaules; et, après quelques courts brocards sur son imbécillité et le peu de crédit qu'elle avoit dans sa famille, il en répondit, et assura qu'elle ne traverseroit pas une affaire qui devenoit à lui la sienne. Sur Mme la Duchesse, il répondit qu'il ne croyoit pas qu'elle se souciât du bonnet, moins encore qu'elle osât rien tenter contre le goût et le vouloir du roi; qu'au reste on savoit combien il étoit peu à portée d'elle, et que c'étoit aux ducs à lui parler ainsi qu'à M. le duc d'Orléans, duquel il n'osoit se charger. Il exhorta ensuite d'Antin, qui s'étoit approché d'eux parce qu'il étoit averti de ne perdre pas de temps à en dire un mot au roi, et assura qu'il verroit incessamment le premier président.

Ce magistrat répondit des merveilles au duc du Maine, sur la parole duquel les ducs d'Aumont et d'Antin le virent, et qui le trouvèrent tout sucre et tout miel. D'Antin n'eut pas la peine d'en parler au roi, le roi lui parla le premier.

Il lui dit que M. du Maine lui avoit parlé de l'affaire du bonnet ; que, pourvu que la chose se passât de concert, il ne demandoit pas mieux que d'ôter ce scandale qu'il trouvoit insoutenable (ce fut son expression), et qu'il seroit fort aise de faire ce plaisir aux ducs. Là étoit la pierre d'achoppement, et dès lors j'eus de plus en plus mauvaise opinion du succès. Je ne fus pas seul de mon avis. M. d'Harcourt craignit, comme moi, l'échappatoire préparée dans ce mot « de concert. » D'Antin lui-même ne savoit trop qu'en penser. MM. de Noailles et d'Aumont étoient, ou vouloient paroître convaincus de la droiture et des bonnes intentions de M. du Maine et du premier président. Mais l'embarquement n'avoit pu s'éviter : il étoit fait ; il ne s'agissoit plus que de voguer avec toute la prudence qui s'y pouvoit mettre.

M. du Maine, conducteur de la barque, voulut que les ducs présentassent un court mémoire au roi, pour servir, disoit-il, de base au jugement. Le premier président le désira aussi. Il fallut donc en passer par là. J'en craignis le piége, Harcourt le sentit aussi ; nous en raisonnâmes sans trouver moyen de le parer. Tout ce qu'il se put de précaution y fut employé. D'Antin en fut chargé. Il le fit d'une page de papier à lettre, sage, honnête, mesuré en choses et en termes pour le parlement et le premier président. Il le montra à M. du Maine, qui le loua et l'approuva. Il le lut au roi, qui l'assura qu'il le trouvoit très-bien et [sans] quoi que ce soit à y reprendre. Il l'envoya au premier président, avec un billet, par lequel il le prioit de le corriger, s'il y trouvoit, contre son intention, quelque chose qui lui parût le mériter, et de lui renvoyer après, pour qu'il le présentât au roi. Il paroît donc que toutes sortes de précautions étoient prises, puisque, après l'approbation de M. du Maine et celle du roi, il étoit encore envoyé à l'examen du premier président, et soumis à sa correction. Deux jours après, le premier président le renvoya à d'Antin, mais sans lettre ; et d'Antin le remit au roi, en lui rendant compte du renvoi que lui en avoit fait le premier président, qui en étoit apparemment content, ajouta-t-il, puisqu'il le lui avoit renvoyé sans note ni correction ; et le roi le prit de même ou en fit le semblant. Il loua encore le mémoire et le procédé, et assura d'Antin qu'il remettroit le mémoire au premier président, la première fois qu'il le verroit, et lui recommanderoit l'affaire. On verra bientôt la raison du renvoi du mémoire à d'Antin sans correction, ni notes, ni billet, par le premier président.

Cependant je m'étois chargé de parler à M. le duc d'Orléans sur le bonnet, et les ducs de La Rochefoucauld et de Villeroy à Mme la Duchesse, pour y fortifier d'Antin. Ni eux ni moi ne trouvâmes aucune répugnance ni difficulté à vaincre. Nous eûmes leur parole de consentir purement et simplement au bonnet, et l'un et l'autre convinrent parfaitement que l'indécence en étoit insoutenable. Tous deux aussi tinrent parole exactement et entièrement. Pour le comte de Toulouse, il ne fut pas mention de lui dans une chose que M. du Maine traitoit ainsi de lui-même, outre qu'il n'avoit pas approuvé l'élévation que son frère leur avoit procurée, et qu'il n'étoit pas homme à vouloir s'opposer au bonnet.

Pour ne rien omettre, il faut dire que le duc du Maine, à l'instant qu'il fut prince du sang, et lorsque je lui fis mon compliment le soir même, m'avoit témoigné qu'il voudroit pouvoir finir l'affaire du bonnet, dont il me parloit pour la première fois, à son installation de prince du sang au parlement, et que ce jour-là fût celui de la fin de cette incroyable indécence, mais que le temps en étoit si court et si pressé qu'il doutoit que cela se pût exécuter en si peu de jours. Ce leurre ne m'éblouit point, et me parut au contraire un verbiage très-conforme au naturel de celui qui me le tenoit. Le jour qu'il fut au parlement comme prince du sang, il en parla à d'Antin, et me prit après en particulier, pendant la buvette, pour me renouveler les protestations de ses désirs là-dessus, qu'il comptoit bien montrer efficacement après le voyage de Fontainebleau. Pendant ce voyage, le premier président y fit un tour, et y vit M. du Maine, lequel conta aux ducs de Noailles et d'Antin que le premier président lui avoit parlé du déplaisir qu'il avoit de ce que ces deux ducs avoient rompu trop légèrement quelques conversations qu'ils avoient eues avec lui comme ses amis particuliers, dès qu'il fut premier président, sur le bonnet; qu'il l'avoit même pressé d'y concourir, puisque, devenu prince du sang, il avoit changé d'intérêt; et qu'il lui répondoit de lui-même et du parlement là-dessus. Toutes ces avances avoient été reçues avec la dernière froideur, et ne furent communiquées à presque aucun des pairs. Ces deux-là lui dirent que la résolution étoit prise depuis longtemps de demeurer en profond silence, d'éviter les dégoûts qu'une autre conduite attireroit, dans l'impuissance où on se sentoit d'obtenir la moindre justice; et d'Antin ajouta qu'il avoit assuré le roi qu'il ne l'importuneroit jamais là-dessus.

Au retour de Fontainebleau, M. du Maine parla encore plus fortement au duc de La Force à Sceaux. Il y alloit souvent; il y apprit donc ce qui s'étoit passé à Fontainebleau, la peine où M. du Maine disoit être de n'avoir pu remuer MM. de Saint-Simon, de Noailles et d'Antin. Il ajouta qu'il comptoit sur son amitié, et qu'il lui en demandoit une marque : c'etoit de rendre compte de sa conversation avec lui au plus grand nombre de ducs qu'il pourroit, et de faire qu'ils ne perdissent pas de gaieté de cœur une occasion si favorable, où le premier président répondoit du succès de son côté et du parlement, et lui duc du Maine du côté du roi, auprès duquel il se chargeoit de rompre utilement toutes les glaces. Ce fut dans ce même temps qu'il parla dans le cabinet à trois reprises aux ducs de Noailles, etc., comme je l'ai raconté, et que nous nous assemblâmes chez M. d'Harcourt. Ainsi tout se fit à la fois, parce que M. de La Force parla en même temps à plusieurs autres, qui tous furent aussi d'avis d'accepter les offres de M. du Maine, que nous venions de résoudre, comme on l'a vu, de ne pas refuser, parce que le danger nous en parut encore plus grand que celui d'accepter.

C'étoit de Marly que le mémoire avoit été envoyé au premier président, et que, après son renvoi à d'Antin, il l'avoit remis au roi, qui l'avoit, comme on l'a dit, déjà vu et approuvé pour le donner au premier président. Il fut quelque temps à venir à Marly; et lorsqu'il y arriva le matin, d'Antin se trouva au lit avec un gros rhume. Le premier président descendit chez M. du Maine, avec qui il fut seul assez longtemps; puis chez d'Antin, où il trouva les ducs de La Rochefoucauld, Noailles et Aumont. Il leur parut tout différent de ce qu'ils l'avoient vu chez lui; il étoit froncé, et avoit l'air embarrassé. Il dit qu'il n'avoit encore parlé à personne, en attendant les ordres du roi; mais, sans s'expliquer davantage, il lui échappa que l'usage présent sur le bonnet étoit une chose ancienne dont le parlement seroit difficile à se départir. Il se montra pressé d'aller chez le roi, et laissa ces messieurs fort étonnés d'un changement si grand, si prompt, et si peu attendu. Je l'attendois au passage dans le salon, avec M. le duc d'Orléans, qui, dès qu'il le vit, alla à lui, lui dit qu'il savoit l'affaire qui étoit sur le tapis, que non-seulement il ne s'y opposoit pas, mais qu'il la trouvoit juste et raisonnable, et qu'il lui feroit plaisir d'y apporter toute facilité. Le premier président paya ce prince de respects généraux, de l'ancienneté de l'usage et de gravité, et dit qu'il alloit recevoir les ordres du roi. Il entra aussitôt après dans son cabinet; il y demeura peu, et sortit fort allumé. Il trouva en sortant les ducs de Villeroy, Noailles, Aumont, Charost et Harcourt ensemble, à qui il dit fort sèchement que le roi lui avoit remis un mémoire; qu'il lui avoit permis de consulter le parlement, et eu la bonté de l'assurer qu'il n'entendoit pas rien exiger d'eux. Passant tout de suite à la prétendue ancienneté de l'usage du bonnet, il s'échauffa dans son discours, les quitta brusquement, et les laissa encore plus étonnés que le matin chez d'Antin, où il ne retourna pas. Il alla chez M. du Maine, d'où il monta en carrosse pour retourner à Paris.

Le roi manda le lendemain matin à d'Antin par Bontems qu'il avoit balancé à donner le mémoire au premier président; mais que, n'y ayant rien vu que de bien, et se souvenant qu'il l'avoit prié de le donner, il l'avoit fait. D'Antin étant allé le lendemain chez le roi, il lui dit qu'il avoit dit au premier président de voir le mémoire avec qui il jugeroit à propos de sa compagnie; que ce que les ducs demandoient lui paroissoit raisonnable; que, pour ce qui le regardoit, il le trouvoit bon; que les princes du sang y consentoient; que c'étoit à lui à examiner ce qu'il y avoit à faire là-dessus, sans en faire une dispute ni un procès, et que cependant il étoit bien aise d'avoir appris que cette affaire, où il ne vouloit forcer personne, se passoit de concert et avec honnêteté entre tous. Le roi ajouta que le premier président n'avoit pas fait la moindre difficulté, avouant même que les ducs n'avoient pas tort de se plaindre, et répondu qu'il prendroit son temps pour en parler à sa compagnie, après quoi il viendroit lui en rendre compte. La même chose nous revint par le duc du Maine. Cette facilité dans le cabinet du roi parut si dissemblable à ce que le premier président avoit montré, avant d'y être entré et après en être sorti, qu'il y en eut qui se persuadèrent qu'il avoit envie de bien faire, mais de se faire valoir, et montrer en même temps à sa compagnie qu'il n'abandonnoit pas ce qu'elle vouloit croire de son intérêt, parce qu'il s'étoit passé plusieurs choses qui l'avoient fort éloignée de lui. Pour moi, qui avois toujours présent le danger que j'ai expliqué d'avance, et devant les yeux le brouillard du mémoire exigé sans la moindre nécessité, communiqué au premier président, et renvoyé sans réponse d'approbation ni d'improbation, je ne pus m'endormir sur ce que je ne voyois point, et M. d'Harcourt fut encore en cela de mon avis.

Jusqu'alors le secret entier avoit été si exactement gardé, qu'il y a lieu de s'étonner qu'il eût duré six semaines parmi tant de personnes, sans qu'il en eût transpiré quoi que ce fût. A quatre jours de là, il éclata par les plaintes que les magistrats faisoient à Paris, et qui revinrent à Marly, du mémoire qui leur avoit été communiqué. Le premier président avoit assemblé chez lui les présidents à mortier Novion, Maisons, Aligre, Lamoignon et Portail, le doyen du parlement Le Nain, et les conseillers Dreux, Le Ferron, Ferrand, laïques, Le Meusnier, Robert et de Vienne, clercs. Ils voulurent trouver dans les premières lignes du mémoire un souvenir malin des troubles de la minorité du roi; ils s'en montrèrent extrêmement blessés, et ne trouvèrent rien de propre à les calmer dans les expressions du premier président. Ce fut lui qui s'éleva le premier sur le mémoire, qui excita les autres, et qui tâcha de rendre le mécontentement contagieux dans le parlement.

D'Antin lui en écrivit sa surprise et ses plaintes par une lettre très-mesurée qu'il communiqua auparavant à quelques ducs. Il le somma sur leur parole réciproque, donnée en présence du duc de Noailles : lui, de lui envoyer le mémoire avant de le présenter au roi, ce qu'il avoit exécuté, le premier président, d'y remarquer et d'y corriger même ce qu'il voudroit, et lui renvoyer ainsi, s'il y trouvoit quelque chose qui le méritât; parole qu'il n'avoit pas tenue, puisqu'il le lui avoit renvoyé sans remarque ni correction, et s'en plaignoit si amèrement après. Il ajoutoit que sa conduite n'étoit pas celle de gens qui eussent dessein d'offenser, puisqu'il avoit remis ce mémoire à leur censure avant de s'en servir; et il finissoit par expliquer l'endroit dont ils se plaignoient d'une manière sans réplique, parce qu'en effet il y falloit donner d'étranges contorsions pour y entendre ce que d'Antin n'avoit jamais pensé à y mettre. Il ne s'y agissoit en effet que de l'intérêt de la maison de Guise, et du duc de Guise qui, pour s'acquérir le parlement pendant la

Ligue, avoit le premier souffert dans le serment de pair à sa réception, l'addition de la qualité de conseiller. Or, cette qualité y étoit supprimée depuis longtemps, et le souvenir du temps de la Ligue avoit des endroits qui faisoient honneur au parlement. Cependant la pierre étoit jetée, elle fit tout son effet.

Presque en même temps, le premier président tomba malade ou le fit. Il craignoit un abcès dans la tête, qui est un mal qui ne se voit point. Un voyage à la campagne lui parut nécessaire à sa santé; il en revint avec la goutte, et fit durer tout cela deux mois. La raison ou le prétexte étoit bon pour éloigner la réponse à rendre au roi, attiser le feu, et bien prendre toutes ses mesures. On le soupçonna ainsi; et ce soupçon lui attira une visite des ducs de Noailles et d'Antin ensemble, qui lui dirent, en entrant, qu'ils ne venoient point pour lui parler d'affaires, mais pour savoir des nouvelles de sa santé; mais lui leur en voulut parler. Il entra d'abord dans une explication légère sur le bruit que le mémoire excitoit. Il ne fit qu'effleurer, par l'extrême embarras d'avoir à répondre au silence qu'il avoit gardé sur ce mémoire, qu'il avoit eu à examiner et à corriger à son gré avant qu'on en fît usage, et qu'il avoit renvoyé sans rien témoigner. Les autres ne voulurent pas aigrir les choses plus qu'elles l'étoient; ainsi personne ne chercha qu'à sauter par-dessus.

De là, le premier président leur fit une proposition, qui les surprit extrêmement. Rogue ou accort, selon le personnage qu'il avoit à faire, il exposa le plus amiablement du monde aux deux ducs qu'il n'étoit ni le seul président, quoique le premier, ni le maître de sa compagnie, quoiqu'il en fût le chef; que les autres présidents, communs avec lui dans le même intérêt, ne le considéroient pas avec les mêmes yeux que lui; qu'il trouvoit en eux une opposition fort vive; que la compagnie y prenoit beaucoup de part; qu'il n'avoit pas oublié que le désir de l'union avoit fait naître la pensée de finir les contestations qui l'altéroient; que ce seroit la remplir, et lever en même temps tous les obstacles, si les ducs vouloient se relâcher de quelque chose en faveur des prétentions des magistrats du parlement. A une proposition si singulière de gens qui peu à peu avoient, comme on l'a vu ci-dessus, tout emblé aux ducs, de force ou d'artifice, la réponse fut que ce qu'on demandoit étoit juste, ou ne l'étoit pas; qu'il s'agissoit de supprimer une incivilité très-indécente, et une nouveauté sans fondement aucun, telle que la séance d'un conseiller au bout de chaque banc des pairs l'étoit avouée par eux-mêmes; qu'il n'étoit donc question, quant à ce point, que de le remettre dans l'ordre ancien de tout temps; et qu'à l'égard du bonnet, s'ils ne le vouloient pas donner, d'ôter au moins une manière d'insulte, qui, tant qu'elle subsisteroit, ne pouvoit cesser d'être une pierre de scandale; que ni l'un ni l'autre par sa nature ne demandoit de compensation; que, de plus, il ne restoit rien aux pairs dont ils se pussent dépouiller, après l'avoir été en tant de manières.

Le premier président, toujours doux et honnête, n'oublia rien de poli ni de respectueux, mais insistant toujours sur un équivalent dans un esprit, à ce qu'il protesta souvent, d'accord et de paix, il leur fit deux propositions : pour la première, il leur dit qu'il n'étoit pas convenable à des personnes qui, comme eux, se plaignoient de l'indécence et de la nouveauté de certains usages, d'en soutenir eux-mêmes de pareils; que tel étoit celui des pairs de rester en séance quand la cour levoit celle des bas siéges, ce qui étoit indécent pour tout le parlement. L'autre proposition fut de suivre les présidents tant en entrant qu'en sortant de séance. Il ajouta qu'avec cela tout seroit bientôt agréablement fini. MM. de Noailles et d'Antin avoient une réponse péremptoire à la première proposition, s'ils avoient bien voulu se souvenir de l'usage qu'ils avoient vu tant de fois. Ils n'avoient qu'à répondre que cette nouveauté cesseroit aussitôt que la petite porte, par où l'avocat qui a le barreau de la cheminée entre deux pas dans le parquet pour conclure, ne seroit plus fermée, pour forcer les pairs à demeurer séants comme ils faisoient depuis cette nouveauté, puisque, avant qu'elle fût pratiquée, la séance se levoit en bas comme en haut, les pairs et les magistrats se levant en même temps, le premier des pairs marchant le long du banc et tous les autres à sa suite vers cette petite porte, en même temps que le premier président, suivi des magistrats, marchoit vers l'ouverture qui est entre la chaire de l'interprète et celle du greffier. Mais ces deux ducs, sans alléguer cette raison, à laquelle le premier président n'avoit point de réponse, se contentèrent d'avouer la nouveauté et l'indécence de demeurer en place quand la cour levoit; et se contentèrent de donner un change, en mettant sur le tapis d'ôter l'indécence du refus réciproque du salut entre les pairs et les présidents lorsqu'ils entrent en séance, condamnée par l'usage des princes du sang qui se lèvent également, et entièrement, pour chaque pair et pour chaque président qui arrive à la séance. Le premier président se tira de l'embarras de substituer l'honnêteté réciproque à la malhonnêteté réciproque, par dire que cela ne regardoit que les présidents, au lieu de demeurer en séance quand la cour levoit étoit une indécence pour tout le parlement.

MM. de Noailles et d'Antin n'étoient point allés chez le premier président pour rien discuter avec lui. Ils n'avoient ni mission ni encore moins pouvoir de rien; et ce n'étoit pas aussi le dessein du premier président de convenir de quelque chose, mais d'entasser des difficultés auxquelles on n'avoit pas lieu de s'attendre après ce qui s'étoit passé avec M. du Maine, et de lui-même à ces deux ducs. Ce point de levée de séance en demeura donc là, pour venir au second qui étoit le grand point d'ambition des présidents, pour en tirer après toutes les suites et les conséquences que leur orgueil et leur art leur auroit suggérées. Aussi ces deux ducs, qui ne l'ignoroient pas, par ce qui en avoit été jeté en d'autres occasions, ne mollirent pas sur cet article. Le premier président allégua l'exemple du grand Condé, dont j'ai parlé en son lieu. A cela les deux ducs répondirent que, inséparables des princes du sang, ils les suivroient en quelque rang qu'ils voulussent bien s'abaisser; qu'ainsi c'étoit non à eux, mais à ces princes, qu'il devoit s'adresser làdessus. Le premier président, se sentant si adroitement rétorquer la force qu'il comptoit tirer de son argument, répondit, un peu ému, qu'il ne croyoit pas que ces princes se souciassent d'en faire difficulté, à moins que les pairs ne la leur insinuassent; mais qu'indépendamment de cela, l'exemple de M. Le Tellier, archevêque-duc de Reims, et de M. de Gordes, évêque-duc de Langres, leur témoignoit que cette suite des présidents n'étoit pas nouvelle. MM. de Noailles et d'Antin rappelèrent au premier président ce qui se trouve ici plus haut sur cette bévue de ces deux prélats; et lui déclarèrent nettement que jamais les pairs ne renouvelleroient un abus, unique en ces prélats, si court encore et fini sans plaintes, après avoir eu sa source dans l'usage aboli aussitôt qu'introduit par les princes du sang.

Ce fut par où finit cette longue visite. Elle se termina par les civilités et les protestations qui l'avoient commencée. Le premier président leur dit qu'il verroit incessamment MM. du parlement sur cette affaire, et le roi ensuite dès que sa santé le lui permettroit, qu'il trouvoit se rétablissant tous les jours. En effet, il ne tarda guère après à sortir et à rendre à la marquise de Créqui, à Mme de Beringhen et à Mme de Vassé ses assiduités accoutumées. Les deux premières étoient sœurs du duc d'Aumont, et la dernière, fille de Mme de Beringhen et logeant avec elle.

Les présidents étoient cependant fort en peine, parce qu'ils n'étoient pas dans la confidence du duc du Maine, ni dans celle du premier président. J'ai assez parlé ailleurs de Novion et de Maisons pour les faire connoître. Ce dernier avoit profité des dégoûts que le premier président et le parlement se donnoient sans cesse. Quoique Novion fût de même nom que les Gesvres, et que le premier président n'oubliât rien pour faire l'homme de qualité, Maisons les effaçoit là-dessus l'un et l'autre. Ces Longueil sortoient récemment d'un huissier fieffé du village de Longueil, en Normandie, où tout est plein de titres qui en font foi. Le surintendant des finances, qui étoit aussi président à mortier et grand-père de celui-ci, s'enta, par l'autorité de sa place, sur la maison des anciens seigneurs de Longueil, de la terre desquels ce village est le chef-lieu, qui étoit éteinte, qui avoit eu des gouverneurs de Normandie, et qui étoit très-bonne et très-ancienne. Elle s'appeloit Longueil, du nom de son fief, qui étoit une belle terre et qui a été depuis dans la maison de Longueville, comme l'aïeul du surintendant s'appeloit aussi Longueil, mais du nom du village dont il étoit. La faveur et la place du surintendant avoit établi cette fausseté, et le parlement s'applaudissoit d'avoir, de père en fils, un président de l'ancienne chevalerie. Il avoit su en profiter ; et, en gagnant comme on l'a vu la cour et la ville, il avoit conservé le bon sens de ménager le parlement de plus en plus, dont les membres lui savoient un gré infini du bon accueil qu'ils en recevoient, et de trouver comme l'un d'eux avec eux un seigneur de cette naissance, et qui vivoit avec ce qu'il y avoit de plus distingué à la ville et à la cour. Le crédit qu'il s'étoit acquis dans le parlement lui faisoit effacer tous les autres présidents, et le premier président même, qui, en ayant emporté la première place à la pointe du crédit du duc du Maine, se trouva trop heureux de faire sa cour à Maisons, qui passoit même pour le gouverner, et pour ne s'en donner la peine que lorsqu'il lui convenoit de la prendre.

Novion craignit tout de lui ; il n'ignoroit pas son ambition, à laquelle la cour le pouvoit servir plus utilement que des gens de robe. Il n'espéra donc rien de lui sur le bonnet qu'autant qu'il l'intéresseroit puissamment, et il eut assez d'esprit pour le faire d'un seul coup, par les deux passions qui ont le plus de pouvoir sur la plupart des hommes. Il l'alla trouver chez lui, où, accommodant son air et son ton à ce qu'il vouloit faire, il lui dit qu'il venoit implorer sa protection pour le parlement. La surprise d'un compliment si étrange ne fit que mieux sentir ce que Novion lui vouloit dire, d'autant plus qu'il ne tarda pas à s'expliquer. Maisons trembla de perdre en un moment tout ce qu'il avoit pris tant de soin de s'acquérir dans sa compagnie. Il vouloit en être le dictateur, et considéroit cette situation comme la base de toute la fortune à laquelle il tendoit par les amis qu'il s'étoit faits à la cour, et dont sans cette maîtresse roue, l'amitié lui deviendroit inutile. La légèreté de la cour ne lui parut pas comparable en choix avec la solidité d'une compagnie toujours subsistante, que les derniers exemples relevoient, avec l'espérance de ceux qui pouvoient être prochains. Il connut assez le monde pour compter sur son adresse auprès de ses amis de la cour, au moins sur la facilité de la réconciliation après l'affaire finie, au lieu qu'en ne prenant pas parti tout de bon il se perdoit sans retour avec ses confrères, et par eux avec le parlement, auquel ils persuadèrent qu'ils soutenoient moins leur propre distinction que celle du parlement en leurs personnes. Ce fut l'époque du changement de Maisons. Jusque-là il s'étoit extrêmement mesuré. Il s'étoit contenté d'ambiguïtés, et de laisser voir une sorte de suspension, pressant toutefois les ducs de ses amis, moi, entre autres, de ne pas empêcher les princes du sang de les suivre, ce qui, consenti par ces princes, levoit toute difficulté à l'égard des ducs, et tout obstacle du côté du parlement pour changer ce qu'ils désiroient. Tel étoit le langage de Maisons.

Le récit que les ducs de Noailles et d'Antin firent aux autres ducs de leur visite au premier président commença à les détromper de ses bonnes intentions; car pour sa droiture, il y avoit maintes années que personne en France n'en étoit plus la dupe, ou plutôt on ne l'avoit jamais été. Ses amis avoient fort assuré les ducs qu'il ne faisoit le difficile que pour s'acquérir plus de confiance dans sa compagnie, et se mettre en état de la ramener. Ses délais, ses difficultés entassées répondoient peu à ses paroles si précises, si expresses, si nettes, données par lui aux mêmes ducs, et à eux et à plusieurs autres par le duc du Maine. On y avoit donc compté, et nullement sur des équivalents dont il n'avoit jamais été la moindre question, et sur la plus légère mention desquels on ne se seroit jamais embarqué, parce qu'on l'auroit pu éviter sur un si bon prétexte, sans montrer à M. du Maine un dangereux refus personnel. Il ne s'agissoit que du bonnet, et, par ce qui s'étoit de là engrené, du conseiller sur le bout du banc des pairs dont le premier président et M. du Maine avoient même parlé les premiers comme d'une nouveauté également ridicule, inutile et insoutenable; les autres usurpations dont ils avoient gardé le silence n'avoient pas été mises sur le tapis par les ducs, trop accoutumés à perdre pour entreprendre de regagner tant de larcins à la fois.

Cependant le voyage de Marly s'avançoit. Le premier président étoit dans les rues, et ne parloit point d'y aller. M. du Maine trouvoit cette conduite un peu étrange, en l'excusant cependant, et répondoit toujours de lui. On y voulut voir encore plus clair, et pour serrer la mesure, on engagea un dîner à Paris, chez d'Antin, sous prétexte d'exposer sa belle maison et ses magnifiques meubles à la censure et au bon goût en ce genre du premier président, mais en effet pour avancer l'affaire. Il promit de s'y rendre avec le président de Maisons et les duchesses d'Elbœuf et de Lesdiguières, sœurs de beaucoup d'esprit, ses amies intimes, dont la mère étoit Mesmes, héritière d'Avaux si connu par l'éclat, le nombre et le succès de ses ambassades, frère aîné du grand-père du premier président. Elles ne tenoient rien de la crasse maternelle, pas même leur propre mère qui en étoit; elles étoient de plus amies intimes aussi, et cousines germaines de d'Antin, enfants du frère et de la sœur. Il fut convenu que les ducs de La Rochefoucauld, La Force, Guiche, Villeroy, Noailles et Aumont en seroient. Ce dernier étoit en année de premier gentilhomme de la chambre; et, par un hasard presque unique, ni M. de Bouillon, grand chambellan, ni pas un des autres premiers gentilshommes de la chambre n'étoient à Marly, ni à portée d'y venir par absence ou maladie : cela fit un cas qui n'étoit jamais arrivé, et qui devint l'étonnement de toute la cour. Le roi, infiniment attaché à tout l'extérieur possible, n'avoit jamais vu les fonctions de ses grands officiers auprès de sa personne tomber à de moindres qu'eux; et ces cinq titulaires, avec leurs survivanciers, s'étoient tellement entendus pour l'assiduité du service qu'il n'y avoit point de mémoire qu'il eût été suppléé plus de deux ou trois fois, et encore par M. de La Rochefoucauld, grand maître de la garde-robe. Malgré ce grand attachement du roi à la dignité de son service, il ordonna au duc d'Aumont et au duc de La Rochefoucauld d'aller dîner à Paris chez d'Antin, quoi qu'ils pussent lui représenter l'un et l'autre, et dit qu'il le vouloit ainsi, et que Souvré, maître de la garde-robe en année, le serviroit. J'écris les faits avec exactitude, je supprime les réflexions. Souvré étoit allé avec congé passer quelques jours à Paris, où le roi l'envoya chercher; et, pour n'y pas revenir, il y eut après deux autres conférences à Paris, où le roi voulut encore que les mêmes assistassent, et fut encore, ces deux divers jours qui font trois en huit ou dix jours, servi uniquement par Souvré.

Les conviés, tous en liaison particulière avec le premier président, qui avoit toute sa vie fait son capital d'être du plus grand et du meilleur monde, avoient été choisis par rapport à lui. Ils arrivèrent chez d'Antin; ils y attendirent assez longtemps; enfin, Maisons vint, chargé des excuses du premier président, qui s'étoit, dit-il, trouvé un peu incommodé, et qui ne laissa pas le jour même de souper chez la marquise de Créqui avec Mme de Vassé. Ce procédé préparoit mal la matière; on y entra pourtant avant et après dîner. Tout roula sur l'origine ancienne ou nouvelle du bonnet, sur sa plus qu'indécence, sur l'équivalent de la suite des présidents. Maisons, avec tout son esprit, son monde, ses adresses, fut souvent réduit à l'embarras, même au silence; mais l'opiniâtreté ne se démentit point, et cette partie se sépara d'une manière fort infructueuse. Maisons en eut honte; il pria d'Antin à l'oreille de passer chez lui sur le soir, où tête à tête ils seroient plus libres. Je n'ai point pénétré le projet de ce convi[1]; mais d'Antin y fut, et rien n'avança entre eux deux plus qu'avec toute la compagnie. Maisons de ce moment prit ouvertement couleur. Il n'avoit pu digérer que, après avoir fait toute sa vie une cour plus secrète que publique au duc du Maine et avoir eu lieu de s'en promettre tout, il eût fait Mesmes premier président, et Voysin chancelier, gens d'âge et de santé à le laisser pourrir sur le grand banc. Il n'avoit vu, depuis ces extrêmes dégoûts, M. du Maine que le moins qu'il avoit pu, et ce qu'il n'avoit seulement osé omettre pour ne pas s'en faire un ennemi. Tout à coup il retourna à Sceaux, où le duc du Maine alloit de deux jours l'un, et d'où Mme du Maine ne sortoit point. Il y redoubla ses visites plusieurs fois la semaine, y fut souvent seul avec Mme du Maine, et en tiers avec elle et son mari; et à Versailles alloit souvent chez lui et longtemps dans son cabinet tête à tête. Toute rancune fut déposée, et pour les ducs avec qui il étoit en liaison, et il ne feignit plus de se montrer absolument contraire avec les paroles les plus douces et les plus dorées.

1. Vieux mot synonyme d'*invitation*.

CHAPITRE XXI.

Duc d'Aumont essaye de me tonneler sur la suite des présidents. — Délais sans fin du premier président. — Il est mandé à Marly, et pressé par le roi très-favorablement pour les ducs; sort furieux. — Impudence de ses plaintes et des propos qu'il faisoit semer. — Cause de son dépit. — Maisons mène d'Aligre au duc et à la duchesse du Maine demander grâce pour le parlement. — Efforts de Maisons à me persuader, et à quelques autres, la suite des présidents. — Le roi cru de moitié avec le duc du Maine. — Raisons de ne le pas croire. — Opinion du roi du duc du Maine. — Profondeurs du duc du Maine. — Embarras du premier président. — Manéges qui font durer l'affaire. — Noires impostures du premier président au roi contre les ducs, à qui le roi les fait rendre aussitôt — Éclat sans mesure contre le premier président. — Premier président se plaint au roi du duc de Tresmes, dont il a peu de contentement. — Affront fait au premier président de Novion, par le duc d'Aumont, dans la chambre du roi, tout près de lui, dont il ne fut rien. — Double embarras du duc du Maine avec le premier président, avec les ducs; engage les ducs, et toujours malgré eux, à une conférence à Sceaux avec la duchesse du Maine seule. — Personnage étrange du duc d'Aumont. — Conférence à Sceaux entre la duchesse du Maine et les ducs de La Force et d'Aumont. — Propositions énormes de la duchesse du Maine. — Monstrueuses paroles de la duchesse du Maine, qui terminent la conférence. — Exactitude du récit de la conférence de Sceaux. — Le duc du Maine introduit Mme la Princesse, dont il avoit nommément répondu, et finit l'affaire du bonnet, en le laissant comme il étoit. — Évidence du jeu du duc du Maine. — Je visite le duc du Maine, et lui tiens les plus durs propos. — Réflexion sur le péril de former des monstres de grandeur. — Réflexion sur le bonnet. — Présidents ne représentent point le roi au parlement. — Les pairs y ont sur eux la droite, etc., tant aux hauts siéges qu'aux bas siéges. — Comparaison du chancelier, qui se découvre au conseil pour prendre l'avis des ducs et du premier président. — Étrange pension donnée au premier président.

Deux jours après, le duc d'Aumont m'envoya dire qu'il seroit bien aise de m'entretenir le lendemain matin chez le roi. Je soupçonnois déjà ce que je ne pouvois me persuader, mais toutefois je ne voulus pas refuser ce rendez-vous : je n'en fus pas dans la peine. Le lendemain matin, comme je voulois aller chez le roi, je vis le duc d'Aumont entrer dans ma chambre; j'étois sorti lorsqu'il avoit envoyé chez moi, il n'eut donc point de réponse, et il ne vouloit point manquer une conversation où il se promettoit tout de son esprit et de son éloquence. Il avoit en effet beaucoup de l'un et de l'autre, mais il n'avoit rien de plus. Il entra d'abord en matière, exposa les difficultés qu'il voyoit se multiplier dans une affaire qui n'avoit été entreprise que sur les facilités qui s'y étoient d'abord présentées, livra le premier président comme un homme sans parole, sans foi, à qui tout seroit bon pour se conserver son bonnet, remontra fortement l'aversion du roi à prononcer dès qu'il s'agiroit de le faire en juge, exagéra le dégoût d'être éconduit d'une entreprise telle et si mûrement délibérée, conclut que, tout valant mieux que d'y échouer, il falloit suivre les présidents.

J'écoutai tout en grand silence et beaucoup d'attention. Je lui représentai que ce seroit une belle récompense d'une civilité qui ne se refuse pas à un honnête domestique d'autrui, lorsqu'on lui parle, de l'artifice d'avoir changé l'ordre des réceptions des pairs, de la violence de leur avoir fermé la petite porte du barreau de la lanterne par où ils sortoient, en même temps que les présidents et les autres magistrats par entre la chaire de l'interprète et celle du greffier; que nous souffrions dans le bonnet une entreprise soutenue de l'intérêt des princes du sang d'abord, fortifié depuis de celui des bâtards que nous ne pouvions empêcher, mais en nous récriant toujours contre; au lieu que d'accorder de suivre les présidents, ce seroit la dernière ignominie, se faire de simples conseillers, et mettre au-dessus de ce que la plus haute noblesse peut espérer de plus grand, des gens du tiers état, que nous voyons assis et couverts de nos hauts siéges, parler à genoux et découverts dans les bas siéges, c'est-à-dire sur notre marchepied comme légistes, dont ces bas siéges, devenus tels de marchepieds qu'ils étoient, sont encore le monument, et leur séance comme leur posture est le monument de leur état essentiel de légistes et de tiers état ; que pour comprendre l'usage que les présidents feroient de ce consentement et de l'introduction de marcher à leur suite pour entrer et sortir de séance, on n'avoit qu'à se souvenir de celui qu'ils avoient fait de leur usurpation d'opiner devant nous aux lits de justice, malgré l'infinie disproportion d'y seoir et d'y parler, qui les avoit conduits de degré en degré à opiner avant les fils de France, enfin devant la reine mère et régente ; qu'il ne falloit point se flatter que la position des princes du sang entre eux et nous, quand il seroit possible qu'ils les voulussent suivre, nous préservât de leurs entreprises fondées sur ce nouvel usage que nous aurions accordé, parce que l'état des princes du sang étoit invulnérable, et leur rang aujourd'hui plus que jamais, duquel nous ne serions pas reçus à faire bouclier, et qu'au lieu de l'union que nous devions nous proposer de la levée des excès offensants, ce seroit par nous-mêmes, et par notre propre fait, ouvrir une large porte à toutes les plus folles prétentions, et à la défensive de notre part la plus honteuse, quand, contre toute apparence, après tant d'énormes exemples, ils ne réussiroient à rien. Je supprime ici beaucoup d'autres raisons qui seroient plus en leur place dans un morceau à part, mais qui n'existe point parce qu'il n'y a pas eu lieu ; et je conclus qu'il étoit de notre plus pressant intérêt de rejeter un hameçon si grossier, et de détourner les princes du sang par les plus vives remontrances de consentir à suivre les présidents, s'il étoit possible qu'ils fussent ébranlés à le faire.

Le duc d'Aumont insista sur les mêmes principes, ou plutôt motifs, qui l'avoient amené ; et, avec beaucoup de fleurs, se rabattit à me vouloir persuader que nous n'avions rien à craindre, ayant les princes du sang entre nous et les présidents à leur suite, et me conjurer d'y porter M. le duc d'Orléans. Je répondis froidement que je serois méchant avocat d'une cause que je tenois aussi mauvaise, et que ce prince de plus s'étoit fort moqué avec moi d'une idée si ridicule à leur égard, et si visiblement nuisible aux pairs. Pressé à l'excès par un homme fort abondant, et que je vis déterminé à ne point sortir de ma chambre, je lui dis que tout ce que ma déférence lui pouvoit accorder étoit de contribuer à une assemblée où cette matière des princes du sang fût de nouveau mise en délibération, mais nombreuse et non autrement, où chacun exposeroit ses raisons et où la pluralité décideroit ; et qu'au cas qu'il y passât de faire ce que l'on pourroit pour persuader les princes du sang de suivre les présidents, je verrois là-dessus M. le duc d'Orléans, non pour lui dire des raisons où je n'en trouvois aucune, mais pour lui exposer respectueusement les désirs qu'on avoit cru devoir former. De guerre lasse ou autrement, M. d'Aumont se contenta de ce qu'il remportoit ; mais en s'en allant, il me pria de l'attendre chez moi le lendemain matin à pareille heure pour raisonner du fruit de nos communes réflexions. Cette seconde conversation fut plus courte ; nous demeurâmes tous deux dans nos mêmes sentiments.

On se lassoit cependant des délais du premier président, ils n'étoient plus fondés sur sa compagnie, puisqu'il avoit tenu plusieurs assemblées chez lui là-dessus ; ni sur sa santé, puisqu'il étoit tous les matins à la grand'chambre, et les après-dînées dans les rues. Il étoit même bien peu respectueux pour le roi de différer si longtemps, et sans prétexte, de lui rendre compte d'une affaire qu'il lui avoit recommandée, et à laquelle il lui avoit dit qu'il ne trouvoit point de difficulté. A la fin, d'Antin en parla au roi, sur ce qu'il vit que ces lenteurs ne tendoient qu'à soulever le parlement, comme on le va voir, et commettre les ducs avec ses membres. Il se garda bien pourtant d'alléguer cette raison au roi ; il y en avoit assez d'autres à dire. On avoit sagement résolu de mépriser tout, de ne relever rien, de ne faire pas la plus légère plainte, mais d'aller droit au fait, sans se détourner ni à droite ni à gauche, et sans l'embarrasser d'épines. Le roi fit donc dire au premier président de lui venir parler : il fallut obéir. Le roi lui dit qu'il étoit enfin temps de donner sa réponse; que ce que les ducs demandoient lui sembloit juste; qu'il seroit bien aise que cela fût ; qu'il n'entendoit pas commander, mais qu'il lui seroit agréable que cette affaire finît incessamment à leur satisfaction. Sur plusieurs difficultés alléguées par le premier président, le roi lui dit qu'il ne lui avoit pas paru difficile d'abord; qu'il étoit surpris de ce changement; qu'il y avoit assez longtemps que l'affaire traînoit ; que de façon ou d'autre il désiroit qu'il ne tardât plus à donner la réponse qu'il s'étoit chargé de lui rendre. Le premier président s'excusa sur sa santé comme il put, et sortit tout enflammé du cabinet du roi.

C'étoit encore à Marly. Il y étoit entré doux, poli, gracieux, accueillant tout le monde, surtout les ducs qu'il rencontra; mais il n'étoit plus le même, son audience l'avoit entièrement changé. Les ducs qui se trouvèrent sous sa main en furent surpris. Il se plaignit à eux avec amertume qu'ils vouloient étrangler leur affaire, qu'il étoit inouï qu'on eût cette précipitation ; il allégua sa maladie. Il lui échappa même que d'Antin avoit bien recordé le roi, brossa à travers la compagnie, et disparut. Il ne disoit pas la cause principale de son chagrin, qui fut sue avec le reste de la conversation que je viens de rapporter une demi-heure après de d'Antin, à qui le roi le dit aussitôt que le premier président l'eut quitté. Un petit nombre de membres du parlement avoient tenu force propos sur les ducs : « que le roi faisoit trop de pairs; qu'il falloit les traiter comme de simples conseillers, et n'en souffrir pas plus de douze en séance à la fois. » Le roi le sut de point en point, et se trouva fort choqué de la licence de ces messieurs; et le froid et le silence de d'Antin, à qui il en avoit parlé, l'aigrit encore davantage.

Il sentit apparemment par là la même différence de procédés qu'il y en avoit dans les personnes, et que ces discours portoient moins sur les ducs que sur son autorité. Il en parla fortement au premier président, lui ordonna positivement d'en marquer son mécontentement à sa compagnie et aux impertinents, et le chargea fort expressément d'arrêter toute sorte de discours sur cette affaire et sur les ducs. C'étoit saper par les fondements le projet du premier président, qui vouloit étouffer l'affaire par les procédés et les éclats, et s'en tenir extérieurement à côté tant qu'il pourroit ; de là vint le dépit et la colère qu'il ne put cacher en sortant du cabinet du roi.

Bientôt après Maisons donna une autre scène. Initié, comme il l'étoit de nouveau, avec M. et Mme du Maine sur cette affaire, et sans cesse en particulier avec eux, il ne devoit pas être tourmenté de leur part. Ce fut donc moins son inquiétude qu'un concert de comédie pris avec eux, qui lui fit choisir le plus imbécile, non pas de ses confrères mais du parlement entier, pour le leur mener. Il leur présenta donc le président d'Aligre pour leur demander grâce pour le parlement, car ce fut ainsi qu'ils se mirent à parler d'une affaire qui étoit toute particulière aux présidents. Maisons n'alloit pas là pour réussir. Aussi furent-ils payés de toutes les civilités imaginables, dont sur la parole de Maisons, mais qui ne disoit pas la véritable bonne, d'Aligre et lui se retirèrent contents. Toutefois il falloit finir. Le roi s'en étoit expliqué. Les présidents trouvoient un si monstrueux avantage à lâcher le bonnet pour être suivis, qu'ils ne voulurent rien oublier pour y réussir.

On a vu en son lieu les liaisons que Maisons étoit venu à bout de me faire prendre avec lui, et combien il les avoit cultivées. Il avoit lestement glissé sur le refroidissement, et plus encore, qu'y avoient mis de ma part les procédés de cette affaire du bonnet. Avec autant de monde que le duc d'Aumont, plus d'esprit, et surtout de profondeur encore et de manége, il se mit dans la tête qu'il n'étoit pas impossible de me persuader, et que, venant à y réussir, j'entraînerois tous les autres. Ma franchise, et la vivacité qu'on m'attribuoit, lui faisoient espérer qu'il découvriroit par moi notre dernier mot sur cette affaire. Il s'attacha aussi à d'Antin, et il attaqua tous ceux qu'il crut pouvoir gagner, faisant croire à chacun d'eux qu'il ne parloit qu'à lui, pour donner plus de poids à ses paroles. J'eus donc à essuyer des visites aussi longues que fréquentes, et des péroraisons où, à travers l'impatience, j'admirois la souplesse et la fécondité qui par cent tours divers tendoit toujours au même but. L'esprit, le tour, les *sproposito* suppléoient d'ordinaire aux raisons, et sa patience fut inaltérable aux coups de boutoir que mon impatience porta souvent sur les présidents et leurs usurpations. L'utilité de l'union pour le bien de l'État, dans les circonstances que l'âge du roi laissoit envisager de près, fut par lui tournée de toutes les manières, parce qu'il me faisoit l'honneur de me croire fort susceptible d'une si grande raison ; et il ne se rebuta point de la réponse, si présente et si péremptoire, que c'étoit à eux à la mettre entre nous par la restitution d'une usurpation de si nouvelle date, et de si injurieuse nature, non à nous à l'acheter par un avilissement volontaire et inconcevable. Cette persécution dura jusqu'à la bombe qui fit tout sauter, et qui en attendant se chargeoit.

Les plus profondes noirceurs laissent bien des embarras, quoique tissues par tout l'art, l'esprit et l'expérience, et appuyées du plus puissant crédit. L'affaire ne pouvoit plus durer, j'en abrége mille choses qui ne donneroient pas plus de connoissance que celle qui se peut tirer de ce récit, de l'esprit qui enfanta ce projet, qui en ourdit la trame, et qui la conduisit jusqu'au bout, et de celui dans lequel les ducs s'y conduisirent, après avoir été forcés comme on l'a vu. Le respect dû à la mémoire d'un grand roi dont je suis né sujet ne me permet pas de le soupçonner d'avoir été de moitié là-dessus avec son bâtard favori. Indépendamment de cette grande raison, c'est ici le lieu d'expliquer ce qu'on sait par lui-même de ce qu'il pensoit de M. du Maine, et l'équité m'y engage aussi.

Il est souvent échappé au roi de dire dans son intérieur, et je l'ai su de plusieurs de ceux qui en ont été témoins en diverses occasions, entre autres de Maréchal, premier chirurgien du roi, et qui étoit l'honneur et la vérité même, et à qui personne ne l'a disputé, que le roi disoit que M. du Maine avoit à la vérité beaucoup d'esprit et de talents, mais qu'il n'en savoit rien faire; que toutes ses journées se passoient entre son assiduité auprès de lui à ses heures, la chasse où il étoit tout seul, et son cabinet de Versailles ou de Sceaux où il étoit aussi tout seul, et où son temps étoit partagé entre la prière, la lecture et les fonctions de ses charges où il travailloit beaucoup; que c'étoit un idiot avec tout son esprit, qui ne savoit jamais quoi que ce soit qui se passât hors la sphère de ses charges, qui ne se soucioit point de le savoir, qui n'avoit pas la moindre vue, et rouloit du jour au jour, et qui, étant fort plaisant, amusant et de bonne compagnie, étoit sauvage au point de ne vouloir voir personne, et d'apprendre quelquefois les choses qui occupoient la cour et qui étoient arrivées un mois et souvent deux et trois auparavant, qui ne pensoit jamais à soi, et qui étoit de son propre aveu incapable de gouverner sa propre maison. Le roi s'en étoit expliqué ainsi plusieurs fois avant la mort de M. [le Dauphin] et de Mme la Dauphine; et il n'est pas impossible, avec la ténacité prodigieuse qu'il avoit dans les impressions qu'il avoit une fois prises, que les violences, que nous avons vu qu'il souffrit depuis pour porter ses bâtards jusqu'à la couronne et les affermir par son testament, ne lui aient été assez adroitement masquées du bien de l'État et du péril des établissements, de la grandeur et de la personne même de M. du Maine, pour qu'il ne soit jamais revenu de cette impression sur lui. Elle fut le chef-d'œuvre de son ambition et de sa politique et de la profondeur de sa connoissance du roi qui le conduisit à tout. Ce fut aussi celui de l'art de Mme de Maintenon qui lui aida de tous ses soins, et qui tenoit souvent de lui le même langage. Or, le roi disposé de la sorte, comme il est très-certain qu'il le fut toujours avant la mort de M. [le Dauphin] et de Mme la Dauphine, et très-douteux qu'il eût changé depuis d'opinion, quelques raisons qu'il en ait pu avoir, sa conduite se trouve éclaircie.

M. du Maine, qui veut ouvrir un précipice sous les ducs, qui les rende pour son intérêt irréconciliables avec le parlement, a beau jeu d'engager le roi, avec un air de modestie et de contentement du nouvel état de prince du sang où il l'a élevé et les siens, de le rendre favorable sur le bonnet où il n'a plus d'intérêt que commun avec les princes du sang, avec qui il partage tant d'autres distinctions. L'intérêt des bâtards rendoit le roi contraire au bonnet ; et il y devient favorable, lorsqu'il voit leur intérêt à regagner tant de gens considérables, par l'abrogation d'une nouveauté sans fondement et très-injurieuse. M. du Maine, sûr du premier président, ne risquoit rien à mettre le roi ainsi dans cette affaire ; il connoissoit bien sa répugnance extrême pour toute décision. Il s'en met à l'abri en flattant cette répugnance. Non-seulement il lui donne le bonnet comme une affaire de concert, mais il va au-devant de tout, jusqu'à faire que, dès la première fois que le roi en parle au premier président, c'est en l'assurant expressément qu'il n'entend rien commander, et qu'il lui renouvelle d'autres fois encore la même assurance. Par là M. du Maine s'assure que, quoi qu'il puisse arriver, le roi ne décidera rien, et laissera les ducs dans la nasse, à qui, s'ils le pressoient, il aura sa réponse toute prête : qu'il n'est entré dans cette affaire que parce qu'elle lui a été présentée de concert ; qu'il a promis dès le premier jour au premier président de ne point commander ; qu'il lui a dit, en faveur des ducs, qu'il trouvoit ce qu'ils demandent juste et raisonnable, et qu'il auroit fort agréable qu'ils fussent contents; que c'est tout ce qu'il pouvoit faire; qu'après l'engagement pris de ne point commander, et de leur su, et n'y être entré qu'à cette condition, il ne peut aller plus loin. Ainsi M. du Maine jouoit sa comédie en sûreté, et s'étoit habilement mis à couvert d'avoir la main forcée; mais elle ne pouvoit finir que par un éclat, et c'étoit son embarras. Il vouloit s'en mettre à l'abri, le premier président ne vouloit pas l'essuyer tout seul, et c'est ce qui fit traîner l'affaire.

Le duc du Maine vouloit engager le premier président en des procédés, et se cacher derrière lui. Ce magistrat en sentoit les conséquences; mais asservi à M. du Maine qui le cajoloit avec douceur, et à Mme du Maine qui le traitoit avec impétuosité, il se trouvoit étrangement en presse; et, outre les grands avantages dont lui et les autres présidents se flattoient de l'échange du bonnet avec leur suite, cette voie le tiroit de tout embarras, et laissoit à son tour M. du Maine dans la nasse, qui n'auroit rien fait pour soi, et n'auroit fait que l'avantage des présidents, avec une union passagère des ducs avec le parlement, mais qui eût suffi pour ruiner tout ce qu'il avoit acquis de grandeur et de puissance, ce qu'il craignoit mortellement. Dans ce détroit néanmoins, il n'en fit aucun semblant. Il sentit que montrer sa crainte de cet accord montreroit trop la corde; il espéra que les ducs ne se laisseroient pas prendre à un hameçon si grossier, et il ne s'y trompa pas. M. d'Aumont eut beau faire, il n'ébranla aucun de ceux sans le concours desquels rien ne se pouvoit faire; au pis aller, M. du Maine étoit sur ses pieds, par le roi, d'empêcher les princes du sang de consentir à suivre les présidents, moyennant quoi il n'étoit pas possible de croire les ducs assez destitués de sens pour vouloir se séparer de ces princes et se livrer à une si honteuse prostitution. Le premier président, qui sentoit qu'il n'y avoit pourtant que cette suite qui pût le tirer du détroit où M. du Maine l'avoit engagé, et qui, léger et présomptueux comme il étoit, n'en vit l'affre que lorsqu'il y toucha, allongeoit toujours, dans l'espérance que le duc d'Aumont et Maisons, à force d'art, d'éloquence, d'intrigue et de délais, réussiroient enfin à persuader les ducs d'en sortir par là, après quoi il s'excuseroit à M. du Maine sur les présidents qui l'auroient forcé, parmi lesquels il n'avoit que sa voix, lesquels avoient mis le parlement de leur côté, et ce qu'il n'y avoit aucun lieu de pouvoir imaginer, les ducs aussi. Il prolongea donc tant qu'il put, et au delà de toute mesure, de rendre réponse au roi.

Outré de rage de se voir trompé enfin dans l'espérance qu'il avoit conçue, piqué à l'excès d'avoir été arrêté par le roi sur les propos qu'il avoit fait semer sur cette affaire et sur les ducs, et d'être privé de faire faire les éclats par un gros de gens de robe inconnus dont il seroit le moteur, et se donneroit cependant pour amiable compositeur, brouillé pour brouillé comme il prévit bien qu'il alloit l'être avec les ducs par le refus du bonnet après ce qu'il avoit si nettement et si positivement promis plusieurs fois, et forcé enfin d'aller rendre réponse au roi, il lui dit que les ducs faisoient entre eux des assemblées continuelles sous prétexte de cette affaire, mais en effet dans les vues d'un avenir qu'on ne devoit prévoir qu'avec horreur, et la plupart d'eux plus qu'aucun par les grâces dont Sa Majesté les avoit comblés; qu'ils étoient les plus grands ennemis de ses enfants naturels; qu'ils prenoient toutes leurs mesures ensemble pour les dépouiller dès que Sa Majesté ne seroit plus, et en même temps pour se rendre les seuls maîtres des affaires. Qu'il y avoit plus : que, flattés par les malheurs qui en si peu de temps ont détruit une partie de la maison royale, ils comptoient bien que ce qui en restoit ne dureroit guère, de faire après comme en Pologne et comme l'exemple de la Suède les y invitoit, rendre la couronne élective, et choisir l'un d'entre eux pour la porter. Ce furent les principaux points qui furent avancés au roi par le premier président, et qui furent accompagnés des réflexions les mieux ajustées à de si horribles impostures. Elles ne laissèrent pas de frapper le roi, qui les raconta un quart d'heure après à d'Antin comme touché, effrayé, mais en suspens et cherchant éclaircissement. Il ne fut pas difficile. D'Antin lui parla avec tant de netteté sur des inventions si éloignées de toutes pensées, et si évidemment sur l'impossibilité de les concevoir et d'en espérer sans la plus parfaite folie, que le roi, peiné d'en avoir été ému, et piqué contre la hardiesse d'une délation si atroce et en même temps si absurde, permit à d'Antin d'en instruire les ducs pour qu'ils sussent à quel homme ils avoient affaire. D'Antin ne laissa pas échapper l'occasion d'un parallèle aisé entre les ducs et le parlement sur la fidélité, l'obéissance et l'attachement au roi; et, sans la précaution que l'habile duc du Maine avoit su prendre de faire engager le roi au parlement, en la personne du premier président, de ne point commander, le bonnet eût été emporté de ce coup de haute lutte. L'exposé est seul dans sa simple et pure vérité plus fort que tous les commentaires. On se contentera de dire que l'instrument étoit digne de celui qui s'en servoit, et n'étoit pas inférieur aux plus exécrables usages, et avec un front d'airain, et avoir tout promis et aux ducs et au roi même, sans que les ducs eussent pensé à rien et rien demandé.

D'Antin, dans le reste de la journée, rendit compte à plusieurs ducs de ce [dont] le roi lui avoit permis de les informer. On peut juger avec quel effet. En moins de deux jours tous les ducs se donnèrent parole de ne jamais voir le premier président, et de ne garder avec lui aucunes sortes de mesures en choses et en paroles, d'y entraîner leurs familles, et d'en user comme avec un ennemi public et un imposteur perfide et déshonoré : ce n'est pas trop dire. L'éclat fut porté aussi loin qu'il le put être, et se soutint très-longtemps dans tout le feu que méritoit une scélératesse, et gratuite, d'une nature aussi complétement infâme. L'imposteur fut étourdi d'un unisson auquel il ne s'étoit pas attendu des ducs. M. d'Aumont, et peut-être quelques autres qui ne l'étoient que de nom, et dont il se servoit parmi eux, n'osèrent plus le voir; et cet homme qui avoit toujours fait son capital de la cour et du grand monde, se trouva en un instant délaissé de ce qui par les ducs, leurs plus proches familles et leurs amis plus particuliers, en faisoit la partie la plus considérable. Aucun ne le salua, et hors des insultes personnelles, indécentes à faire à un homme qui, par état, ne porte point d'épée, il n'est affronts qu'il ne reçût tous les jours. Outré d'un état si pénible et qui n'étoit pas prêt à finir, et appuyé du duc du Maine, il saisit une occasion de se plaindre au roi. Le duc de Tresmes avoit fait entrer peu à peu tout le monde au lever du roi, et l'avoit laissé dans l'antichambre. Il obtint que le roi dît au duc de Tresmes qu'il ne devoit pas faire servir sa charge à sa vengeance particulière, mais sans aigreur, et d'ailleurs fut sourd à tout ce que le premier président lui put dire, et ne se voulut mêler de rien.

Le roi avoit oublié que, lorsque après l'opération de la fistule, il commença à voir du monde dans son lit, le duc d'Aumont, père de celui dont il s'agit ici, étoit en année, et les ducs très-offensés des entreprises du premier président de Novion. Il vint à Versailles à l'heure qu'on devoit bientôt voir le roi, et pria l'huissier de dire au duc d'Aumont qu'il étoit là; le duc d'Aumont le laissa jusque vers la fin du fruit du dîner du roi dans l'antichambre, ayant fait entrer tout ce qui pouvoit entrer. A la fin il le fit appeler. Il ne put se mettre en vue du roi, qui étoit au lit. Il attendit que le monde sortît, et comme il commençoit à s'écouler, il s'approcha du balustre. Le duc d'Aumont, qui l'observoit, l'y laissa entrer deux pas pour qu'il ne pût s'en dédire, et le tira après fort rudement par sa robe, et lui dit rudement aussi : « Où allez-vous ? sortez; des gens comme vous n'entrent pas dans le balustre si le roi ne les appelle pour leur parler. »

Novion, déjà outré de sa longue attente dans l'antichambre, fut si confondu qu'il n'eut pas un mot à répondre. Il se retira plein de honte et de rage, et comme il n'avoit point de bâtard derrière lui, il n'osa s'en plaindre, et demeura avec l'affront.

M. du Maine, ravi d'avoir mis ainsi les ducs hors de toute mesure avec le premier président, ne laissoit pas d'être en peine de la conclusion. Les impostures n'avoient pas fait l'effet sur le roi qu'ils en avoient tous deux espéré; et M. du Maine se voyoit avec beaucoup d'angoisses découvert à travers le premier président. Il n'en sentoit pas moins du désespoir où il voyoit ce magistrat des suites de ses impostures, parce qu'il ne vouloit pas se brouiller avec un homme qui avoit son secret et qu'il avoit mis à la tête du parlement. Il voulut donc montrer que rien ne le rebutoit pour chercher des expédients de sortir honnêtement les ducs d'une affaire où il les avoit embarqués par force, sur sa parole et sur celle du premier président; et, en finissant, le tirer, s'il étoit possible, de l'embarras étrange où il l'avoit livré. Il se mit donc à montrer aux ducs ses désespoirs, ses désirs, toujours son espérance, glissant légèrement de foibles excuses du premier président. On ne lui répondoit que par des révérences sérieuses et silencieuses qui lui donnoient fort à penser. Enfin il proposa aux mêmes ducs à qui il s'étoit adressé sur le bonnet une conférence à Sceaux avec Mme la duchesse du Maine seule, qui n'avoit point encore paru à découvert dans cette affaire, dans laquelle il espéroit qu'on pourroit trouver de bons expédients. Ce qu'on va voir qu'il s'y traita montrera dans la dernière évidence le dernier degré de sa puissance sur l'esprit du roi, et l'excès de ses inquiétudes sur tout ce qu'il en avoit obtenu. Les ducs s'en défendirent tant qu'ils purent et jusqu'à l'opiniâtreté; mais, à force de recharges et d'empressements les plus vifs et les plus redoublés, la même raison qui les avoit embarqués avec lui malgré eux dans l'affaire du bonnet les entraîna encore à céder, quoiqu'ils vissent assez qu'il n'y avoit rien à en attendre qu'un prétexte de faire casser la corde sur eux. Ce fut donc à qui n'iroit point.

M. d'Aumont, qui tôt après ne se cacha plus guère d'avoir été un pigeon privé, profita du refus de chacun pour se proposer. On se regarda; il n'étoit pas encore assez à découvert pour lui faire un affront public; et c'en eût été un de le refuser; ainsi, tout se faisant par force dans l'embarquement et dans toute la suite de cette affaire, ce fut force d'y consentir; mais comme on étoit aussi bien éloigné de se fier en lui, on proposa tout de suite qu'il en falloit mettre un autre avec lui. Le duc d'Aumont demanda pourquoi, et se mit à pérorer pour y aller tout seul. S'il n'avoit pas été plus que suspect déjà, cette offre si aisée d'aller, cet empressement d'y aller seul auroient dû ouvrir les yeux. L'embarras fut du compagnon. La commission de soi n'étoit rien moins qu'agréable; l'union de M. d'Aumont la rendoit encore plus dégoûtante. Heureusement M. de La Force, dont j'aurai lieu de parler ailleurs, se proposa, et il fut accepté avec joie. Il avoit beaucoup d'esprit; il étoit fort instruit; il étoit fort duc et pair, et très-incapable de gauchir. Il étoit depuis longtemps beaucoup de la société de Mme la duchesse du Maine, enfin il étoit l'ancien du duc d'Aumont; il avoit fort la parole en main, et entre eux deux c'étoit sur lui qu'elle devoit naturellement rouler. Il n'avoit pas été des derniers à voir clair sur la conduite du duc d'Aumont, et il fut de plus bien averti de s'en défier continuellement à Sceaux, et de l'y regarder et se conduire comme avec le croupier de Mme du Maine. Parmi tant de choses sinistres dans cette affaire, ce fut un bonheur que tout fût bon au duc de La Force pourvu qu'il se mêlât de quelque chose, et que ce goût lui eût donné envie de doubler le duc d'Aumont.

Les voilà donc tous deux à Sceaux à jour marqué, qui suivit de fort près le consentement arraché d'y aller. Mme la duchesse du Maine les y reçut avec des politesses et des empressements nonpareils; et, un moment après leur arrivée, elle les mena dans son cabinet, où elle fut en tiers avec eux. Là Mme du Maine, après tous les jargons de préface, leur dit nettement que, puisque c'étoit M. du Maine qui les avoit engagés dans cette affaire, qu'il s'étoit fait fort d'y réussir, qu'ils la regardoient comme si principale surtout depuis qu'elle avoit été embarquée et qu'elle sembloit avoir mal bâté, il étoit raisonnable que M. du Maine mît le tout pour le tout pour les en bien sortir; mais qu'aussi étoit-il juste qu'il fût assuré d'eux qu'il n'obligeroit pas des ingrats, et qu'ils entrassent avec lui en des engagements sur lesquels il pût compter. A ce début, ces messieurs se regardèrent l'un l'autre, et parurent fort surpris d'une proposition qu'ils entendirent pour la première fois de leur vie; et si elle fut moins nouvelle au duc d'Aumont, il joua bien d'abord.

Mme du Maine, qui s'en aperçut, et qui sans doute s'y étoit bien attendue, les cajola l'un après l'autre, puis les ducs en général, leur dit qu'ils ne devoient point s'étonner de ce qu'elle leur proposoit; qu'il étoit de leur intérêt d'emporter ce qui étoit entamé; de celui de M. du Maine de s'assurer de tant de grands seigneurs qui n'avoient pas vu sans peine ces diverses élévations; qu'il en étoit bien informé il y avoit longtemps; qu'il ne laissoit pas de désirer leur amitié, et qu'ils le voyoient bien par les démarches qu'il avoit faites sur cette affaire; mais qu'il entendoit aussi que le succès les lui concilieroit de manière à éteindre en eux leurs anciens déplaisirs à son égard, et à former un attachement (quelle expression!) dont il se pût assurer; que c'étoit sur quoi elle les prioit de lui répondre. Là-dessus force compliments, force verbiages; mais elle leur déclara qu'elle ne s'en contentoit point. Eux répondirent qu'ils ne savoient rien de plus à répondre que lui dire les sentiments qu'ils lui exposoient, puisque, ne s'agissant de rien de précis, ils n'avoient rien à refuser ni à accepter. Mme du Maine, voyant que tous ses propos ne les faisoient point s'avancer, et que M. de La Force comme l'ancien prenoit toujours la parole sur M. d'Aumont sans jamais la lui laisser, prit son parti de parler la première. Elle leur dit donc que, après toutes les grâces dont le roi venoit de combler M. du Maine, et particulièrement celle de l'habilité à succéder à la couronne, il n'avoit plus rien à en désirer, mais qu'en même temps il n'étoit pas assez peu considéré pour ne pas voir que cette disposition et d'autres qui avoient précédé celle-là pouvoient, non pas être contestées après le roi (elle ne disoit pas ce qu'elle en pensoit) qui les avoit bien solidement munies de tout ce qui les pouvoit bien assurer, mais donner occasion d'aboyer (quel terme !), de crier, d'exciter les princes du sang, jeunes et sans expérience, quoique si liés à eux par les alliances si proches et si redoublées, donner envie aux pairs de se joindre à eux contre M. du Maine, enfin de les tracasser; que M. du Maine vouloit éviter cet inconvénient, jouir paisiblement de tout ce qui lui avoit été accordé, et que c'étoit à eux à voir s'ils se vouloient engager à lui sur ce pied-là d'une manière non équivoque.

Le duc d'Aumont saisit la parole. Le duc de La Force la lui prit à l'instant, en l'interrompant sur ce qu'il enfiloit plus que des compliments. Après en avoir fait quelques-uns, La Force se mit à vanter la solidité de tout ce que M. du Maine avoit obtenu, la solennité des formes qui y avoient été gardées, conclut que c'étoit là une terreur panique sur des choses que personne n'avoit aucun moyen d'attaquer. La duchesse du Maine répondit que, s'ils n'avoient point de moyens, il n'en falloit pas conserver la volonté; que cela ne se prouvoit point par des propos, mais par des choses; que c'étoit à eux à voir quelles étoient ces choses dans lesquelles ils voudroient s'engager. Le duc de La Force, de plus en plus surpris de tout ce qu'il entendoit, et qui voyoit déjà où elle en vouloit venir, se défendit sur ce qu'ils n'imaginoient rien au delà de ce qu'il venoit de lui dire; qu'il y ajouteroit de plus toutes les protestations qu'elle estimeroit l'assurer de leurs intentions; qu'elle avoit vu que pas un d'eux n'avoit opposé quoi que ce fût à toutes les volontés du roi à l'égard du duc du Maine; et revint encore à leur solidité. Mme du Maine, forcée enfin d'articuler, leur déclara que si c'étoit sincèrement qu'ils parloient, tant pour eux que pour les autres ducs, il ne leur coûteroit rien de leur donner une assurance par écrit de soutenir après le roi ce qu'il avoit réglé de son vivant pour ses fils naturels et leur postérité, tant pour leurs rangs et honneurs que pour la succession à la couronne.

M. de La Force, qui dès le commencement de cette forte conversation avoit prévu cette proposition, la supplia de considérer ce qu'elle leur proposoit; de faire réflexion si des sujets, quels qu'ils fussent, pouvoient sans crime s'arroger l'autorité et le droit de confirmer les dispositions du roi vivant et régnant, enfin de jeter les yeux sur la juste jalousie du roi de son autorité, et sur les folles calomnies que le premier président avoit osé leur imputer à ce même égard d'autorité, et au roi même, lesquelles ils ne pouvoient ignorer, puisque le roi les avoit aussitôt après rendues au duc d'Antin avec permission d'en informer les ducs, lequel lui en avoit démontré la noirceur et la folie. Le duc de La Force continuoit en étendant sa réponse; mais la duchesse du Maine, qui avoit eu à peine la patience de l'écouter jusque-là, l'interrompit avec un feu qu'elle ne put contenir. Elle lui dit qu'elle s'en étoit toujours bien doutée; que les ducs ne cherchoient que des échappatoires; mais que pour celle-là elle les tenoit, et qu'elle leur répondoit que non-seulement le roi ne seroit point offensé de l'écrit qu'elle leur demandoit, mais qu'il leur en sauroit même fort bon gré, et que M. du Maine s'en faisoit fort. Le duc d'Aumont profita prestement de l'étourdissement où cette vive réponse jeta le duc de La Force, et de la réflexion dans laquelle il tomba, quelque prévoyance qu'il en eût eue. « Monsieur, lui dit Aumont, si nous ne trouvons plus de difficulté comme madame l'assure, et que M. du Maine s'en fait fort, que risquons-nous? et au contraire cette assurance de notre part n'est qu'honorable. »

La Force retint l'indignation dont cette apostrophe le saisit, et avec un sourire modeste lui répondit : « Mais qui nous assurera, monsieur, que ce que le roi approuvera aujourd'hui, par considération pour M. le duc du Maine, ne lui soit pas empoisonné demain contre nous sur son autorité, à laquelle nous aurions attenté par la concurrence de la nôtre; et contre M. le duc du Maine même qui, non content de toute celle de la majesté royale, auroit en sus montré qu'il comptoit ce concours de notre part nécessaire, et qu'il y a eu recours? Qui nous assurera que le premier président, dans la rage qu'il témoigne, que le parlement, dans l'aliénation où il l'a mis de nous, n'aura pas encore plus de jalousie que le roi de nous voir confirmer ce que cette compagnie a solennellement enregistré; et que dans le temps que ces messieurs n'épargnent rien pour nous réduire au simple état de membres de leur corps, comme eux-mêmes et sans rien qui nous en distingue, ils ne feront pas tous leurs efforts pour traiter d'attentat cette autorité arrogée par-dessus, et en confirmation de la leur? Madame, se tournant vers la duchesse du Maine, cela est trop délicat, ajouta-t-il ; il n'est aucun de nous qui en osât tenter le hasard. » Mme du Maine rageoit et le montroit bien à son visage. Ce coup de partie embrassoit tout, soit en effet pour s'assurer des ducs une bonne et solide fois, comme elle le témoignoit, soit pour les perdre sans ressource auprès du roi, en quoi M. du Maine, qui répondoit de Sa Majesté à cet égard, et qui avoit tant et si fort répondu du premier président, en auroit usé avec la même perfidie, soit pour les perdre avec les princes du sang, sans la moindre participation desquels cette assurance par écrit étoit demandée et eût été accordée, soit avec le parlement, soit avec le public, qui auroit vu les ducs disposer autant qu'il étoit en eux de leur propre et seule autorité, par un écrit signé d'eux, du droit de succéder à la couronne, sans nulle cause que leur désir du bonnet et la volonté de la duchesse du Maine, que le duc du Maine eût dédite, protesté qu'elle avoit imaginé l'écrit de sa tête sans son su, l'avoit demandé sans la moindre participation de sa part, répondu du roi par lui de son chef et sans lui en avoir jamais parlé, si ce désaveu lui eût convenu dans la suite, comme on lui a vu faire depuis en choses où il y alloit de plus pour l'État et pour lui, comme on le verra en son lieu. C'étoit donc là un coup tellement de partie que la duchesse du Maine se contint, ne se rebuta point, et se mit à répliquer, dupliquer et à faire les derniers efforts pour l'emporter à force d'esprit et d'autorité sur M. de La Force, à qui seul elle avoit affaire, le pied ayant déjà si bien glissé au duc d'Aumont. Celui-ci se voulut mêler une ou deux fois dans la dispute, mais il fut toujours repoussé par l'autre, qui, lui mettant la main sur le bras, ne s'interrompoit point, et lui étouffa toujours la parole.

La duchesse du Maine se trouvant à bout, céda enfin à sa colère. Elle dit à ces messieurs qu'elle voyoit bien qu'eux ni leurs confrères ne se pouvoient regagner ; qu'ils mettoient en avant une vaine crainte du roi duquel elle leur répondoit, une vaine crainte d'ailleurs, une vaine modestie sur eux-mêmes, surtout beaucoup d'esprit et de compliments à la place de réalités nécessaires ; qu'ils vouloient leur fait, et se réserver entiers pour ce qui leur conviendroit dans l'avenir ; que c'étoit à M. du Maine et à elle à savoir s'en garantir ; et qu'elle vouloit bien leur dire (et ceci est étrangement remarquable, d'autant plus qu'elle n'a rien oublié, ni M. du Maine, pour le bien effectuer depuis, comme on le verra en son lieu), qu'elle vouloit bien leur dire, pour qu'ils n'en pussent douter, que quand on avoit une fois acquis l'habilité de succéder à la couronne, il falloit, plutôt que se la laisser arracher, mettre le feu au milieu et aux quatre coins du royaume. Ce furent ses dernières paroles. En les achevant elle se leva brusquement, sans toutefois qu'il lui fût échappé quoi que ce soit contre ces deux ducs ni contre les ducs en général. On se quitta avec beaucoup de compliments forcés d'une part, et de respects de l'autre qui ne l'étoient pas moins, le duc de La Force ayant toujours l'œil sur le duc d'Aumont, qui n'osa rien dire en particulier à la duchesse du Maine, ni la suivre. Ils partirent aussitôt de Sceaux et vinrent rendre compte de leur voyage.

Ce qui vient d'être raconté de la conversation de Sceaux est copié mot à mot sur le rapport qui en fut fait par le duc de La Force, en présence du duc d'Aumont, qui n'y trouva rien à ajouter, à diminuer ni à changer. Il parut si important et en même temps si curieux qu'il fut écrit sur-le-champ même, et c'est d'où il a été pris. On n'en a omis que ce que ce premier écrit omit, qui est un fatras de répliques et de dupliques de part et d'autre, qui n'étoient que des répétitions continuelles en d'autres termes des premiers, et pour ainsi dire des propos matrices, qui furent écrits, et qu'on a exactement copiés. On en usera ici comme on a fait sur les impostures du premier président au roi, c'est-à-dire qu'on supprimera tout commentaire. Le simple narré est non-seulement au-dessus de tous ceux qu'on pourroit faire, mais il se peut dire que la proposition de la duchesse du Maine, et la menace de sa part de culbuter l'État, et sa déclaration de le faire plutôt que perdre la succession à la couronne, surpassent non-seulement toute attente, mais toute imagination. Resteroit à savoir le véritable projet de cet engagement de conférence avec la duchesse du Maine. Étoit-ce un panneau tendu au désir du bonnet, à l'embarras honteux de l'état actuel de cette affaire, et à la sottise espérée des ducs que cet écrit d'assurance pour les en accabler après par le roi, par les princes du sang, par le parlement, par le public? et il semble que le personnage infâme de délateur et d'imposteur que le premier président venoit de faire auprès du roi contre les ducs conduise à le penser. N'étoit-ce aussi que la peur extrême du futur qui saisissoit un moment d'espérance d'obtenir cet écrit, avec dessein effectif de faire donner le bonnet, et de laisser le premier président dans la nasse après s'être assuré des ducs, et peut-être du roi à cet égard d'avance? Mais qui pourroit sonder les profondeurs du gouffre noir et sans fond du sein du duc du Maine, qui se substituoit son épouse après avoir paru plus qu'il ne vouloit dans la conduite affreuse du premier président? Dieu les a jugés tous deux, il n'appartient pas aux hommes de le faire.

Quel qu'en ait été le dessein, il manqua, grâce au duc de La Force qui, se voyant trahi par son adjoint, conserva toute la présence de son esprit et de son courage pour s'en tirer habilement et nettement, sans donner prise le moins du monde. M. du Maine, comblé au moins d'avoir commis les ducs avec le premier président par un si vif éclat, et le parlement par lui, ne perdoit point de vue son premier projet de faire casser la corde sur les ducs sans qu'il parût y avoir part, et délivrer en même temps le premier président de faire au roi une réponse nettement négative. Cette réponse de plus ou de moins, après ce qu'il avoit dit au roi des ducs, ne lui auroit pas, à leur égard, gâté sa robe davantage. Mais soit que le premier président crût en avoir assez fait, soit que M. du Maine craignît de se manifester davantage par cette dernière démarche, soit encore, supposé que le roi ne fût pas de la partie, qu'il craignît que, piqué de la conduite du premier président, il ne se fâchât jusqu'à décider le bonnet en faveur des ducs, le duc du Maine eut recours à une nouvelle scène, à travers laquelle il ne parut l'auteur de tout le jeu que plus manifestement : ce fut d'y amener Mme la Princesse. Il ne pouvoit néanmoins ignorer que, dès le commencement de l'affaire, il avoit répondu des princes du sang, et d'elle nommément, si bien qu'il usa pour elle du mot de happelourde ¹, du terme d'imbécile qui n'étoit comptée pour rien, et qui ne s'étoit jamais mêlée de rien dans sa famille ni dehors, qui n'auroit osé penser à s'opposer à l'inclination du roi, et qui ne branleroit jamais au moindre mot que lui son gendre lui diroit. Cela ne fut pas dit par lui pour une fois aux ducs, mais à plusieurs, et plusieurs fois répété, en répondant lui-même, et y mêlant des plaisanteries du peu de cas qu'il y avoit à en faire. Mais l'affaire pressoit, il falloit une issue, il choisit celle-là, ou il n'en trouva point d'autre. Dans cet instant Mme la Princesse devint un esprit, une femme de tête et d'autorité qui alla parler au roi pour sa famille. Elle dit que M. le Prince lui avoit toujours parlé du bonnet comme de la plus chère distinction des princes du sang sur les pairs ; qu'elle avoit trop de respect pour sa mémoire, pour ses sentiments, pour ses volontés, pour l'intégrité du rang des princes du sang, pour ne pas supplier le roi de toutes ses forces de n'y rien innover. Là-dessus le roi dit à d'Antin qu'il étoit fâché de cette fantaisie qui avoit pris à Mme la Princesse, qu'il ne pouvoit la persuader ni passer par-dessus ; et qu'il ne vouloit plus ouïr parler du bonnet. D'Antin, qui vit bien que c'étoit une chose préparée, ne laissa pas de répondre de son mieux. Mais il parut clairement que le roi étoit convenu avec M. du Maine d'en sortir de cette façon, et rien ne le put ébranler.

Rien de si transparent que ce personnage de Mme la Princesse. Personne n'ignoroit le peu de figure qu'elle avoit fait dans sa famille toute sa vie, ni les mépris et les duretés avec lesquels M. le Prince l'avoit sans cesse traitée jusqu'à sa mort, bien loin de lui parler du bonnet, ni même de la moindre chose la plus domestique. Avec des millions dont elle pouvoit disposer, elle n'eut pas le moindre crédit ni moyen d'éteindre le feu que le testament de M. le Prince fit

---

1. Ce mot, qui se disait au propre d'une pierre fausse, désignait, au figuré, une personne de belle apparence, mais sans esprit.

naître parmi ses enfants ; et si on a vu en son lieu qu'elle fit résoudre en un instant, par l'autorité du roi qu'elle alla trouver, le double mariage de M. le Duc et de M. le prince de Conti, c'est qu'elle fut guidée et poussée par l'intérêt de Mlle de Conti, brusquement, et à l'insu de tous, et que ce qu'elle apprit au roi, par la trahison de Mlle de Conti, du mariage, résolu entre M. [le duc] et Mme la duchesse d'Orléans et Mme la princesse de Conti, de Mlle de Chartres et de M. le prince de Conti, sans que le roi en sût le premier mot, le détermina sur-le-champ à montrer son autorité en le rompant et faisant en même temps épouser Mlle de Bourbon à M. le prince de Conti, et Mlle de Conti à M. le Duc. Ici le roi, loin d'être piqué contre les ducs, l'étoit contre le premier président, et le crédit de Mme la Princesse n'avoit jamais paru en aucune existence auprès du roi. M. du Maine n'apprit rien aux ducs sur Mme sa belle-mère ; mais les ducs, toujours en soupçon, voulurent se faire assurer par lui plusieurs fois, non d'elle, trop incapable pour en avoir rien à craindre, sûrs surtout que nous étions de Mme la Duchesse par nous-mêmes qui étoit très-bien avec elle, mais que, par les assurances qu'il nous donnoit de Mme la Princesse, jusqu'à nous répondre d'elle, plusieurs fois, comme on l'a vu, il se trouvât hors d'état de nous la produire, comme il n'eut pas honte après tout cela de faire pour s'en servir contre nous. Mme la Princesse, de plus, n'avoit ni grâce, ni prétexte, ni raison ; on ira même plus loin, elle n'avoit pas droit ni caractère de s'opposer à ce que Mme sa belle-fille consentoit pour MM. ses enfants, beaucoup moins à ce que M. le duc d'Orléans, eux si reculés, lui fils du frère unique du roi et père du premier prince du sang, consentoit pour soi, pour lui et pour sa postérité. Il n'y eut donc personne qui ne reconnût le duc du Maine à travers Mme la Princesse, sans lequel le roi, disposé comme il le paroissoit, et si accoutumé à ne compter Mme la Princesse que par l'extérieur de princesse du sang, lui eût bien demandé de quoi elle se mêloit quand M. le duc d'Orléans et Mme la Duchesse consentoient à une chose que lui-même trouvoit juste et raisonnable ; ou plutôt, sans M. du Maine, le bonnet eût été accordé ou refusé qu'elle ne l'auroit peut-être pas su de six mois après, de la façon dont elle vivoit. Personne donc, même des non-intéressés, ne prit aux plaintes de M. du Maine, qui disoit à qui vouloit l'entendre que Mme la Princesse lui avoit bien lavé la tête d'avoir mis en avant l'affaire du bonnet. Elle finit donc de cette manière. D'Antin dit aux ducs ce que le roi lui avoit déclaré après avoir écouté Mme la Princesse, qui lui alla parler huit ou dix jours après la conférence de Sceaux.

J'avois toujours été dans cette affaire, depuis la première conférence que j'ai marqué que nous eûmes cinq ou six ensemble chez le maréchal d'Harcourt pour délibérer sur l'embarquement, et M. du Maine m'avoit raccroché plusieurs fois à Marly, quoique je l'évitasse, pour m'en parler avant l'éclat du premier président. Je ne dissimulerai pas que je fus outré de nous voir le jouet de l'art et de la puissance de M. du Maine, et de la scélératesse du premier président. Ce fut un samedi au soir que d'Antin nous rendit à Versailles la réponse définitive du roi. J'eus la nuit devant moi. Elle ne put me persuader de laisser M. du Maine jouir paisiblement du plein et plus que plein succès de ses souplesses ; ce terme, je pense, n'est pas trop fort. Il m'avoit répondu de soi, de Mme la Princesse, des princes du sang, du premier président, du parlement, comme aux autres ducs ; il m'avoit fait les mêmes protestations de son désir et de sa bonne foi ; il m'avoit même pressé dans les premiers temps de m'assurer du consentement de M. le duc d'Orléans. Aucun péril ne me put persuader une servitude assez basse pour lui laisser ignorer ce que je sentois. Je n'y voulus embarquer personne avec moi, mais je ne pus souffrir qu'il le portât plus loin. Je logeois dans l'aile neuve de plain-pied à la tribune, lui dans la même aile en bas, tout auprès de la grande porte de la chapelle. Le lendemain dimanche, je le fis guetter au sortir de la chapelle. Jamais les fêtes et dimanches il n'y manquoit grand'messe, vêpres et le salut, et toutefois sa piété ne trompoit personne. Il alloit souvent à complies, à la prière, au sermon toujours quand il y en avoit, et au salut les jeudis.

Dès que je fus averti, je descendis chez lui. Je le trouvai seul dans son cabinet, qui me reçut l'air ouvert, de la manière du monde la plus polie et la plus aisée. Je n'ouvris la bouche qu'après que je fus assis dans mon fauteuil, et M. du Maine dans le sien. Alors, d'un air fort sérieux, je lui dis ce que j'avois appris. M. du Maine blâma Mme la Princesse, tomba sur elle, s'excusa, s'affligea. Je l'interrompis pour lui nommer seulement et gravement le premier président. M. du Maine voulut un peu l'excuser, et promptement ajouta qu'il ne falloit point désespérer de l'affaire ni la regarder comme finie ; que pour lui il ne cesseroit d'y travailler, et qu'il ne seroit jamais content qu'il n'en fût venu à bout. Sans m'émouvoir je l'écoutai, puis lui dis toutes les impostures du premier président au roi contre les ducs, que le roi avoit rendues sur-le-champ à d'Antin, avec permission de nous les dire, duquel je les savois ; et de là je traitai le premier président sans mesure, mais sans colère, avec un simple air du plus profond mépris et de l'horreur de sa scélératesse. Ce n'étoit pas que je comptasse lui rien apprendre, mais lui montrer que je n'ignorois rien ; et tout de suite le regardant fixement entre deux yeux : « C'est vous, monsieur, continuai-je, qui nous avez engagés malgré nous dans cette affaire ; c'est vous qui nous avez répondu du roi, du premier président, et par lui du parlement ; c'est vous qui nous avez répondu de Mme la Princesse ; c'est vous qui la faites intervenir maintenant, après avoir fait jouer au premier président un si indigne personnage; enfin, c'est vous, monsieur, qui nous avez manqué de parole, et qui nous rendez le jouet du parlement et la risée du monde. » M. du Maine, toujours si vermeil et si désinvolte, devint interdit et pâle comme un mort. Il voulut s'excuser en balbutiant, et témoigner sa considération pour les ducs, et en particulier pour moi. Je l'écoutois sans avoir ôté un moment les yeux de dessus les siens. Enfin, fixant les yeux de plus en plus sur lui, je l'interrompis et lui dis d'un ton élevé et fier, mais toujours tranquille et sans colère : « Monsieur, vous pouvez tout, vous nous le montrez bien et à toute la France ; jouissez de votre pouvoir et de tout ce que vous avez obtenu, » mais en haussant la tête et la voix et le regardant jusqu'au fond de l'âme : « Il vient quelquefois des temps où on se repent trop tard d'en avoir abusé, et d'avoir joué et trompé de sang-froid tous les principaux seigneurs du royaume en rang et en établissements, qui ne l'oublieront jamais ; » et brusquement je me lève, et tourne pour m'en aller sans lui laisser le moment de répondre. Le duc du Maine, l'air éperdu d'étonnement et peut-être de dépit, me suivit, balbutiant encore des excuses et des compliments. J'allai toujours, sans me tourner, jusqu'à la porte. Là, je me tournai, et d'un air d'indignation je lui dis : « Oh! monsieur, me conduire après ce qui s'est passé, c'est ajouter la dérision à l'insulte. » Je passai à l'instant la porte, et m'en allai sans regarder derrière moi.

La même après-dînée je racontai cette visite aux autres ducs de point en point. Je ne sais si beaucoup l'eussent voulu faire, mais tous en parurent très-satisfaits. Nul ne le fut plus que moi. Je n'ai point su ce que M. du Maine fit de cette conversation, dont il n'avoit, je pense, éprouvé encore de pareille. S'il en parla au roi, s'il s'en ouvrit à Mme de Maintenon, s'il la tint secrète de sa part, c'est ce que je n'ai point démêlé, et dont je me mis peu en peine. Si le roi la sut, il a fait comme s'il ne la savoit pas ; Mme de Maintenon de même. Jamais Mme de Saint-Simon et moi ne nous en sommes aperçus. Personne de chez M. du Maine, ni de Sceaux, n'en a jamais parlé. On peut juger que M. du Maine et moi ne retournâmes pas l'un chez l'autre, et ne nous cherchions pas. Nous nous rencontrions rarement ; alors M. du Maine s'arrêtoit et me saluoit bas, et de la façon la plus marquée (son pied-bot l'obligeoit à s'arrêter ainsi quand il vouloit saluer quelqu'un par une véritable révérence); je lui répondis fidèlement par une demie, toujours marchant; et nous vécûmes ainsi jusqu'à la mort du roi.

Quoique les réflexions gâtent souvent des Mémoires, il est difficile de s'empêcher d'en faire ici sur le renversement de toutes lois, droits et ordre pour des élévations sans mesure. Ceux qui les obtiennent regardent comme ennemi tout ce qui n'approuve pas leur fortune, et comme des gens à perdre tous ceux qui dans d'autres temps les y pourroient troubler. Semblables aux tyrans qui ont asservi leur patrie, ils craignent tout, ils se défient de tout, des hommes de sens et de courage dont l'état est blessé de cette étrange élévation ; ils se croient tout permis contre eux, et la crainte de déchoir devient en eux une passion si supérieure à tout autre sentiment, qu'il n'est crime dont ils puissent avoir horreur, dès qu'il devient utile à la conservation de ce qu'ils ont usurpé.

On voit ici le plus noir dessein du duc du Maine amené à succès par les plus noirs procédés, et en même temps les plus profondément pourpensés. La fausseté, la trahison, la perfidie, les manquements de parole sans cesse multipliés, la violence adroite pour attirer forcément dans ses piéges, les divers personnages également soutenus, le dernier abus d'une âme de boue, que comme telle il a mise sur le chandelier, à qui il fait souffler comme il veut le froid et le chaud, qu'il rend traître jusque sans le plus léger prétexte, et dont il se sert enfin pour faire vomir au roi les impostures les plus absurdes, mais les plus infernales contre tout ce que sa cour a de plus distingué et qui l'approche de plus près. A force de se cacher derrière des gazes, et de multiplier les horreurs, on sent qu'il est auteur et moteur de toutes les machines, et qu'il n'oublie rien pour n'être point aperçu. Il se voue aux ténèbres, et les ténèbres mêmes le rejettent. On les voit ensuite, lui et son infâme instrument, tenter tout pour se tromper l'un l'autre : le premier président pour obtenir des ducs de suivre les présidents, et laisser M. du Maine dans la nasse ; M. du Maine chercher à s'assurer des ducs en leur donnant ce qu'ils vouloient, en laissant le premier président dans le fond du bourbier que sa servitude, à ce maître perfide, lui avoit fait creuser à lui-même. Couverts enfin l'un et l'autre de tout ce qui peut rendre les hommes plus méprisables et plus odieux, sans plus de ressource de n'être pas vus tels et à plein découverts, on voit M. du Maine se servir de son épouse, et abuser du respect dû à sa naissance de fille du premier prince du sang, pour faire nettement et distinctement les propositions les plus criminelles et en même temps les plus farcies de toutes les sortes de poisons, et qui, dans la rage de ne les pouvoir faire accepter, ose déclarer que, plutôt que se voir arracher ce qui n'est pas dans le pouvoir des rois, ni dans la nature des choses de donner, je veux dire la succession à la couronne, ils mettront le feu au milieu et aux quatre coins du royaume. Est-ce une [personne] issue de la couronne qui parle? Est-ce quelqu'un dont les frères et les neveux y sont incontestablement appelés? Le plus mortel ennemi de nos rois, de nos princes, de notre patrie, pourroit-il emprunter de la plus furieuse rage des paroles qui en fussent plus le langage? et ce langage est celui d'une princesse du sang qui a oublié ce qu'elle est, et la reconnoissance de tous les biens, charges et grandeurs qu'a obtenus le mari qu'elle a épousé, qui ont passé à ses enfants, qui tous sont les premiers doubles adultérins que le soleil ait vus paroître, et que les lois violées ont soufferts hors du néant et de la non-existence! menace enfin qui, selon toutes les lois et suivant encore toute politique, en cela parfaitement d'accord avec les lois, mérite ce qu'on n'oseroit exprimer. Et à qui s'adresse-t-elle pour vomir cette criminelle menace? à des gens du plus grand état, qu'elle regarde comme ses ennemis, et que dans ce moment elle rend tels, et à qui elle ne craint pas de le dire. On verra dans la suite qu'il n'a pas tenu à elle, ni à son mari, caché alors derrière elle tant qu'il put, et jusqu'à la dernière comédie, comme il s'y cachoit ici, qu'ils n'aient renversé l'État et livré la France en proie.... Que n'auroit-on pas à ajouter!

Mesmes, trop vil pour s'arrêter à lui, et qui, par ce qu'on vient d'en voir, s'est montré par trop infâme pour ne pas déshonorer par le seul attouchement qui en voudroit réfléchir ou produire, laissera sauter par-dessus son infecte pourriture pour faire une courte réflexion sur le bonnet.

On en a vu ci-dessus la nouveauté, l'art et la plus qu'indécence; elle est telle que les présidents eux-mêmes sont forcés de l'avouer. Toute leur défense est de se couvrir du nom et de la majesté du roi qu'ils prétendent représenter tous ensemble en leur commune présidence, et c'est par cette représentation qu'ils essayent de soutenir leurs prétentions. La fausseté de cet allégué se découvre en ce que les représentants du roi auroient la première place dans le lieu et la fonction de leur représentation. Or il est de fait que ce sont les pairs qui l'ont sur eux, tant aux hauts siéges qu'aux bas siéges, puisqu'ils sont à la droite du coin du roi, au haut bout derrière lequel il n'y a point de passage, et du côté de la cheminée, du côté du barreau de préférence, du côté de la place et du plaidoyer des gens du roi. Si on a nouvellement changé la cheminée, il demeure constant que c'est une nouveauté; et le côté droit, à ce qui vient d'en être expliqué, demeure en existence et en évidence. Il faut donc dire que les présidents président au nom du roi, et non pas que des légistes pour leur argent le représentent. Cette représentation est même si fausse à leurs propres yeux qu'ils ne la pouvoient alléguer en présence du roi en lit de justice. Ils ne pouvoient pas même s'appuyer sur la simple présidence, puisque la présence du chancelier la leur ôte, et les efface totalement. Néanmoins on les a vus usurper d'opiner en lit de justice, non-seulement devant les pairs et les princes du sang, mais devant les fils de France, et devant la reine mère et régente; et les mouvements qu'ils se donnèrent montrent bien que c'étoit pour leurs personnes uniquement, et dans lesquels ils engagèrent le parlement d'entrer, quoiqu'il n'y eût pas le moindre intérêt, lorsque cette affaire fut enfin portée devant le roi en 1662, qui, très-contradictoirement, jugea contre eux pour les pairs ce qui a toujours subsisté depuis. Il est donc évident, par cet exemple dont on se contente ici, que ce n'est ni par la représentation du roi qu'ils n'ont point, ni par la présidence qu'ils exercent en son nom, qu'ils osent soutenir l'énorme usurpation du bonnet, et que, si le roi les obligeoit d'articuler à quel titre, ils demeureroient confondus.

Mais que pourroient-ils alléguer au roi là-dessus, en leur laissant même soutenir cette représentation fausse et idéale, dès que le roi consent pour ce qui le regarde, et qu'il dit au premier président que ce que les ducs demandent lui paroît juste et raisonnable, et qu'il désire qu'ils soient contents? c'étoit les mettre au pied du mur. Aussi le premier président n'osa jamais faire une dernière réponse au roi; et ce fut pour l'en délivrer que M. du Maine n'eut pas honte, après avoir tant de fois répondu de Mme la Princesse, de l'amener enfin sur la scène pour finir l'affaire comme on l'a vu.

Finissons par un mot fort court. Le chancelier va au parlement toutes les fois que bon lui semble, y préside, et y efface totalement le premier président et tous les autres présidents; il y déplace le premier président en l'absence du roi; il est le supérieur du parlement. Quand cette compagnie va chez lui le haranguer, et il n'est point de chancelier à qui cela n'arrive, c'est par députés, parmi lesquels sont le premier président et d'autres présidents à mortier. Le premier président lui porte la parole et le traite toujours de monseigneur; la députation est très-légèrement conduite par le

chancelier qui prend la main sur le premier président et
sur tous, et, à l'ordinaire de la vie, ne donne la main chez
lui à aucun magistrat, ni la chancelière, qui a d'ailleurs un
rang fort inférieur au sien, ne donne aussi la main chez elle
ni à la première présidente ni à aucune femme de robe, et
la donne néanmoins à toutes les autres, à la différence du
chancelier qui ne la donne qu'aux gens titrés. Voilà donc
une supériorité entière du chancelier sur le premier président et sur tous les présidents qui, en corps, et le premier président en particulier, lui écrivent *monseigneur* et en
reçoivent réponse fort disproportionnée. Le conseil privé, ou
des parties, qui casse les arrêts du parlement, n'a qu'un
seul président qui est le chancelier. En prenant les avis il
est couvert, et le demeure lorsque les conseillers d'État se
découvrent lorsqu'il les nomme pour opiner. Il n'ôte son
chapeau qu'en nommant le doyen du conseil, et le nomme
M. le doyen, et non par son nom comme il fait tous les
autres conseillers d'État. Lorsqu'il y a eu des pairs, même
M. de Vitry, qui n'étoit que duc à brevet et conseiller d'État
d'épée, le chancelier s'est toujours découvert pour eux, et
l'exemple de MM. de Reims et de Noyon en est récent. Que
l'on compare maintenant le chancelier et le premier président et leur très-différent usage; qu'est-il possible que les
présidents y répondent qui se puisse souffrir? En voilà assez
sur cette étrange affaire qui gagna le mois de mars 1715. Sa
nature a obligé à un récit de suite et non interrompu; reprenons maintenant les matières accoutumées, et revenons
sur nos pas au 1er janvier 1715. Toutefois il ne faut pas que
l'empressement de finir une si désagréable matière fasse
omettre que M. du Maine avoit payé d'avance le premier
président, presque immédiatement avant de l'entamer. Ce
magistrat, qui étoit un panier percé qui jetoit à tout, et
beaucoup en breloques, avoit toujours grand besoin d'argent, et se gouvernoit fort par ce continuel désir. Il avoit
quatre cent mille livres de brevet de retenue qu'il avoit

payées à son prédécesseur; il n'eut pas honte d'en demander la jouissance par une nouvelle pension de vingt mille livres, ni le duc du Maine de la solliciter auprès du roi, qui n'étoit plus à portée de refuser quoi que ce fût à ce très-cher bâtard, et cher en toutes les sortes.

CHAPITRE XXII.

1715. — Grillo vient faire au roi les remercîments de la reine d'Espagne. — Trois cent mille livres de brevet de retenue au duc de Bouillon sur son gouvernement d'Auvergne. — Trois mille livres de pension à Arpajon; six mille à Celi, intendant à Pau. — Électeur de Bavière à Versailles. — Électeur de Cologne y prend congé du roi et retourne dans ses États. — Mariage du prince héréditaire de Hesse-Cassel avec la sœur du roi de Suède. — Mort de la princesse d'Isenghien (Pot), sans enfants. — Mort, caractère et famille du comte de Grignan; sa dépouille. — Mort et caractère du maréchal de Chamilly; sa dépouille. — Caractère, vie, conduite et mort de Fénelon, archevêque de Cambrai. — Menées de Fleury, évêque de Fréjus, pour être précepteur de Louis XV. — Origine de la haine implacable et de la persécution sans bornes ni mesure de Fleury, évêque de Fréjus, depuis cardinal et maître du royaume, contre le P. Quesnel et les jansénistes. — La Parisière, évêque de Nîmes, Zopyre du P. Tellier. — Son invention ultramontaine; sa misérable mort. — Mort et caractère de l'abbé de Lyonne et d'Henriot, évêque de Boulogne. — Gesvres, archevêque de Bourges, obtient la nomination au cardinalat des deux rois de Pologne, Stanislas et l'électeur de Saxe. — Languet fait évêque de Soissons, et quelques autres bénéfices donnés. — Mort et caractère de la duchesse de Nevers. — Infructueuse malice de M. le Prince.

Cette année commença par les remercîments que la reine d'Espagne fit au roi des présents qu'elle en avoit reçus par le duc de Saint-Aignan. Elle lui dépêcha le marquis Grillo, noble génois, qu'elle affectionnoit, et qu'elle fit grand d'Espagne dès qu'elle s'y fut rendue maîtresse.

M. de Bouillon obtint cent mille écus de brevet de retenue sur son gouvernement d'Auvergne; le marquis d'Arpajon mille écus de pension; et Harlay, fils de l'ambassadeur plénipotentiaire à la paix de Ryswick, deux mille. Il étoit intendant à Pau. Le roi ne se démentit jamais en la moindre chose de sa préférence distinguée et marquée en tout de la robe sur l'épée, et du bourgeois sur le noble.

L'électeur de Bavière tira dans le petit parc, ce qui étoit une faveur où les fils de France avoient rarement atteint; joua après chez Mme la Duchesse, soupa et joua chez d'Antin, ne vit point le roi, et s'en retourna. On sut en même temps que le roi de Suède, qui étoit toujours à Stralsund, avoit accordé la princesse Ulrique, sa sœur, au prince héréditaire de Hesse-Cassel, qui l'alloit épouser à Stockholm. C'est le même prince qui avoit toujours servi dans les armées des alliés contre la France, et qui fut battu en Italie par Médavy presque en même temps de la levée du siége de Turin. L'électeur de Cologne prit congé du roi dans son cabinet l'après-dînée, pour retourner enfin dans ses États; il entra et sortit de chez le roi à l'ordinaire par les derrières.

Mme d'Isenghien mourut en couche d'un enfant mort. Elle étoit Pot, fille unique du dernier marquis de Rhodes, et je crois la dernière de cette illustre et ancienne maison. Elle étoit brouillée avec sa mère qui étoit Simiane, nièce du feu évêque-duc de Langres, malgré laquelle elle s'étoit mariée. Sa mort fit la réconciliation.

Le comte de Grignan, seul lieutenant général et commandant de Provence et chevalier de l'ordre, gendre de Mme de Sévigné qui en parle tant dans ses lettres, mourut à quatre-vingt-trois ans dans une hôtellerie, allant de Lambesc à Marseille. C'étoit un grand homme, fort bien fait, laid, qui sentoit fort ce qu'il étoit, fort honnête homme, fort poli, fort noble, en tout fort obligeant, et universellement estimé, aimé et respecté en Provence, où, à force de manger et de n'être point aidé, il se ruina. Il ne lui restoit que deux filles : Mme de Vibraie, fille de la sœur de la duchesse de Montausier, que les mauvais traitements de la dernière Mme de Grignan-Sévigné forcèrent à un mariage fort inégal, et qui fut toujours brouillée avec eux; et Mme de Simiane, fille de la Sévigné, adorée de sa mère comme elle l'étoit de la sienne. Elle avoit épousé Simiane par amour réciproque. Il avoit peu servi, et il étoit premier gentilhomme de la chambre de M. le duc d'Orléans, léger emploi alors, mais qui par l'événement lui valut la lieutenance générale de Provence, dont le roi n'avoit pas disposé lorsqu'il mourut.

Le maréchal de Chamilly mourut à Paris le 7 janvier, après une longue maladie, à soixante-dix-neuf ans. C'étoit un grand et gros homme, fort bien fait, extrêmement distingué par sa valeur, par plusieurs actions, et devenu célèbre par la défense de Grave. On en a parlé ailleurs à diverses reprises. Il étoit fort homme d'honneur et de bien, et vivoit partout très-honorablement; mais il avoit si peu d'esprit qu'on en étoit toujours surpris, et sa femme, qui en avoit beaucoup, souvent embarrassée. Il avoit servi jeune en Portugal, et ce fut à lui que furent écrites ces fameuses *Lettres portugaises*, par une religieuse qu'il y avoit connue et qui étoit devenue folle de lui. Il n'eut point d'enfants. Son nom étoit Bouton, dont il y a eu des chambellans des derniers ducs de Bourgogne, province d'où ils étoient. Il ne laissa vacant que le gouvernement de Strasbourg, que le roi donna au maréchal d'Huxelles, qui fut un beau morceau ajouté à son gouvernement d'Alsace où néanmoins il ne retourna plus. La vérité est que, pour plus de trente mille livres de rentes que valoit Strasbourg, il en rendit douze mille d'appointements du gouvernement de Brisach.

En ce même commencement de janvier, Fénelon, aujourd'hui conseiller d'État d'épée, lieutenant général, gouverneur du Quesnoy et chevalier de l'ordre après avoir été ambassadeur en Hollande, entra chez moi à Versailles comme j'achevois de dîner. Il me dit fort affligé qu'il venoit d'apprendre par un courrier que l'archevêque de Cambrai, son grand-oncle, étoit extrêmement mal; et qu'il me venoit prier d'obtenir de M. le duc d'Orléans de lui envoyer Chirac, son médecin, sur-le-champ, et de lui prêter ma chaise de poste. Je sortis de table aussitôt. J'envoyai chercher ma chaise, et allai chez M. le duc d'Orléans, qui envoya chercher Chirac, et lui ordonna de partir et de demeurer à Cambrai tant qu'il y seroit nécessaire. Entre l'arrivée de Fénelon chez moi et le départ de Chirac il n'y eut pas une heure, et il alla tout de suite à Cambrai. Il trouva l'archevêque hors d'espérance et d'état à tenter aucun remède. Il y demeura néanmoins vingt-quatre heures, au bout desquelles il mourut. Ainsi, moi qu'il craignoit tant auprès de M. le duc d'Orléans pour les temps futurs, ce fut moi qui lui rendis le dernier service. Ce personnage a été si connu et si célèbre que, après ce qui s'en voit en plusieurs endroits ici, il seroit inutile de s'y beaucoup étendre, quoiqu'il ne soit pourtant pas possible de ne s'y arrêter pas un peu.

On a vu ici sa naissance d'ancienne et bonne noblesse, décorée d'ambassades, de divers emplois, d'un collier du Saint-Esprit sous Henri III, et d'alliances; sa pauvreté, ses obscurs commencements, ses tentatives diverses vers les jansénistes, les jésuites, les pères de l'Oratoire, le séminaire de Saint-Sulpice, auquel enfin non sans peine il s'accrocha, et qui le produisit aux ducs de Chevreuse et de Beauvilliers; le rapide progrès qu'il fit dans leur estime, la place de précepteur des enfants de France qu'elle lui valut, ce qu'il en sut faire, les sources et les progrès de la catastrophe de ses opinions et de sa fortune; les ouvrages qu'il composa, ceux qui y répondirent; les adresses qu'il employa et qui ne purent le sauver, la disgrâce de ses partisans, de ses amis, de ses protecteurs, à combien peu il tint qu'elle n'entraînât la ruine des ducs de Chevreuse et de Beauvilliers, et l'incomparable action de Noailles, archevêque de Paris, depuis cardinal, qui le brouilla pour longtemps avec le duc son frère et sa belle-sœur; les divers contours de son affaire qu'il porta enfin à Rome, où le roi fit agir en son nom comme partie contre lui; sa condamnation canoniquement acceptée par toutes les assemblées des provinces ecclésiastiques du royaume de l'obéissance du roi; la promptitude, la netteté, l'éclat de sa soumission et sa conduite admirable dans sa propre assemblée provinciale avec Valbelle, évêque de Saint-Omer, qui s'en déshonora; enfin le bonheur qu'il eut de se conserver en entier, et pour toujours, le cœur et l'estime de Mgr le duc de Bourgogne, des ducs de Chevreuse et de Beauvilliers, et de tous ses amis, sans l'affoiblissement d'aucun, malgré la roideur et la profondeur de sa chute, la persécution toujours active de Mme de Maintenon, le précipice ouvert du côté du roi, et dix-sept années d'exil; tous aussi vifs pour lui, aussi attentifs, aussi faisant leur chose capitale de ce qui le regardoit, aussi assujettis à sa direction, aussi ardents à profiter de tout pour le remettre en première place que les premiers moments de sa disgrâce, et tous avec la plus grande mesure de respect pour le roi, mais sans s'en cacher, et moins qu'aucun d'eux les ducs de Chevreuse et de Beauvilliers, toute leur famille et Mgr le duc de Bourgogne même.

Ce prélat étoit un grand homme maigre, bien fait, pâle, avec un grand nez, des yeux dont le feu et l'esprit sortoient comme un torrent, et une physionomie telle que je n'en ai point vu qui y ressemblât, et qui ne se pouvoit oublier quand on ne l'auroit vue qu'une fois. Elle rassembloit tout, et les contraires ne s'y combattoient pas. Elle avoit de la gravité et de la galanterie, du sérieux et de la gaieté; elle sentoit également le docteur, l'évêque et le grand seigneur; ce qui y surnageoit, ainsi que dans toute sa personne, c'étoit la finesse, l'esprit, les grâces, la décence, et surtout la noblesse. Il falloit effort pour cesser de le regarder. Tous ses portraits sont parlants, sans toutefois avoir pu attraper la justesse de l'harmonie qui frappoit dans l'original, et la délicatesse de chaque caractère que ce visage rassembloit. Ses manières y répondoient dans la même proportion, avec une aisance qui en donnoit aux autres, et cet air et ce bon goût qu'on ne tient que de l'usage de la meilleure compagnie et du grand monde, qui se trouvoit répandu de soi-même dans toutes ses conversations; avec cela une éloquence naturelle, douce, fleurie; une politesse insinuante, mais noble et proportionnée; une élocution facile, nette, agréable; un air de clarté et de netteté pour se faire entendre dans les matières les plus embarrassées et les plus dures; avec cela un homme qui ne vouloit jamais avoir plus d'esprit que ceux à qui il parloit, qui se mettoit à la portée de chacun sans le faire jamais sentir, qui les mettoit à l'aise et qui sembloit enchanter, de façon qu'on ne pouvoit le quitter, ni s'en défendre, ni ne pas chercher à le retrouver. C'est ce talent si rare, et qu'il avoit au dernier degré, qui lui tint tous ses amis si entièrement attachés toute sa vie, malgré sa chute, et qui, dans leur dispersion, les réunissoit pour se parler de lui, pour le regretter, pour le désirer, pour se tenir de plus en plus à lui, comme les Juifs pour Jérusalem, et soupirer après son retour, et l'espérer toujours, comme ce malheureux peuple attend encore et soupire après le Messie. C'est aussi par cette autorité de prophète, qu'il s'étoit acquise sur les siens, qu'il s'étoit accoutumé à une domination qui, dans sa douceur, ne vouloit point de résistance. Aussi n'auroit-il pas longtemps souffert de compagnon s'il fût revenu à la cour et entré dans le conseil, qui fut toujours son grand but; et une fois ancré et hors des besoins des autres, il eût été bien dangereux non-seulement de lui résister, mais de n'être pas toujours pour lui dans la souplesse et dans l'admiration.

Retiré dans son diocèse, il y vécut avec la piété et l'application d'un pasteur, avec l'art et la magnificence d'un homme qui n'a renoncé à rien, qui se ménage tout le monde et toutes choses. Jamais homme n'a eu plus que lui la passion de plaire, et au valet autant qu'au maître; jamais homme ne l'a portée plus loin, avec une application plus suivie, plus constante, plus universelle; jamais homme n'y a plus entièrement réussi. Cambrai est un lieu de grand abord et de grand passage; rien d'égal à la politesse, au discernement, à l'agrément avec lesquels il recevoit tout le monde. Dans les premières années on l'évitoit, il ne couroit après personne; peu à peu les charmes de ses manières lui rapprochèrent un certain gros. A la faveur de cette petite multitude, plusieurs de ceux que la crainte avoit écartés, mais qui désiroient aussi de jeter des semences pour d'autres temps, furent bien aises des occasions de passer à Cambrai. De l'un à l'autre tous y coururent. A mesure que Mgr le duc de Bourgogne parut figurer, la cour du prélat grossit; et elle en devint une effective aussitôt que son disciple fut devenu Dauphin. Le nombre des gens qu'il y avoit accueillis, la quantité de ceux qu'il avoit logés chez lui passant par Cambrai, les soins qu'il avoit pris des malades et des blessés qu'en diverses occasions on avoit portés dans sa ville, lui avoient acquis le cœur des troupes. Assidu aux hôpitaux et chez les moindres officiers, attentif aux principaux, en ayant chez lui en nombre et plusieurs mois de suite jusqu'à leur parfait rétablissement, vigilant en vrai pasteur au salut de leurs âmes, avec cette connoissance du monde qui les savoit gagner et qui en engageoit beaucoup à s'adresser à lui-même, et il ne se refusoit pas au moindre des hôpitaux qui vouloient aller à lui, et qu'il suivoit comme s'il n'eût point eu d'autres soins à prendre, il n'étoit pas moins actif au soulagement corporel. Les bouillons, les nourritures, les consolations des dégoûts, souvent encore les remèdes sortoient en abondance de chez lui; et dans ce grand nombre un ordre et un soin que chaque chose fût du meilleur en sa sorte qui ne se peut comprendre. Il présidoit aux consultations les plus importantes; aussi est-il incroyable jusqu'à quel point il devint l'idole des gens de guerre, et combien son nom retentit jusqu'au milieu de la cour.

Ses aumônes, ses visites épiscopales réitérées plusieurs fois l'année, et qui lui firent connoître par lui-même à fond toutes les parties de son diocèse, la sagesse et la douceur de son gouvernement, ses prédications fréquentes dans la ville et dans les villages, la facilité de son accès, son humanité avec les petits, sa politesse avec les autres, ses grâces naturelles qui rehaussoient le prix de tout ce qu'il disoit et faisoit, le firent adorer de son peuple; et les prêtres dont il se déclaroit le père et le frère, et qu'il traitoit tous ainsi, le portoient tous dans leurs cœurs. Parmi tant d'art et d'ardeur de plaire, et si générale, rien de bas, de commun, d'affecté, de déplacé, toujours en convenance à l'égard de chacun; chez lui abord facile, expédition prompte et désintéressée; un même esprit, inspiré par le sien, en tous ceux qui travailloient sous lui dans ce grand diocèse; jamais de scandale ni rien de violent contre personne; tout en lui et chez lui dans la plus grande décence. Ses matinées se passoient en affaires du diocèse. Comme il avoit le génie élevé et pénétrant, qu'il y résidoit toujours, qu'il ne se passoit pas de jour qu'il ne réglât ce qui se présentoit, c'étoit chaque jour une occupation courte et légère. Il recevoit après qui le vouloit voir, puis alloit dire la messe, et il y étoit prompt; c'étoit toujours dans sa chapelle, hors les jours qu'il officioit, ou que quelque raison particulière l'engageoit à l'aller dire ailleurs. Revenu chez lui, il dînoit avec la compagnie toujours nombreuse, mangeoit peu et peu solidement, mais demeuroit longtemps à table pour les autres, et les charmoit par l'aisance, la variété, le naturel, la gaieté de sa conversation, sans jamais descendre à rien qui ne fût digne et d'un évêque et d'un grand seigneur; sortant de table il demeuroit peu avec la compagnie. Il l'avoit accoutumée à vivre chez lui sans contrainte, et à n'en pas prendre pour elle. Il entroit dans son cabinet et y travailloit quelques heures, qu'il prolongeoit s'il faisoit mauvais temps et qu'il n'eût rien à faire hors de chez lui.

Au sortir de son cabinet il alloit faire des visites ou se promener à pied hors la ville. Il aimoit fort cet exercice et l'allongeoit volontiers; et, s'il n'y avoit personne de ceux qu'il logeoit, ou quelque personne distinguée, il prenoit quelque grand vicaire et quelque autre ecclésiastique, et s'entretenoit avec eux du diocèse, de matières de piété ou de savoir; souvent il y mêloit des parenthèses agréables. Les soirs, il les passoit avec ce qui logeoit chez lui, soupoit avec les principaux de ces passages d'armée quand il en arrivoit, et alors sa table étoit servie comme le matin. Il mangeoit encore moins qu'à dîner, et se couchoit toujours avant minuit. Quoique sa table fût magnifique et délicate, et que tout chez lui répondît à l'état d'un grand seigneur, il n'y avoit rien néanmoins qui ne sentît l'odeur de l'épiscopat et de la règle la plus exacte, parmi la plus honnête et la plus douce liberté. Lui-même étoit un exemple toujours présent, mais auquel on ne pouvoit atteindre; partout un vrai prélat, partout aussi un grand seigneur, partout encore l'auteur de *Télémaque*. Jamais un mot sur la cour, sur les affaires, quoi que ce soit qui pût être repris, ni qui sentît le moins du monde bassesse, regrets, flatterie; jamais rien qui pût seulement laisser soupçonner ni ce qu'il avoit été, ni ce qu'il pouvoit encore être. Parmi tant de grandes parties un grand ordre dans ses affaires domestiques, et une grande règle dans son diocèse; mais sans petitesse, sans pédanterie, sans avoir jamais importuné personne d'aucun état sur la doctrine.

Les jansénistes étoient en paix profonde dans le diocèse de Cambrai, et il y en avoit grand nombre; ils s'y taisoient, et l'archevêque aussi à leur égard. Il auroit été à désirer pour lui qu'il eût laissé ceux de dehors dans le même repos; mais il tenoit trop intimement aux jésuites, et il espéroit trop d'eux, pour ne leur pas donner ce qui ne troubloit pas le sien. Il étoit aussi trop attentif à son petit troupeau choisi, dont il étoit le cœur, l'âme, la vie et l'oracle, pour ne lui pas donner de temps en temps la pâture de quelques ouvrages qui couroient entre leurs mains avec la dernière avidité, et dont les éloges retentissoient. Il fut rudement réfuté par les jansénistes; et il est vrai de plus que le silence en matière de doctrines auroit convenu à l'auteur si solennellement condamné du livre des *Maximes des saints;* mais l'ambition n'étoit rien moins que morte; les coups qu'il recevoit des réponses des jansénistes lui devenoient de nouveaux mérites auprès de ses amis, et de nouvelles raisons aux jésuites de tout faire et de tout entreprendre pour lui procurer le rang et les places d'autorité dans l'Église et dans l'État. A mesure que les temps orageux s'éloignoient, que ceux de son Dauphin s'approchoient, cette ambition se réveilloit fortement, quoique cachée sous une mesure qui, certainement, lui devoit coûter. Le célèbre Bossuet, évêque de Meaux, n'étoit plus, ni Godet, évêque de Chartres. La constitution avoit perdu le cardinal de Noailles; le P. Tellier étoit devenu tout-puissant. Ce confesseur du roi étoit totalement à lui ainsi que l'élixir du gouvernement des jésuites; et la société entière faisoit profession de lui être attachée depuis la mort du P. Bourdaloue, du P. Gaillard et de quelques autres principaux qui lui étoient opposés, qui en retenoient d'autres, et que la politique des supérieurs laissoit agir, pour ne pas choquer le roi ni Mme de Maintenon contre tout le corps; mais ces temps étoient passés, et tout ce formidable corps lui étoit enfin réuni. Le roi, en deux ou trois occasions depuis peu, n'avoit pu s'empêcher de le louer. Il avoit ouvert ses greniers aux troupes dans un temps de cherté et où les munitionnaires étoient à bout, et il s'étoit bien gardé d'en rien recevoir, quoiqu'il eût pu en tirer de grosses sommes en le vendant à l'ordinaire. On peut juger que ce service ne demeura pas enfoui, et ce fut aussi ce qui fit hasarder pour la première fois de nommer son nom au roi. Le duc de Chevreuse avoit enfin osé l'aller voir, et le recevoir une autre fois à Chaulnes; et on peut juger que ce ne fût pas sans s'être assuré que le roi le trouvoit bon.

Fénelon, rendu enfin aux plus flatteuses et aux plus hautes espérances, laissa germer cette semence d'elle-même; mais elle ne put venir à maturité. La mort si peu attendue du Dauphin l'accabla, et celle du duc de Chevreuse qui ne tarda guère après aigrit cette profonde plaie; la mort du duc de Beauvilliers la rendit incurable, et l'atterra. Ils n'étoient qu'un cœur et qu'une âme, et, quoiqu'ils ne se fussent jamais vus depuis l'exil, Fénelon le dirigeoit de Cambrai jusque dans les plus petits détails. Malgré sa profonde douleur de la mort du Dauphin, il n'avoit pas laissé d'embrasser une planche dans ce naufrage. L'ambition surnageoit à tout, se prenoit à tout. Son esprit avoit toujours plu à M. le duc d'Orléans. M. de Chevreuse avoit cultivé et entretenu entre eux l'estime et l'amitié, et j'y avois aussi contribué par attachement pour le duc de Beauvilliers qui pouvoit tout sur moi. Après tant de pertes et d'épreuves les plus dures, ce prélat étoit encore homme d'espérances; il ne les avoit pas mal placées. On a vu les mesures que les ducs de Chevreuse et de Beauvilliers m'avoient engagé de prendre pour lui auprès de ce prince, et qu'elles avoient réussi de façon que les premières places lui étoient destinées, et que je lui en avois fait passer l'assurance par ces deux ducs dont la piété s'intéressoit si vivement en lui, et qui étoient persuadés que rien ne pouvoit être si utile à l'Église, ni si important à l'État, que de le placer au timon du gouvernement; mais il étoit arrêté qu'il n'auroit que des espérances. On a vu que rien ne le pouvoit rassurer sur moi, et que les ducs de Chevreuse et de Beauvilliers me l'avouoient. Je ne sais si cette frayeur s'augmenta par leur perte, et s'il crut que, ne les ayant plus pour me tenir, je ne serois plus le même pour lui, avec qui je n'avois jamais eu aucun commerce, trop jeune avant son exil, et sans nulle occasion depuis. Quoi qu'il en soit, sa foible complexion ne put résister à tant de soins et de traverses. La mort du duc de Beauvilliers lui donna le dernier coup. Il se soutint quelque temps par effort de courage, mais ses forces étoient à bout. Les eaux, ainsi qu'à Tantale, s'étoient trop persévéramment retirées du bord de ses lèvres toutes les fois qu'il croyoit y toucher pour y éteindre l'ardeur de sa soif.

Il fit un court voyage de visite épiscopale, il versa dans un endroit dangereux, personne ne fut blessé, mais il vit tout le péril, et eut dans sa foible machine toute la commotion de cet accident. Il arriva incommodé à Cambrai, la fièvre survint, et les accidents tellement coup sur coup qu'il n'y eut plus de remède; mais sa tête fut toujours libre et saine. Il mourut à Cambrai le 7 janvier de cette année, au milieu des regrets intérieurs, et à la porte du comble de ses désirs. Il savoit l'état tombant du roi, il savoit ce qui le regardoit après lui. Il étoit déjà consulté du dedans et recourtisé du dehors, parce que le goût du soleil levant avoit déjà percé. Il étoit porté par le zèle infatigablement actif de son petit troupeau, devenu la portion d'élite du grand parti de la constitution par la haine des anciens ennemis de l'archevêque de Cambrai, qui ne l'étoient pas moins de la doctrine des jésuites qu'il s'agissoit, de tolérée à grande peine qu'elle avoit été depuis son père Molina, de rendre triomphante, maîtresse et unique. Que de puissants motifs de regretter la vie; et que la mort est amère dans des circonstances si parfaites et si à souhait de tous côtés! Toutefois il n'y parut pas. Soit amour de la réputation, qui fut toujours un objet auquel il donna toute préférence, soit grandeur d'âme qui méprise enfin ce qu'elle ne peut atteindre, soit dégoût du monde si continuellement trompeur pour lui, et de sa figure qui passe et qui alloit lui échapper, soit piété ranimée par un long usage, et ranimée peut-être par ces tristes mais puissantes considérations, il parut insensible à tout ce qu'il quittoit, et uniquement occupé de ce qu'il alloit trouver, avec une tranquillité, une paix, qui n'excluoit que le trouble, et qui embrassoit la pénitence, le détachement, le soin unique des choses spirituelles et de son diocèse, enfin avec une confiance qui ne faisoit que surnager à l'humilité et à la crainte.

Dans cet état il écrivit au roi une lettre, sur le spirituel de son diocèse, qui ne disoit pas un mot sur lui-même, qui n'avoit rien que de touchant et qui ne convînt au lit de la mort à un grand évêque. La sienne, à moins de soixante-cinq ans, munie des sacrements de l'Église, au milieu des siens et de son clergé, put passer pour une grande leçon à ceux qui survivoient, et pour laisser de grandes espérances de celui qui étoit appelé. La consternation dans tous les Pays-Bas fut extrême. Il y avoit apprivoisé jusqu'aux armées ennemies, qui avoient autant et même plus de soin de conserver ses biens que les nôtres. Leurs généraux et la cour de Bruxelles se piquoient de le combler d'honnêtetés et des plus grandes marques de considération, et les protestants pour le moins autant que les catholiques. Les regrets furent donc sincères et universels dans toute l'étendue des Pays-Bas. Ses amis, surtout son petit troupeau, tombèrent dans l'abîme de l'affliction la plus amère. A tout prendre, c'étoit un bel esprit et un grand homme. L'humanité rougit pour lui de Mme Guyon, dans l'admiration de laquelle, vraie ou feinte, il a toujours vécu, sans que ses mœurs aient jamais été le moins du monde soupçonnées, et est mort après en avoir été le martyr, sans qu'il ait été jamais possible de l'en séparer. Malgré la fausseté notoire de toutes ses prophéties, elle fut toujours le centre où tout aboutit dans ce petit troupeau, et l'oracle suivant lequel Fénelon vécut et conduisit les autres.

Si je me suis un peu étendu sur ce personnage, la singularité de ses talents, de sa vie, de ses diverses fortunes, la figure et le bruit qu'il a faits dans le monde, m'ont entraîné, persuadé aussi que je ne devois pas moins au feu duc de Beauvilliers pour un ami et un maître qui lui fut si cher, et pour montrer que ce n'étoit pas merveille qu'il en fût aussi enchanté, lui qui avec sa candeur n'y vit jamais que la piété la plus sublime, et qui n'y soupçonna pas même l'ambition. Tout étoit si exactement compassé chez M. de Cambrai qu'il mourut sans devoir un sou et sans nul argent.

Un prélat plus heureux pour le monde, mais qui n'a voulu rendre que soi heureux, jeta en ce temps-ci le premier fondement d'un règne qui a étonné l'Europe, et qui en même temps est devenu le plus grand et le plus solide malheur de la France. Je parle du trop fameux Fleury, qui a rendu à Dieu depuis plus de deux ans les comptes de sa longue vie et de sa toute-puissante et funeste administration, dont il n'est pas temps de parler. On a vu ses plus qu'obscurs commencements, ses progrès par cause plus que louche, avec quels efforts et combien tard il devint évêque de Fréjus, et la prédiction du roi au cardinal de Noailles, qui lui arracha cet évêché malgré lui. Il y languissoit loin de la cour et du grand monde, où il n'osoit venir que rarement. On a vu aussi comment il tâchoit de s'en dédommager en Provence et en Languedoc; l'étrange conduite qu'il eut, pour un évêque françois, lorsque M. de Savoie vint à Fréjus pour l'expédition de Toulon; la juste colère du roi, et l'art et la hardiesse que Torcy employa pour lui parer les plus grandes marques d'indignation; mais l'ambition ne se rebute d'aucun obstacle. Il avoit toute sa vie été courtisan du maréchal de Villeroy. Il voyoit Mme de Dangeau et Mme de Lévi dans l'intimité de Mme de Maintenon et dans toutes les parties intérieures du roi. Il avoit toujours cultivé Dangeau et sa femme, où la bonne compagnie de la cour étoit souvent, et qui étoient amis intimes du maréchal de Villeroy. Il s'initia auprès de Mme de Lévi, et la subjugua par ses manières son liant, son langage. A la faveur suprême où il vit le maréchal de Villeroy auprès du roi, ramené, puis porté par Mme de Maintenon sans cesse, il ne douta pas qu'il ne fût dans les dispositions du roi, surtout depuis qu'il le vit successeur des places du duc de Beauvilliers dans le conseil. Il avoit toujours courtisé M. du Maine; et de tout cela, il conclut que, marchant par ces deux dames, il pourroit se faire nommer précepteur. Toutes deux étoient parfaitement à lui; Mme de Dangeau pouvoit beaucoup sur le maréchal de Villeroy. Celui-ci et M. du Maine étoient dans les mesures les plus intimes, dont Mme de Maintenon étoit le lien. Les jésuites le connoissoient trop pour s'y fier; et c'est ce qui détermina sa fortune.

Mme de Maintenon les haïssoit, et on en a vu ailleurs les raisons. Le maréchal de Villeroy ne les aimoit pas intérieurement plus qu'elle. M. du Maine en savoit trop pour vouloir un précepteur de leur main, conduit, instruit et soutenu par eux. Les deux dames rompirent la glace auprès de Mme de Maintenon, elles furent bien reçues. Mme de Dangeau parla au maréchal de Villeroy, qui devint aisément favorable à un homme qu'il avoit protégé toute sa vie jusqu'à l'avoir quelquefois logé chez lui. Il s'en ouvrit à M. du Maine, qui, n'ayant rien contre Fleury, et, voyant le goût de Mme de Maintenon, se rendit aisément à le porter. Ces mesures prises, Fleury comprit qu'il falloit ôter tout prétexte aux refus en quittant un évêché situé à l'extrémité du royaume. Sur ces espérances, il demanda à s'en défaire sous prétexte de sa santé. Le P. Tellier, tout habile et prévoyant qu'il fût, n'en sentit pas le piége. La démarche lui parut indifférente, c'étoit un évêché à remplir d'une de ses créatures, il ne songea qu'à en être quitte à bon marché, en ne donnant à Fleury qu'une légère abbaye. Celle de Tournus vaqua bientôt après; elle lui fut offerte, et Fleury l'accepta sans marchander. En attendant, pressé de pouvoir veiller de près au grand objet qui lui faisoit quitter Fréjus, il fit un mandement d'adieu à ses diocésains, dont le tour ne fut pas fort approuvé; le démon en sut profiter.

Fleury, dont la science, les mœurs ni la religion n'avoit jamais fait le capital de sa vie, avoit toujours évité les questions de doctrine. Peu aimé des jésuites et lié avec la meilleure compagnie, il ne s'étoit pas contraint de blâmer l'inquisition et la tyrannie qui s'exerçoit sur le jansénisme, et avoit toujours laissé son diocèse en paix. L'idée d'être précepteur le fit changer de conduite; il voulut ranger les écueils, et aller au-devant de tout en matière si délicate et si sûrement exclusive, tellement que les derniers six mois de son épiscopat à Fréjus ne furent employés qu'à la recherche de la doctrine, des livres, des confesseurs, et à tourmenter le peu de religieuses de son diocèse. Comme il vouloit du bruit, il en fit plus que de mal; mais ce bruit, qui entroit si bien dans ses vues, et que ses amis surent faire valoir à la cour, retentit jusque dans les Pays-Bas et dans la retraite du fameux P. Quesnel. Il venoit d'achever son septième mémoire pour servir à l'examen de la constitution, qui n'a été imprimé qu'en 1716[1], et il travailloit à la préface lorsque, irrité du nouveau personnage de persécuteur que Fleury venoit de prendre, il reçut le mandement de ses adieux à ses diocésains. Il ne put résister au désir de châtier le nouveau zèle de Fleury par le ridicule de cette pièce, qu'il sut enchâsser dans sa préface avec l'ironie la plus amère, la plus méprisante, et qui en effet mit en pièces ce beau mandement. *Inde iræ*. Fleury, avec son air doux, riant, modeste, étoit l'homme le plus superbe en dedans et le plus implacable que j'aie jamais connu. Il ne le pardonna pas au P. Quesnel; et c'est la cause unique qui a produit en Fleury cette fureur jusqu'à lui inouïe, et qui s'est portée sans cesse aux derniers excès de cruauté et de tyrannie contre les jansé-

---

1. Voy., dans les Pièces, l'extrait du P. Quesnel sur ce prélat. (*Note de Saint-Simon.*)

nistes et les anticonstitutionnaires, et les infernales mesures pour les perpétuer après sa mort, aux dépens de l'Église et de l'État.

A propos de la constitution, un trait du P. Tellier et de ses créatures, arrivé en ce même temps-ci, ne sera pas déplacé en ce lieu, et mérite d'y tenir place. La Parisière, homme de la condition la plus obscure, et dont le savoir ne consistoit qu'en manéges et en intrigues, avoit succédé au savant et célèbre Fléchier en l'évêché de Nîmes. C'étoient là les gens d'élite du P. Tellier. Instruit par lui, il fit sourdement le zélé contre la constitution, refusa même de l'accepter; et par cette démarche s'initia aux états de Languedoc, parmi les évêques. Il y fit si bien son personnage qu'étant député pour le clergé par les états, il reçut défense de venir à la cour, et les états ordre de nommer un autre évêque. Cette éclatante disgrâce acheva de lui ouvrir tous les cœurs opposés à la constitution. Il sut donc le nombre des évêques, des curés, des supérieurs séculiers et réguliers, les prêtres, les moines, les personnes principales séculières qui ne vouloient point de la constitution, leur force en capacité, en zèle, en amis, en soutiens, en un mot tout le secret de gens opprimés qui se concertent. Ce nouveau Zopyre mit en mémoires toutes ses connoissances et les envoya au P. Tellier. Quand il se crut en état de n'avoir plus rien à apprendre, il monta tout à coup en chaire dans sa cathédrale, fit un sermon foudroyant contre les réfractaires aux ordres du roi et du pape, reçut là même la constitution de la manière la plus précise et la plus absolue; et peu de jours après montra un ordre du roi pour lui rendre la députation des états, dont il apporta les cahiers à Versailles avec un front d'airain. Ce fut lui qui dans la suite se licencia de donner l'exemple de consulter les évêques et les universités d'Espagne, de Portugal et d'Italie, sur la constitution, qui n'avoient garde de n'y pas adhérer, dans la frayeur de l'inquisition, et dans l'opinion ultramontaine de l'infaillibilité du pape. Ce malheureux, abhorré partout et dans son diocèse, y mourut banqueroutier, et en homme sans foi ni loi, quelques années après.

L'abbé de Lyonne, fils du célèbre ministre d'État, mourut aussi en ce mois de janvier. Ses mœurs, son jeu, sa conduite, l'avoient éloigné de l'épiscopat et de la compagnie des honnêtes gens. Il étoit extrêmement riche en bénéfices qui lui donnoient de grandes collations [1]. L'abus qu'il en faisoit engagea sa famille à lui donner quelqu'un qui y veillât avec autorité. Il fallut avoir recours à celle du roi, par conséquent aux jésuites, puisqu'il s'agissoit de biens et de collations ecclésiastiques. Ils découvrirent un certain Henriot de la plus basse lie du peuple, décrié pour ses mœurs et pour ses friponneries. Ce fut leur homme; ils le firent tuteur de l'abbé de Lyonne, chez lequel il s'enrichit par la vente de toutes ses collations. Ce nonobstant, Henriot, valet à tout faire, parut un si grand sujet au P. Tellier, et si à sa main, qu'il le chargea dans Paris de plusieurs commissions extraordinaires dans des couvents de filles, appuyé par Pontchartrain, qui se délectoit de mal faire, et qui faisoit bassement sa cour au P. Tellier. Tous deux firent l'impossible auprès du roi pour le faire évêque, sans que jamais le roi, qui étoit instruit sur ce compagnon, les voulût écouter. Les chefs de la constitution se firent un capital de le faire évêque dans la régence, et réussirent enfin à le faire évêque, ou pour mieux dire, loup de Boulogne, à la mort de M. de Langle. Rien en tout ne pouvoit être plus parfaitement dissemblable. Henriot, connu et par conséquent parfaitement méprisé et détesté, y vécut et y mourut en loup. Ce fut un des premiers évêques que le cardinal Fleury voulut sacrer. Il en fit la cérémonie à Fontainebleau dans la paroisse, au scandale universel. Pour revenir à l'abbé de Lyonne, il passa toute sa vie dans la dernière obscurité. Il

1. Droit de conférer des bénéfices ecclésiastiques.

logeoit à Paris dans son beau prieuré de Saint-Martin des Champs, où tous les matins, les vingt dernières années de sa vie, il buvoit, depuis cinq heures du matin jusqu'à midi, vingt et quelquefois vingt-deux pintes d'eau de la Seine, sans se pouvoir passer à moins, outre ce qu'il en avaloit encore à son dîner. Il n'étoit pas fort vieux, et ne laissoit pas d'avoir de l'esprit et des lettres.

On a vu en son lieu, en parlant du vieux duc de Gesvres, et de tout ce qu'il fit auprès du roi contre son fils revenant de Rome, pour l'empêcher d'être archevêque de Bourges, quel étoit ce prélat, et combien il étoit en faveur auprès d'Innocent XI, dont il étoit camérier d'honneur, et en espérance de la pourpre romaine, lorsque l'éclat arrivé entre le roi et le pape, pour la franchise du quartier des ambassadeurs, fit en 1688 rappeler tous les François de Rome ; et que l'archevêché de Bourges lui fut donné en récompense des espérances qu'il perdoit, contre l'usage constamment observé jusqu'alors de ne donner les archevêchés qu'à des évêques. Cet abbé, devenu ainsi archevêque de plein saut, ne perdit jamais de vue le chapeau qu'il avoit tant espéré. Il avoit conservé à Rome des amis et un commerce secret. Il avoit réussi à s'acquérir l'amitié de Croissy, et de Torcy, secrétaire d'État des affaires étrangères. Il avoit accoutumé le roi à trouver bon qu'il fît de son mieux pour devenir cardinal. La nomination du roi Jacques qu'il avoit eue d'abord n'ayant pas réussi, il trouva moyen de se faire donner celle de Pologne par le roi Stanislas, dans le court intervalle de son règne ; et il fut encore assez habile pour obtenir la même grâce de l'électeur de Saxe, après qu'il fut remonté sur ce trône. Ce chapeau faisoit toute l'occupation et la vie de l'archevêque de Bourges. On verra qu'il attendit encore des années qui lui parurent bien longues, et pendant lesquelles il travailla sans cesse à son objet, auquel à la fin il arriva.

Le roi, contre sa coutume de ne donner les bénéfices que

les jours qu'il avoit communié le matin, le samedi saint, la veille de la Pentecôte, de l'Assomption, de la Toussaint et de Noël, en donna à la mi-janvier de cette année, mais seulement au fils plus que disgracié de corps, de mœurs et d'esprit, de son ministre des finances, et à trois favoris de la constitution. L'abbé Desmarets, qui avoit déjà une grosse abbaye et d'autres bénéfices, eut l'abbaye de Saint-Antoine aux Bois; et l'abbé de Montbazon la riche abbaye du Gard, près de Metz, de plus de cinquante mille livres de rente. Le cardinal de Rohan s'étoit enfin trop entièrement vendu au P. Tellier, et ce père avoit encore trop besoin de lui, pour ne se le pas assurer de plus en plus. Languet, de la plus nouvelle et petite robe du parlement de Dijon, qui étoit aumônier de Mme la duchesse de Bourgogne, et que je voyois sans cesse dans les antichambres des dames du palais, eut l'évêché de Soissons, où il fit bientôt après parler de son zèle pour la constitution. Le frère d'Argenson, si nécessaire dans Paris, et à l'oreille du roi, aux jésuites, passa du triste évêché de Dol à l'archevêché d'Embrun, vacant par la mort de Brûlart-Genlis, le plus ancien des archevêques; et Dol fut donné au fils de Sourches qui pourrissoit aumônier du roi en grand mépris.

La duchesse de Nevers mourut en ce temps-ci. On a assez fait connoître quelle elle étoit, et le duc de Nevers, son mari, pour n'avoir ici besoin que d'une addition légère. Peu de femmes l'avoient surpassée en beauté. La sienne étoit de toutes les sortes, avec une singularité qui charmoit. On ne se pouvoit lasser de lui entendre raconter les aventures de ses voyages d'Italie. M. le Prince avoit été extrêmement amoureux d'elle. Il voulut lui donner une fête sous un autre prétexte, et c'étoit l'homme du monde qui s'y entendoit le mieux. Mais comme il n'étoit pas moins malin qu'amoureux, il imagina d'engager M. de Nevers de faire les vers de la pièce qui devoit être le principal divertissement de la fête, et dont toute la galanterie étoit pour

Mme de Nevers. Il le cajola si bien, que M. de Nevers lui promit de faire ces vers, et il y réussit au delà des espérances de M. le Prince. Il prépara donc la fête, dans le double plaisir de plaire à sa dame et de se moquer du mari. Celui-ci tout jaloux, tout Italien, tout plein d'esprit qu'il fût, n'avoit pas conçu le plus léger soupçon de cette fête, quoiqu'il n'ignorât pas l'amour de M. le Prince. Quatre ou cinq jours avant celui de la fête, il découvrit de quoi il s'agissoit, il n'en dit mot, et partit le lendemain pour Rome avec sa femme, où il demeura longtemps, et à son tour se moqua bien de M. le Prince. Mme de Nevers à plus de soixante ans étoit encore parfaitement belle, lorsqu'elle mourut d'une maladie fort courte. Depuis qu'elle étoit veuve, elle étoit devenue fort avare, et ne quittoit plus la duchesse du Maine.

FIN DU ONZIÈME VOLUME.

NOTES.

I. MORCEAU INÉDIT DE SAINT-SIMON RELATIF A L'ACADÉMIE FRANÇAISE.

Pages 56 et suiv.

La plupart des notes de Saint-Simon sur le *Journal de Dangeau* se retrouvent dans ses Mémoires. En voici une qui fait exception. En parlant des faveurs dont Villars fut comblé à son retour, en 1714 (voy. p. 56 et 57 de ce volume), Saint-Simon ne dit rien de son élection à l'Académie française (17 mai 1714). Mais dans ses notes sur le *Journal de Dangeau* qui mentionne cette nouvelle, on trouve le passage suivant [1] :

« L'Académie françoise se perdit peu à peu par sa vanité et par sa complaisance. Elle seroit demeurée en lustre si elle s'en étoit tenue à son institution ; la complaisance commença à la gâter : des personnes puissantes par leur élévation ou par leur crédit protégèrent des sujets qui ne pouvoient lui être utiles, conséquemment ne pouvoient lui faire honneur. Ces protections s'étendirent après jusque sur leurs domestiques par orgueil, et ces domestiques qui n'avoient souvent pas d'autre mérite littéraire furent admis. De là cela se tourna en espèce de droit que l'usage autorisa, et qui remplit étrangement l'Académie. Pour essayer de se relever au moins par la qualité de ses membres, elle élut des gens considérables, mais qui ne l'étoient que par leur naissance ou leurs emplois, sans lesquels les lettres ne les auroient jamais admis dans une société littéraire, et ces personnes eurent la petitesse de s'imaginer que la qualité d'académiciens les rendoit académiques. De l'un à l'autre cette mode s'introduisit, et l'Académie s'en applaudit par la vanité de faire subir à ces hommes distingués

---

[1]. Je dois ce morceau inédit de Saint-Simon à l'obligeance de M. Amédée Lefèvre-Pontalis, auteur d'un excellent *Discours sur la Vie et les Mémoires de Saint-Simon*, qui a été couronné par l'Académie française.

une égalité littéraire en places, en siéges, en voix, en emplois de directeur et de chancelier par tour ou par élection; et tel qui eût été à peine assis chez un autre, se croyoit quelque chose de grand par ce mélange avec lui au dedans de l'Académie, et ne sentoit pas que cette distinction intérieure et momentanée ne différoit guère de celle des rois de théâtre et des héros d'opéra.

« Que pour honorer l'Académie, la distinction des personnes ne fût pas un obstacle à les admettre, quand d'ailleurs ils avoient de quoi payer de leurs personnes par leur savoir et par leur bon goût et s'en tenir là, c'étoit chose raisonnable; on avoit commencé de la sorte; cela honoroit qui que ce fût; l'égalité littéraire contribuoit à l'émulation et à l'union des divers membres dans un lieu où l'esprit et les lettres seules étoient considérées, et où tout autre éclat ne devoit pas être compté. Tant que l'Académie n'a été ouverte qu'à des prélats et à des magistrats en petit nombre, distingués en effet par les lettres, et à des gens de qualité, même de dignité, s'il s'en trouvoit de tels, elle leur a donné et en a reçu un éclat réciproque; mais depuis que, de l'un à l'autre, par mode et par succession de temps, les grandes places et celles de domestiques sans autre titre s'y sont réunies, la mésalliance est tombée dans le ridicule, et les lettres dans le néant, par le très-petit nombre de gens de lettres qui y ont eu place et qui se sont découragés par les confrères qui leur ont été donnés, parfaitement inutiles aux lettres et bons seulement à y cabaler des élections. On admirera la fatuité de plusieurs gens considérables qui s'y laissèrent entraîner, et celle de l'Académie à les élire. »

II. LETTRE DE RICHELIEU MOURANT A MAZARIN.

Pages 105 et suiv.

Le cardinal Mazarin et sa famille sont traités avec une grande sévérité dans plusieurs passages de Saint-Simon, notamment p. 105 et suivantes de ce volume. Je n'ai pas l'intention de faire l'apologie du cardinal ni de ses nièces. Je me bornerai pour sa famille à renvoyer le lecteur au curieux ouvrage de M. Am. Renée sur les *Nièces de Mazarin*[1]. Quant au cardinal, il ne faut pas croire qu'il dut uniquement son élévation à l'heureux caprice d'une reine. On oublie trop que les services rendus à l'État l'avaient signalé depuis longtemps

---

1. Pages 88 et suivantes de la première édition.

et que Richelieu, sur son lit de mort, l'avait désigné pour son successeur. Voici la lettre inédite, par laquelle le cardinal mourant lègue à Mazarin le soin de continuer son œuvre :

« Monsieur,

« La providence de Dieu, qui prescrit des limites à la vie de tous les hommes, m'ayant fait sentir en cette dernière maladie que mes jours étoient comptés; qu'il a tiré de moi tous les services que je pouvois rendre au monde, je ne le quitte qu'avec regret de n'avoir pas achevé les grandes choses que j'avois entreprises pour la gloire de mon roi et de ma patrie. Mais, parce qu'il nous faut soumettre aux lois qu'il nous impose, je bénis cette sagesse infinie et je reçois l'arrêt de ma mort avec autant de constance que j'ai de joie de voir le soin qu'elle prend de m'en consoler. Comme le zèle que j'ai toujours eu pour l'avantage de la France a fait mes plus solides contentements, j'ai un extrême déplaisir de la laisser sans l'avoir affermie par une paix générale. Mais, puisque les grands services que vous avez déjà rendus à l'État me font assez connoître que vous serez capable d'exécuter ce que j'avois commencé, je vous remets mon ouvrage entre les mains, sous l'aveu de notre bon maître, pour le conduire à sa perfection, et je suis ravi qu'il recouvre en votre personne plus qu'il ne sauroit perdre en la mienne. Ne pouvant, sans faire tort à votre vertu, vous recommander autre chose, je vous supplierai d'employer les prières de l'Église pour celui qui meurt,

« Monsieur,

« Votre très-humble serviteur,

« ARMAND, CARDINAL-DUC DE RICHELIEU. »

Cette lettre, qui fait le plus grand honneur aux deux cardinaux, est conservée dans le dépôt des manuscrits de la Bibliothèque impériale.

III. TERRES DISTRIBUÉES AUX LEUDES FRANCS APRÈS LA CONQUÊTE.

Page 274.

Saint-Simon dit (p. 274 de ce volume) que les terres distribuées aux leudes ou compagnons des rois après la conquête s'appelèrent *fiefs*. L'assertion n'est pas entièrement exacte. Ces terres portèrent primitivement le nom de *bénéfices* (*beneficia*), ou terres accordées en récompense des services. Dans l'origine, elles ne donnaient pas à ceux qui les obtenaient les droits de souveraineté, c'est-à-dire le droit de battre monnaie, de lever des impôts, de rendre la justice et de faire la guerre. Les rois pouvaient même enlever ces terres aux leudes qui ne remplissaient pas avec exactitude les obligations qui leur étaient imposées. Ce fut seulement par le traité d'Andelot (587) et surtout par les usurpations si fréquentes dans ces temps d'anarchie que les leudes rendirent les bénéfices inamovibles et héréditaires. Quant aux fiefs et au régime féodal, il faut arriver au IXe siècle pour en trouver l'organisation solidement établie et conférant les droits régaliens qui ont été énumérés plus haut. La plupart des historiens antérieurs à notre siècle ont confondu les *bénéfices* et les *fiefs*, comme le fait Saint-Simon dans ce passage. On doit surtout à M. Guizot d'avoir relevé cette erreur dans ses *Essais sur l'histoire de France* et dans son *Cours de l'histoire de la civilisation en France*, il a nettement marqué la distinction entre les bénéfices et les fiefs, tout en montrant que la distribution des bénéfices et les usurpations des leudes ont conduit peu à peu au régime féodal.

IV. ASSEMBLÉES DES FRANCS, DITES CHAMPS DE MARS ET CHAMPS DE MAI.

Page 276.

Les assemblées des Francs n'étaient pas toujours divisées *en deux chambres*, pour employer les termes mêmes de Saint-Simon (p. 276 de ce volume). Il serait difficile de retrouver cette division dans les *champs de mars* des Mérovingiens; mais, sous les Carlovingiens, les usages rappelés par Saint-Simon furent habituellement observés, comme le prouve un document du IXe siècle, conservé dans une lettre écrite en 882 par Hincmar, archevêque de Reims[1]. Voici la traduction qu'en a donnée M. Guizot :

« C'était l'usage du temps de Charlemagne de tenir chaque année deux assemblées : dans l'une et dans l'autre, on soumettait à l'examen ou à la délibération des grands les articles de loi nommés *capitula*, que le roi lui-même avait rédigés par l'inspiration de Dieu, ou

---

1. Cette lettre forme un véritable traité sous le titre de *De ordine palatii*. Elle reproduit un document plus ancien composé par Adalhard, abbé de Corbie, parent et conseiller de Charlemagne.

dont la nécessité lui avait été manifestée dans l'intervalle des réunions. Après avoir reçu ces communications, ils en délibéraient un, deux ou trois jours, ou plus, selon l'importance des affaires. Des messagers du palais, allant et venant, recevaient leurs questions et rapportaient leurs réponses, et aucun étranger n'approchait du lieu de leur réunion, jusqu'à ce que le résultat de leurs délibérations pût être mis sous les yeux du grand prince, qui, alors, avec la sagesse qu'il avait reçue de Dieu, adoptait une résolution à laquelle tous obéissaient. Les choses se passaient ainsi pour un, deux capitulaires, ou un plus grand nombre, jusqu'à ce que, avec l'aide de Dieu, toutes les nécessités du temps eussent été réglées.

« Pendant que ces affaires se traitaient de la sorte hors de la présence du roi, le prince lui-même, au milieu de la multitude venue à l'assemblée générale, était occupé à recevoir les présents, saluant les hommes les plus considérables, s'entretenant avec ceux qu'il voyait rarement, témoignant aux plus âgés un intérêt affectueux, s'égayant avec les plus jeunes, et faisant ces choses et autres semblables pour les ecclésiastiques comme pour les séculiers. Cependant, si ceux qui délibéraient sur les matières soumises à leur examen en manifestaient le désir, le roi se rendait auprès d'eux, y restait aussi longtemps qu'ils le voulaient, et là ils lui rapportaient avec une entière familiarité ce qu'ils pensaient de toutes choses, et quelles étaient les discussions amicales qui s'étaient élevées entre eux. Je ne dois pas oublier de dire que, *si le temps était beau, tout cela se passait en plein air*[1], sinon dans plusieurs bâtiments distincts, *où ceux qui avaient à délibérer sur les propositions du roi étaient séparés de la multitude des personnes venues à l'assemblée;* et alors les hommes les moins considérables ne pouvaient entrer.

« *Les lieux destinés à la réunion des seigneurs étaient divisés en deux parties, de telle sorte que les évêques, les abbés et les clercs élevés en dignité pussent se réunir sans aucun mélange de laïques.* De même les comtes et les autres principaux de l'État se séparaient, dès le matin, du reste de la multitude, jusqu'à ce que, le roi présent ou absent, ils fussent tous réunis; et alors les seigneurs ci-dessus désignés, les clercs de leur côté, les laïques du leur, se rendaient dans la salle qui leur était assignée, et où on leur avait fait honorablement préparer des sièges. *Lorsque les seigneurs laïques et ecclésiastiques étaient ainsi séparés de la multitude, il demeurait en leur pouvoir de siéger ensemble ou séparément,* selon la nature des questions qu'ils avaient à traiter, ecclésiastiques, séculières ou mixtes. De même, s'ils voulaient faire venir quelqu'un, soit pour demander des aliments, soit pour faire quelque question, et le renvoyer après en avoir reçu ce

---

1. J'ai souligné les passages qui confirment le récit de Saint-Simon.

V. LITS DE JUSTICE [1]. — ORIGINE DU NOM. — CÉRÉMONIAL DES LITS DE JUSTICE. — TOUTES LES SÉANCES ROYALES EN PARLEMENT N'ÉTAIENT PAS LITS DE JUSTICE. — SÉANCE ROYALE POUR LA CONDAMNATION DU PRINCE DE CONDÉ EN 1654.

Page 285.

Les lits de justice, dont il est souvent question dans l'histoire de l'ancienne monarchie, étaient des séances solennelles du parlement, où le roi siégeait en personne entouré des princes du sang et des grands officiers de la couronne. Les ducs et pairs y étaient convoqués et devaient y prendre séance en leur rang, d'après l'ordre de leur réception. Ces cérémonies tiraient leur nom de ce que le roi siégeait sur une espèce de lit formé de coussins. Il en est déjà question dans une ordonnance de Philippe de Valois en date du 11 mars 1344 (1345). L'article 14 dit que, dans ces cérémonies, « nul ne doit venir siéger auprès du *lit* du roi, les chambellans exceptés [2]. » C'est donc à tort que certains historiens ont regardé comme le premier lit de justice celui que tint Charles V en 1369 pour juger le prince de Galles, duc de Guyenne, qui était accusé de félonie.

Le cérémonial des lits de justice était rigoureusement déterminé. Dans le cas où le roi se rendait au parlement pour tenir un lit de justice, un maître des cérémonies avertissait l'assemblée dès que le roi était arrivé à la Sainte-Chapelle. Aussitôt quatre présidents à mortier avec six conseillers laïques et deux conseillers clercs allaient le recevoir et le saluer au nom du parlement. Ils le conduisaient ensuite à la grand'chambre, les présidents marchant aux côtés du roi, les conseillers derrière lui et le premier huissier entre les deux massiers du roi. Le roi s'avançait précédé des gardes dont les trompettes sonnaient et les tambours battaient jusque dans la grand'chambre. Le lit de justice du roi surmonté d'un dais était placé dans un des angles de la grand'chambre. Les grands officiers avaient leur place marquée : le grand

---

1. Voy. *Lettres sur les lits de justice*, par Le Paige. Paris, 1756.
2. *Recueil des Ordonnances des rois de France*, t. XI, p. 228, art. 14: « Que nul ne se parte de son siège ne ne vienne seoir de lez le lict du roy les chambellans exceptez, ne ne vienne conseillier à luy, se il ne l'appelle. »

chambellan aux pieds du roi; à droite, sur un tabouret, le grand écuyer portant suspendue au cou l'épée de parade du roi; à gauche, se tenaient debout les quatre capitaines des gardes et le capitaine des Cent-Suisses. Le chancelier siégeait au-dessous du roi dans le même angle; il avait une chaire à bras que recouvrait le tapis de velours violet semé de fleurs de lis d'or, qui servait de drap de pied au roi. Le grand maître des cérémonies et un maître ordinaire prenaient place sur des tabourets devant la chaire du chancelier. Le prévôt de Paris, un bâton blanc à la main, se tenait sur un petit degré par lequel on descendait dans le parquet. Dans le même parquet, deux huissiers du roi, leurs masses d'armes à la main, et six hérauts d'armes étaient placés en avant du lit de justice.

Les hauts sièges à la droite du roi étaient occupés par les princes du sang et les pairs laïques; à gauche, par les pairs ecclésiastiques et les maréchaux venus avec le roi. Le banc ordinaire des présidents à mortier était rempli par le premier président et les présidents à mortier revêtus de robes rouges et de leurs épitoges d'hermine. Sur les autres bancs siégeaient les conseillers d'honneur, les quatre maîtres des requêtes qui avaient séance au parlement, enfin les conseillers de la grand'chambre, des chambres des enquêtes et des requêtes, tous en robe rouge. Il y avait des bancs réservés pour les conseillers d'État et les maîtres des requêtes qui accompagnaient le chancelier et qui étaient revêtus de robes de satin noir, ainsi que pour les quatre secrétaires d'État, les chevaliers des ordres du roi, les gouverneurs et lieutenants généraux des provinces, les baillis d'épée, etc.

Lorsque le roi était assis et couvert et que toute l'assemblée avait pris place, le roi ôtant et remettant immédiatement son chapeau, donnait la parole au chancelier pour exposer l'objet de la séance. Le chancelier montait alors vers le roi, s'agenouillait devant lui, et, après avoir pris ses ordres, retournait à sa place, où assis et couvert il prononçait une harangue d'apparat. Son discours fini, le premier président et les présidents se levaient, mettaient un genou en terre devant le roi, et, après qu'ils s'étaient relevés, le premier président, debout et découvert, ainsi que tous les présidents, prononçait un discours en réponse à celui du chancelier. Il parlait au nom du parlement, tandis que le chancelier avait parlé au nom du roi.

Après ces harangues, le chancelier remontait vers le lit de justice du roi, et, un genou en terre, prenait de nouveau ses ordres; de retour à sa place, il disait que la volonté du roi était que l'on donnât lecture de ses édits. Sur son ordre, un greffier faisait cette lecture. Le chancelier appelait ensuite les gens du roi pour qu'ils donnassent leurs conclusions. Un des avocats généraux prononçait alors un réquisitoire, dont la conclusion était toujours que la cour devait ordonner l'enregistrement des édits. Il arriva cependant que plusieurs avocats généraux, parmi lesquels on remarque Omer Talon et Jérôme Bignon, profitèrent de ces circonstances solennelles pour adresser au souverain de sages remontrances.

Après le discours de l'avocat général, le chancelier recueillait les voix, mais seulement pour la forme. Il montait pour la troisième fois au lit de justice du roi et lui demandait son avis; il s'adressait ensuite aux princes, pairs laïques et ecclésiastiques, maréchaux de France, présidents du parlement, conseillers d'État, maîtres des requêtes, conseillers au parlement, qui tous opinaient à voix basse et pour la forme. Ce simulacre de vote terminé, le chancelier allait pour la quatrième fois demander les ordres du roi, et, de retour à sa place, il prononçait la formule d'enregistrement ainsi conçue : *Le roi, séant en son lit de justice, a ordonné et ordonne que les présents édits seront enregistrés, publiés et adressés à tous les parlements et juges du royaume.* La formule, dictée au greffier par le chancelier, au nom du roi, se terminait ainsi : *Fait en parlement, le roi y séant en son lit de justice.* Le roi sortait ensuite du parlement entouré de la même pompe et du même cortège qu'à son entrée.

Les lits de justice étaient considérés ordinairement comme des coups d'État. Le parlement se réunissait quelquefois le lendemain du lit de justice pour protester contre un enregistrement forcé, et de là naissaient des conflits et des troubles. Telle fut, en 1648, l'occasion de la Fronde.

La présence du roi au parlement ne suffisait pas pour qu'il y eût lit de justice. Le Journal d'Olivier d'Ormesson en fournit la preuve : à la date du 2 décembre 1665, il mentionne la présence du roi au parlement, sans que cette séance royale fût un véritable lit de justice. « Le roi, dit-il, entra sans tambours, trompettes ni aucun bruit, à la différence des lits de justice. » Il signale, à l'occasion du même événement, une autre différence qui concerne le chancelier : « M. le chancelier, dit-il, y vint, et l'on députa deux conseillers de la grand'-chambre à l'ordinaire pour le recevoir, sans qu'il eût des masses devant lui, comme aux lits de justice. » André d'Ormesson retrace dans ses Mémoires inédits une de ces séances royales qui n'étaient pas lits de justice. Il s'agissait du procès criminel intenté au prince de Condé. L'auteur, qui était conseiller d'État, entre dans tous les détails de la cérémonie, dont il fut témoin oculaire :

« Cette journée (19 janvier 1654), je me trouvai chez M. le chancelier [1], sur les huit heures, en ayant été averti la veille par M. Sainctot, maître des cérémonies. M. le chancelier me fit mettre au fond, à côté de lui, pour donner place aux autres dans son carrosse.

---

1. Le chancelier était alors Pierre Séguier.

Étant auprès de lui, il me dit que le duc d'Anjou[1] ne s'y trouveroit point, n'étant pas en âge de juger, et que le roi n'en étoit capable que par la loi du royaume qui le déclaroit majeur à treize ans; que les capitaines des gardes ne seroient point auprès du roi, n'ayant point de voix ni de séance au parlement; que le prévôt de Paris n'y seroit point non plus, et que le duc de Joyeuse n'y entreroit que comme duc de Joyeuse et ne seroit point aux pieds du roi comme grand chambellan; que les gens du roi demeureroient présents pendant le procès, encore qu'ils aient accoutumé de se retirer, après avoir donné leurs conclusions par écrit; que les princes parents descendroient de leurs places et demanderoient d'être excusés d'assister au procès, et que le roi leur prononceroit qu'il trouvoit bon qu'ils y demeurassent.

« Étant arrivés en la Sainte-Chapelle et de là allant prendre nos places, MM. Chevalier et Champron, conseillers au parlement, vinrent au-devant de M. le chancelier. Il se mit au-dessus du premier président et n'en bougea pendant la séance. Le roi, ayant pris sa place, étoit accompagné, du côté des pairs laïques, à la main droite, des ducs de Guise, de Joyeuse son frère, d'Épernon, d'Elbœuf, de Sully, de Candale, et de quatre maréchaux de France, conseillers de la cour, qui prirent la séance entre eux, non du jour qu'ils étoient maréchaux de France, mais du jour qu'ils avoient été reçus conseillers de la cour au parlement, comme M. le chancelier le leur avoit prononcé sur la difficulté qu'ils lui en firent. Ainsi M. le maréchal de La Mothe-Houdancourt, le maréchal de Grammont, le maréchal de L'Hôpital et le maréchal de Villeroy prirent leurs places après les ducs et pairs. Du côté des pairs ecclésiastiques, à main gauche, étoient assis M. d'Aumale, archevêque de Reims, duc et pair de France, l'évêque de Beauvais (Chouart-Busenval), comte et pair, l'évêque de Châlons (Viallard), comte et pair, l'évêque de Noyon (Baradas), comte et pair. Au siège bas, au-dessous des ducs, le comte de Brienne (Loménie)[2], Bullion, sieur de Bonnelles, Le Fèvre d'Ormesson[3], Haligre et Morangis-Barillon, conseillers d'État reçus au parlement[4]. Tous les présidents de la cour étoient présents, excepté le président de Maisons (Longueil), relégué à Conches en Normandie, pour avoir suivi le parti des princes avec son frère con-

---

1. Frère de Louis XIV, qui prit le nom de duc d'Orléans après la mort de son oncle Gaston, duc d'Orléans.
2. Le comte de Brienne, seigneur de la Ville-aux-Clercs, était un des quatre secrétaires d'État.
3. Il s'agit de l'auteur même de ces Mémoires, André Le Fèvre d'Ormesson, père d'Olivier, dont j'ai souvent cité le journal.
4. On nommait ces conseillers *conseillers d'honneur*, titre rarement accordé et seulement à des hommes éminents.

seiller à la cour. Les présidents présents étoient MM. de Bellièvre, premier président, de Nesmond, de Novion (Potier), de Mesmes (d'Irval), Le Coigneux, Le Bailleul et Molé-Champlâtreux. Les maîtres des requêtes présents étoient MM. Mangot, Laffemas, Le Lièvre et d'Orgeval-Lhuillier.

« La compagnie assise, M. du Bignon[1], avocat général, assisté de M. Fouquet, procureur général, et de M. Talon, aussi avocat général, proposa au roi le sujet de cette assemblée, et parla contre la désobéissance de M. le Prince[2], et il sembloit à son discours qu'il excitoit le roi à lui pardonner et à oublier toutes ses actions passées, et à la fin donna ses conclusions à M. Doujat, rapporteur, par écrit. M. le chancelier dit aux gens du roi qu'ils demeurassent dans leurs places ; dont la compagnie murmura, n'étant point de l'ordre qui s'observe en telles occasions, et M. le chancelier, au retour, comme j'étois encore près de lui, me dit qu'il ne le feroit plus. M. le chancelier demanda l'avis à M. Chevalier, doyen du parlement, un des rapporteurs, puis à M. Doujat, qui dit qu'il y avoit trois preuves contre M. le Prince : la première, la notoriété de fait, la seconde les lettres missives et les commissions signées LOUIS DE BOURBON, et puis les témoins qui avoient déposé contre lui des actes d'hostilité. On avoit lu, auparavant, les dépositions de cinq ou six témoins, quatre ou cinq lettres du prince et ses commissions. Après que M. Doujat eut parlé, toute la compagnie n'opina que du bonnet et fut d'avis des conclusions qui étoient, *que ledit prince seroit ajourné de comparoir en personne, se mettre dans la Conciergerie et se représenter dans un mois ; qu'il seroit ajourné dans la ville de Péronne, à cri public, au son de la trompette, et cependant que ses biens seroient saisis; décret de prise de corps contre le président Viole, Lenet, Marchin (Marsin), Persan et encore six ou sept autres seigneurs et capitaines; leurs biens saisis*, etc. »

VI. LOUIS XIV AU PARLEMENT, EN 1655.

Page 321.

Saint-Simon rapporte (p. 321 de ce volume) que Louis XIV alla « en habit gris tenir son lit de justice avec une houssine à la

---

[1]. Jérôme Bignon est appelé ordinairement, dans ces Mémoires, *du Bignon*. Le procureur général, quoique supérieur hiérarchiquement aux avocats généraux, se bornait à assister aux séances royales et lits de justice. C'était un avocat général qui portait la parole.

[2]. Louis de Bourbon, prince de Condé.

main, dont il menaça le parlement, en lui parlant en termes répondant à ce geste. » Cette scène dramatique s'est gravée profondément dans les esprits et est devenue un des lieux communs de l'histoire traditionnelle. On y a ajouté un de ces mots à effet qui ne sortent plus de la mémoire des peuples. Louis XIV, d'après la tradition, aurait répondu au premier président qui lui parlait de l'intérêt de l'État : « L'État, c'est moi. » On place cette scène le 20 mars 1655.

Quel est sur ce point le récit des historiens contemporains? Les principaux auteurs de Mémoires qui écrivaient à cette époque et s'occupaient de l'intérieur de la France sont Mlle de Montpensier, Mme de Motteville, Montglat et Gourville; il faut y ajouter Gui Patin, dont les lettres forment une véritable gazette de l'époque. Mlle de Montpensier, qui vivait alors loin de Paris, ne traite que des intrigues de sa petite cour. Mme de Motteville ne parle pas de ces scènes, auxquelles Anne d'Autriche resta étrangère. Quant à Gourville, qui était alors attaché à Nicolas Fouquet, à la fois surintendant et procureur général, il donne de curieux renseignements sur le prix auquel les conseillers du parlement vendaient leurs votes [1]. Gui Patin, dont on connaît l'humeur chagrine, se borne à dire dans une lettre du 26 mars 1665 : « Le lendemain matin le roi a été au palais, où il a fait vérifier quantité d'édits de divers offices et autres. M. Bignon y a harangué devant le roi très-pathétiquement, et y a dit merveilles, et nonobstant tout a passé; *interea patitur justus; nec est qui recogitet corde.* » Dans une lettre du 21 avril, il ajoute : « Le parlement s'étoit assemblé de nouveau pour examiner les édits que le roi fit vérifier en sa présence la dernière fois qu'il fut au palais, qui fut à la fin du carême : cela a irrité le conseil, et défenses là-dessus leur ont été envoyées de ne pas s'assembler davantage. Et de peur que le roi ne fût pas obéi, il a pris lui-même la peine d'aller au palais bien accompagné, *où de sa propre bouche, sans autre cérémonie, il leur a défendu de s'assembler davantage contre les édits qu'il fit l'autre jour publier.* »

Le marquis de Montglat, dont les Mémoires se distinguent par leur exactitude, est celui des auteurs contemporains qui insiste le plus

---

1. « M. Fouquet me parlant un jour de la peine qu'il y avoit à faire vérifier des édits au parlement, je lui dis que, dans toutes les chambres, il y avoit des conseillers qui entraînoient la plupart des autres; que je croyois qu'on pouvoit leur faire parler par des gens de leur connoissance, leur donner à chacun cinq cents écus de gratification et leur en faire espérer autant dans la suite aux étrennes. J'en fis une liste particulière, et je fus chargé d'en voir une partie que je connoissois. On en fit de même pour d'autres.... Quelque temps après il se présenta une occasion au parlement, où M. Fouquet jugea bien que ce qu'il avoit fait avoit utilement réussi. » *Mémoires de Gourville*, à l'année 1655.

sur le costume insolite du roi. Voici le passage : « Le roi fut tenir son lit de justice au parlement le 20 mars (1655), pour faire vérifier des édits. Et, parce que l'autorité royale n'étoit pas encore bien rétablie, les chambres s'assemblèrent pour revoir les édits, disant que la présence du roi avoit ôté la liberté des suffrages, et qu'il étoit nécessaire en son absence de les examiner pour voir s'ils étoient justes. La mémoire des choses passées faisoit appréhender ces assemblées, après les événements funestes qu'elles avoient causés. Cette considération obligea le roi de partir du château de Vincennes le 10 d'avril, et de venir le matin au parlement en justaucorps rouge et chapeau gris, accompagné de toute sa cour en même équipage : *ce qui étoit inusité jusqu'à ce jour*. Quand il fut dans son lit de justice, il défendit au parlement de s'assembler ; et après avoir dit quatre mots, il se leva et sortit, sans ouïr aucune harangue. »

Montglat, qui, en sa qualité de maître de la garde-robe, était parfaitement instruit du cérémonial, n'est frappé que du costume insolite du roi et de sa cour. Quant à la houssine, que d'autres ont remplacée par un fouet, il n'en dit pas un mot. Enfin un journal de cette époque, dont l'auteur est resté inconnu, complète le récit de Montglat et donne la scène entière avec toute l'étendue nécessaire pour rectifier les assertions erronées [1] :

« Le parlement, dit l'auteur anonyme [2], s'étant assemblé le vendredi 9 avril (1655) pour entendre la lecture des édits plus au long et plus attentivement qu'il n'avoit fait en présence de Sa Majesté, il n'en put apprendre la conséquence et les incommodités que tout le monde en recevroit sans horreur et sans confusion, tant ils étoient à l'oppression de tous les particuliers que d'impossible exécution [3]. M. le chancelier (Séguier) s'en défendit le mieux qu'il lui étoit possible, « pour n'en avoir eu, disoit-il, aucune communication. » M. le garde des sceaux [4] assuroit ne l'avoir vu qu'en le scellant le matin du même jour qu'il avoit été porté au parlement, et tout le conseil protestoit ingénument de n'y avoir participé en aucune façon, si bien que, pour assoupir cette grande rumeur qui alloit se répandre par toute la ville et ensuite dans toutes les provinces, si le parlement eût continué ses assemblées, le roi fut conseillé d'y retourner le mardi suivant, 13 du mois d'avril [5], afin de les dissoudre et d'en empêcher le cours une

---

1. Ce journal, manuscrit, est conservé à la Bibliothèque Impériale sous le n° 1238 *d* (bis); S. F.
2. Fol. 326, sqq.
3. On voit, par ce passage, que l'auteur n'était pas favorable aux édits bursaux, et il n'aurait pas manqué de faire ressortir les circonstances qui auraient caractérisé la violence du gouvernement.
4. Mathieu Molé était garde des sceaux depuis 1651.
5. Il y a une légère différence de date avec Montglat. Le journal anonyme

fois pour toutes. Sa Majesté y fut reçue en la manière accoutumée, mais sans que la compagnie sût aucune chose de sa résolution. En entrant, elle ne fit paroître que trop clairement sur son visage l'aigreur qu'elle avoit dans le cœur. « Chacun sait, leur dit-elle d'un ton
« moins doux et moins gracieux qu'à l'ordinaire, combien vos assem-
« blées ont excité de trouble dans *mon État*[1], et combien de dangereux
« effets elles y ont produits. J'ai appris que vous prétendiez encore les
« continuer, sous prétexte de délibérer sur les édits qui naguère ont
« été lus et publiés en ma présence. Je suis venu ici tout exprès pour
« en défendre (en montrant du doigt MM. des enquêtes) la continua-
« tion, ainsi que je fais absolument; et à vous, monsieur le premier
« président[2] (en le montrant aussi du doigt), de les souffrir ni de les
« accorder, quelques instances qu'en puissent faire les enquêtes. »
Après quoi, Sa Majesté s'étant levée promptement, sans qu'aucun de la compagnie eût dit une seule parole, elle s'en retourna au Louvre et de là au bois de Vincennes, dont elle étoit partie le matin, et où M. le cardinal l'attendoit. »

Voilà le récit le plus complet et le plus circonstancié de cette scène qui a été si singulièrement travestie par l'imagination de quelques historiens. Louis XIV, qui avait alors dix-sept ans, était allé s'établir au château de Vincennes pour se livrer plus facilement au plaisir de la chasse; ce qui explique le costume insolite dont parle Montglat. Malgré la défense formelle du roi, le parlement ne se tint pas pour battu; le premier président entra en conférence avec le cardinal Mazarin, et les enquêtes demandèrent l'assemblée des chambres[3]. Le 29 avril, le premier président, avec les députés du parlement, alla supplier le roi de la leur accorder. « Mais, dit l'auteur du journal, le roi continuant dans la fermeté que son conseil avoit jugée nécessaire à l'entier rétablissement de son autorité, lui dit seulement : *qu'il ne lui restoit aucune aigreur contre aucun de la compagnie; qu'il ne vouloit point toucher à ses priviléges; mais que le bien de ses affaires présentes ne pouvant consentir à leurs assemblées, Sa Majesté leur en défendoit d'abondant la continuation.* »

donne l'indication précise des jours; ce qui ferait pencher la balance en sa faveur.

1. Serait-ce cette parole qui aurait donné lieu à la phrase célèbre : *l'État, c'est moi?* Beaucoup de prétendus mots historiques n'ont pas une origine plus sérieuse.

2. Le premier président était alors Pomponne de Bellièvre.

3. Ces détails se trouvent dans le journal anonyme que j'ai cité plus haut.

VII. ÉPICES.

Page 369.

Les épices, dont il est question dans ce volume de Saint-Simon (p. 369), étaient primitivement des présents en nature que l'on offrait aux juges après le gain d'un procès. Cet usage était très-ancien. Saint Louis défendit aux juges de recevoir en épices plus de la valeur de dix sous par semaine. Philippe le Bel leur interdit d'en accepter au delà de ce qu'ils pourraient consommer journellement dans leur maison. Peu à peu l'usage s'introduisit de remplacer les épices par de l'argent; mais le nom resta le même. On voit en 1369 un sire de Tournon donner vingt francs d'or à ses deux rapporteurs, et ce après l'avoir obtenu en présentant requête au parlement. Les juges finirent par considérer les épices comme une redevance qui leur était due, et un arrêt de 1402 prononça dans ce sens. On obligea même les plaideurs à les remettre d'avance, et depuis cette époque on appela épices la somme que les juges des divers tribunaux recevaient des parties dont ils avaient examiné le procès.

FIN DES NOTES DU ONZIÈME VOLUME.

TABLE DES CHAPITRES

DU ONZIÈME VOLUME.

CHAPITRE PREMIER. — Constitution *Unigenitus* fabriquée et subitement publiée à Rome. — Soulèvement général difficilement arrêté. — Soulèvement général contre la constitution à son arrivée en France. — Singulières conversations entre le P. Tellier et moi sur la forme de faire recevoir la constitution, et sur elle-même. — Retour par Petit-Bourg de Fontainebleau à Versailles. — Étrange tête-à-tête sur la constitution entre le P. Tellier et moi, qui me jette en un *sproposito* énorme..... 1

CHAPITRE II. — M. de Savoie prend le titre de roi de Sicile. — Il imite le roi sur ses bâtards. — Prie, nommé ambassadeur à Turin, épouse la fille de Plénœuf, qui devient fatale à la France. — Gouvernement d'Alsace et de Brisach au maréchal d'Uxelles. — Trois cent mille livres à Torcy; quatre cent mille livres à Pontchartrain; quatre cent mille livres au duc de La Rochefoucauld. — Lamoignon, greffier, Chauvelin grand trésorier de l'ordre; Voysin et Desmarets en ont le râpé. — Chauvelin; quel; et son beau-père. — Dalon; quel. — Chassé de sa place de premier président du parlement de Bordeaux. — Prise de Fribourg par Villars, qui envoie Contade à la cour. — Duc de Fronsac apporte la prise de Brisach; le roi lui donne douze mille livres et un logement à Marly. — Kirn rendu à Besons, qui sépare son armée et revient à Paris. — Conférences à Rastadt entre Villars et le prince Eugène, qui y traitent et y concluent la paix entre la France, l'empereur et l'empire. — Réforme de troupes. — Mort du prince de Toscane. — Mort d'Harleville. — Mort du chevalier de Grignan ou comte d'Adhémar. — Mort de Gassion; quel il étoit, et sa famille. — Mort de la princesse de Courtenai, sa famille, que le roi montre sentir être de son sang. — Saintrailles; quel; sa mort. — Mort et caractère de Phélypeaux. — Mort du duc de Medina-Sidonia. — Ronquillo destitué de la place de gouverneur du conseil de Castille; on lui donne une pension de dix mille écus. — Retour du duc d'Aumont. — Le roi de Sicile passe avec la reine en Sicile, et laisse le prince de Piémont régent avec un conseil. — Peterborough et Jennings saluent le roi. — Électeur de Bavière à Paris; voit le roi.. 16

CHAPITRE III. — 1714. — L'Évangile présenté à baiser au roi par un cardinal, de préférence à l'aumônier de jour, en absence du grand et du premier aumônier. — Duc d'Uzeda peu compté à Vienne, et son fils emprisonné au château de Milan. — Duc de Nevers dépouillé par le roi de la nomination à l'évêché de Bethléem. — Duc de Richelieu se brouille avec sa femme et la quitte. — Cavoye prend soin de lui. — Force bals à la cour et à Paris. — Bals, jeux, comédies et nuits blanches à Sceaux. — Mme la duchesse de Berry, grosse, mange au grand couvert en robe de chambre. — Abbé Servien à Vincennes. — Mort, fortune, famille et caractère du duc de La Rochefoucauld. — Bachelier; sa fortune; son mérite. — Surprise étrange du duc de Chevreuse et de moi chez le duc de La Rochefoucauld. — Hardie générosité du duc de La Rochefoucauld. — Vieux levain de Liancourt. — Ses deux fils. — Comte de Toulouse grand veneur. — Douze mille livres de pension au nouveau duc de La Rochefoucauld. — Le chancelier voit un homme se tuer. — Commencement de la persécution en faveur de la constitution *Unigenitus*. — Mariage du prince de Pons et de Mlle de Roquelaure. — Gouvernement de Dunkerque à Grancey en épousant la fille de Médavy, son frère. — Vingt-cinq mille livres de rente fort bizarres au premier président. — Mort de Bragelogne. — Ambassadeurs de Hollande saluent le roi. — Grande maladie de la reine d'Angleterre à Saint-Germain. — Mort du duc de Melford à Saint-Germain. — Mort de Mahoni. — M. le duc de Berry entre au conseil des finances... 27

CHAPITRE IV. — Helvétius en Espagne pour la reine à l'extrémité. — Orry et son fils. — La reine d'Espagne, pour ses derniers sacrements, congédie son confesseur jésuite et prend un dominicain. — Sa mort. — Retraite du roi d'Espagne chez le duc de Medina-Celi. — Deuil de la reine d'Espagne. — Conférences de Rastadt barbouillées. — Contade à la cour. — [Conférences] renouées. — Malhabileté de Villars. — La paix signée à Rastadt. — Contade en apporte la nouvelle. — Mort, caractère, maison, famille du duc de Foix. — Mort de Mme de Miossens; son caractère. — Bâtards d'Albret expliqués. — Maréchal d'Albret; sa fortune. — Mort et dépouille de Montpéroux. — Mort du Charmel. — Dureté du roi. — Mort et caractère de la maréchale de La Ferté et de sa sœur la comtesse d'Olonne. — Le roi donne au prince Charles douze mille livres de rentes en fonds; voit en particulier l'électeur de Bavière; donne les grandes entrées au maréchal de Villars, et à son fils la survivance de son gouvernement de Provence. — Villars, du Luc et Saint-Contest, ambassadeurs plénipotentiaires à Bade. — Époque de la première prétention des conseillers d'État de ne céder qu'aux gens titrés. — Six mille livres de pension à Saint-Contest. — Villars, chevalier de le Toison d'or, fait donner trois mille livres de pension au comte de Choiseul, son beau-frère. — Abbé de Gamaches auditeur de rote; son caractère. — Maréchal de Chamilly fait donner à son neveu son commandement de la Rochelle, etc. 44

CHAPITRE V. — Le roi tête à tête avec le chancelier, qui lui rapporte le procès d'entre M. de La Rochefoucauld et moi, m'adjuge toute préséance. — Mort de Saint-Chamant. — Tessé demandé par l'Espagne pour le siège de Barcelone. — Berwick choisi et Ducasse pour y mener une escadre. — Souveraineté manquée de la princesse des Ursins. — Palais qu'elle se prépare près d'Amboise, et ce qu'il devient. — Décadence de la princesse des Ursins dans l'esprit du roi et de Mme de Maintenon. — Princesse des Ursins gouvernante des infants. — Ses mesures pour se glisser en la place de la feue reine. — Générosité de Robinet, jésuite, confesseur du roi d'Espagne. — Princesse des Ursins se hâte de faire le mariage du roi d'Espagne avec la princesse de Parme; ses raisons. — Situation du marquis de Brancas en Espagne. — Raisons qui le déterminent à demander d'aller passer quinze jours à Versailles; il l'obtient. — Alarme de la princesse des Ursins. — Elle dépêche brusquement le cardinal del Giudice en France. — Brancas court après et le devance. — Quel étoit Giudice. — Brancas à Marly. — Giudice après lui avec son neveu Cellamare. — Caractère del Giudice. — Mort et caractère de la chancelière de Pontchartrain. — Mort de la reine douairière de Danemark. — Mort et caractère de l'évêque de Senlis. — Chamillart obtient un logement à Versailles. — Mort et caractère de Mme Voysin. — Caractère de Mme Desmarets. — Mort de Zurbeck. — Mort du président Le Bailleul, dont le fils obtient la charge. — Leur caractère.................................... 58

CHAPITRE VI. — Mariage du fils du marquis du Châtelet avec la fille du duc de Richelieu; [il obtient] la survivance de Vincennes. — Publication et réjouissances de la paix. — Contade grand'croix surnuméraire de Saint-Louis. — Marly. — Giudice bien traité du roi. — Ducasse malade. — Chalais mandé de l'armée à Madrid. — Ronquillo et d'autres exilés. — Bergheyck se retire tout à fait des affaires; son éloge. — Réforme de troupes. — Électeur de Bavière à la chasse à Marly. — M. le duc de Berry malade et empoisonné. — Mort de M. le duc de Berry; son caractère. — Quel avec sa famille. — M. [le duc] et Mme la duchesse de Berry; comment ensemble. — Ordres du roi. — Le corps de M. le duc de Berry très-promptement porté à Paris aux Tuileries. — Deuil drapé de six mois. — Le roi ne veut point de révérences, de manteaux, de mantes, de harangues ni de compliments. — État du roi. — Sa visite à Mme la duchesse de Berry. — M. [le duc] et Mme la duchesse d'Orléans fort touchés. — Raisons particulières à M. le duc d'Orléans. — Mme de Maintenon et duc du Maine. — Duchesse du Maine. — Évêques usurpent pour la première fois, en gardant, fauteuils et carreaux. — Eau bénite. — Comte de Charolois et duc de Fronsac conduisent le cœur au Val-de-Grâce. — M. le Duc et le duc de La Trémoille conduisent le corps à Saint-Denis. — Fils et petits-fils de France tendent seuls chez le roi. — Précautions chez Mme la duchesse de Berry, qui font quelques aventures risibles.................................... 78

CHAPITRE VII. — Le roi voit en particulier le cardinal del Giudice, tous deux avec surprise; et peu après l'électeur de Bavière. — Mort de La Taste: sa femme. — Mort du duc de Guastalla. — Cardinal de Bouillon à Rome. — Mort, naissance et caractère de la maréchale d'Estrées douairière. — Congrès de Bade. — Camps de paix. — Nesle quitte le service; en est puni. — Succession de M. le duc de Berry. — Deux cent mille livres d'augmentation de pension à Mme la duchesse de Berry. — Canal de Mardick. — Trente mille livres d'augmentation de pension à Ragotzy, et quarante mille livres de pension à distribuer dans son parti. — Survivances des gouvernements du duc de Beauvilliers à son gendre et à son frère. — Mort et caractère de la duchesse de Lorges. — Des Forts conseiller d'État. — Mort et caractère de Saint-Georges, archevêque de Lyon. — Mort de Matignon, évêque de Lisieux. — Petite sédition à Lyon; le maréchal de Villeroy y va. — Chalais à Paris; Giudice à Marly. — Le roi, à qui il échappe un mot inintelligible sur la princesse des Ursins, résout entièrement sa perte. — L'Espagne signe la paix sans plus parler de souveraineté pour la princesse des Ursins. — Soixante-huit bataillons françois avec Berwick pour le siége de Barcelone. — Giudice, puis Chalais, voient le roi en particulier. — Ducasse, malade, revient; remplacé par Bellefontaine. — Mort de Menager: son caractère. — Duchesse de Berry blessée d'une fille. — Mme de Saint-Simon, par méprise du roi, la conduit à Saint-Denis, et le cœur au Val-de-Grâce.— Mort de la première électrice d'Hanovre. — Mort, naissance, famille et caractère de la duchesse de Bouillon. — Mariage de La Mothe avec Mlle de La Roche-Courbon, et d'une fille du marquis de Châtillon avec Bacqueville. — Mariage de Creuilly avec une Spinola. — Giudice établi à Marly. — Berwick part pour faire le siége de Barcelone. — Chalais donne part particulière au roi du mariage du roi d'Espagne avec la princesse de Parme. — Giudice voit aussitôt après le roi en particulier. — Retraite de Bergheyck; il arrive d'Espagne, vient à Marly.................................. 93

CHAPITRE VIII. — Retraite du chancelier de Pontchartrain. — Voysin chancelier, et conserve sa place de secrétaire d'État. — M. du Maine. — Mot plaisant et salé de M. de Lauzun. — Électeur de Bavière deux fois à Marly. — Roi Stanislas aux Deux-Ponts. — Arrivée de la flotte des Indes au Port-Louis. — Trois mille livres d'augmentation de pension à Mme de Saint-Géran. — Le fils de Fagon intendant des finances. — Mariage de Brassac avec la fille du feu maréchal de Tourville. — Reine de Pologne veuve de Jean Sobieski; causes de sa haine pour la France, de son séjour à Rome, de sa retraite à Blois. — Égalité de rois du cardinal Mazarin. — Reine de Pologne, médiocrement reçue, ne veut aucune réception; va droit à Blois, sans pouvoir approcher de la cour ni de Paris. — Service de M. le duc de Berry à Saint-Denis. — Prince de Dombes y fait le troisième deuil. — Tranchée ouverte devant Barcelone, 12 juillet. — Maisons président à mortier; sa femme; leur famille, leur caractère, leur conduite, leur situation, leurs vues. — Désir de Maisons de lier avec moi; comment il y réussit. — Première entrevue de Maisons avec moi fort singulière. — Notre commerce s'établit. — Maisons me fait aller de Marly le trouver. — Il m'apprend que les bâtards et leur postérité sont devenus princes du sang en plein, et capables de succéder à la couronne. —Scène singulière chez Maisons. — La nouvelle se publie à Marly, effet qu'elle y produit. — Mon compliment aux bâtards. — Comte de Toulouse. — Cause secrète de la conservation de la place de secrétaire d'État au nouveau chancelier... 112

CHAPITRE IX. — Degrés rapides qui, du plus profond non-être, portent à la capacité de porter à la couronne, par droit de naissance, la postérité sortie du double adultère du roi et de Mme de Montespan. — Adresse de la réception de César, duc de Vendôme, au parlement. — Traversement du parquet par les princes du sang; son époque. — Réflexions. — Position de l'esprit du roi sur ses bâtards paroît bien peu égale........ 132

CHAPITRE X. — Prostitution du maréchal d'Huxelles. — Embarras de Maisons. — Enregistrement de l'édit. — Bâtards traités en princes du sang au parlement. — Grand présent du roi à Mme la duchesse de Berry. —

Electeur de Bavière et Peterborough à Marly. — Promenades nocturnes au Cours à la mode. — Mort de Mme de Vaudemont; son caractère. — Mort de la marquise de Béthune-Harcourt. — Mort de Virville. — Mort de l'abbé de Clérembault. — Sourches cède à son fils la charge de grand prévôt. — Actions devant Barcelone. — Marlborough retourne en Angleterre. — Mort de la reine Anne. — L'électeur d'Hanovre proclamé. — Routes profondes par lesquelles le duc du Maine parvient à l'état, nom et tout droit de prince du sang, et au testament du roi. — Fortes paroles du roi au duc du Maine.. 153

Chapitre xi. — Testament du roi. — Ses paroles en le remettant au premier président et au procureur général pour être déposé au parlement. — Paroles du roi à la reine d'Angleterre sur son testament. — Lieu et précautions du dépôt du testament du roi. — Édit remarquable sur le testament. — Consternation générale sur le testament, et ses causes. — Duc d'Orléans; sa conduite sur le testament. — Dernière marque de l'amitié et de la confiance du roi pour le duc de Beauvilliers, et de celles du duc pour moi. — Mort du duc de Beauvilliers. — Sa maison; sa famille. — Son caractère et son éloge. — Époque et nature de la charge de chef du conseil royal des finances, que le duc de Beauvilliers accepte difficilement. — Malin compliment du comte de Grammont au duc de Saint-Aignan.. 173

Chapitre xii. — Duc de Beauvilliers; quel sur le cardinal de Noailles, Rome, Saint-Sulpice, les jésuites. — Mesures futures pour l'archevêque de Cambrai. — Ambition de ce prélat. — Grandeur d'âme et de vertu du duc de Beauvilliers. — Comparaison des ducs de Chevreuse et de Beauvilliers. — Mot plaisant et vrai du chancelier de Pontchartrain. — Caractère de la duchesse de Beauvilliers. — Fortune et conduite des Saumery. — Épreuve et action de vertu héroïque de la duchesse de Beauvilliers. — Mort de la duchesse de Beauvilliers en 1733..................... 194

Chapitre xiii. — Ma situation à la cour. — Conduite étrange de Desmarets. — Brutalité avec moi, qui lui est fatale. — Maréchal de Villeroy chef du conseil royal des finances. — Son fils archevêque de Lyon. — Continuation de ma situation à la cour. — Macañas; quel. — Cardinal del Giudice fait fonction à Marly de grand inquisiteur d'Espagne; choque les deux rois; est rappelé; donne part publique du mariage du roi d'Espagne; part à grand regret; se morfond longtemps à Bayonne avec défense de passer outre. — Moyens en Espagne contre les entreprises de Rome. — Repentir inutile de la princesse des Ursins du mariage de Parme. — Mariage à Parme de la reine d'Espagne, qui part pour l'Espagne; sa suite.— Mariage du fils du prince de Rohan avec la fille de la princesse d'Espinoy. — Mariage du comte de Roye avec la fille d'Huguet, conseiller au parlement. — Voyage de Fontainebleau par Petit-Bourg. — Le roi de fort mauvaise humeur. — Électeur de Bavière à Fontainebleau. — Amusements du roi redoublés et inusités chez Mme de Maintenon. — Paix de l'empire et de l'empereur signée à Bade. — Le roi d'Angleterre donne part au roi de son avénement à cette couronne, passe en Angleterre et y fait un entier changement. — Maréchal de Villeroy arrive à Fontainebleau ; est fait ministre. — Ministres ne prêtent point de serment. —

Ineptie parfaite du maréchal. — Retour du maréchal de Villars. — Duc de Mortemart apporte au roi la nouvelle de l'assaut général de Barcelone, qui se rend à discrétion avec Mont-Joui et Cardone. — La Catalogne soumise. — Broglio, gendre de Voysin, apporte le détail de la prise de Barcelone. — Vues et conduite domestique du roi de Pologne, qui fait voyager son fils incognito. — Il arrive à Paris et à la cour; très-bien reçu. — Ce qu'on en trouve. — Ses conducteurs. — Sa conversion secrète. — Électeur de Bavière voit le roi en particulier et retourne à Compiègne.. 213

CHAPITRE XIV. — Mort et famille de Mme de Bullion ; son caractère. — Mort et caractère de Sézanne ; sa famille. — Mort et caractère du bailli de La Vieuville et de la comtesse de Vienne. — Le bailli de Mesmes lui succède et ne le remplace pas dans l'ambassade de Malte. — Mort, caractère, famille, testament de la marquise de Saint-Nectaire. — La reine d'Espagne débarque à Monaco et va par terre en Espagne. — Sa dot. — Sa réception incognito. — Béthune, premier gentilhomme de la chambre de M. le duc de Berry en année à sa mort, reporte sa Toison en Espagne, et l'obtient. — Le duc de Saint-Aignan porte un médiocre présent du roi à la reine d'Espagne à son passage. — Chalais grand d'Espagne avec exclusion d'en avoir en France le rang et les honneurs. — Prince de Rohan et prince d'Espinoy ducs et pairs. — Manéges qui les font. — Ruse orgueilleuse du prince de Rohan. — L'autre prend le nom de duc de Melun. — Voyage et retour de Sicile de son nouveau roi. — Maffei ; ses emplois ; son caractère. — Retour de Fontainebleau par Petit-Bourg ; le roi chagrin pendant le voyage. — Embarras sur la constitution. — Amelot envoyé à Rome pour la tenue d'un concile national en France. — P. Tellier me propose d'être commissaire du roi au concile ; son ignorance ; surprise de mon refus. — Mort singulière de Brûlart, évêque de Soissons ; son caractère. — Mort de M. de Saint-Louis retiré à la Trappe. — Avary ambassadeur en Suisse. — Comte du Luc ambassadeur à Vienne et conseiller d'État d'épée. — L'impératrice couronnée reine de Hongrie à Presbourg. — Électeurs de Cologne et de Bavière voient le roi à Marly. — Saumery fils envoyé du roi près l'électeur de Bavière. — Pompadour et d'Alègre vainement ambassadeurs en Espagne et en Angleterre. — Retour du duc de Berwick avec une épée de diamants donnée par le roi d'Espagne. — Taxe du prix des régiments d'infanterie. — Pension de dix milles livres au prince de Montbazon. — Cent cinquante mille livres d'augmentation de brevets de retenue sur ses charges à Torcy. — Dix mille écus à Amelot pour son voyage. — Procès d'impuissance intenté au marquis de Gesvres par sa femme ; accommodé. — M. le duc d'Orléans se trouve assez mal. — Grand témoignage du roi sur moi. — Apophthegme du roi sur M. le duc d'Orléans................................ 232

CHAPITRE XV. — Le roi de Suède arrivé de Turquie à Stralsund. — Croissy ambassadeur vers lui. — Entrevue des deux reines d'Espagne. — Maison de la régnante. — Duc de Saint-Aignan l'y joint et l'accompagne à Madrid. — Mort d'Alex. Sobieski à Rome. — Van Holl, riche financier ; ce que devient son fils. — Mort de la comtesse de Brionne. — Mort de Jarnac ; son caractère. — Mort, extraction, famille, fortune, caractère du cardinal d'Estrées. — Bon mot de l'abbé de la Victoire. — Distractions. — Cardinal d'Estrées se démettant de l'évêché de Laon, cardinal depuis dix ans, obtient le premier un brevet de continuation du rang et des honneurs de duc et pair. — Trait de l'évêque-comte de Noyon au festin de la réception au parlement de l'évêque-duc de Laon chez le cardinal d'Estrées. — Trait du cardinal d'Estrées pour se délivrer de ses gens d'affaires. — Bon mot du cardinal d'Estrées. — Projet constant et suivi des jésuites d'établir l'inquisition en France. — Mariage du fils de Goesbriant avec la fille du marquis de Châtillon. — Prince électoral de Saxe au lever du roi. — Bergheyck prend congé pour sa retraite. — Électeur de Bavière voit le roi en particulier. — Albergotti de retour d'Italie. — Divers envoyés nommés. — Bissy abbé de Saint-Germain des prés. — Rohan et Melun reçus ducs et pairs, Melun avec dispense et condition. — Folies de Sceaux. — Inquiétude du duc du Maine ; mot plaisant qui lui échappe là-dessus. — Noir dessein du duc du Maine. — Digression nécessaire en raccourci sur la dignité de pair de France, et sur le parlement de Paris et autres parlements.. 254

CHAPITRE XVI. — Origine et nature de la monarchie françoise, et de ses trois états. — Son gouvernement. — Champs de mars, puis de mai. — Pairs de France sous divers noms, les mêmes en tout pour la dignité et les fonctions nécessaires, depuis la fondation de la monarchie. — Pairs de fief ; leurs fonctions. — Hauts barons ; leur origine, leur usage, leur différence essentielle des pairs de France. — Changement du service par l'abolition de celui de fief et l'établissement de la milice stipendiée. — Origine des anoblissements. — Capitulaires de nos rois. — Légistes ; quels ; leur usage ; leurs progrès. — Conseillers ; origine de ce nom. — Parlements ; origine de ce nom. — Progrès du parlement. — Multiplication des magistrats et de cours ou tribunaux de justice. — Siéges hauts et bas de grand'chambre des parlements. — Parité, quant à la dignité de pairs de France et ce qui en dépend, de ceux d'aujourd'hui avec ceux de tous les temps. — Noms donnés aux pairs par nos rois de tous les âges. — Pairie est apanage, témoin Uzès — Réversibilité à la couronne. — Apanage ; ce que c'est. — Ducs vérifiés ; Bar. — Ducs non vérifiés. — Officiers de la couronne. — Ducs non vérifiés en compétence continuelle avec les officiers de la couronne.. 273

CHAPITRE XVII. — Parlement de Paris et les autres sur son modèle. — Leur origine ; leur nature ; d'où nommés parlements. — Récapitulation abrégée. — Ancien gouvernement. — Légistes. — Conseillers ; d'où ce nom. — Légistes devenus juges. — Origine et monument des hauts et bas sièges. — Parlement, par quels degrés prend la forme présente. — Pairs seuls des nobles conservent voix et séance au parlement toutes fois qu'ils veulent en user. — Préséance des pairs en tous parlements ; y entrent seuls de nobles avant le roi lorsqu'il y vient, et pourquoi. — Le chancelier seul des officiers de la couronne aux bas siéges aux lits de justice, et n'y parle au roi qu'à genoux, seul d'entre eux non traité par le roi de cousin, et seul de la robe parle et y opine assis et couvert. — Pourquoi toutes ces choses. — Origine de la présidence et de sa prétention de représenter le roi. — Séance des présidents en tout temps à gauche de celle des pairs. — Origine de l'enregistrement des édits, etc., aux parlements ; d'y juger les causes majeures, etc., et du titre de cour des pairs affecté par celui de Paris. — Nécessité de la mention de la présence des pairs aux arrêts des causes majeures et aux enregistrements des sanctions. — Origine de la prétention des parlements d'ajouter par les enregistrements un pouvoir nécessaire. — Origine des remontrances, bonnes d'abord, tournées après en abus. — Entreprises de la cour de Rome réprimées par le parlement; ne lui donnent aucun droit de se mêler d'autres affaires d'État ni de gouvernement. — Parlement uniquement compétent que du contentieux entre particuliers; l'avoue solennellement sur la régence de Mme de Beaujeu. — Cour des pairs en tout lieu où le roi les assemble. — Enregistrements des traités de paix faits au parlement uniquement pour raison purement judicielle. — Régence de Marie de Médicis est la première qui se soit faite au parlement, et pourquoi. — Époque de sa prétention de se mêler des affaires d'État et de cette chimère de tuteurs des rois, qui les ont continuellement réprimés à tous ces égards. — Précautions de Louis XIII à sa mort aussi admirables qu'inutiles, et pourquoi. — Régence d'Anne d'Autriche; pourquoi passée au parlement. — Avantages dangereux que la compagnie en usurpe, que Louis XIV réprime durement depuis. — Régence de M. le duc d'Orléans au parlement se traitera en son temps. — Duc de Guise qui fait tout pour envahir la couronne, est le premier seigneur qui se fait marguillier, et pour plaire au parlement, laisse ajouter à son serment de pair le terme de conseiller de cour souveraine. — Dessein du parlement dès lors à l'égard des pairs. — Le terme de conseiller de cour souveraine ôté enfin pour toujours du serment des pairs. — Nécessité d'exposer un ennuyeux détail. — Ordre et formes de l'entrée et de la sortie de séance aux bas siéges. — Présidents usurpent nettement la préséance sur les princes du sang et les pairs à la sortie de la séance des bas siéges. — Ordre et formes d'entrer et de sortir de la séance des hauts siéges. — Séance, aux lits de justice, des pairs en haut qui opinent assis et couverts, et les officiers de la couronne aussi; des présidents et autres magistrats en bas, qui opinent découverts et à genoux, et du chancelier en bas, qui ne parle au roi qu'à genoux, parce qu'il est légiste, mais opine et prononce assis et couvert, parce qu'il est officier de la couronne. — Présidents usurpent d'opiner entre la reine régente et le roi; sont remis à opiner après le dernier officier de la couronne en 1664; ce qui a toujours subsisté depuis. — Changement par entreprise et surprise de la réception des pairs, des hauts siéges où elle se faisoit, aux bas siéges où elle est demeurée depuis 1643. — Contraste de l'état originel des légistes dans les parlements avec leurs usurpations postérieures. — Efforts et dépit des présidents en 1664 et depuis. — Novion, premier président, ôté de la place pour ses friponneries, jaloux de l'élévation des Gesvres.   307

CHAPITRE XVIII. — Les deux Novion, Harlay et Mesmes premiers présidents; quels. — Affaire du bonnet. — Les princes du sang et les pairs cessent de suivre les présidents à la sortie de la séance des bas siéges. — Nouvelle forme pour les princes du sang et deux autres successives pour les pairs. — Huissiers d'accompagnement. — Nouveautés à cet égard et usurpations des présidents. — Orgueil des présidents à l'égard des princes du sang. — Nouvelle usurpation d'huissier très-indécente. — Princes du sang et pairs exclus de la tournelle par la ruse et l'innovation des présidents. — Conseiller usurpe de couper la séance des pairs, sans toutefois marcher ni opiner parmi eux. — Nouvelle usurpation manquée. — Pairs ont partout à la grand'chambre la droite très-nettement sur les prési-

dents. — Distinction et préférence du barreau de la cheminée sur l'autre.
— Usurpation aussi singulière qu'indécente du débourrage et surbourrage des places près le coin du roi. — Nouvelle usurpation aux bas sièges d'un couvercle sur le banc des présidents. — Saluts. — Origine de la séance du grand chambellan sur les marches du trône au lit de justice. — Nouveauté, en 1715, du passage des princes du sang par le petit degré du roi pour monter à sa suite aux hauts sièges, au lit de justice. — Siège unique du chancelier, et du garde des sceaux en son absence, aux *Te Deum* et au lit de justice; en ce dernier comment couvert. — Pairs ecclésiastiques rétablis en leur préséance sur les cardinaux au parlement, le roi présent ou absent, par la décision de Louis XIV, qui n'a point été enfreinte. — Vaine tentative et honteuse du cardinal Dubois. — Nouveauté, indifférente et consentie pour commodité, de la séance des officiers de la couronne au-dessous des pairs ecclésiastiques, au lieu d'au-dessous des pairs laïques, au premier lit de justice de Louis XV, qui subsiste depuis. — Choix donné des deux côtés au duc de Coislin, évêque de Metz; pourquoi il préfère le droit.............. 334

CHAPITRE XIX. — Courte récapitulation. — État premier des légistes. — Second état des légistes. — Troisième état des légistes. — Quatrième état des légistes. — Cinquième état des légistes. — Sixième état des légistes. — Septième état des légistes devenus magistrats. — Parlements et autres tribunaux. — Légistes devenus magistrats ne changent point de nature. — Origine du nom de cour des pairs arrogé à soi par le parlement de Paris. — Origine des enregistrements. — Incroyables abus. — Fausse mais utile équivoque du nom de parlement; sa protection; son démêlement. — Anciens parlements de France. — Parlements d'Angleterre. — Moderne chimère du parlement de se prétendre le premier corps de l'État, réfutée. — Époque du tiers état. — Parlement uniquement cour de justice pour la rendre aux particuliers, incompétent des choses majeures et des publiques. — Parlement ne parle au roi, et dans son plus grand lustre, que découvert et à genoux comme tiers état. — Inhérence de la partie de légiste jusque dans le chancelier. — Jamais magistrat du parlement ni d'ailleurs, député aux états généraux, ne l'a été que pour le tiers état, quand même il seroit d'extraction noble. — Exemples d'assemblées où la justice a fait un corps à part, jamais en égalité avec l'Église ni la noblesse, et jamais aux états généraux jusqu'aux derniers inclus de 1614. — Absurdité de la représentation ou de l'abrégé des états généraux dans le parlement. — Court parallèle du conseil avec le parlement. — Conclusion de toute la longue digression................ 362

CHAPITRE XX. — M. du Maine, devenu prince du sang, me dit un mot du bonnet, que je laisse tomber. — M. du Maine, sans qu'on pût s'y attendre, s'offre sur l'affaire du bonnet, dont il n'étoit pas question, et, à force d'art et d'avances, jette les ducs dans le danger du refus ou de l'acceptation. — Il répond du roi, du premier président et du parlement. — On accepte, et pourquoi, mais malgré soi, les offres du duc du Maine. — M. du Maine répond des princes du sang et de Mme la Princesse. — Merveilles du premier président aux ducs de Noailles et d'Aumont. — Le roi parle le premier à d'Antin du bonnet. — Échappatoire préparée. — M. du Maine exige un court mémoire au roi. — Précautions extrêmes sur ce mémoire. — M. le duc d'Orléans me donne sa parole positive, et Mme la Duchesse aux ducs de La Rochefoucauld, Villeroy et d'Antin, d'être en tout favorables aux ducs sur le bonnet, et la tiennent exactement et parfaitement. — Précédentes avances sur le bonnet à moi et à d'autres ducs froidement reçues, et de plus en plus redoublées par le duc du Maine jusqu'à l'engagement forcé de l'affaire. — Premier président à Marly, tout changé, y reçoit la recommandation de M. le duc d'Orléans et le mémoire du roi, qui lui parle favorablement. — Éclat du premier président sur le mémoire, contre parole et vérité, de propos délibéré. ● Il fait longtemps le malade. — Premier président visité des ducs de Noailles et d'Antin, leur propose, en équivalent du bonnet, de suivre les présidents entrant et sortant de séance. — Divers points singulièrement discutés, sans que les deux ducs eussent compté de parler de quoi que ce fût au premier président, lesquels rejettent cette suite et tout équivalent du bonnet. — Inquiétude des présidents. — Personnage de Maisons; son extraction. — Ruse de Novion qui dévoue Maisons aux présidents. — Dîner engagé chez d'Antin, à Paris, avec le premier président; convives. — Le roi y envoie les seigneurs de son service; s'en passe pour la première fois de sa vie; est servi par Souvré, maître de la garde-robe, et cela se répète trois fois; les deux dernières sans repas, simples conférences. — Tout sans succès. Premier président manque malhonnêtement au dîner. — Maisons s'y trouve, sa conduite; se relie plus que jamais au duc et à la duchesse du Maine, dont il étoit mécontent................................ 381

Chapitre XXI. — Duc d'Aumont essaye de me tonneler sur la suite des présidents. — Délais sans fin du premier président. — Il est mandé à Marly, et pressé par le roi très-favorablement pour les ducs; sort furieux. — Impudence de ses plaintes et des propos qu'il faisoit semer. — Cause de son dépit. — Maisons mène d'Aligre au duc et à la duchesse du Maine demander grâce pour le parlement. — Efforts de Maisons à me persuader, et à quelques autres, la suite des présidents. — Le roi cru de moitié avec le duc du Maine. — Raisons de ne le pas croire. — Opinion du roi du duc du Maine. — Profondeurs du duc du Maine. — Embarras du premier président. — Manéges qui font durer l'affaire. — Noires impostures du premier président au roi contre les ducs, à qui le roi les fait rendre aussitôt. — Éclat sans mesure contre le premier président. — Premier président se plaint au roi du duc de Tresmes dont il a peu de contentement. — Affront fait au premier président de Novion, par le duc d'Aumont, dans la chambre du roi, tout près de lui, dont il ne fut rien. — Double embarras du duc du Maine avec le premier président, avec les ducs, engage les ducs, et toujours malgré eux, à une conférence à Sceaux avec la duchesse du Maine seule. — Personnage étrange du duc d'Aumont. — Conférence à Sceaux entre la duchesse du Maine et les ducs de La Force et d'Aumont. — Propositions énormes de la duchesse du Maine. — Monstrueuses paroles de la duchesse du Maine, qui terminent la conférence. — Exactitude du récit de la conférence de Sceaux. — Le duc du Maine introduit Mme la Princesse, dont il avoit nommément répondu, et finit l'affaire du bonnet, en le laissant comme il étoit. — Évidence du jeu du duc du Maine. — Je visite le duc du Maine et lui tiens les plus durs propos. — Réflexion sur le péril de former des monstres de gran-

TABLE DES CHAPITRES.

deur. — Réflexion sur le bonnet. — Présidents ne représentent point le roi au parlement. Les pairs y ont sur eux la droite, etc., tant aux hauts siéges qu'aux bas siéges. — Comparaison du chancelier, qui se découvre au conseil pour prendre l'avis des ducs, et du premier président. — Étrange pension donnée au premier président.................. 402

CHAPITRE XXII. — 1715. — Grillo vient faire au roi les remercîments de la reine d'Espagne. — Trois cent mille livres de brevet de retenue au duc de Bouillon sur son gouvernement d'Auvergne. — Trois mille livres de pension à Arpajon; six mille à Celi, intendant à Pau. — Électeur de Bavière à Versailles. — Électeur de Cologne y prend congé du roi et retourne dans ses États. — Mariage du prince héréditaire de Hesse-Cassel avec la sœur du roi de Suède. — Mort de la princesse d'Isenghien (Pot), sans enfants. — Mort; caractère et famille du comte de Grignan; sa dépouille. — Mort et caractère du maréchal de Chamilly; sa dépouille. — Caractère, vie, conduite et mort de Fénelon, archevêque de Cambrai. — Menées de Fleury, évêque de Fréjus, pour être précepteur de Louis XV. — Origine de la haine implacable et de la persécution sans bornes ni mesure de Fleury, évêque de Fréjus, depuis cardinal et maître du royaume, contre le P. Quesnel et les jansénistes. — La Parisière, évêque de Nîmes, Zopyre du P. Tellier. — Son invention ultramontaine; sa misérable mort. — Mort et caractère de l'abbé de Lyonne et d'Henriot, évêque de Boulogne. — Gesvres, archevêque de Bourges, obtient la nomination au cardinalat des deux rois de Pologne, Stanislas et l'électeur de Saxe. — Languet fait évêque de Soissons, et quelques autres bénéfices donnés. — Mort et caractère de la duchesse de Nevers. — Infructueuse malice de M. le Prince.... 434

NOTES.

I. Morceau inédit de Saint-Simon relatif à l'Académie française.... 455

II. Lettre de Richelieu mourant à Mazarin...................... 456

III. Terres distribuées aux leudes francs après la conquête......... 457

IV. Assemblées des Francs, dites champs de mars et champs de mai. 458

V. Lits de justice. — Origine du nom. — Cérémonial des lits de justice. — Toutes les séances royales en parlement n'étaient pas lits de justice. — Séance royale pour la condamnation du prince de Condé en 1654.. 460

VI. Louis XIV au parlement, en 1655........................... 464

VII. Épices.. 468

FIN DE LA TABLE DES CHAPITRES.

TYPOGRAPHIE DE CH. LAHURE
Imprimeur du Sénat et de la Cour de Cassation
rue de Vaugirard, 9

www.ingramcontent.com/pod-product-compliance
Lightning Source LLC
Chambersburg PA
CBHW050247230426
43664CB00012B/1863